서양 근대교회사 —————

혁명의 시대와
그리스도교

믿음이란 한 알의 밀알이 땅에 떨어져 죽음으로 많은 열매를 맺음과 같이 진리의 열매를 위하여 스스로 죽는 것을
뜻합니다. 눈으로 볼 수는 없으나 영원히 살아 있는 진리와 목숨을 맞바꾸는 자들을 우리는 믿는 이라고 부릅니다.
「믿음의 글들」은 평생, 혹은 가장 귀한 순간에 진리를 위하여 죽거나 죽기를 결단하는 참 믿는 이들의, 참 믿는 이들을
위한, 참 믿음의 글들입니다.

His+STORY
그리스도교의 역사 4

서양 근대교회사 ——————

혁명의 시대와
그리스도교

--

**CHRISTIANITY
IN AN AGE OF
REVOLUTION**

18-19세기의
근본적인 도전에
그리스도교는
어떻게 대응했는가?

--

윤영휘
지음

홍성사

역사에서 신앙과 개혁의 길을 묻다

2017년은 종교개혁 500주년이라는 뜻깊은 해다. 그러나 한국 교회는 갱신과 개혁에 대한 기대로 그리스도교 공동체와 한국 사회에 새로운 희망을 주기보다는 세상으로부터 그 어느 때보다 따가운 질책을 받으며 곤혹스러운 시간을 보내고 있다. 오래전부터 교회는 세상의 고통이나 불의, 신앙의 사회적 차원에 대해서는 거의 관심을 보이지 않았고, 복음의 본질도 철저히 망각한 채 맘몬신과 성장·성공이라는 세속적 가치를 추구하는 데 여념이 없었다. 신자들이 그저 자신의 욕망을 신앙의 이름으로 포장해 추구하지만, 교회는 그런 풍조를 방임하거나 심지어 북돋고 있다. 교회가 세상에 귀감이 되기보다는 걱정거리로 전락해 있으며, 종교인들이 저지른 사회적 비리와 낯 뜨거운 일탈행위들은 일일이 열거할 수 없을 정도가 되었다. 철저히 세속화된 종교, 21세기 한국 그리스도교의 민낯이다. 이는 사실상 종교개혁 직전 부패와 모순으로 저항에 직면했던 유럽의 가톨릭교회와 비교해도 전혀 나을 것이 없다. 폭발적인 성장에 취해 스스로를 돌아볼 기회를 갖지 못했던 한국 교회는 치명적인 위기에 직면해서야 비로소 반성과 성찰을 강요받고 있다. 한때 세계 그리스도교의 희망이었던 한국 교회가 어찌하다 이 꼴이 되었을까? 길을 잃은 한국 교회는 일단 가던 길을 멈추고 지나온 길들을 찬찬히 돌아보며 길을 잃게 된 원인을 점검해 봐야 한다.

개신교인들은 종교개혁을 명분과 정당성을 갖춘 사건으로 확신한다. 그런데 지난 500년간 가톨릭교회에서 이탈하여 종교개혁가들이 건설한 새로운 교회가 과연 온전히 성경다운 교회상을 구현하고, 바람직한 발전을 거쳐 왔는지 냉철하게 돌아볼 시기가 되었다. 사실상 한국 교회뿐 아니라, 그리스도교 역사 중 상당 부분이 지구촌 공동체로부터 부정되고 있는 현실을 성찰해야 한다. 그리스도교는 현재 세상의 어두움을 밝히는 진리이기는커녕 일반적으로 기대되는 종교의 모습에도 크게 미흡하다는 평판을 받고 있다. 그로 인해 세상은 종교개혁 500주년을 그리 의미 있는 일로 평가하지 않으며, 오히려 그리스도교가 경제정의, 자유, 민주, 인권 등 현대 문명의 발전에 걸림돌이 되고 있는 현실에 주목한다. 그런 맥락에서 때마침 맞이하는 종교개혁 500주년은 통렬한 성찰의 계기가 되어야 한다. 정작 필요한 것은 거창한 과시용 행사들이 아니라, 세계 교회와 한국 교회가 어디에서 길을 잃었는지 역사의 경로를 되짚어 보며 차분하게 묻고 찾는 모색의 과정이다.

이 기획은 이러한 자기성찰로부터 비롯되었다. 그리스도인 공동체와 제도로서의 교회가 팔레스타인 지역에서 시작된 후 현재에 이르기까지 전 과정을 세속사의 전개와 더불어 찬찬히 살펴보며, 그 변화와 성장, 일탈과 갈등의 과정들 속에서 새로운 통찰과 전망을 얻고자 하는 시도다. 그리스도교 역사의 발전 과정에서 이루어졌던 개혁들과 일련의 운동들이 남긴 긍정적인 성과들뿐만 아니라, 의도하지 않았을지라도 결과적으로 부정적인 유산을 초래하게 된 원인들에 대해서도 관심을 두고 추적하려 한다. 세상의 길과 교회의 길이 다르다는 주장을 간과하지 않겠지만, 종교의 이름으로 자행되었던 흉악하고 반인륜적인 범죄들을 대면하려는 노력도 포기하지 않을 것이다. 그 과정에서 현재 길을 잃고 헤매는 한국 교회와 그리스도교인들에게 주는 시사점을 찾아보고자 한다.

이 기획이 기왕에 출판된 여러 세계교회사 시리즈와 차별을 보이는 부분은 대략 다음 세 가지로 요약할 수 있을 것이다.

첫째, 교회사와 세속사를 적극적으로 통합하여 그리스도교 역사를 전체사로 다루는 것을 목표로 삼는다. 그리스도교인들은 역사(歷史)가 하나님이 주관하는 역사(役事), 즉 'His Story'임을 고백하는 자들이다. 그럼에도 불구하고 기존의 교회사들은 제도로서의 교회, 교리, 신앙운동 등 제한적인 종교사를 서술하는 것으로 만족한다. 이 기획은 세속사를 전공하는 역사가들과 교회사가들이 상호 협력하여 교회사와 세속사를 그리스도교적 안목으로 통합적으로 서술하려는 시도다. 세속사에서는 교회사를 지엽적인 것으로 생각하는 경향이 있고, 교회사에서는 종교적인 주제에만 관심을 보이면서 사회사적인 풍부한 연구 성과들을 도외시해 왔다. 그러나 어느 시대를 막론하고 그리스도교는 정치는 물론 사회, 경제, 문화 등과도 밀접한 관계를 맺으며 상호작용했다. 종교인과 신자들의 삶의 현장이 세상이기 때문이다. 분량의 제한 때문에 세속사의 모든 주제를 포괄할 수는 없겠지만, 통상 세속사의 영역으로 다루어지던 주제들도 통합적인 안목으로 재해석하려 시도했다.

둘째, 우리 연구자들의 눈으로 세계 그리스도교의 발전 과정을 재해석하려고 시도했다. 그리스도교 역사를 다루는 번역서들은 넘쳐나지만 정작 한국인이 서양 학자들과 다른 시각으로 저술한 저서들은 아직 드물다. 그들의 변형된 제국주의적 시각이 아니라, 한국과 제3세계까지도 포괄하는 다중심성의 시각으로 그리스도교의 발전과 전개를 새롭게 해석하기 위해서는 한국과 같은 주변부 연구자들의 적극적인 기여가 요청된다. 유럽중심주의적 시각에서 벗어나야 할 필요성은 근현대 시기뿐 아니라, 근대 이전 시기의 역사에 대해서도 마찬가지로 절실하다. 이 책은 예루살렘과 땅끝을 균형 있게 살피는 태도를 견지하고자 했다.

셋째, 연구 업적의 축적과 방대한 사료들로 인해 한두 학자가 세계사 전체의 서술을 감당할 수는 없다. 그로 인해 해당 분야의 전문가들 중에 그리스도교 역사에 관심을 갖고 연구해 온 학자들을 엄선하여 저술을 의뢰함으로써 전문성에 있어서 미흡함이 없도록 배려했다. 이 기획에서는 통상적인 시대구분법을 감안해 세계사 전체를 다섯 부분으로 나누어 집필하도록 했다.

① 서양 고대에 해당되는 시기로, 그리스도교가 출현하여 제국의 종교로 발전하게 된 국면

② 서양 중세에 해당되는 15세기까지로, 그리스도교가 유럽 문명의 속성을 지니게 된 국면

③ 근대 전기를 대체로 포괄하는 16-17세기로, 종교개혁과 종교전쟁의 시기

④ 근대 혹은 '장기의 19세기'라고 불리는 시기로, 계몽주의와 혁명들 그리고 제국주의 시대

⑤ 시간적으로는 현대로 분류되는 20세기로, 공간적으로는 지구촌 전체를 아우르게 된 시대

이와 같이 국내 중견급 학자들이 협업하며 그리스도교 역사를 통사로 서술하는 기획은 사실상 국내에서 처음으로 시도되는 일이다. 학문 세계의 축적을 감안하면 무모하게 생각되는 측면도 있지만, 출판사와 저자들은 광야에 길을 내는 심정으로 용기를 내어 의기투합했다. '홍성강좌'라는 이름으로 필자들은 2016년 초부터 한 학기씩 관심 있는 독자들을 모아 파일럿 강의를 시작했고, 그 강의안과 교실에서 실제 이루어졌던 토론 내용 등을 보완하여 책으로 완성하는 절차를 밟았다. 집필에 참여한 여러 연구자들은 함께 콘셉트, 역할 분담, 용어 등 일부 사안들에 대해 의견을 나누었다. 각 권의 저술은 각 담당자들이 책임을 지며 소신껏 진행하기 때문에 어느 정도 견해 및 시각 차이도 피할 수 없을 것이다. 그렇지만 드러나게 될 차이들이 오히려 서로를 긍정적인 방향으로 이끄는 좋은 자극제가 되리라 기대한다.

역사에서 신앙과 개혁의 길을 묻는 긴 여정의 동반자로 당신을 초대한다.

2017년 9월

홍성강좌 기획위원

박흥식(서울대 서양사학과 교수)

머리말

이 책은 2017년 종교개혁 500주년을 기념하여 홍성사에서 기획한 〈그리스도교의 역사〉 강좌 시리즈의 한 부분으로 출판되었다. 이미 지난 4학기 동안 양화진책방에서 서울대 역사교육과 김덕수 교수가 초대교회사를, 서울대 서양사학과 박흥식 교수가 중세교회사를, 그리고 느헤미야 연구원의 배덕만 교수가 현대교회사를 강의하였으며, 근대교회사 부분에 해당하는 본 연구도 2017년 상반기에 12번의 강연으로 소개되었다. 강의 첫 시간 몇몇 수강생들이 일반 역사를 전공한(교회의 입장에서 보면 '세속사'를 전공한) 서양사 전공자가 서양의 교회사를 강의하는 이유에 흥미와 더불어 궁금증을 보였다. 그 질문에 답하면서 본 연구의 의의를 스스로 정리해 볼 수 있었는데 이 책에서도 세속 역사학자가 그리는 서양 근대교회사의 특징을 소개하며 시작해 보고자 한다.

우선 이 책은 18-19세기에 서구의 교회와 사회에 일어난 역사적 사건들을 세속과 교회의 구분을 뛰어넘어 하나의 역사로 제시하려는 시도이다. 사실 '교회사-세속사'의 관계를 떠나서 역사학 안에 경계를 허무는 것은 어느덧 일반화된 현상이다. 우리나라는 고교 교과과정 안에 국사, 세계사, 동아시아사가 별도로 편성되어 있기 때문에 이러한 구분에 익숙하지만 사실 서양의 여러 나라에서는 이런 구분이 없이 기본적으로 '역사(History)'

라는 단일 과목을 배우고 있다. 이 안에서 학생들은 국민국가의 시각으로 글로벌 히스토리를 볼 수 있고, 반대로 지구사적 측면에서 지역의 문제를 다룰 수도 있다. 또한 이런 역사책들은 일반적으로 정치사 위주의 역사서술에서 벗어나 종교, 경제, 문화 등의 다양한 사회적 요소를 종합해 하나의 서사로 설명하는 특징을 보인다. 이 책은 이런 역사학의 경향을 반영할 뿐 아니라 그것을 통해 교회사 고유의 특징을 더욱 부각하고자 한다. 즉, 근대라는 시기에 그리스도교 안에서 일어난 일들을 그 교회가 존재했던 사회의 정치, 경제, 문화의 측면을 통해 살펴봄으로써 교회사의 사건, 인물, 개념이 가지는 의미를 종합적으로 제시하려는 것이다.

또한 21세기를 사는 한국 독자들이 서양의 종교사를 알아야 하는 이유를 제시하려 한다. 대학에서 서양사를 강의하면서 가끔은 현대 동양사회에 사는 우리에게 몇 백 년 전 서양에서 일어난 일이 얼마만큼 의미 있는가하는 근본적인 질문을 받기도 한다. 그러나 굳이 '지구촌', '글로벌 시대' 같은 상투적인 말을 끌어들여 다른 나라의 역사를 배워야 할 당위성을 들먹거리지 않더라도, 우리의 역사를 이해하기 위해 다른 민족, 사회, 국가와의 교류와 관계를 고려하지 않으면 안 된다는 것은 상식적인 생각일 것이다. 즉 우리를 이해하기 위해서도 다른 나라의 일이 그렇게 남의 일은 아닌 것이다. 무엇보다 역사를 보편적인 유산으로 바라보는 개념은 그리스도인들에게는 더 남다르게 다가온다. 왜냐하면 적어도 그리스도교는 사도신경에 나오는 것처럼 시대와 장소를 초월해 '거룩한 보편적 교회(the holy catholic church)'를 지향하는 종교이기 때문이다. 이 '보편적 교회'는 가톨릭의 전유물처럼 여겨지기도 하나, 사실 그리스도인들이 시대와 장소를 초월해 지향해 온 바이기도 하다. 이 책은 한국의 그리스도인들이 보편교회의 일원임을 일깨우고 그 일원으로서 영향을 주기도 하고 받기도 했던 그리스도교 교회의 공동의 유산을 조금 더 가깝게 느끼고 받아들일 수 있는 기회를 제공하고자 한다.

그리고 '근대시대'(이 책에서는 18-19세기)의 교회사를 공부해야 하는 이유를 제시한다. 그것은 18-19세기가 세계사뿐 아니라 교회사에서도 중요한 측면이 있었기 때문이다. 우선 이 시기에 그리스도교 세계관에 대한 근본적인 도전이 있었다. 물론 고대에도 "하나님이 없다" 하는 "어리석은 자"들이 존재했고(시편 14:1), 그리스도교가 사회를 지배했던 중세 때도 개인적으로는 신을 부정한 사람들이 있었다. 그러나 이 시기에 개인의 수준을 넘어 범유럽적으로 과학의 발견과 이성을 중시하는 사조에 의해 그리스도교에 대한 공격이 시작된 것은 상당히 새로운 현상이었다. 특히 프랑스 혁명기에는 그리스도교에 대한 반감이 유럽사회에 퍼지고 정치, 사회, 문화의 영역에서 급격한 세속화 현상이 시작되었다. 두 번째로 18-19세기는 교회가 도전에 대응하고 스스로를 변화시키기 시작한 시기이기도 하다. 두 차례의 대각성 운동과 유럽을 넘어 전 세계적 차원에서 진행된 선교는 교회 안으로는 정통주의에 대한 반발이었고 교회 밖으로는 이성 중심주의와 세속화에 대한 대응이기도 했다. 이 기간 동안 교회는 변화된 사회 분위기에 맞게 교육, 성 역할, 사회 참여에 대한 새로운 입장을 정립하는 과정을 겪어야 했다.

본 연구는 이 격변의 시기에 그리스도교가 도전에 대응하고 스스로를 변화시키는 과정을 살펴보려는 시도이다. 이 책을 통해 독자들은 '이성의 시대'의 도래 과정을 이해하고, 이런 시대 배경 속에서 발생한 부흥운동의 역사적 의의를 생각해 볼 수 있을 것이다. 또한 세속주의 사회의 기원을 찾아볼 수 있을 뿐 아니라 이에 맞서는 복음주의자들의 정치·사회 운동에서 현시대의 그리스도교가 직면한 이슈들에 대한 시사점을 발견할 수도 있을 것이다. 그래서 궁극적으로는 독자들에게 탈(脫)그리스도교적인 사회에서 그리스도교적 세계관을 가지고 살아가는 것의 의미를 역사적 실례를 통해 고찰할 기회를 제공하는 것이 이 책의 목표이기도 하다.

18-19세기에 그리스도교가 직면한 도전과 대응을 알아보기 위해 유럽으로 시선을 돌리기 전에 이 연구의 범위와 해석과 관련된 몇 가지 한계를 짚고 넘어가고자 한다. 우선 이 책의 제목이 '서양' 근대교회사임에도 본문 내용의 상당 부분은 서양 중에서도 영어권 프로테스탄트 사회의 종교사에 초점이 맞춰져 있다. 물론 이는 가톨릭교회 또는 동방교회의 전통과 역사, 유산 등의 중요성에 대한 낮은 평가를 의미하지 않는다. 이는 근본적으

로는 필자의 학식이 아직 이 방대한 역사를 다룰 만큼 깊지 못하기 때문이며, 조금 실질적으로는 이 길고 커다란 이야기를 담기에 지면의 한계가 있기 때문이기도 하다. 18-19세기의 그리스도교의 역사를 풀이하는 다양한 방식 중 본 필자는 조금 더 설명하기 쉽고, 더 많은 요소들을 포섭할 수 있는 스토리 라인을 택하였다. 그것이 본 필자의 전공과 그동안의 학문적 성과와 더 관련이 있는 것은 물론이다. 그리고 본 연구는 주제의 특성상 각 시대를 대표하는 신학과 철학 사상을 정리하고 있는데, 학문적 논란이 있는 주제의 경우 다양한 입장의 존재 자체를 역사적 사실로 서술하려 하였다. 또한 어떤 신학 및 철학적 흐름의 의의를 정리할 때도 그 사상의 전체가 아닌 이 책의 주제와 관련된 측면에서 평가를 내리려 했다. 그럼에도 독자가 서 있는 신학적 입장에서 바라보는 시각과 다른 지점이 있다면 이 또한 특정 이슈를 바라보는 여러 해석의 하나로 보아주시길 부탁드린다. 어떤 신학적 이슈의 옳고 그름을 판단하는 것은 분명 이 책이 의도한 바는 아니다.

이 책이 나오기까지 많은 분들의 도움이 있었다. 우선 〈그리스도교의 역사〉 시리즈를 기획하고 필자에게 집필을 권유해 주신 박흥식 선생님과, 젊은 학자에게 선뜻 출판의 기회를 주신 홍성사에 깊은 감사를 드린다. 그리고 이 책에 나오는 철학자들을 좀더 깊이 이해할 수 있도록 도와준 경북대 철학과 권흥우 교수와 역사를 더욱 참신한 시각에서 바라볼 수 있도록 도움을 주신 경북대 사학과 선배 교수님들께도 감사드린다. 또한 필자가 이 작은 책으로 그동안의 연구를 정리하기까지 학은을 베풀어 주신 석사 지도교수셨던 박지향 선생님과 박사 지도교수셨던 사라 리처드슨 교수와 팀 로클리 교수께도 감사를 드리고 싶다. 그리고 오랜 시간 필자의 학문적 여정에 동행해 주신 이화숙 교수님과 통일정책연구회 동료들에게도 깊이 감사드린다.

마지막으로 가족들에게 이 지면의 끝을 잠시 할애하고 싶다. 누구보다도 내 인생의 가장 좋은 동반자로 집필 과정을 함께해 준 아내에게 사랑과 감사를 전하고 싶다. 그리고 아들이 학문의 길을 가도록 허락하고 응원해 주신 부모님과 항상 기도와 아낌없는 지지를 보내 주시는 장인, 장모님께도 이 책을 드리고 싶다. 사실 이 책은 몇 십 년 전 필자가 중학교 2학년 때 아버지와 나눴던 몇 시간의 대화에서 시작되었다. 그때 학자의 꿈을 주신 아버지와 그 꿈을 지금까지 지켜 주신 하나님께 감사를 올려 드린다. S.D.G.

2018년 8월
경북대학교 캠퍼스에서

차례

기획 취지문:
역사에서 신앙과 개혁의
길을 묻다 -- 5

머리말 -- 9

1
종교개혁 이후
18세기까지 -- 17

2
과학혁명과
계몽주의 -- 43

3
대각성 운동과 대서양 복음주의
네트워크의 형성 -- 65

4
미국 독립혁명과
정교분리 사회 -- 99

5

영국 노예무역
폐지 운동 -- 131

6

프랑스혁명과
탈그리스도교 사회 -- 161

7

19세기 프로테스탄트 신학과
교회의 변화 -- 187

8

세속화, 그리스도교,
학문(과학, 역사) -- 217

9

종교 생활의 변화:
여성, 청소년, 노동자 -- 241

10

근대국가와 그리스도교:
독일, 이탈리아의 통일 -- 269

11

선교와 그리스도교의
팽창 -- 303

12

20세기를 향하여:
선교, 제국, 문명 -- 335

참고문헌 -- 357

종교개혁 이후
18세기까지

1

머리말에서 밝힌 것처럼 이 책은 18-19세기 서양 역사 속의 그리스도교에 대한 도전과 이에 대한 교회의 응전 방식을 다루려고 한다. 그러나 본격적인 이야기를 시작하기 전에 해야 할 작업이 있는데, 이는 이 책이 관심을 가지는 시기인 18-19세기를 이해하기 위해 16-17세기에 어떠한 일이 있었는지 대략적으로 살펴보는 것이다. 근대 프로테스탄트 교회의 역사는 이 새로운 그리스도교의 일파가 형성된 종교개혁으로 인한 변화의 연장선에서 살펴볼 수밖에 없다. 따라서 종교개혁에서 비롯된 사건들의 대략을 아는 것은 근대교회사를 단편적으로 이해하는 위험에서 독자들을 구할 것이다. 또한 18-19세기와 이전 시기 그리스도교와의 연속성을 이해했을 때 오히려 그것과 구분되는 이 시기 종교 생활의 특징들이 더 명확히 부각될 수 있다. 이 책에서 강조할 근대 교회사의 독특성은 이전 시기와의 관계 속에서 더 잘 드러날 것이다. 그래서 이 장에서는 16-17세기에 일어난 주요 종교사적 변화를 살펴본 후 그것이 18-19세기의 그리스도교의 발전 방향에 어떻게 영향을 주었는지 고찰할 것이다.

 종교혁명

혁명은 기본적으로 정치적 권력구조 안에서 일어난 근본적인 변화를 의미하지만, 지난 몇 십 년간 정치 영역을 넘어 사회, 경제, 문화, 기술 등의 분야에서 일어난 근본적인 변화를 지칭하는 용어로 의미가 확대되고 있다. 예를 들어 사회학자 찰스 틸리(Charles Tilly)는 저서 《유럽의 혁명(European Revolutions, 1492-1992)》(1995)에서 정치 구조뿐 아니라 사회경제 구조 전반에 변화를 가져오는 대혁명을 언급하였다.[1] 이러한 넓은 의미의 혁명에 대한 정의에 따르면 종교개혁과 그에 따른 종교전쟁의 과정은 유럽의 정치, 경제, 문화 구조를 심오하게 변화시킨 종교혁명으로 볼 수 있는 사건이었다. 종교개혁 이후 약 1세기 동안 일어난 전쟁의 결과 신성로마제국이 종교 문제로 수백 개의 영방으로 갈라지고, 프랑스가 강대국으로 부상하며, 네덜란드와 스위스의 독립이 인정되는 등 국제적 역학관계가 변하였다. 그리고 정치적 측면에서는 각국에서 이전보다 교황의 세속적 권위가 확연히 줄어들고 국왕의 권위가 크게 신장되었다. 무엇보다 유럽 사회가 복수의 종교적 선택지를 갖게 됨으로써 종교적 다양성은 더 이상 논쟁거리가 아니라 삶의 일부가 되었다. 이런 전례 없는 변화가 일어난 새로운 시대를 어떻게 살아갈 것인가?

종교개혁 이후 유럽은 오랜 시간 종교전쟁에 휩싸였다. 사실 종교개혁의 대의는 숭고했지만, 그것을 이루는 과정까지 그러했던 것은 아니었다. 종교전쟁은 많은 계층의 사람들의 이해관계가 얽혀 일어났다. 정치가들은 종교적 신념뿐 아니라 국가의 이익 증진을 위해 전쟁을 택했다. 가톨릭 추기경이었던 프랑스 재상 리슐리외는 프랑스의 국익을 위해 30년전쟁에서 프로테스탄트의 편에 서기도 했고, 독일의 군주들은 신성로마제국 황제와 로마 교황의 간섭에서 벗어나기 위해 전쟁에 참전하기도 했다. 푸거, 메디치 가문 등 유럽의 돈줄을 쥐고 있던 상인들은 경제적 이익 증진을 위해 가톨릭·프로테스탄트 중 한쪽을(혹은 동시에) 후원하기도 했다. 그러나 16-17세기를 살았던 일반인들에게도 종교적 이유로 무기를 드는 것은 그리 이상한 일은 아니었다. 당대인의 삶에서 종교는 생활의 여러 영역 중 하나가 아니라 삶 자체에 가까운 것이었기 때문에 그것을 위해 실질적인 행동에 나서는 것도 충분히 가능한 일이었다. 특히 당시의 독일과 스위스는 사실상 작은 도시국가들의 연합에 가까웠는데, 이런 '작은' 지리적 공간에서 이웃이 '올바른' 그리스도교 교리와 윤리를 따르는 문제는 한 개인에게도 영향을 끼치기 마련이었다. 종교개혁을 지켜 내기 위해 직접 전투에 나갔던 츠빙글리 목사는 당시에는 그리 이상한 사람이 아니었을 것이다.

오늘날의 독일을 비롯한 중부 유럽 지역에 위치했던 신성로마제국의 경우 크게 슈말칼덴전쟁과 30년전쟁이라는 종교전쟁을 겪으며 새로운 종교 지형을 형성하게 되었다. 1531년 신성로마제국 내의 프로테스탄트 도시들이 슈말칼덴동맹을 맺고 가톨릭 세력에 대항하게 되었는데, 이 전쟁은 1555년 아우크스부르크화약(和約)으로 종결되었다. 이 조약은 각 영방제후의 종교를 그 지역의 종교로 규정하여, 가톨릭 외에 종교적 선택지가 생기게 한 점에서 종교적 다양성을 증진시켰다. 예를 들어 독일 북부의 브란덴부르크는 군주가 루터파였기 때문에 그 지역의 종교는 루터파가 되었고, 남쪽의 오스트리아 국왕은 가톨릭이었기 때문에 그 지역은 가톨릭을 계속 신봉하게 되었다. 문제는 프로테스탄트 지역에 사는 가톨릭교도나 혹은 반대의 상황에 해당하는 경우 예배의 자유가 보장되지 않았고, 이럴 경우 자신과 종교가 맞는 지역으로 이동할 수밖에 없었다. 그나마도 가톨릭 외에는 루터파만이 이런 부분적 자유를 누릴 수 있었고, 칼뱅파나 재세례파 등은 아직 종교적 선택지에 속하지 않았다.

이는 가톨릭·프로테스탄트 모두 만족할 수 없었던 내용이었기 때문에 항구적 평화라기보다 일시적 휴전에 가까운 것이었다. 결국 1618년 30년전쟁으로 종교적 갈등이 다시 폭발하였고, 유럽의 강대국 대부분이 참전한 이 전쟁은 이름처럼 30년을 끌고 1648년이 되어서야 '베스트팔렌조약'으로 종결될 수 있었다. 30년전쟁의 성격처럼 조약의 내용도 종교적인 면과 정치적인 면이 있었다. 이 전쟁은 공식적으로 승자도 패자도 정해지지 않았지만, 실질적으로는 프로테스탄트 국가들이 우세한 상황에서 끝나서, 스웨덴, 브란덴부르크 같은 프로테스탄트 국가들뿐 아니라 가톨릭 국가임에도 국익을 위해 신교 국가들과 연합한 프랑스가 영토를 넓혔고, 반대로 가톨릭 세력을 대표하던 오스트리아와 스페인의 영토가 줄어들었다. 이때 오스트리아의 지배를 받던 스위스와 스페인의 식민지 네덜란드가 이들의 지배에서 벗어나 독립을 얻었다. 종교적인 면에서는 제후가 자기 지역의 종교를 결정할 권리를 인정한 아우크스부르크화약의 원칙을 다시 인정하되, 가톨릭, 루터파에 이어 칼뱅파가 종교적 선택지에 추가되었다. 또한 자신의 교파가 없는 지역에 사는 신자들이 일정 기간 동안 예배의 자유가 인정되어 유럽의 종교적 자유는 큰 발전을 이루었다.

그러나 국제조약에서의 법률적 관용이 유럽인들 사이의 종교적 갈등을 종식시킨 것은 아니었다. 특히 30년전쟁의 주된 전쟁터였던 독일 지역은 이 기간 인구의 3분의 1 이상이 죽고, 종교에 따라 300여 개의 영방국가로

베스트팔렌조약의 비준(Gerard ter Borch 作)

분열되었다. 가톨릭·프로테스탄트 간의 지역적 갈등은 이후로도 상당히 오 랜 기간 진행된 문제이다. 일례로 19세기 말에도 프로테스탄트 국가 출신인 비스마르크는 독일 통일 후 독일 남부 사람들이 신봉하던 가톨릭을 탄압하 기도 했다. 또한 너무나 잔인하고 혹독한 형태로 지속된 종교전쟁은 가톨릭 과 프로테스탄트의 구분을 넘어 종교적 가르침에 대한 의구심을 불러일으 켰고, 독일이 이룬 법률적 관용은 이 근본적인 회의를 막지 못했다. 교회사 역사가 후스토 곤잘레스(Justo Gonzalez)는 이때부터 종교적 열정을 가진 사 람들조차 종교가 개인적 차원에 머물러야 된다고 생각하게 되었다고 주장 했다.[2] 결과적으로 독일의 종교적 관용은 국민을 화해시키지 못했고, 일반 인의 심성에서 종교가 차지하는 비중이 줄어드는 출발점이 되었다.

반면 30년전쟁으로 유럽의 강대국이 된 프랑스는 민심의 통합은커 녕 법률적 관용을 확립하는 데도 실패하였다. 본래 프랑스는 종교개혁자 장 칼뱅을 배출한 나라로 종교개혁의 열풍이 강한 지역이었다. 당시 프랑스

는 기즈 가문과 나바르의 부르봉이라는 대가문이 대립하고 있었는데 전자
는 가톨릭을, 후자는 프로테스탄트를 신봉하여 이들의 정치적 갈등이 프랑
스의 종교적 대립을 극화하고 있는 상황이었다. 두 가문의 대립은 1570년에
극적으로 타협되었고, 가톨릭과 프로테스탄트 양 세력의 화해를 확고히 하
기 위해 두 가문 간에 정략결혼이 성립되었다. 가톨릭 측에서는 국왕 샤를
9세의 동생 마르그리트(Margaret)를 신부로, 프로테스탄트 측에서는 프랑스
남부에 있던 나바르 가문의 앙리를 신랑으로 보냈다.★

　그러나 프로테스탄트 세력 확대에 경각심을 느낀 왕대비 카트린 드
메디치가 결혼식을 위해 파리에 모인 프로테스탄트들을 학살할 것을 명령
하여, 프랑스의 종교적 화해는 물거품이 되고 만다. 1572년 8월 24일 성 바
르톨로메오 축일에 새벽 종소리를 신호로 파리에서 학살이 시작되었고, 곧
지방으로 확산되었다. 이후 또다시 내전이 시작되었지만, 프랑스에서 프로
테스탄트의 세력은 현저히 약화되었다. 프랑스에 있었던 프로테스탄트들을
위그노라고 불렀는데, 이들의 이름을 따라 이를 '위그노전쟁'이라고 부른
다.[3] 결국 혈통적으로는 프랑스 왕위에 가장 가까웠던 나바르의 앙리는 가
톨릭으로 개종하고서야 프랑스의 왕 앙리 4세가 될 수 있었다. 그는 "파리
는 미사를 드릴 가치가 있다"는 유명한 말을 남기고 왕위를 선택하였고, 이
는 19세기 초까지 이어진 부르봉 왕가의 시작이 되었다.

　공식적으로는 가톨릭이 되었지만 어렸을 때부터 독실한 프로테스탄
트 신앙을 지닌 어머니의 영향을 받았던 앙리 4세는 1598년 낭트칙령(Edict
of Nantes)을 통해 모든 프로테스탄트들에게 종교적 자유와 정치적 권리를
부여하였다. 이제 프로테스탄트들은 파리를 제외하고 이전에 소유했던 예
배 장소에서 자유로운 예배를 드릴 수 있게 되었고, 1597년을 기준으로 자
신들이 소유했던 요새와 성채를 모두 반환받을 수 있었다. 그러나 프랑스
내의 종교적 관용은 앙리 4세의 개인적 정치력으로 유지되는 매우 불안한

★── 사실 마르그리트는 기즈 공 앙리와 사랑하는 사이였으나 정략결혼의 피해자가 되었다. 나바르
가문은 프랑스 국왕과 친척 관계로 왕위 계승을 주장하고 있었다.

성 바르톨로메오 밤의 학살

것이었다. 앙리 4세는 오랜 전쟁으로 피폐해진 프랑스의 경제 수준을 끌어올리고, 재무대신에게 "온 국민이 일요일엔 닭을 먹게 하라"는 명령을 내릴 정도로 국민의 생활을 신경 쓴 군주였다. 지금도 프랑스인들의 식탁에 자주 오르는 코코뱅이라는 닭요리가 이때 시작되었고, 프랑스 축구팀의 마스코트가 닭인 것에서 볼 수 있듯이 그의 영향력은 지금까지 프랑스인들의 생활 속에 남아 있다. 그러나 아직 가톨릭·프로테스탄트 양측은 서로를 용서할 준비가 안 되어 있었고, 그의 종교 관용정책에 대한 반발도 지속되었다. 앙리 4세는 즉위 후 관용정책 때문에 17번이나 살해 위협을 당하다가, 결국 1610년 프랑수아 라바이약(François Ravaillac)이라는 가톨릭 광신자에 의해 암살당하게 된다.

앙리 4세의 암살 이후에도 종교 관용정책은 한동안 명맥을 유지하다가, 태양왕이라고 불렸던 그의 손자 루이 14세에 의해 결국 폐지되고 만다. 루이 14세는 5세 때 프랑스 국왕이 되었지만 섭정 마자랭 추기경의 영향력 아래에 있다가, 23세 때 마자랭이 죽자 국정을 장악하게 되었다. 그 후 그는 지속적으로 왕권 강화정책을 폈는데, 그 일환으로 왕국의 종교적 통일을 저해한다고 판단한 위그노들을 탄압하였다. 1685년 퐁텐블로칙령(Edict of Fontainebleau)으로 낭트칙령이 폐지되자, 위그노들은 종교탄압을 피해 스위스, 독일, 잉글랜드, 북아메리카 등으로 탈출하였다. 당시 공직에 진출하기 어려웠던 위그노들의 상당수는 상공업에 종사하고 있었고, 특히 전문 기술직종은 이들이 장악하고 있었기 때문에 종교 관용정책 폐지는 프랑스에 상당한 경제적 손실을 초래하였다. 그럼에도 루이 14세의 절대왕정 시절 위그노에 대한 가혹한 탄압이 지속되었다. 프랑스에는 '사막교회'라고 불렸던 비밀 개신교 교회가 존속했지만, 발각될 경우 남자들은 해군 및 무역선의 노예로 보내졌고, 여자들은 평생을 감옥에서 보내야 했다.[4] 프랑스 내 프로테스탄트에 대한 박해는 18세기가 되면서 현저히 줄어들었는데, 이는 그들이 더 이상 위협적인 존재가 아니었기 때문이다. 결국 1787년 루이 16세는 비가톨릭 신자들에게 시민적 권리를 회복하는 베르사유칙령(Edict of Versailles)을 발표하였다. 그리고 200년 뒤에는 1985년 프랑수아 미테랑 대통령이 신앙의 자유를 지키려 했던 위그노에 대한 국가적 탄압을 국가원수로서 공식 사과하였다.

박해 기간 동안 많은 프랑스 지식인들이 가톨릭이 교조적으로 변하는 것에 반대하게 되었고, 나아가 필연적으로 어느 정도 배타성을 가질 수밖에 없는 종교 자체에 회의를 느끼게 되었다. 18세기에 볼테르를 비롯한 다수의 계몽주의자들은 위그노들을 돌보고 그들의 종교 활동을 후원하였는데, 이는 프로테스탄티즘의 대의를 따라서가 아니라 종교적 자유에 대한 신념 때문이었다. 결국 16-17세기의 프랑스는 독일과 달리 법률적인 관용의 수립에 실패하였고, 국민 사이의 종교적 갈등도 심각한 상황이었다. 또한 지식인들 사이에 종교적 회의감이 광범위하게 퍼진 상태에서 18세기를 맞이하게 되었다.

극심한 종교적 분열을 겪고, 종교적 회의감이 퍼지게 된 것은 유럽 대부분 국가에서 나타난 현상이지만 영국은 이런 혼란 속에서 국민 대다수 사이에 새로운 프로테스탄트 정체성을 구축하였다. 이 과정은 이 책에서 다루는 주제인 근대 프로테스탄트 정체성의 형성과 밀접한 관련이 있으므로 좀더 자세히 살펴보도록 하겠다. 잉글랜드의 종교개혁은 잘 알려진 것처럼 국왕 헨리 8세의 이혼 문제로부터 시작되었다. 그는 아들을 못 낳은 첫 번째 부인(아라곤의 캐서린)과 이혼하고 앤 불린과 결혼하려 하였으나 교황이 허락하지 않자, 교황의 간섭을 피하기 위해 잉글랜드 교회를 가톨릭으로부터 독립시키려 하였다.★ 사실 헨리 8세가 의도했던 것은 종교개혁보다는 잉글랜드 교회의 독립이었다. 그러나 잉글랜드 교회의 개혁이 필요하다고 믿었던 사람들은 헨리 8세의 교회 분열을 이용하여 프로테스탄트 교회를 세우려 하였다. 잉글랜드의 교회는 모든 관리 권한을 국왕에게 귀속한 수장법(1534)과, 예배 의식을 개혁 신앙의 내용이 담긴 공동기도서를 따를 것을 규정한 통일법(1559) 등을 통해 가톨릭과 구별된 독립 국가교회가 되었다. 교회사학자 마크 A. 놀(Mark A. Noll)은 수장법을 그리스도교 역사의 터닝포인트 중 하나로 제시한 바 있다. 가톨릭뿐 아니라 프로테스탄트들도 보편교회의 이상을 놓지 못하고 있던 때에 잉글랜드는 보편적 교회의 대체물인 국가교회를 수립한 것이다.[5] 이후 서구 그리스도교 제국의 모습은 크게 변화하였다. 프로테스탄트 국가들뿐 아니라 가톨릭 지역에서도 국가 단위의 교회 발전이 더욱 중요해졌다.

 독립된 잉글랜드 교회의 성립은 결과적으로 왕권과 의회의 충돌이라는 정치적 갈등으로 전환되었다. 통일령을 통과시켜 사실상 잉글랜드 국교회를 성립시킨 엘리자베스 1세는 평생 독신으로 살다가 후사 없이 죽었다. 이에 가장 가까운 친척인 스코틀랜드의 제임스 6세가 잉글랜드의 왕위까지 승계하여 제임스 1세로 등극하게 되었다. 영국은 오랜 의회주의 전통이 있었기 때문에 엘리자베스 1세처럼 강력한 왕권을 가진 국왕도 의회의 고유 영역을 존중하는 모습을 보여 주었지만, 스코틀랜드 출신인 제임스는 이런 잉글랜드의 상황에 어두워 왕의 권한을 신이 부여했다는 왕권신수설을 공공연히 말하고 다녔다. 제임스 1세는《자유로운 군주제의 진정한 법(The True Law of Free Monarchies)》(1598)이라는 책에서 "국왕은 신에게만 책임이 있고 신하에게는 책임지지 않으며, 법의 지배를 받지 않는다"는

★―― 'Catholic'은 본래 '보편적'이라는 뜻으로, 가톨릭 교회는 보편교회를 뜻한다.

주장을 반복하였다. 그는 개인적으로 가톨릭교도라는 의혹을 받았지만 정치적으로는 국왕을 정점으로 하는 국교회 제도를 잉글랜드와 스코틀랜드에 강요하였다. 이는 국왕이 정치 영역을 넘어 종교를 통제하려는 시도였기 때문에, 비(非)국교도뿐만 아니라 의회주의자들도 이에 반대하였다. 제임스 1세 시대에는 비국교도 중에서 '퓨리턴'들의 사회적 영향력이 상당했다. 이들의 상당수는 하원에 진출해 있었기 때문에, 제임스 1세와 퓨리턴들의 종교적 충돌은 곧 주권이 국왕에게 있는지 국민의 대표들이 모인 의회에 있는지에 대한 충돌이기도 했다.

여기서 퓨리턴들이 누구인지 잠시 살펴보도록 하자. 퓨리턴은 칼뱅주의에 영향받은 영국의 프로테스탄트 신자들을 가리키는 말이다. 초기의 국교회는 신학은 칼뱅주의를 받아들였지만 예식은 가톨릭을 따르는 타협적 성격을 띠었다. 이들은 국교회에 남아 있는 가톨릭적 요소의 정화(purify)를 주장한 자들이라는 뜻에서 퓨리턴[puritan=청교도(淸敎徒)]이라고 불렀다. 퓨리턴들은 성경의 가르침을 따르는 경건 생활의 중요성을 강조했고, 사치와 허례의식에 반대했으며, 일요일을 안식일로 엄수할 것을 주장하였다. 그들은 술취함에 대해서 비판적인 태도를 취했지만 알려진 것처럼 절대금주주의자들은 아니었다. 퓨리턴들이 강조한 경건은 중세의 수도원적 생활이 아니라 생활 속에서 영성(靈性)의 실현이었다. 그러나 퓨리턴 자체가 단일한 교파였던 것은 아니다. 이 용어는 다양한 종파 안에서 위에 설명한 성향을 가진 신도들을 일컫는 말에 가까웠다.

제임스 1세의 뒤를 이어 잉글랜드와 스코틀랜드의 군주가 된 찰스 1세는 여러 면에서 자신의 아버지와 비슷했다. 그도 왕권신수설을 주장했을 뿐 아니라 왕권 강화를 위해 두 왕국에 국교회의 감독제를 강요하려고 했다. 다만 차이가 있다면 아버지보다 정치력이 더 부족했다는 점일 것이다. 찰스 1세는 제위 기간 동안 계속 의회와 갈등했고 결국 1642년 의회와 국왕 사이에 내전이 시작되었다.

제1차 내전은 1642년부터 1647년까지 계속되었다. 전쟁은 외국 용병들로 구성된 군대를 가진 왕당파가 우세한 상황에서 시작되었지만, 의회파를 이끌던 올리버 크롬웰의 철기군이 1646년 6월 옥스퍼드를 함락시키자 전세가 역전되었다. 1647년 결정적으로 패배한 찰스 1세는 고향인 스코틀랜드로 피신하였으나, 크롬웰 군이 국경을 넘을 것을 염려한 스코틀랜드는 40만 파운드를 받고 그를 의회파에 넘겨주었다. 결국 포로가 된 찰스 1세는 와이트 섬(Isle of Wight)에 유배당하는 신세가 되었다.

이러는 사이에 중요한 종교적 성과가 나타났다. 1643년, 잉글랜드 의회파와 종교개혁자 존 녹스의 영향으로 장로교회를 세운 스코틀랜드 사이에 동맹이 체결된 것이다. 그 결과 1643년 7월 1일 잉글랜드와 스코틀랜드 대표들은 웨스트민스터사원에 모였는데, 여기서 잉글랜드, 스코틀랜드, 아일랜드의 종교적 일치를 최대한 실현하기 위한 합의문을 도출하였다. 이것이 '웨스트민스터신조'로 불리는 문서이며, 그 내용을 신도들에게 쉽게 설명하기 위한 소요리문답, 대요리문답과 함께 양국의 국회에 제출되었다. 1647년 8월 27일 스코틀랜드가 이 문서를 승인했고, 1648년 6월에는 잉글랜드 의회가 승인했다. 이는 칼뱅주의 교리를 국가가 승인한 최초의 사례였다.

그러나 1647년 11월 찰스 1세가 유배지를 탈출하여 다시 군대를 소집하면서 제2차 내전이 시작되었다. 그는 잉글랜드 내에 장로교 거주지를 인정해 준다는 조건을 제시해 스코틀랜드를 자신의 편으로 끌어들였다. 그러나 1648년 프레스턴전투에서 왕당파가 패배하였고, 찰스 1세는 사로잡혀 지금은 영국 정부기관이 모여 있는 런던의 중심부인 화이트홀(White Hall) 거리에서 처형당했다.

제2차 내전은 몇 가지 결과를 가져왔다. 정치적으로는 영국 역사상 처음으로 공화정이 선포되고 잉글랜드 공화국(Commonwealth of England)이 수립되었다. 크롬웰은 공화정의 호국경(Lord Protector)이 되었고, 이 새로운 정부 형태는 1658년 크롬웰이 죽을 때까지 지속되었다. 크롬웰 사망 이후 얼마 지나지 않아 찰스 1세의 아들 찰스 2세가 복귀하여 왕정이 복고되었다. 그는 자신의 아버지 찰스 1세를 교수대에 보낸 사람들 중 살아 있는 26명을 처형하였지만 정치적 안정을 위해 스튜어트 왕조를 반대했던 사람들을 사면하였고, 내전 기간 동안 왕당파들이 상실한 개인 재산은 돌려주지 않

영국 국회 앞 마당에 서 있는 올리버 크롬웰 동상

왔다. 왕정이 복귀되었지만 세상이 혁명 전으로 돌아간 것은 아니었다.

종교적으로는 더 커다란 변화가 찾아왔다. 크롬웰의 통치 시절에는 국교회 제도가 폐지되고 비국교도 교파들이 우세해졌지만, 그렇다고 종교적 탄압이 있었던 것은 아니었다. 의회에서는 장로교파가 우세했지만 실권을 장악한 군대 안에서는 독립파가 우세했는데, 이들은 각 개인이 독립적으로 종교적 행위를 할 수 있어야 한다고 믿었기 때문이다. 종교적 관용은 왕정복고 후에도 일정 수준 유지되었다. 찰스 2세가 돌아온 후 국교제도가 재수립되었고, 비국교도의 공직 진출이 금지되었지만, 비국교도 교회의 존재 자체가 불법화된 것은 아니었으며, 예배의 자유도 존중받았다. 그러나 영국에서의 관용은 프로테스탄트 내에서 허용되는 것이었다. 친가톨릭적 성향을 의심받던 스튜어트 왕가의 복고 후에도 가톨릭의 복귀는 불가능해졌으며, 내전을 통해 잉글랜드와 스코틀랜드의 프로테스탄트 정체성은 더욱 강화되었다.

찰스 2세는 수많은 서자를 두었지만 적자(嫡子)가 없었기 때문에, 그가 죽자 동생 제임스 2세가 왕위에 올랐다. 그는 왕세제 시절부터 가톨릭 성향을 드러냈기 때문에, 그의 즉위를 반대하는 여론이 강했다. 이 문제를 두고 영국 정계가 둘로 나뉘었다. 왕위 계승에 있어 혈통을 중시했던 자들은 제임스 2세의 계승을 주장하였고, 자신의 반대자들을 '휘그'(서부 스코틀랜드어로 '말 도둑들'이라는 뜻)로 불렀다. 반면 프로테스탄트의 계승이라는 명분을 중시한 자들은 제임스 2세의 계승을 반대하였고 상대편을 '토리'(중부 아일랜드어로 '산적' 정도의 뜻)로 불렀는데, 이것이 영국 정당사의 시작점이 되었다.★

결국 제임스 2세는 토리당의 지원을 받아 1685년 즉위하였다. 그는 알려진 것처럼 영국을 다시 가톨릭 국가로 만들려 한 것은 아니었으며, 종교적 관용의 범위에 가톨릭을 포함하려 했을 뿐이다. 그러나 이는 내전 기간을 통해 암묵적으로 형성된 종교적 합의에 역행하는 것으로, 휘그뿐 아니라 토리까지 그에게 등을 돌리게 만들었다. 당시 잉글랜드에는 국교회 이외의 신앙을 가진 사람들이 관직에 나가는 것을 막는 '심사법(Test Act)'이 존재했는데, 제임스 2세는 종교적 관용을 내세워 가톨릭 신자들을 관리로 채용하고, 왕실 근위병에 가톨릭 신자들을 고용하였다. 이는 영국 전역에서 강렬한 반발을 불렀다.

즉위 당시 제임스에게는 전처소생의 딸만 둘이 있었는데, 둘 다 독실한 프로테스탄트였기 때문에 국민들은 결국 시간이 이 문제를 해결해 주리라 믿고 있었다. 그런데 1688년 4월 제임스 2세가 55세에 뜻밖에 늦둥이 아들을 얻게 되자 프로테스탄트들은 영국에 가톨릭 왕조가 실제로 생길지 모른다는 위기감을 느끼게 되었다. 이 때문에 서로 대립하던 토리와 휘그는 동맹을 맺고 제임스 2세의 첫째 딸 메리의 남편인 네덜란드 공화국의 수반 (Stadtholder), 오라녜 공(Prins van Oranje) 빌렘에게 잉글랜드 침공을 요청하였다. 빌렘의 군사작전은 성공하였고, 제임스 2세가 무력 저항을 포기하고

★──── 영국 보수당은 지금도 스스로를 토리라고 부르며, 휘그당도 자유당으로 이어져 20세기 초까지 존속하였다.

망명함으로써 '명예혁명'으로 불리게 되었다.

1642년부터 시작된 내전과 명예혁명의 결과 정치적으로는 주권 귀속의 문제에 결론이 내려졌다. 제임스 2세의 딸인 메리와 그의 남편 빌렘(영어로는 윌리엄)은 각각 메리 2세와 윌리엄 3세로 공동군주가 되었고, 1689년 영국인의 기본권과 의회의 권리를 인정한 권리장전을 선포하여, 실질적인 입헌 군주제가 시작되었다. 또한 권리장전은 왕위계승자에서 가톨릭교도를 제외함으로써 종교적 측면에서 프로테스탄트 국가 건설을 최종적으로 선언한 문서이기도 했다. 이런 과정을 조망하면서 근대 영국사학자 린다 콜리(Linda Colley)는 근대 영국인들의 정체성을 구성한 중요 요소로 자유와 상업과 더불어 프로테스탄티즘이 있다고 평가하였다.[6]

지금까지 독일(신성로마제국), 프랑스, 영국의 종교전쟁을 살펴보았다. 이 과정은 몇 가지 시사점을 제시한다. 첫 번째는 유럽 주요 국가에서 종교적 독점권이 깨어져 가고 있었다는 것이다. 앞서 살핀 것처럼 독일은 북부의 프로테스탄트, 남부의 가톨릭 지역으로 나눠졌고, 각 영방국가 내에서도 종교로 인한 분열이 심화되었다. 프랑스에서는 가톨릭의 위그노에 대한 탄압이 지속되었지만, 결국 위그노 교회는 살아남았다. 영국에서는 내전을 통해 가톨릭 세력이 현저히 약화되었지만, 국교회와 비국교회 사이의 갈등이 정치적 이슈와 맞물려 내전으로 이어졌다. 중요한 것은 이제 누구도 한 종교가 한 국가를 독점하는 사회를 꿈꿀 수 없게 되었다는 점이다. 우리가 이 책에서 다룰 18-19세기는 이전과 달리 종교적으로 다원화된 사회 속에 그리스도교가 존재한 시기였다. 그리고 이러한 모습은 16-17세기의 종교전쟁을 통해 이미 형성되고 있었다.

두 번째로 유럽 사회는 한 교파의 독점권이 깨지는 것을 넘어 타 종파와의 공존 방식을 생각하게 되었다. 사실 종교적 관용은 당시 각 사회에서 매우 첨예한 문제로, 주요 세 국가의 결론이 모두 달랐다. 독일은 법률적으로는 관용이 제시되었으나 북부와 남부 사이에, 그리고 각 영방국가 내에서도 교파 간의 갈등이 지속되었다는 점에서 생활 속의 통합을 이뤄내지는 못했다. 프랑스는 국민적 통합은 물론이고 법률적 관용도 결과적으로 실패하였다. 그러나 프랑스의 계몽주의 지식인들은 가톨릭의 교조적인 태도에 대한 반발로 이신론과 무신론을 포함한 다양한 종교관의 공존을 주장하였다. 영국은 비국교도에 대한 차별이 남아 있긴 했지만, 오랜 전쟁을 통해 프로테스탄트 교파들 안의 공존이 확립되고, 프로테스탄트 정체성이 강화되었다. 종교개혁 이후 지속된 종교전쟁은 결과적으로 종교적으로 다원화된 사회를 성립시켰고, 이에 따라 다음 두 세기 동안에는 그 속에서 어떻게 살아가야 할지가 더 중요한 문제가 되었다.

 ## 사상적 도전

역사학자 아널드 토인비는 역사를 도전과 응전으로 표현하였는데, 이는 교회사에도 적용되는 설명이다. 16-17세기에 있었던 과격한 종교전쟁과 그 과정 속에 일어난 반대 종파에 대한 탄압들은 큰 틀에서 보면 점점 약해졌지만, 이런 큰 흐름을 볼 수 없었던 당시 사람들 중에는 이 모든 사태의 원인인 종교에 회의를 느끼는 경우가 많아졌다. 시간이 흐를수록 유럽 각국에서 종교적 관용의 범위는 넓어졌지만, 이는 일면 수많은 사람들의 목숨이 희생되는 과정에서 사람들이 가톨릭과 프로테스탄트와 상관없이 그리스도교 자체에 회의를 느낀 결과이기도 했다. 더욱이 17세기만 보자면 종교적 관용은 오히려 쇠퇴한 것으로 보였다. 프랑스는 낭트칙령을 철폐했고(1685), 영국에서는 비국교도의 공직 진출을 막는 심사법을 세 차례에 걸쳐 강화하였다(1661, 1673, 1678). 이렇게 종교적 회의를 느꼈던 사람들이 늘어난 상황에서, 이들의 감정적 흔들림에 확신을 제공하는 변화가 나타났다.

　우선 동양과의 접촉 증가가 중요했다. 근대 초 지리상의 발견 이후 서양과 동양의 접촉은 계속하여 늘어났다. 16-17세기에 동서양 사이의 심리적 거리는 생각보다 가까웠다. 이미 15세기부터 신대륙과 아시아에 진출했던 스페인과 포르투갈 외에도 영국, 프랑스, 네덜란드 등의 서유럽 국가들도 북아메리카와 동인도에 진출하여, 타문명과 타종교를 피부로 접하게 되었다. 영국에 불교, 이슬람, 힌두교 문물이 소개되었고, 프랑스에 공자의 사상이 소개되었다. 이전에 없었던 이런 접촉은 그리스도교에 기초한 서구문명을 상대적 관점에서 바라볼 수 있게 하였고 서구의 종교와 문명을 절대적 기준으로 보던 기존의 관념을 흔들기 시작하였다.[7]

또한 과학혁명으로 인해 과학적 연구방법이 인간과 자연을 바라보는 대안이 되어 갔다.[8] 2장에서 다룰 예정인 뉴턴의 과학적 연구방법이 등장한 이후 사람들은 책상머리에 앉아 전 우주에 적용되는 법칙을 알 수 있는 길을 발견했고, 나아가 일부는 과학이 자연계의 현상뿐 아니라 인간의 사회적 행동을 설명하는 지침이 될 수 있다고 믿기 시작하였다. 초기 과학혁명의 선구자들은 과학의 발전과 신의 존재 사이에 아무런 충돌을 느끼지 못하였다. 그들은 이성에 근거하여 신이 제정한 자연의 보편적 법칙을 찾고 있었고, 그것은 신의 존재와 특성을 더 잘 드러내 줄 것이라고 생각했기 때문이다. 과학혁명 자체는 그리스도교를 떠날 잠재적 이론 기반을 제공해 주었지, 그 자체가 그리스도교와 상반된 것은 아니었다. 과학혁명의 주창자들과 계몽주의자들의 상당수는 인간의 생활에 간섭하는 인격적인 신을 거부하였지만 아직 우주에 적용되는 보편적 질서를 세운 신을 떠나지 못했다.

그럼에도 과학혁명 이후 그리스도교는 이전보다 방어적인 태도를 취하게 되었다. 이제 사람들은 계시가 아닌 이성을 중심으로 진리를 탐구하기 시작하였는데, 이는 결과적으로 성경의 권위를 약화시켰다. 그래서 계시에 자신의 이성을 굴복시키는 것이 아니라 이성에 계시를 조화시키려는 시도가 나타났다. 예를 들어 로크나 매튜 틴들(Matthew Tindal)같이 이신론적 종교관을 가졌다고 알려진 이들은 신의 기적적인 개입을 부정하여, 성경 속에서 이성과 자연법칙에 어긋난다고 보이는 것들을 제거하기 시작하였다.

그러나 교회는 이런 정서적 변화를 잘 인식하지 못했고, 그들이 보인 대응 또한 시대에 뒤떨어져 있었다. 예를 들어, 1616년 가톨릭교회는 코페르니쿠스의 《천체의 회전에 관하여(De Revolutionibus Orbium Celestium)》(1543)를 금서목록에 올렸고, 1633년에는 지동설을 주장한다는 이유로 갈릴레오 갈릴레이에 대한 종교재판이 열렸다. 지동설을 반대한 것은 프로테스탄트 신학자들도 마찬가지였다. 이 책의 다른 장에서 설명하겠지만, 이러한 도전에 대한 반작용으로 16-17세기의 가톨릭과 프로테스탄트 진영에서는 오히려 기존의 교리와 관행을 더 엄격히 해석하고 강요하는 정통주의가 더 강해졌다. 이러한 유럽인들의 심성 속에서 일어난 변화는 18세기 계몽주의의 발전에 중요한 배경이 되었다.

 ## 교회의 대응

종교전쟁이 남긴 참상과 과학혁명과 이신론이 제기한 사상적 도전에 직면하여 18세기에 교회는 두 가지 대응을 보였다. 그 첫 번째는 대각성 운동과 선교운동으로 대표되는 종교적 부흥운동이었고, 두 번째는 사회의 악습을 철폐하고 도덕성을 고양하는 사회개혁 운동이다. 17세기는 이런 응전이 일어나기 전 부흥에 대한 갈망이 임계점을 향해 쌓여 가던 시기였다. 교회가 시대적 변화를 읽지 못하고 그 영향력을 상실하고 있던 이 시기에 부흥을 향한 열망을 이어 갔던 이들이 바로 경건주의자들이었다. 이 책이 포함된 〈그리스도교의 역사〉 두 번째 시리즈가 종교개혁 이후부터 종교전쟁까지의 역사를 설명하기 때문에, 경건주의를 설명하지 않고 18세기로 넘어가면 빈 공간이 생긴다. 이에 간략히 경건주의를 설명하도록 하겠다.

16-17세기의 종교전쟁을 겪으며 가톨릭과 프로테스탄트 모두 자기가 믿는 신앙의 자유를 지키고, 자기 종파의 이해관계를 유지하기 위해 이데올로기에 경도되는 경향이 생겼다. 당시에는 자신의 신앙을 지키고 공동체의 이익을 지키기 위해 폭력에 호소하는 것은 그리 드문 일이 아니었다. 종교전쟁의 결과 찾아온 관용은 일면 종교적 폭력에 대한 민중의 회의를 반영하는 측면이 있었다. 이런 상황에서 가톨릭과 프로테스탄트는 모두 오히려 기존의 교리와 관행을 더 엄격히 해석하고 강요하는 정통주의로 회귀하는 성향을 보였다.

가톨릭은 프로테스탄트 종교개혁의 위기를 겪은 후 트리엔트공의회

(1545-1563)를 통해 가톨릭 전통교리를 다시 한 번 확인하였다. 교황과 공의회의 결정에 대한 권위는 여러 도전에도 불구하고 유지되었을 뿐만 아니라 오히려 강화되었다. 이는 흔들리던 가톨릭교도들에게 사상적 확신을 주었고, 이들이 가톨릭의 울타리를 떠나지 않게 해주었다. 프로테스탄트 교파의 정통 신학자들도 루터파, 칼뱅파 할 것 없이 종교전쟁을 겪으며 자기들의 입장을 더욱 강화하였다. 이러한 정통주의 성향은 일부에게는 신앙의 확신을 고양시켰겠지만, 다른 사람들에게는 그리스도교 신학과 교리 자체에 대한 거부감을 증가시켰다.

이러한 흐름에 대한 반발로 반정통주의의 움직임이 나타났다. 그 가운데 한 흐름은 계몽주의 안에서 찾을 수 있다. 다수의 계몽주의자들은 신학에 대한 합리적 설명을 시도하였으며, 신앙이 인간의 이성에 뿌리를 두어야 한다는 생각을 퍼뜨렸다. 이는 정통주의가 추구하는 방향과 분명 반대되는 것이었다. 이에 대해서는 2장에서 더 자세하게 살펴보겠다.

정통주의에 대한 반발은 교회 내부에서도 발생하였는데, 그 대표적인 것이 17-18세기 독일을 비롯한 유럽 중부에서 강성했던 경건주의일 것이다. 30년전쟁 후 베스트팔렌조약으로 개인의 종교의 자유가 인정되었지만, 가톨릭 국가 안에 있던 프로테스탄트 공동체의 고립 현상이 나타났다 (반대의 경우도 마찬가지이다). 이들은 법적 자유는 인정받았지만 국가의 지원은 받지 못했고 여전히 상당한 박해의 위협 속에 살고 있었다. 예를 들어 베냐민 슈몰크(Benjamin Schmolck, 1672-1737)라는 목사는 가톨릭 지역인 독일의 슐레지엔에 살았었는데, 이 지역에 유일하게 허락된 루터파 교회에 시무하면서 36개가 넘는 마을에 흩어진 신도들을 열성적으로 돌보다가 뇌졸중이 찾아와 평생을 마비 증상에 시달려야 했다. 그 과정 속에서 지어진 찬송가가 널리 알려진 〈내 주여 뜻대로(Mein Jesu, wie Du wullt)〉라는 곡이다. 이렇게 고립된 상태에서 신앙생활을 하던 신도들은 자신들의 종교적 정체성을 지키기 위해 경건생활에 힘썼다. 이들은 개인의 신앙체험을 강조하고, 그 열성을 지키기 위해 정기적인 성경공부 모임과 기도모임을 만들고 엄격한 생활 규율과 자선을 강조하였다. 일부는 자신이 처한 고통을 신의 심판

경건주의자의 아버지 필립 야콥 슈페너

의 징후로 해석하여 천년왕국이 임박했다고 믿기도 했다.

독일 지역의 대표적인 경건주의자는 필립 야콥 슈페너(Philip Jacob Spener, 1635-1705)일 것이다. 당시 북부 독일 국가들에서 루터교는 사실상의 국교였고, 목회자들은 국가의 지원을 받았기 때문에 기본적인 생계가 보장되었다. 교구별 거주민이 곧 등록교인과 마찬가지였기 때문에 목사들이 설교나 전도를 열심히 할 동기가 저하되어 있었다. 따라서 다수의 목회자들은 신학 논쟁에 빠져 현학적인 설교를 했고, 세례와 성만찬 같은 기본적인 성무를 담당하는 것으로 성도들에게 충분히 봉사한다고 생각하고 있었다. 1667년 프랑크푸르트의 루터파 교회의 담당교역자가 된 슈페너는 목회자들이 이런 최소한의 임무를 넘어 신자들의 영적 상태까지 신경 써야 한다고 주장하였다. 그는 16세기 종교개혁가인 마틴 부처(Martin Bucer, 1491-1551)가 성경 및 종교서적을 읽기 위해 만든 모임의 예를 따라 '경건 학교'(Collegia pietatis)를 만들었다. 그는 이를 통해 당시 신도들의 도덕적 무관심에 대응하려 하였다.[9] 이런 활동의 결과를 경건주의의 기본헌장으로 불리는 《경건한 소원(Pia desideria)》(1675)이라는 책으로 출판하였다. 또한 그의 영향 하에 세워진 할레 대학교(University of Halle)는 경건주의자들의 요람이 되었다.

슈페너가 《경건한 소원》에서 주장한 바는 경건주의의 핵심 주장이 되었다. 그는 모든 그리스도교인이 신자로서의 역할이 있다고 주장하였고, 그 연장선에서 평신도 주도의 성경 공부를 강조하였다. 또한 성직자는 설교할 때 현학적이고 논쟁적인 내용과 수사를 피하고 삶에 와닿는 설교를 해야 한다고 강조하였다. 그리고 슈페너는 이신칭의(以信稱義) 교리를 강조한 나머지 성화에 큰 강조점을 두지 않았던 당시 루터교와 달리 하나님이 인간을 의롭다고 하는 것에서 더 나아가 그들에게 거룩한 생활을 할 능력을 준다고 주장하며 생활 속의 성화를 강조하였다.[10] 슈페너의 사상은 그의 후계자 아우구스트 헤르만 프랑케(August Herman Franke)에 의해 더욱 발전하였다. 그는 계시록의 예언이 현실에서 성취되고 있다고 보았던 슈페너의 지나친 신비주의적 주장을 교정하였고, 생동적인 신앙생활을 강조하는 차원에서 회심의 경험을 강조했다. 이는 큰 틀에서 경건주의의 후손인 모라비안 교도와 웨슬리에게서 다시 강조되어 복음주의의 중요한 특징 중 하나인 회심주의(conversionism)로 발전하였다.

경건주의는 경직된 프로테스탄트 정통주의에 생명력을 불어넣고, 계몽주의로 위협받던 성경의 진리성을 옹호하였다. 또한 신앙의 실천을 통해 근대사회에서 그리스도교가 살아남을 길을 제시하였다. 경건주의자들은 생활 속의 경건을 추구했기 때문에 고아원, 학교, 병원을 세우고 구빈활동을 하는 등 실천주의적 면모를 보였다. 그리고 이것이 적극적인 경건 전파 활동인 해외 선교로 이어지게 되었다. 당시 덴마크 국왕 프레데리크 4세(재위 1699-1730)는 여성 편력으로 유명한 사람이었고, 공식 결혼도 총 3번이나 하였는데 그중 처음 두 결혼은 중혼이었을 정도로 도덕률과는 거리가 먼 삶을 산 인물이었으나, 말년에 부종으로 고생하는 가운데 경건주의자가 되었다. 그는 1707년 덴마크령 인도[트란케바르, 지금의 타랑감바디(Tharangambadi)]에 선교사를 파송하고 싶어 했는데, 적임자가 없자 할레에 위치

도메니코 페티의 '이 사람을 보라'

한 마르틴 루터 대학의 프랑케에게 파송할 선교사를 요청하였다. 프랑케는
바톨로메우스 지덴바르크(Bartholomäus Ziegenbalg)와 하인니히 플뤼츠차우
(Heinrich Plütschau)를 파송하였고, 이들은 1719년까지 현지어로 성경을 번
역하고, 고아원과 학교를 세우는 사역을 하였다.[11] 이러한 선교의 열정은 경
건주의에 영향받은 모라비안교파가 계승하고, 또 모라비안에 영향받은 감
리교가 계승하게 되었다. 그리고 이러한 움직임의 연장선에서 19세기로 가
면 전 세계를 대상으로 하는 대양 선교의 시대가 열리게 되었다.

　　무엇보다 강조되어야 할 경건주의의 역사적 중요성은 이들의 신학적
열성이 모라비안교도를 거쳐 감리교에 영향을 주었다는 것이다. 18세기
경건주의자 니콜라우스 루트비히 폰 진젠도르프 백작(Nicolaus Ludwig von
Zinzendorf, 1700–1760)은 할레 대학교의 프랑케 밑에서 신학을 공부하였는
데, 19세 때 졸업여행 중에 뒤셀도르프에서 도메니코 페티(Domenico Feti,

1589-1623)의 '이 사람을 보라(Ecce Homo)'라는 그림을 보았다. 그는 그림 속에 쓰여 있던 "나는 너를 위해 이런 일들을 당했는데, 너는 나를 위해 무엇을 하였느냐(Ego pro te haec passus sum, Tu vero quid fecisti pro me)"라는 글에 큰 감동을 받고 예수를 따르기로 결심하였다.[12]

그는 선교사를 양성하는 기관을 세우기 위해 베르델스도르프(Berthelsdorf)에 영지를 샀는데, 이곳으로 박해를 피해 체코를 떠난 모라비안교도들이 몰려들자 그들을 받아들이고 헤른후트(Herrnhut)라는 공동체를 세웠다. 본래 궁정의 고관이었던 그는 1728년에 모든 공직을 내려놓고 모라비안교도의 지도자가 되었다. 이곳은 하루 24시간 기도와 찬양을 하였는데, 찬양을 오랜 고난과 박해를 이기는 원동력으로 보았기 때문이다. 이러한 형식의 예배는 100년 이상 지속되었다.[13] 1735년, 대서양을 건너던 존 웨슬리가 폭풍 속에서 찬양하는 모라비안교도를 보고 큰 감동을 받은 사건도 사실 그들의 오랜 찬양의 전통 속에 발생한 일이었다. 웨슬리는 귀국 후 모라비안교도의 집회에서 회심을 경험하였고, 1738년에는 모라비안의 중심지 헤른후트에 가서 그들의 신학과 경건을 공부하였다. 18세기 그리스도 교회의 웅전의 성격을 띤 대각성 운동은 그 이전부터의 경건주의 운동의 연속선상에서 발생한 사건이었다.

맺음말

지금까지 살펴본 것처럼, 종교개혁부터 18세기 전까지 유럽에서 일어난 사건들은 종교전쟁, 사상적 도전, 교회의 대응이라는 키워드로 정리해 볼 수 있다.

이 시기 동안 발생한 종교전쟁과 혁명은 유럽 주요 국가의 종교 지형을 바꾸어 놓았다. 이때 생성된 유럽의 정치·종교 구조가 지금까지 큰 틀에서 유지되고 있다. 프로테스탄트는 종교전쟁에서 살아남아 독일 북부 및 북유럽에서 우세해졌다. 영국에서는 몇 차례의 혁명을 통해 프로테스탄트 국가 정체성을 수립하였지만, 반대로 프랑스는 가톨릭 정체성이 강화되었다. 어쨌든 중요한 것은 유럽인들에게 종교의 선택지가 생겼다는 것이다. 16-17세기의 종교전쟁을 통해 18세기가 시작되었을 때 국가별로 종교적 관용의 정도가 달랐으나, 다른 교파와의 공존을 모색해야 하는 상황이 펼쳐진 것은 분명하였다.

다른 한편 우리가 다룰 18세기 이전 유럽 사회는 이전 시대의 종교전쟁이 보여 준 참상에 대한 부작용으로 종교에 대한 회의가 생기기도 하였다. 그리고 과학혁명의 진행과 이신론의 등장은 이런 감정에 지적인 토대를 제공하기 시작하였다. 이러한 유럽인들의 심성 속에서 일어난 변화는 18세기에 계몽주의의 전성기로 이어지고, 사상적으로 세속화된 사회의 시작에 영향을 주었다.

종교전쟁과 과학혁명, 이신론 등의 도전은 세속화 시대의 시작을 가져왔지만, 반대로 그것에 대한 교회의 대응을 촉발한 원인이 되었다. 18세기가 시작될 때, 유럽과 대서양 세계에는 부흥을 향한 갈망이 쌓여 가고 있었다. 18세기의 부흥운동을 갑작스런 발흥으로 생각해서는 안 되며, 그 뿌리를 16-17세기의 경건주의까지 찾아봐야 종합적인 해석이 가능할 것이다. 앞서 설명한 것처럼 경건주의와 그 일파인 모라비안교파의 영향으로 18세기에는 대각성 운동이 일어날 수 있는 분위기가 잡혀 있었고, 복음주의 단체들의 세계 선교를 향한 길이 닦여 있었다. 이렇게 18-19세기 교회사를 이해하는 데 필요한 핵심적 키워드인 종교전쟁, 사상적 도전, 교회의 대응은 그 원형이 이미 종교개혁 이후 18세기 이전 시기에 형성되고 있었다.

주

1 —— Charles Tilly, *European Revolutions, 1492-1992* (Blackwell Publishing, 1995), 16.

2 —— 후스토 곤잘레스, 《현대교회사》(은성, 2012), 28.

3 —— '위그노(Huguenots)'라의 단어는 제네바 시를 가톨릭 국가인 사보이의 지배로부터 독립시킨 브장송 위그(Besançon Hugues)의 이름에 스위스 사람을 지칭하는 프랑스 사투리(Eignot)를 합쳐서 생겨난 말로 알려져 있다. "Huguenot", Encyclopædia Britannica 참고 (https://www.britannica.com/topic/Huguenot, 2018년 8월 5일 검색).

4 —— 곤잘레스, 《현대교회사》, 39.

5 —— 마크 A. 놀, 《현대교회사》(CUP, 2007), 247-276.

6 —— Linda Colley, *Britons: Forging the Nation, 1707-1837* (Yale University Press, 1992), 11-54.

7 —— Stewart J. Brown & Timothy Tackett, "Introduction" in Stewart J. Brown & Timothy Tackett (ed.), *The Cambridge History of Christianity, Enlightenment, Reawakening and Revolution, 1660-1815* (9 vols, Cambridge University Press, 2006), VII, 5.

8 —— Brown & Tackett, "Introduction", 5.

9 —— "Collegia pietatis", Encyclopædia Briannica 참고 (https://www.britannica.com/topic/collegia-pietatis, 2018년 8월 4일 검색).

10 —— 곤잘레스, 《현대교회사》, 135.

11 —— Daniel Jeyaraj, *Bartholomäus Ziegenbalg, the Father of Modern Protestant Mission: An Indian Assessment* (ISPCK, 2006), 151-154.

12 —— Janet & Geoff Benge, *Count Zinzendorf* (YWAM Publishing, 2006), 41-42.

13 —— Hamilton, J. Taylor & Kenneth G. Hamilton, *The History of the Moravian Church* (Moravian Church in America, 1967), 30-32.

과학혁명과
계몽주의

2

교회사의 18세기 부분을 읽으면 많이 다루어지는 주제가 바로 부흥운동이다. 그런데 '부흥(revival)'이라는 말 자체가 '다시 살아남'이 필요할 정도로 침체의 시간이 있었다는 것을 전제한다. 그래서 부흥운동이 있기 전에 무슨 일이 있었는가를 아는 것이 옳은 순서일 것이다. 이 장에서는 부흥운동이라는 반작용이 필요한 요인이었던 과학혁명과 계몽주의라는 도전에 대해 설명하도록 하겠다.

이 장에서 던질 질문은 크게 세 가지이다. 왜 18세기에 일어난 그리스도교 세계관에 대한 회의가 위협적이었는가? 역사 속에 그리스도교에 대한 회의를 가진 사람들은 항상 있었다. 구약성경만 봐도 신의 존재를 무시하거나 부정하는 많은 예를 볼 수 있다. 그런데 왜 18세기에 있었던 그리스도교 세계관에 대한 회의는 특별히 위협적이었을까? 두 번째로는 이 도전은 위협적이기만 했는가? 즉 그리스도교에 끼친 긍정적인 요소는 없었는가? 《순전한 기독교》의 작가 C. S. 루이스는 사랑하던 아내를 잃고, "인생은 가혹한 스승이긴 하지만 가르쳐 주긴 한다"라는 말을 한 적이 있다. 마찬가지로 어렵고 힘든 공격이었지만 이것들이 교회에 가르쳐 준 것이 있었다. 그것은 무엇이었는가? 마지막으로 18세기에 그리스도교 교회가 직면했던 도전이 현대의 교회가 가진 이슈와 어떻게 연결되는가?

앞 장에서 언급했듯 16-17세기의 종교전쟁을 겪으며 가톨릭·프로테스탄트 모두 자기 신앙의 자유를 지키고 이해관계를 유지하기 위해 이데올로기화되었고, 이를 위해 전쟁과 폭력에 호소하게 되었다. 수많은 인명과 재산의 희생 끝에 종교적 관용이 찾아왔으나, 이는 종교적 열성의 승리가 아니라 종교에 대한 회의의 결과물에 가까웠다. 사람들이 종교 자체에 관심이 줄고, 심지어 그 해악을 인식하게 된 것이다. 그리고 이런 상황에서 가톨릭, 프로테스탄트 모두 오히려 기존의 교리와 관행을 더 엄격히 해석하고 강요하는 정통주의로 회귀하게 되었다. 한 세기 이상의 종교전쟁과 생명력을 상실한 경직된 교리주의는 종교 자체에 대한 염증을 유발했고, 이는 반정통주의의 움직임이 되었다. 종교가 차지하는 비중이 줄어든 정서적 빈 공간을 차지하게 된 것이 바로 계몽주의로 대표되는 이성중심주의였다.

　　우선 본격적으로 계몽주의를 논하기 전에 과학혁명과 합리주의의 발달을 살펴볼 필요가 있다. 이 두 움직임은 그 자체로 18세기의 도전적인 분위기 형성에 기여하였고, 계몽주의 발달의 배경이 되었기 때문이다.

과학혁명

대다수의 학자들은 18세기 계몽주의의 발달이 17세기 과학혁명에 영향을 받았다는 것에 동의할 것이다. 과학사를 보면 그 이전 시기에도 크고 작은 발전이 끊임없이 있었지만, 16-17세기 동안 일어났던 과학적 변화는 조금은 특별한 의미를 지닌다. 이 시기에 과학의 방법, 내용, 실행 방식에서 급격한 변화가 일어났고 그 결과 중세적 우주관이 파괴되었기 때문이다. 이러한 변화는 인간이 자연, 사회, 자신을 바라보는 사고에 새로운 틀을 제공하였다.

　　고대에서 중세에 이르기까지 아리스토텔레스(Aristoteles, B.C. 384-322)의 우주관이 큰 영향력을 발휘했다. 아리스토텔레스에게서 우주의 중심은 지구였다. 그는 우주를 지구로부터 달까지 이르는 달밑세계(sublunar world) 또는 지상계(terrestial world)와 달에서부터 그 바깥을 이르는 달윗세계(superlunar world) 또는 천상계(celestial world)로 구별하였다. 이 두 세계는 몇 가지 차이점이 있었다. 지상계는 흙·물·공기·불과 같은 4원소로 이루어져 있는 곳으로 만물의 운동은 시작과 끝이 있고, 그러기 때문에 자연이 변화에 종속된 곳이다. 반면 천상계는 무게·냄새·색·온도 등이 없는 제5원소인 에테르(aether)로 구성된 것으로, 지상의 4요소가 지닌 특성이 적용되지 않기 때문에 물질이 등속으로 영원히 회전하는 영역이었다.[1]

　　로마제국 말기에 《신국론》을 쓴 아우구스티누스(St. Augustine, 354-430)는 세상을 타락하고 변화가 심한 지상의 왕국과 완벽한 신의 왕국으로 구분하여 보았는데, 천상계와 지상계를 구별하던 아리스토텔레스 우주관은 당시의 이러한 세계관과 결합하여 이후 1,000년 가까이 중세 유럽을 지

Schema huius præmiſſæ diuiſionis Sphærarum.

아리스토텔레스의 우주관을 반영하고 있는
독일의 인문학자 페트루스 아피아누스(Petrus Apianus)의 우주도(1524)

배한 우주관이 되었다. 우리가 잘 아는 프톨레마이오스의 천동설은 아리
스토텔레스의 우주관의 연장선에 있는 이론이었다.

　이런 맥락에서 보면 지동설을 주장한 코페르니쿠스는 중세 교회가
인증한 세계관에 도전한 것이었다. 사실 코페르니쿠스가 최초로 지동설을
주장한 사람은 아니며 그의 《천체의 회전에 관하여》도 이미 수집된 결과물
들을 재편성한 것에 가까웠다. 그럼에도 코페르니쿠스의 우주에 관한 이론
은 최초로 수학적으로 계산된 증거가 첨부된 태양중심설인 점에서 파장이
컸다. 이후 코페르니쿠스가 의도한 바와 달리 그리스도교의 우주관 자체에
오류가 있다는 생각이 퍼지기 시작하였다.

　지동설은 갈릴레오 갈릴레이(Galileo Galilei, 1564-1642)에 의해 더욱
정교해졌다. 그는 자신의 주장을 펼침에 있어 가설을 세우고 그것이 맞는지

지구 대신 태양이 중심에 위치하고 있는 코페르니쿠스 우주관

증명하기 위해 수학적 분석을 수행하였다. 여기까지는 코페르니쿠스, 케플러, 브라헤 등도 한 것이지만 그는 여기서 더 나아가 이 분석이 맞는지 실험을 통해 검증하는 작업을 하였다. 그는 자신이 직접 개발한 망원경을 이용해 천체 구조를 관찰하였고, 이를 통해 지구만이 실체이고 다른 모든 천체는 천상의 물체(ethereal matter)로 이루어졌다는 중세 그리스도교가 받아들인 아리스토텔레스 우주관에 도전하였다. 아리스토텔레스 우주관에서 천상계는 완전한 물질로 채워진 곳이었지만, 갈릴레오는 망원경을 통해 태양에서도 불규칙한 흑점의 변화가 있다는 것을 알아냈고, 금성의 크기와 밝기가 주기적으로 변한다는 사실을 밝혀내어 천상계를 불변의 영역으로 여겼던 기존의 관념에 의문을 제기하였다.[2] 갈릴레이의 관찰은 일차적으로는 과학 지식의 발달을 촉진하였으나, 궁극적으로는 중세 그리스도교의 우주관에 대한 도전이 되었다. 잘 알려진 것처럼 갈릴레이는 지동설을 주장했다는 이유로 종교재판을 받게 된다. 이는 사실 로마 교황청의 정치적 알력관계 속에 일어난 사건이었고 이미 지동설이 그리 새로운 이론도 아니었지만,

아직도 고위 성직자의 상당수는 그의 과학적 발견이 내포하는 세계관적 도전에 위협을 느꼈던 것이다.

과학혁명의 완성자는 《프린키피아(Principia)》(1687)를 대표작으로 남긴 아이작 뉴턴(Isaac Newton,1643-1727)이다. 뉴턴은 스스로 신학자로 생각했고 또 그렇게 기억되기를 바랐지만, 그를 역사에 남게 한 것은 자연과학에서의 업적이었다. 그는 미분원리, 빛의 합성적 성질 등을 발견하였고, 중력의 법칙이라는 보편적 원리를 정립하여 자연의 합리성을 입증하려 하였다.[3] 뉴턴이 살던 17세기는 데카르트의 연역법이 유행하던 시대였다. 연역법은 대전제-소전제-결론으로 구성되어 있으며, 합리적 논증을 대표하는 방식이었다. 예를 들어 '모든 사람은 죽는다'는 대전제가 성립되면 '소크라테스는 사람이다'라는 소전제를 대입하여 '따라서 소크라테스는 죽는다'는 결론을 도출할 수 있는 것이다. 데카르트는 대전제를 세우는 데 필요한 직관이 인간의 이성에서 나오는데, 이성은 신이 인간에게 심겨 준 '내재된 관념'(innate ideas)들 중 하나라고 주장하였다. 하지만 이런 사고방식은 기본 전제를 찾기 위해서 직관에 지나치게 의존하고 관찰과 실험을 도외시하는 문제가 발생한다. 뉴턴은 이를 보완하기 위해 데카르트적 사고방식에 따라 관찰된 사실로부터 기본 원리를 끄집어낸 후, 실험을 통해 논리적으로 예상되는 결과가 실제로 발생하는가를 증명하는 관찰된 증거들을 제시하였다. 예를 들어 사과가 땅에 떨어지는 것을 보고, 뉴턴은 중력의 원인이 지구의 중심에 있다고 생각하고, 그렇다면 질량에 비례할 것이라고 추리하였다. 그리고 이를 지구는 우주의 일부이므로 우주의 법칙을 반영한다는 전제에 도입하여, 우주에 중력이 보편적으로 작용한다는 논리를 타당하다고 가정하였다. 그리고 이 논리적 가설을, 지구를 도는 달의 운동 및 관측 가능한 행성의 운동의 경우에 적용하여 '사실'이라는 것을 밝혀낸 것이다.

이렇게 뉴턴은 연역적 사고에 실험적 방식을 더하여 과학적 연구방법(Scientific method)을 개발하였는데, 이미 당시 사람들 중 일부는 그 잠재적 적용 가능성을 인지하였다. 과학적 연구방법을 통해 그동안 미지의 영역으로 남겨 있었던 우주 전체에 적용되는 보편적 법칙을 인간이 책상머리

케임브리지 대학 트리니티 칼리지에 있는 아이작 뉴턴 조각상

에 앉아 추론하고 입증할 수 있게 된 것이다. 이에 영국의 시인 알렉산더 포프는 뉴턴을 이렇게 칭송하였다. "자연과 자연의 법칙은 밤에 가려져 있었는데 신께서 이르시되, '뉴턴이 있으라(Let Newton be)'고 하니 만사가 밝아졌다."

뉴턴은 평생을 독신으로 살면서 사건사고와 거리가 먼 생활을 하였지만, 딱 한 번 한눈을 판 적이 있었는데 바로 주식 투자를 한 것이다. 그는 '남해회사(The South Sea Company) 거품사건'의 피해자였다. 이 회사는 아프리카의 노예를 스페인령 서인도제도에 수송하고 이익을 얻는 것을 주된 목적으로 1711년 영국에서 설립된 특권 회사로, 영국에서 이 회사에 대한 투자 광풍이 일었다가 1720년 거품이 꺼지자 수많은 사람이 천문학적 손해를 보았다. 뉴턴은 이 회사 주식에 투자했다가 2만 파운드(현재 가치로 약 48억원)를 잃고 "난 별들의 움직임은 계산할 수 있어도 인간의 광기는 측정할 수 없다"라는 말을 남기기도 했다. 꼭 이 일 때문만은 아니겠지만, 뉴턴은 이성의 한계를 인정하고 자신의 발견에 대해 겸손한 태도를 취했다. 그는 자연 인과관계의 궁극적 원인은 미지의 영역에 있다고 보아 신의 개입을 긍정하고, 불확실의 지대를 남겨 놓았다. "나는 해변가의 어린아이"라는 뉴턴의 유명한 말은 이런 인식의 연장선에서 나온 것이었다. 뉴턴 스스로는 자연과학의 발달로 인한 발견이 성경의 가르침을 더 견고히 한다고 보았지만, 그의 후배 학자들은 과학적 연구방법을 인간 본성과 사회 현상을 알기 위한 학문에 적용하기 시작하였다. 이런 점에서 뉴턴은 자신도 모르게 이성중심주의로 가는 길을 열었다고 볼 수 있다.

합리주의와 경험론

계몽주의 발달의 또 다른 배경은 합리주의로 대표되는 철학 사상의 발달에서 찾을 수 있다. 일반적으로 근대 합리주의 사상은 르네 데카르트(Rene Descartes, 1596-1650)로부터 시작된 것으로 여겨진다. 그의 철학은 절대적으로 확실하지 않은 모든 것에 대한 깊은 불신에서 시작하였다. 그러나 데카르트는 모든 것을 의심하다 보니 오히려 몇 가지 확실해 보이는 명제가 있음을 알게 되었다. 그 첫 번째는 의심하고 있는 주체가 존재한다는 사실이다. 데카르트가 말한 "나는 생각한다. 고로 나는 존재한다(cogito ergo sum)"라는 명제는 이렇게 탄생하게 되었다. 두 번째로 그는 신의 존재를 의심할 수 없다고 생각했다. '나'는 의심하는 존재이므로 불완전한 존재인데, 내 안에는 나보다 더 완전한 것에 대한 관념이 있다. 어떻게 '완전한 존재'에 대한 관념을 가지게 되었는가? 그는 보다 완전한 존재에 대한 관념은 불완전한 존재 스스로가 가질 수 없기 때문에('완전한 상태'를 경험한 적이 없으므로), 즉 나로부터 나올 수 없기 때문에, 외부의 완전한 존재인 신이 나에게 넣어준 것으로 보아야 한다고 생각했다.[4] 이렇게 의심하는 자아의 존재와 신의

회의주의자로 비판받은 데카르트

존재의 전제 위에서 데카르트는 자신과 세계의 실체적 존재를 증명해 나가기 시작하였다.

데카르트는 독실한 가톨릭 신도로서 자신의 철학이 신학자들에게 유용하게 사용되길 원했지만 결과는 꼭 그렇지 않았다. 데카르트가 인간의 불완전성에서 완전한 존재인 신의 존재를 도출하는 방식은, 신의 존재에서 인간 이성의 존재 근거를 도출하는 전통적인 그리스도교적 사고방식을 역치한 것이었다. 이런 점에서 데카르트의 신 존재 증명은 역설적이게도 인간을 세상의 중심에 세우고 있었다. 또한 데카르트는 그의 방법적 회의 때문에 당시부터 회의주의자로 비판받았다. 근대 초 유럽인들은 그때까지 인간이 전제로 여기던 것들을 의심하기 시작하였고, 데카르트의 철학은 이러한 시대정신을 충실히 반영하고 있었다.

대륙과 달리 영국에서는 경험론이 발달하였다. 《인간지성론(An Essay on Human Understanding)》(1690)을 쓴 존 로크(John Locke, 1632-1704)는 데카르트처럼 신의 존재를 인정하였지만 결론에 도달하는 방식이 달랐다. 로크

그리스도교를 합리적인 종교로 제시한 로크

가 데카르트와 가장 구별되는 점은 자신 안에 완벽한 존재에 대한 의식 같은 '내재된 관념[철학 용어로 본유 관념(innate ideas)]'이 있지 않다고 생각한 것이었다. 로크는 인간의 마음을 빈 종이(Tabula rasa)로 파악하였으며, 인간이 지식과 추리를 할 수 있게 해주는 것은 경험뿐이고, 인간의 지식은 지각에서 비롯된 경험에 의해서만 얻을 수 있다고 주장하였다.

그러나 로크는 지식체계의 일부를 '아는 것'과 그 지식이 얼마큼 정확한지는 별개의 문제라고 생각하였다. 그는 지식은 두 개의 생각이 일치 또는 불일치하는 범위에 대한 인식으로 정의하였고, 따라서 그에게 지식은 그것이 얼마만큼 사실인가에 관련된 개연성(Probability)의 지식에 가까웠다.[5] 예를 들어 우리는 A라는 사람을 특정 지역에서 몇 번 만나는 경험을 하면 A가 안 보여도 그가 그 지역 어딘가에 존재하고 있을 가능성이 높다고 짐작할 수 있을 것이다. 로크는 신앙을 이런 개연성 차원의 지식을 승인하는 행위로 보았다. 로크는 성경에서 말하는 바가 높은 개연성을 가지고 있지만 절대적으로 확실한 지식으로 보지는 않았다. 그리고 그 개연성의 정도를 측정하기 위해 중요한 것은 이성의 판단이었다.[6]

로크는 기본적으로 그리스도교가 합리적인 종교라고 생각하였다. 그는《그리스도교의 합리성(The Reasonableness of Christianity)》(1695)에서 성경 전체의 내용이 이성과 합치한다고 주장하였다. 인간이 이성을 동원해 자아와 자신의 구조에 관해 면밀히 고찰하면 전지전능하고 영속적인 존재에 대한 분명한 지식에 이를 수 있다고 생각한 것이다. 따라서 로크는 합리적인 그리스도교의 계시는 양심의 자유와 이성의 이해를 벗어나지 않고 전달될 수 있다고 서술하였다.[7] 그는 핵심적인 교리 외에 모호하거나 이성으로 이해되지 않는 부분의 판단 기준으로 다시 이성을 강조했다. 이는 그가 신적 계시를 절대시 하지 않고 종교적 관용을 주장하게 된 이유이기도 했다. 로크는 예수가 구세주라는 신앙을 견지한다면 여러 교파의 다양한 예배 형식과 관습의 차이는 관용되어야 한다고 주장하였다.

합리주의자와 경험주의자들의 등장은 이때까지 지적 판단의 최고 기준이던 계시를 이성이 압도하는 계기가 되었다. 신학은 중세 때처럼 과학과 철학을 지배할 수 없게 되었으며 오히려 그것에 조율되는 새로운 방향의 움직임이 시작되었다. '철학은 신학의 시녀'라는 전통적인 개념은 붕괴되었고, 오히려 신학이 철학의 부속물로 전락하게 되었다.

이신론의 등장

과학의 눈부신 발달에 영향을 받아 유럽에서는 사회와 인간에 관한 지식을 추구할 때도 자연과학의 방법을 따르려는 경향이 생겨났다. 그 영향 아래 신학에서는 종교와 과학의 타협적 형태인 이신론(理神論, Deism)이 등장하게 되었다. 이신론은 단일한 사상 체계가 아니고 다양한 장소에서 여러 형태로 나타났지만, 다음의 몇 가지 공통된 특징을 보이고 있었다. 우선 이신론자들은 다양한 종교 안에 공통된 요소들이 존재한다는 생각을 공유했다. 그들은 자연이 신의 특성을 반영하고 있으며, 그것을 관찰하고 해석하는 인간의 능력을 긍정했기 때문에 기성 종교의 도움 없이 자연에 대한 관찰만으로도 신의 존재를 유추할 수 있다고 생각했다. 즉, 수학적으로 그

운행 원리가 증명될 수 있는 자연으로부터 그것을 고안한 신의 존재를 유추할 수 있다고 믿었다. 그래서 이들은 성경의 계시를 그대로 받아들이지 않고 이성에 비추어 합리적인지 아닌지 판단하려 하였다. 그 결과 많은 이신론자가 세상을 만든 신은 인정하였다. 그러나 그 신은 세계와 별도로 존재하며, 세상을 창조한 뒤에는 세상과 물리법칙을 바꾸거나 인간에게 접촉하는 인격적 주재자로 보지 않게 되었다. 데카르트의 방법론에 따르면, 신이 천체 운동이나 그 밖의 자연현상에 관한 항구불변의 법칙을 마련해 놓았다면 그도 마음대로 자연현상에 개입할 수 없다고 보는 것이 더 합리적이라고 생각했기 때문이다.

이신론자들이 신의 존재를 부정한 것은 아니었지만, 이들의 계시에 대한 접근방식은 그리스도교의 접근법과 반대되는 것이었다. 그리스도교는 종교학적으로 '계시종교(Revealed religion)'이다. 그리스도교는 인간이 제한된 존재이기 때문에 온 우주를 만든 전능한 신을 이해할 수 없고 그래서 신이 보여 준(계시한) 만큼만 신을 이해할 수 있다고 본다. 이 계시는 다시 자연(일반)계시와 특별계시로 나뉘며 후자는 성경에 담겨 있다. 인간의 이해 수준의 제한 때문에 계시가 인간이 사는 세상의 자연현상에 대해 모든 것을 보여 주지 않으나, 그들이 신을 알고 믿기에는 충분한 수준으로 신은 자신을 계시한다. 그러나 이신론의 접근법은 신이 보여 준 만큼 이해하는 것이 아니라, 그것이 맞는지 이성으로 재단하려는 시도이다. 예를 들어, 데카르트의 "이성으로 존재가 증명되는 신" 개념이나 루소의 《에밀》 같은 서술에서는 이성이 종교적 진리의 유일한 기준임이 선언되었다.[8]

이신론의 유행은 그리 길지 않았다. 사실 이는 본질적으로 제약이 많은 실험이었기 때문이다. 그리스도교는 근본적으로 신의 전능함을 믿는 종교인데, 이신론은 이 전능함에 제한을 가하려는 시도였기 때문이었다. 19세기로 가면서 이 중간지대는 현저히 입지가 좁아지게 되었다. 또한 이신론은 새로운 종교나 교파가 아니었기 때문에 조직적이지 못했으며, 지식인 계층에서는 유행했으나 일반 대중의 종교적 감성을 건들지 못하였다. 18세기 후반이 되면 이신론은 쇠퇴하게 되지만, 그리스도교 사상가들은 이들의 공격

이후 합리주의자들을 의식하게 되었고 좀더 합리적이고 상식적인 설교를 하게 되었다. 그러나 이신론자들은 그리스도교의 발전보다는 19세기의 무신론과 회의론자들의 등장에 징검다리 역할을 한 점에서 역사적 의의가 강조되어야 할 것이다.

계몽사상

계몽주의의 어원은 영어 'Enlightenment', 프랑스어 'Lumiéres', 독일어 'Aufklärung'에서 보듯이 모두 '밝게 한다', '깨우친다'라는 의미를 가지고 있다. 칸트는 이 '깨우치는 상태'의 의미를 "인간이 자신이 부여한 미성숙으로부터 벗어나는 것"으로 설명하였다. 그리고 그는 인간의 미성숙을 "타인의 지도 없이 자신의 지각을 사용할 줄 모르는 상태"로 정의하였다.[9] 좀더 구체적으로 18세기의 계몽주의자들은 다음의 몇 가지 공통된 주장을 하였다. 첫 번째는 이성의 역할에 대한 강조이다. 계몽주의자들은 이성을 축적된 지적 자산 혹은 그것을 인지하는 능력을 넘어 역사 발전의 동력으로 파악하였다. 그들은 합리적 근거가 없는 권위는 어떠한 형태이든지 배격하려 했고, 그 연장선에서 합리성에 근거해 사회 제도 전반을 개혁하려 하였다. 그들은 성경에 대한 교조주의적인 해석과 성직자들의 특권을 대표적인 비합리적 권위로 파악하였고, 이것에 의존하지 않고 자율적 이성에 의존해 종교 생활을 하려 하였다.

　두 번째로, 계몽주의자들은 자연과 인간세계에 적용되는 보편적인 원리가 존재한다고 생각하였다. 그들은 과학혁명의 주창자들의 주장을 계승하여 자연의 법칙이 질서정연하고 통일적이고 항상 어디서나 똑같다고 생각하였다. 그들은 이성적인(reasonable) 것을 자연스러운(natural) 것으로 파악하였기 때문에 인간사에서도 합리적인 것이 자연법칙에 맞는다고 보았다. 그리고 인간은 이성을 동원해 이러한 보편적 원리를 파악할 수 있으며 그것에 기초해 역사 발전의 방향을 설정해 갈 수 있는 것이다.

'관용을 상징하는 미네르바'(Daniel Chodowiecki, 1791년 作).
이성의 신 미네르바가 모든 종교의 신자들을 보호하고 있다.

그러나 중요한 것은 계몽주의가 어떤 하나의 운동이나 사상이 아니라는 점이다. 계몽주의를 영어로 표현할 때, 사상을 나타내는 '-ism'으로 끝나지 않고, 명사형 접미사 '-ment'로 끝나는 것에 주목할 필요가 있다. 계몽주의는 공산주의(communism), 민족주의(nationalism)같이 어느 정도 일관성을 갖춘 사상적 체계가 아니라 위에서 설명한 가치들을 공유하는 다양한 담론들의 집합체였다. 그래서 중농학파(케네, 튀르고, 네무르 등), 중상학파(애덤 스미스, 맬서스 등)같이 서로 가치가 충돌하는 움직임들도 이러한 특징을 공유하는 점에서 계몽주의의 일파로 볼 수 있다.

18세기의 계몽주의자들은 과학혁명, 합리주의, 이신론 등 이전 세기의 지적유산의 연장선에 서 있었다. 그러나 이들은 과학적 발전을 기반으로 역사상 어느 시대보다 더 강하고 뚜렷하게 인간 이성의 능력을 확신하고, 이성과 자연의 질서와의 조화를 믿으며 인류 문명의 진보를 확신하였다. 이러한 사고는 이성으로 이해 안 되는 비합리적 권위와 전통에 대한 회의를 불러일으켰고, 다양한 영역에서의 기존 질서 비판으로 발전하였다. 그리고 이는 오랜 시간 신적 권위를 등에 업고 당연하게 받아들여져 왔던 그리스 도교적 세계관에 대한 근본적인 회의로 이어졌다.

계몽주의와 그리스도교의 관계

오랫동안 계몽주의와 그리스도교의 관계를 적대적으로 보는 것이 일반적인 시각이었다. 예일 대학교의 지성사 교수였던 피터 게이(Peter Gay)는 계몽주의가 그리스도교와 전쟁을 수행했다고 표현하기도 했다.[10] 하지만 사실 양자의 관계는 '전쟁'이라는 단어로 요약하기에는 너무 복잡하였다. 양자의 관계가 갈등적 요소가 많았던 것은 사실이나, 그리스도교와 계몽주의 사이에 명확한 전선이 그어져 있었던 것은 아니다. 최근 더 많은 연구가 유사한 용어와 개념을 사용한 계몽주의와 프로테스탄트 사이에 활기찬 네트워크가 존재했다고 보고 있다.

영국의 경우가 대표적인 예이다. 18세기 스코틀랜드 장로교 총회 안에는 장로교의 교의와 전통에 충실하면서 합리주의 사조를 받아들이는 것에 적극적인 목회자들이 존재했다. '중도파'(Moderates)라고 불렸던 이들은 그 시대의 사상과 문화를 통해 교회를 성찰하려 했다.[11] 이들에게 계몽주의는 종교를 파괴하는 것이 아니라 그리스도교와 사회의 화합을 증진시켜 그 것에 다시 활력을 불어넣는 것처럼 보였다. 또한 잉글랜드의 프로테스탄트들은 오랜 종교적 내전에 질려서 그리스도교에 도전하는 사상들만큼이나 광신적인 태도가 위험하다고 생각하고 있었다. 상술한 것처럼 로크를 포함한 잉글랜드의 그리스도교 계몽주의자들은 계시와 이성이 그리스도교 윤리를 공유하고 있다고 보았고,[12] 이런 공통분모를 강조하는 것이 세속 사회 안의 종교의 위치를 더 확고히 한다고 생각하였다. 그리스도교 계몽주의자는 신앙과 이성을 화해시키려 한 점에서 이신론과 유사한 점을 보이지만,

이들은 이성과 과학에 비추어 계시의 합리성을 판단했던 이신론과 달리 성경 속의 계시가 자연의 연구로 확인되어 더 강화된다고 보았다. 이들에게 이성은 그리스도교 계시의 판단 근거라기보다는 '광기', '미신', '이신론', '무신론'과 동시에 싸울 수 있는 수단에 가까웠다.

영국의 그리스도교 계몽주의가 광신적 태도와 이성 중심주의와 싸웠다면 유럽 대륙의 그리스도교 계몽주의자들은 여기에 더해 자기 교파의 교리를 고수하고 신학적인 세부 내용에 집착하는 정통주의자들로 전선을 확대하였다. 제네바의 칼뱅주의 신학자 장-알폰세 튜레티니(Jean-Alphonse Turrettini, 1671~1737)는 다른 그리스도교 계몽주의자들처럼 계시와 이성이 그리스도교의 도덕적 가치를 인정하는 점에서 화해가 가능하다고 보았고, 그것이 도그마에 빠져 버린 칼뱅주의에 활력을 주는 데도 도움이 된다고 생각하였다. 이런 가운데 예정이나 원죄같이 논쟁이 많은 교리를 의도적으로 다루지 않거나 뭉뚱그렸다.[13] 독일의 그리스도교 계몽주의자들도 계몽주의와의 연합을 통해 루터교 정통주의에 맞서려 했다. 그들은 이성적인 종교가 종교적 광기뿐 아니라 성경에 대한 교조주의적 해석을 막아 주는 역할을 한다고 생각하였다. 할레 대학의 신학 교수였던 지그문트 바움가르텐(Siegmund Baumgarten, 1706~1757)은 성경 해석에 역사적 비평을 도입하는 것을 대안으로 제시하였다. 그는 성경 텍스트 자체를 절대시해서는 안 되며 그것을 시간과 장소라는 맥락을 고려하여 해석하는 것이 본문의 본뜻을 이해하는 최선의 방법이라고 주장하였다.[14]

그리스도교 계몽주의는 궁극적으로 그리스도교 신앙을 방어하려는 것이었던 점에서, 그것에 대한 도전이 되었던 이신론과 차이를 보인다. 성경에 대한 역사비평적 해석은 훗날 성경 본문의 진본성에 대한 의심을 일으켰지만 본래는 신실한 그리스도인들이 그 교의를 좀더 합리적으로 보이게 만드는 수단으로 고안한 것이었다. 이들은 독일의 루터교도들이 외부의 사상적 도전에 맞서기 위해 분열을 멈추고 통합하기를 원하였다. 그리스도교 계몽주의자들은 자연 질서와 인간 세계 안에 합리적인 면모가 존재한다고 보았고, 이를 전제로 새로운 과학적 발견과 신앙의 화해를 시도하였다. 이들은 광신과 무종교 모두로부터 동일한 거리를 두고 '현명하고 계몽된 경건'으로 불리는 중도의 길을 걷는다고 생각하였다. 또한 그리스도교 계몽주의자들은 세속화의 확산에 맞서 그리스도교의 유용성을 보이기 위해 사회 문제에 적극적으로 대응하였고, 빈민과 사회적 약자를 향한 예수의 자애를 실현하기 위해 행동에 나서기도 하였다. 다음 장에서 서술될 복음주의의 실천주의적 면모는 일면 그리스도교 계몽주의의 전통의 연장선에 존재하게 되었다.

그러나 시간이 흐르면서 그리스도교 계몽주의는 쇠퇴하게 되었다. 그리스도교를 이성에 맞추어 해석하려는 시도는 결국은 이성만으로도 진리를 찾을 수 있는 가능성을 제기하였다. 결국, 18세기 말로 가면서 그리스도교는 인간의 이성뿐 아니라 감정에 호소하게 되었다. 인간성을 이루는 또 다른 중요 요소인 감정에 대한 호소가 없이는 이성적 접근이 불완전하다는 것을 알게 되었던 것이다. 또한 이들은 그리스도교가 합리적이라는 믿음을 포기하지는 않았으나 이성의 언어로만 호소했을 때 계몽주의와 궁극적인 차이가 사라진다는 것을 인식하게 되었다. 이는 18세기 말로 가면서 이성의 시대가 저물고 감성의 시대가 오는 시대적 맥락과도 연결된다.

맺음말

왜 18세기에 일어난 그리스도교 세계관에 대한 회의가 위협적이었는가? 이러한 공격은 아직 그리스도교 교리 자체를 흔들지는 못했지만, 그리스도교의 상(像)을 비합리적이고 비이성적인 것으로 보이게 만들었다. 사실 이론적으로는 코페르니쿠스나 갈릴레오에 의해 지동설이 옳다는 것이 드러나도 그리스도교 교리에 문제가 생길 이유는 없다. 성경은 이 자연 현상의 원인을 설명하기 위해 쓰인 책이 아니기 때문이다. 그러나 중세의 그리스도교는 비과학적인 전통적 우주관에 신적 권위를 부여했기 때문에, 새로운 과학적 발견으로 천동설이 부정되었을 때 그것이 그리스도교를 흔드는 것처럼 본 것이다. 결과적으로, 이런 도전에 의해 신앙과 이성을 종합하는 그리스도교의 또 다른 모습이 회복되었지만, 그러기에는 좀더 시간이 필요했다.

이러한 회의와 도전이 그리스도교에 끼친 긍정적 요소는 없을까? 이런 공격을 겪으며 근대의 그리스도교는 합리적 사고의 필요성을 인식하고 좀더 상식적인 메시지를 전파하게 되었다. 그리고 이성과의 연합을 통해 교회에 대한 또 다른 도전인 광신적인 태도와 맞서 싸울 수 있었다. 무엇보다 합리주의자들의 공격 속에서 그리스도교 내부에 신앙과 이성, 나아가 신앙과 학문을 조화시키려는 시도가 시작되었다. 사실 초대교회 때부터 유스티누스(순교자 저스틴) 같은 교부는 이교 철학에도 그리스도교와 공통되는 요소들이 있고 그 용어와 개념을 사용해 그리스도교를 전파할 수 있다며 양자의 종합을 추구한 바 있다. 중세 천 년을 보내며 한동안 잊혔던 이 전통은 그리스도교에 대한 사상적 도전에 맞서는 가운데 다시 살아나게 되었다. 앞서 설명한 것처럼 이런 시도의 결과가 항상 성공적이었던 것은 아니었지만 말이다.

18세기에 나타난 그리스도교 세계관에 대한 회의가 어떤 점에서 현대 그리스도교가 직면한 문제에 연결되는가? 지금까지 이어지는 세속화 과정의 기원을 이 시기에 발견할 수 있다는 것에서 답을 찾을 수 있을 것이다. 세속화가 진행되는 속도는 아마도 교인 수의 감소가 가장 분명하게 보여줄 것이다. 그리고 조금 더 관심을 기울이면 사회에 그리스도교적 윤리와 가치관이 영향력을 상실하고 있음을 알 수 있을 것이며, 근본적으로는 그리스도교 신학의 핵심 내용이 양보되거나 충분히 강조되지 못하고 있다는 것을 관찰할 수 있다. 세속화의 표지로서 이런 현상들은 '교인 수 감소→그리스도교 윤리의 영향력 감소→그리스도교 신학의 변형' 순으로 일어나는 것으로 보이지만, 사실 실제로 일어난 순서는 역순이다. 그리스도교 교의가 흔들리고, 그 윤리적 영향력이 약해진 결과 교인의 수가 줄게 되는 것이다. 당시에는 교인의 수가 급격히 감소한 것이 아니었기 때문에 사람들은 감지하지 못했지만, 첫 번째 과정이 이미 시작되었다는 점에서 이 시기에 세속사회로 이어지는 길이 열리기 시작했다고 볼 수 있다.

주

1 —— Stephen Toulmin, *Night Sky at Rhodes* (Harcourt Brace & World, 1963), 38, 78; Charles Coulston Gillispie, *The Edge of Objectivity: An Essay in the History of Scientific Ideas* (Princeton University Press, 1960), 14.

2 —— Michael Hoskin (ed.), *The Cambridge Concise History of Astronomy* (Cambridge University Press, 1999), 117.

3 —— 배영수 편,《서양사강의》(한울, 1992), 187.

4 —— René Descartes, *Discourse on Method and Meditations on First Philosophy*, Translated by Donald A. Cress, (Hackett Publishing Company, 1999), 18-23.

5 —— John Locke, *An Essay Concerning Human Understanding* (Penguin Classics, 1998), 498-508.

6 —— 곤잘레스,《현대교회사》, 107.

7 —— John Locke, *The Reasonableness of Christianity as Delivered in the Scriptures* (Rivington, 1824), 396, 418.

8 —— 배영수 편,《서양사강의》, 197.

9 —— Immanual Kant, "What is Enlightenment" in a letter of 30 September 1784 (http://www2.idehist.uu.se/distans/ilmh/Ren/idehist-enlighten-kant02.htm, 2018년 8월 8일 검색).

10 —— Peter Gay, *The Enlightenment: The Rise of Modern Paganism* (W. W. Norton & Company, 1967), 203.

11 —— 이영석,《지식인과 사회: 스코틀랜드 계몽운동의 역사》(아카넷, 2014), 66-68.

12 —— Locke, *The Reasonableness of Christianity*, 125-126.

13 —— Helena Rosenblatt, "The Christian Enlightenment", in Stewart J. Brown & Timothy Tackett (ed.), *The Cambridge History of Christianity, Enlightenment, Reawakening and Revolution, 1660-1815* (9 vols, Cambridge University Press, 2006), Ⅶ, 286.

14 —— Rosenblatt, "The Christian Enlightenment", 288.

대각성 운동과 대서양 복음주의 네트워크의 형성

3

18세기에 대서양 세계에서는 '대각성 운동(Great Awakening)'으로 불렸던 프로테스탄트 부흥운동이 일어났다. 이 움직임은 일면 정통주의에 대한 응전인 경건주의 움직임의 연장선에 있는 것이었다. 영어권 대서양 세계에서 부흥운동이 일어나기 전에는 독일 남부, 폴란드, 오스트리아 등 유럽 대륙의 가톨릭 지역에 거주하던 경건주의 프로테스탄트들은 교회를 조직하고 예배를 드리는 데 상당한 제약을 받고 있었다. 이런 박해 속에서 부흥을 향한 갈망이 커져 갔다. 이들은 공식적인 예배에 대한 제약을 극복하기 위해 병원이나 학교를 세워 생활 속에서 그리스도교를 전파하는 모습을 보였다. 이러한 모습은 18세기 부흥운동의 지도자들에게서도 나타난다. 예를 들어 대각성 운동의 지도자 조지 휫필드(George Whitefield, 1714~1770)는 경건주의자들이 할레에 세운 고아원을 모델로 조지아에 고아원을 세우고 운영하였다. 또한 앞서 설명한 것처럼 경건주의자들, 특히 모라비안교도들은 그린란드, 서인도제도, 인도에 선교사를 파송하였으며, 이는 19세기 복음주의 선교관 형성에 영향을 끼쳤다. 그럼에도 복음주의는 실천적인 성격이 좀더 두드러지는 점에서 이전의 그리스도교와 분명한 차이를 보인다. 이전에도 일부 경건주의자들은 실천주의의 선례를 남겼지만 그들 사이의 일반적 특징은 아니었다. 그리스도교 역사상 이들처럼 중생과 성화를 동일시하고 개인의 구원을 사회의 구원과 연결시킨 이들은 없었다.

　18세기 대각성 운동을 이끈 프로테스탄트들은 맹신을 경계하고 이성적인 그리스도교를 옹호한 점에서 그리스도교 계몽주의의 유산을 일정 부분 계승하고 있다. 또한 그리스도교 계몽주의자들은 세속화의 확산에 맞서 그리스도교의 유용성을 보이기 위해 사회문제에 좀더 예민하게 반응하였는데, 복음주의자들도 비슷한 성향을 보유했다. 그러나 그리스도교 계몽주의가 결국은 이성 중심주의의 길로 빠지게 된 것과 달리 복음주의자들은 그리스도의 십자가 구원사건을 종교 생활의 핵심에 위치시키고, 본인이 개인적으로 이를 받아들이는 것을 강조하며, 성경의 권위에 복종한 점에서 이성으로 계시를 재단하려 한 계몽주의적 접근방식에 반대되는 시도를 하였다. 또한 복음주의는 전통과의 연속성을 포기하지 않은 점에서 정통적 그리스도교 교리와 교회 조직을 비합리적 권위로 보고 반대한 계몽 사조와 반대되는 면을 보였다.

영어권 대서양 세계에서 부흥의 움직임을 일으킨 사람들을 흔히 '복음주의자'라고 지칭한다. 복음주의자는 지금도 사용되는 단어이지만 본래 18세기라는 시대적 배경 속에 정의될 수 있는 용어였다. 근대 교회사학자 데이비드 베빙턴에 따르면 복음주의는 크게 다음의 네 가지 특징을 가지고 있었다. ①회심주의: 개인의 삶이 복음으로 인해 변화될 필요가 있다는 믿음, ②실천주의: 복음을 실천을 통해 표현해야 한다는 믿음, ③성서주의: 종교의 최종적 권위를 성서에 의존하는 믿음, ④십자가 중심주의: 그리스도의 십자가 희생에 대한 강조이다. 베빙턴은 복음주의가 과거의 연장선에 있으나 그들의 '실천주의'는 이전 세대의 프로테스탄티즘의 상대적으로 미약한 사회 활동과 현저한 대조를 보인다고 강조하였다.[1]

대각성 운동이 몇 차례에 걸쳐 일어났는가에 대해 학자들의 견해가 나뉘지만(일부는 빌리 그레이엄 목사의 전도활동까지 포함시키기도 한다), 1차 대각성 운동이 1730–1750년대에, 2차 대각성 운동이 1790–1830년대에 발생하였다는 것에는 대체로 의견이 일치한다. 이 장에서는 1차 대각성 운동을 살펴볼 것이다.

아메리카 식민지의 상황

18세기 전반기에 북아메리카 대륙에 건설된 영국의 13개 식민지의 인구는 약 100만 명 정도로 추산된다. 그리고 식민지 전반에 걸쳐 프로테스탄티즘이 편만하게 퍼져 있었다. 백인 정착민을 기준으로 뉴잉글랜드 지역에는 600명당 하나, 중간 식민지는 470명당 하나, 남부는 1,050명당 하나의 비율로 교회가 존재하였다.[2] 아직 정치, 경제, 사회 모든 면에서 본국의 영향력이 컸기 때문에 전반적으로 잉글랜드 국교회의 교세가 강했다. 하지만 일부 식민지에서는 회중교회(Congregational church)가 국교 역할을 하기도 했

독일 지역 경건주의 지도자 아우구스트 헤르만 프랑케.
18세기 초 식민지 사회에서는 경건주의의 영향력이 강했다.

다. 회중교회는 17세기 초 뉴잉글랜드에 정착한 칼뱅파 비국교도들과 퓨리 턴들이 케임브리지 신앙선언(The Cambridge Platform)을 통해 연합하여 세운 교회였다. 뉴잉글랜드는 이 두 교파가 강한 반면, 지금의 델라웨어, 뉴저지, 뉴욕, 펜실베이니아 지역에 해당하는 중부 식민지에는 장로교, 네덜란드 개 혁교회, 침례교, 루터파 등 좀더 다양한 교파들이 진출해 있었다.

흔히 1688년 영국에서 일어난 명예혁명으로 본국의 프로테스탄트 국 가성이 명확히 세워진 이후 식민지에서도 프로테스탄트 정체성이 강해진 것으로 말해지지만, 식민지 사회 저변의 분위기는 생각보다 복잡하였다. 우 선 18세기 초 식민지 사회에는 유럽 대륙에서 유행했던 경건주의의 영향력 이 강해지고 있었다. 식민지 교계의 지도자들은 대부분 대륙의 경건주의자 들과 연결고리가 있었다. 보스턴의 성직자이자 부흥운동가였던 코튼 마더

(Cotton Mather, 1663-1728)는 할레대학의 경건주의 지도자 아우구스트 헤르만 프랑케(August Hermann Francke, 1663-1727)와 서신을 교환하면서 그의 경건운동 방식을 받아들였다. 그 외에도 다수의 뉴잉글랜드 지역 회중교회의 지도자들이 대양 건너편의 경건주의자들과 교류가 있었다.

경건주의의 확산과 함께 유럽 대륙의 경건주의자들 안에 퍼져 있었던 종말론 또한 식민지 사회에 확산되고 있었다. 예를 들어 독일의 경건주의 지도자 슈패너는 중세 유대교 신비주의 경전인 카발라(Kabbalah)에 관심이 많았고 그것에 영향받아 요한계시록의 내용을 현실에서 일어나는 사건들에 적용하여 종말이 가깝다고 해석하였다.[3] 특히 시간이 흐르며 영국뿐 아니라 독일, 체코 같은 중부 유럽 지역에서 박해받던 프로테스탄트들이 신대륙으로 이주하면서 식민지인 상당수가 종말론에 경도되었다. 북아메리카에서 벌어지던 유럽 열강들 사이의 영토 쟁탈전과 유럽에서 온 이주민과 원주민들과의 무력 충돌은 종말론의 확산을 부추겼다. 진젠도르프와 프랑케 같은 경건주의자들에게 영향을 받은 존 웨슬리, 에드워즈 모두 종말론적 시각에서 자유롭지 못했다. 상당수의 유럽 경건주의자들은 로마서 11장을 자의적으로 해석하여 유대인의 회심이 종말의 서막이 될 것이라고 믿었고, 이를 위해 유대인 개종을 시도하기도 했다. 프랑케에게서 수학한 경험이 있던 진젠도르프와 웨슬리도 이런 신비주의자들의 영향 아래 유대인 선교에 관심을 갖게 되었다.[4]

그러나 이러한 경건주의에 영향받은 종말론적 분위기는 식민지 사회에 부흥에 대한 기대감이 퍼지는 데 영향을 주기도 했다. 어떤 사람이 신의 심판과 종말이 다가온다는 것을 느꼈을 때 선택할 수 있는 길은 두 가지가 있을 수 있다. 하나는 방탕하게 살거나 아예 삶을 포기하는 것이고, 반대로 임박한 심판을 피하기 위해 신의 자비를 구하고 그의 용서를 얻기 위해 노력할 수도 있다. 이런 선택적 상황은 식민지 사회에서도 발견되었다. 18세기 초만 해도 많은 사람에게 종말은 매우 생생한 이미지를 가지고 임박한 사건으로 받아들여졌다. 이는 일부 사람들을 신비주의 이단에 빠지게 만들어 사회문제가 되기도 했지만, 좀더 많은 사람이 감정적으로 더 민감히 반응하기 쉬운 분위기를 조성하고 '성령의 임재'를 갈망하도록 만들었다.

대륙의 경건주의와 대각성 운동 사이에 '원인-결과' 관계를 단정적으로 설정할 수는 없으나, 경건주의가 변화시킨 사회적 분위기가 대각성 운동의 시작에 필요한 자양분이 된 것은 분명해 보인다. 대각성 운동이 시작되기 전 대륙의 핍박받는 프로테스탄트들의 식민지 이주 확대와 식민지 청교도들과 대륙의 경건주의자들의 지적 교류로 1730년대 식민지 사회에는 이러한 분위기가 팽배해져 있었다.

아메리카 식민지의 대각성 운동

일반적으로 뉴잉글랜드의 신학자 조너선 에드워즈(Jonathan Edwards, 1703-1758)가 대각성 운동의 시작을 알린 사람으로 알려져 있지만, 마치 화산이 터지기 전 곳곳에서 작은 분출이 발견되듯이 그의 등장 이전에도 지역 단위로 부흥의 움직임들이 존재했다. 1710-1720년대에는 에드워즈의 외조부인 솔로몬 스토다드(Solomon Stoddard, 1643-1729)와 테오도루스 야코부스 프렐링호이젠(Theodorus Jacobus Frelinghuysen, 1691-1747)이 뉴햄프셔와 뉴저지에서 뛰어난 설교로 청중의 마음을 흔들고 있었고, 보스턴 지역에서는 마더와 콜먼이 회개와 갱신을 설교하였다. 특히 콜먼은 에드워즈를 영국 비국교도 지도자들과 연결시키고 휫필드를 보스턴에 초청하여, 이 지역의 부흥운동이 대서양적 연결 고리를 가지게 한 숨은 조연이었다.

그래도 아메리카 식민지의 부흥운동에서 가장 중요한 역할을 한 인물은 역시 에드워즈일 것이다. 많은 교회사 역사가들은 1734년 에드워즈가 행한 "진노하는 신의 손에 있는 죄인들(Sinners in the Hands of an Angry God)" 설교를 대각성 운동의 시발점으로 평가한다. 또한 그가 남긴 《하나님의 놀라운 역사에 대한 믿을 만한 이야기(A Faithful Narrative of the Surprising Work of God), 이하 '믿을 만한 이야기'》(1738)라는 팸플릿은 아메리카 식민지에서 일어난 대각성 운동에 대한 가장 권위 있는 기록으로 알려져 있다. 그가 1734년

에드워즈의 "진노하는 신의 손에 있는 죄인들" 설교집(1741년 판)

에 남긴 대각성 운동에 대한 증언은 뉴잉글랜드에 무언가 전례 없는 일이 생겼음을 알려 준 선언이었다.

"약 2년 전에 코네티컷 강과 가까운 햄프셔 지역에 위치한 12-14개 정도의 마을에서 전능하신 하나님이 그의 자유와 주권적 자비를 나타내셨다. 수많은 영혼이 형식적이고 냉랭한 그리스도교 신앙에서 그리스도의 모든 은혜를 매일 실감하고 우리의 교리를 강력하게 실천하는 살아 있는 종교로 회심하였다."[5]

조너선 에드워즈가 콜먼에게 보낸 편지에 실린 이 증언은 콜먼을 통해 잉글랜드의 복음주의자들에게 전파되었고, 곧 유럽의 복음주의자들을 자극하였다.

1740년대로 가면 대서양 세계의 프로테스탄트 공동체에 부흥운동이 일어난 것이 명확해졌다. 당시 영국령 아메리카 식민지는 뉴잉글랜드(코네티

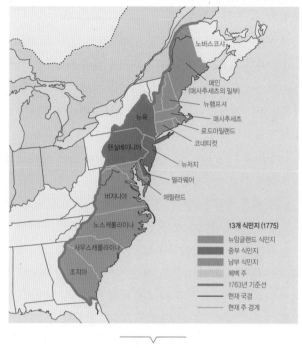

노바스코샤

메인
(매사추세츠의 일부)

뉴햄프셔

매사추세츠

뉴욕

로드아일랜드

코네티컷

펜실베이니아

뉴저지

델라웨어

버지니아

메릴랜드

노스캐롤라이나

13개 식민지 (1775)

사우스캐롤라이나

뉴잉글랜드 식민지

조지아

중부 식민지

남부 식민지

퀘벡 주

1763년 기준선

현재 국경

현재 주 경계

초기 아메리카 식민지의 경계

컷, 메인, 매사추세츠, 뉴햄프셔, 로드아일랜드), **중부 식민지**(델라웨어, 뉴욕, 뉴저지, 펜
실베이니아), **남부 식민지**(메릴랜드, 버지니아, 캐롤라이나, 조지아)로 나뉘었는데, 초
기의 부흥은 보스턴, 노스햄프턴 같은 뉴잉글랜드 지역에서 시작되어 남부
로 퍼져 나갔다. 매사추세츠 주에서는 적어도 34개 지역, 코네티컷은 9개
지역, 뉴햄프셔는 5개 지역에서 부흥운동이 보고되었다. 곧 중부 식민지인
뉴저지, 펜실베이니아, 델라웨어에서 각각 11개 지역, 11개 지역, 3개 지역에
서의 부흥운동이 보고되었다. 그리고 이후 남부의 메릴랜드와 캐롤라이나
지역으로 부흥이 확산되었다.[6] 1735년 5월 30일의 편지에서 에드워즈는 다
음과 같이 부흥운동의 양상을 묘사하였다.

"열성적인 종교를 가장 경멸하던 사람들, 자신의 이성에 큰 자부심을
가지고 있던 사람들, 가장 지위가 높은 집안과 가장 연로한 계층, 그리고 많
은 어린이들이 크게 영향받았다. 내가 아는 한 어떤 가족도, 어떤 사람도 예

외가 없었다."[7]

이외에도 당시의 기록을 보면 사람들이 자기 죄를 회개하며 울었고, 용서받은 기쁨 때문에 소리쳤고, 감격을 이기지 못해 기절하는 경우가 빈번하게 묘사된다. 상술된 것처럼 영국과 그 식민지에서는 퓨리턴적 전통과 그리스도교 계몽주의 영향으로 '광신'적인 감정의 표현을 경계하는 분위기가 있었다. 따라서 오랫동안 일상적이지 않았던 이런 심리적 감정 표출은 당시 사람들에게 매우 새로운 사건이었고, 무언가 범상치 않은 일이 일어나고 있다는 생각을 하게 만들기에 충분하였다.

왜 갑작스럽게 이러한 변화가 일어났을까? 명확한 답을 찾기 어려운 질문이지만, 경건주의의 영향으로 식민지 사회의 종교적 분위기가 변화되어 있었던 사실은 분명히 언급되어야 할 것이다. 기성교회들의 경직된 분위기, 생활과 분리된 교리 중심의 설교, 신의 자비가 사라진 율법주의에 대한 반감이 퍼져 있었고, 반대로 신의 사랑에 대한 개인적인 체험에 목말라 하는 분위기도 존재하였다. 그리고 이러한 흐름에 저술과 설교로 지적 배경을 제공하고 방향성을 제공한 지도자들이 존재하였다. 뉴잉글랜드 지역에서는 에드워즈, 스토다드가 부흥을 주도하였고, 중부 식민지에서는 프렐링하이젠과 길버트 테넌트(Gilbert Tennent, 1703-1764)가 대표적인 지도자였다. 이미 18세기 중반에 이르면 그리스도교 계몽주의의 한계가 드러나면서 교회 안에서도 이성과 신앙의 조화만으로 신도들의 영적 목마름을 채우기엔 부족하며 오히려 감정적 접근이 중요함을 인지하는 사람들이 존재하였다. 부흥운동을 주도한 사람들은 그리스도교 계몽주의 이후 감정적 호소의 중요성을 인식한 사람들이었다.

흥미로운 것은 당시 영국 및 식민지 사회에서 가장 교육받은 계층에 속하는 사람들이 정교한 신학적 논지와 더불어 감성에 호소했다는 것이다. 웨슬리와 더불어 대서양 부흥운동을 주도한 휫필드는 다가오는 심판을 경고하고 회심의 긴박한 필요성을 호소하는 메시지를 매우 극적인 방식으로 전달하였다. 그는 성령이 인간의 영혼을 사로잡는 것을 회심의 가장 극명한 증거로 생각하였다. 아메리카 식민지를 대표하는 신학자였던 에드워즈

식민지 대각성 운동의 지도자 조너선 에드워즈

도 교회의 구성원이 되고 싶은 자들에게 자신이 체험한 신의 은혜에 대해 명확하게 증언할 것을 요구하였다.[8] 옛 퓨리턴 사회에서는 광신으로 취급되어 주변화되었던 비정상적인 심리현상이 대각성 운동 기간에는 성령의 역사를 체험한 증거로 여겨지게 되었다. 교회사학자 마크 A. 놀은 부흥운동에서 에드워즈가 수행한 역할에 대해 "좀더 감정적이고, 회심을 강조한 반면, 이전보다 덜 전통적이고 계서적인 프로테스탄티즘의 시대가 도래했음을 알렸다"고 평가하였다.[9]

식민지 대각성 운동의 지도자 조너선 에드워즈는 아메리카 식민지 사회의 저명한 종교사상가이자 미국 복음주의 전통의 아버지로 여겨지는 인물이다. 에드워즈가 식민지 초기 역사를 설명할 때 빼놓을 수 없는 인물로 취급되는 이유는 크게 두 가지이다. 우선 에드워즈는 아메리카 식민지 지성계에 심오한 영향을 끼친 사상가였다. 그는 퓨리턴의 후예로서 예정론으로 대표되는 칼뱅주의를 고수하였지만 로크의 경험철학을 받아들여 프로테스탄트의 사상을 시대에 맞게 종합적으로 재정립하였다. 스탠퍼드 철학사

전(Stanford Encyclopedia of Philosophy)은 그를 "미국 역사에서 가장 중요하고 독창적인 철학적 신학자로 널리 인정된다"고 평가하였다.[10] 두 번째로 그는 대각성 운동의 시작과 발전에 영향을 준 대표적인 인물이다. 앞서 설명한 것처럼 1734년 에드워즈가 노스햄프턴과 코네티컷에서 행한 일련의 설교가 대각성 운동을 촉발한 계기로 여겨진다. 그의 설교는 자신이 죄인이라는 깨달음과 신의 용서에 대한 경험의 필요성을 강조하였다. 사실 그의 설교 방식 자체가 특별히 감정적인 것은 아니었다. 그러나 신도들이 그 설교에 반응하기 시작하여 일부는 감정적 폭발로, 그리고 많은 이들은 생활의 놀라운 변화와 경건한 신앙에 대한 관심의 증가로 반응하였다. 그가 시무한 노스햄프턴에서 시작된 이 운동은 뉴잉글랜드 전역으로 확대되었다. 에드워즈는 다수의 설교를 통해 향후 10년간 진행될 이 운동에 신학적 배경을 제공하였는데, 당대의 가장 저명한 신학자였던 그의 저술활동이 없었다면 부흥운동은 방향성을 상실하고 신비주의 운동으로 변해 오래 못 가고 사라졌을지도 모른다. 또한 상술된 것처럼 에드워즈가 남긴 《믿을 만한 이야기》 같은 대각성 운동의 기록은 대서양 반대편의 복음주의자들에게 공유됨으로써 프로테스탄트 부흥운동이 대서양적 사건으로 발전하는 데 중요한 역할을 하였다.

대각성 운동은 식민지 사회의 종교 지형을 심오하게 변화시켰다. 종교개혁 이후 오랜 시간 터부시되었던 격정적인 감정의 표현과 열정적인 전도활동이 신앙생활의 정면에 등장하게 되면서, 영국과 식민지의 종교 지형은 기존의 교파적 구분을 넘어 이 운동에 대해 거부감을 표하는 세력과 열정적인 세력으로 재편되었다. 이는 기존의 종교적 구분을 뛰어넘는 새로운 구조 개편이었다. 이제 각 교파들은 대각성 운동에서 나타난 여러 양태의 종교 행위를 감정에 치우친 광신으로 치부하는 자들과 이런 경험 중심적이고 삶의 변화를 일으키는 부흥운동을 적극 지지하는 자들로 나뉘게 되었는데, 전자를 '올드 라이트(Old Light)'라고 불렀고, 후자를 '뉴 라이트(New Light)'라고 부르게 되었다. 국교회는 대각성 운동이 초래한 무질서함에 지친 사람들이 많이 지지하던 교파였고, 웨슬리의 영향으로 부흥운동에 적극적이었던 감리교 같은 교파도 있었지만, 올드 라이트와 뉴 라이트의 충돌은 기본적으로 교파와 교파가 아닌 교파 내의 갈등이었다.

대각성 운동으로 인한 식민지 종교 진영의 갈등은 올드 라이트와 뉴 라이트 사이의 대립으로 전개된 것은 아니었다. 각 교파 안에는 부흥의 '광기' 때문에 합리주의적 도덕주의를 더욱 옹호한 '자유주의자들(Liberals)'도 있었고, 부흥운동의 수용을 꺼리는 기존의 리더십과 결별하고 진정한 신도들로 이뤄진 교회를 만들려는 급진적인 '분리주의자들(Separates)'도 나타났다.[11] 처음엔 같은 교파 내의 신학적 성향 차이에 불과했던 이러한 차이는 시간이 흐르며 실질적인 교파의 분열을 초래하게 되었다. 처음엔 에드워즈와 휫필드에 영향을 받은 장로교에서 분리주의 성향의 교파들이 나타났고, 시간이 흐르며 침례교 등 다른 종파로 이런 움직임이 확산되었다.

분열은 그 자체로 기존 테제에 대한 반테제의 등장과 그로 인한 기존 권력관계의 재구성을 의미한다. 이는 대각성 운동 이후의 종교적 분위기에도 적용되는 것으로서 18세기 중반 대두된 체험적 신앙 운동은 식민지 사회의 분위기를 분명 이전과 다르게 만들었다. 새롭게 성장한 열정적인 신앙인들을 대하는 방식에 따라 각 교파들이 분열되었고, 이런 과정에서 여러 아메리카 식민지에서 국교회와 회중교회의 지배적인 위치가 약화되고 종파 구성은 더욱 복잡해졌다. 이런 상황은 미국 독립 이후 "연방의회는 국교를 정할 수 없다"는 내용의 수정헌법 1조를 통해 정교분리의 원칙이 성립된 배경이 되었다.

 ## 영국의 복음주의 부흥운동

앞에서 살펴본 것처럼 1735년 에드워즈는 노스햄프턴과 코네티컷 부흥운동에 대한 일종의 보고서인 《믿을 만한 이야기》의 초고를 작성하였다. 이 보고서는 잉글랜드의 종교 지도자 존 가이즈(John Guyse)와 〈기쁘다 구주 오셨네〉, 〈주 달려 죽은 십자가〉 같은 찬송시의 작사가로 유명한 아이작 와

츠(Isaac Watts)에게 전달되었다. 가이즈는 이 소식을 듣고 "이런 종류의 일은 초대교회 이후, 듣거나 읽어 본 적이 없다"고 평가하였고, 이들의 조언 및 검토를 받아 에드워즈의 보고서는 1737년 런던에서 초판이 발행되었다.[12]

이러한 사실은 영국의 복음주의 부흥운동이 식민지에 영향받아 일어난 것 같은 인상을 주지만(또한 이는 어느 정도 사실이지만) 식민지와 마찬가지로 그 이전부터 부흥이 일어날 만한 분위기가 팽배해 있던 것에도 주목해야 한다. 예를 들어 다수의 교회사 역사가들은 웨일스의 비국교도 목사 그리피스 존스(Griffith Jones, 1684-1761)의 웨일스어 성경을 이용한 교육 운동을 영국에서 일어난 부흥운동의 초기 형태로 파악한다. 이후 대니얼 롤런드(Daniel Rowland, 1713-1790)와 하월 해리스(Howel Harris, 1714-1773)가 본격적으로 웨일스 전역에서 부흥운동을 주도하였다. 해리스의 경우 웨일스의 부흥운동을 스코틀랜드까지 확산시키려고 노력하기도 했다. 1750년대에 이르면 웨일스 각지에 성경을 가르치는 학교가 3,000개 이상 세워졌고 3만 부 이상의 웨일스어 성경이 배포되었다. 이는 웨일스인들의 종교성을 고양하는 데 중요한 역할을 했다.[13]

아메리카 식민지에서 대각성 운동이 일어나기 전 시기인 1730년, 스코틀랜드의 닉(Nigg) 지역의 종교지도자 존 벨푸어(John Balfour)는 평신도들을 중심으로 경건모임(fellowship meeting)을 만들고, 기도 훈련 및 성경 연구를 시작하였고 성령의 체험을 강조하였다. 스코틀랜드는 지형적으로 북부 산악지대인 하일랜드와 남쪽의 저지대인 로우랜드로 구분할 수 있는데, 에든버러, 글래스고같이 도시가 많고 잉글랜드화가 많이 진척되어 신교가 강했던 남부와 달리 하일랜드 지역은 아직까지도 가톨릭 성향이 강했다. 이 하일랜드 지역에 경건모임에서 배출된 전도자들이 진출하기 시작하였다. 로우랜드 지역에서는 어스킨(Erskine) 형제가 스코틀랜드 교회(Church of Scotland, 사실상 장로교회)의 후견제와 당시 유행하던 이성주의에 반대해 분리 교회를 세우기도 하였다.[14] 이 분리 교회는 1741년 대서양 부흥운동의 지도자 조지 휫필드를 스코틀랜드로 초청했는데, 이것이 계기가 되어 1741년 이후 스코틀랜드 각지에서 대규모 부흥운동이 일어났다.

　　장로교가 우세한 스코틀랜드에서 국교회 소속인 횟필드와 웨슬리가 부흥운동의 시작에 영향을 준 것에서 보듯이 아메리카 식민지와 영국에서 일어난 부흥은 특정한 교파를 중심으로 하거나, 새로운 교파를 만들려 하지 않았으며, 오히려 기존 교파의 경계를 초월한 성격이 강했다. 또한 이들 종교지도자들의 활약은 대서양 세계 양안에서 일어나던 부흥운동을 연결하여 범대서양적 사건으로 발전시켰다. 이 과정을 주도한 웨슬리와 횟필드에 대해 좀더 살펴보도록 하자.

 존 웨슬리

　　영국의 대각성 운동은 경직된 국교주의와 전통적인 그리스도교를 위협하는 이신론 양자에 대한 반동으로, 모라비안교파 같은 대륙의 경건주의 운동에 영향을 받아 발흥한 운동이라고 할 수 있다. 존 웨슬리(1703-1791)는 영국과 식민지의 부흥운동을 대서양적 사건으로 발전시킨 인물이지만 그전에는 대륙의 경건주의 운동과 영국의 부흥운동의 연결고리 역할을 했다. 1703년 잉글랜드의 엡워스(Epworth)에서 성직자의 가정에서 태어난 웨슬리는 엄격한 신앙교육을 받으며 자라났다. 그의 어머니 수재너 웨슬리(Susanna Wesley)는 점심 식사와 저녁 기도 시간 전에 자녀들의 성경 지식을 시험하였고, 일주일에 한 번은 저녁시간에 아이들과 진지한 종교적인 대화를 나누곤 했다. 이러한 어린 시절의 신앙교육은 웨슬리가 성년에 이르기까지 영향을 주었다. 가문의 전통에 따라 옥스퍼드에 진학한 웨슬리는 26세였던 1729년에 동생 찰스와 친구 조지 횟필드를 포함한 몇 명의 학생들과 함께 일종의 동아리를 만들었는데, 이 모임은 곧 '홀리 클럽(Holy Club)'으로 불리게 되었다. 이 클럽의 멤버들은 거룩한 생활 습관을 기르기 위해 매일 아침 6시부터 9시까지 기도와 성경 읽기 모임을 갖고, 매주 수요일과 금요일은 금식하였다. 그들은 개인적 영성 수련에서 멈추지 않고 교도소를 방문하여 수감자들을 교육하고, 복음을 전하였다. 당시에도 이러한 모습은 주변의 관

홀리 클럽

심을 끌기에 충분했고 옥스퍼드 학생들은 이들을 '규율주의자(methodist)' 라고 놀렸는데, 여기서 감리교라는 말이 유래되었다.[15]

1733년 아메리카 식민지 남부에 조지아 식민지가 건설되었는데, 이곳의 지도자 제임스 오글소프(James Oglethorpe)는 웨슬리 형제에게 새롭게 설립된 사바나 시 교구의 목회를 담당해 줄 것을 요청하였다. 1736년 웨슬리 형제는 조지아에 도착했지만 그들의 교구 사역과 원주민 선교 사역은 그리 성공적이지 못했다. 또한 이때쯤 웨슬리는 소피아 홉키(Sophia Hopkey)라는 여성과 사랑에 빠졌는데, 그녀가 자신의 선교 사역에 안 어울릴 것이란 생각에 결혼을 망설이다가 갑작스럽게 이별을 통보하였다. 결국 소피아는 다른 남자와 결혼하게 되었다. 소피아는 결혼 후에 남편의 뜻을 어기고 웨슬리가 집전한 예배에 참석하였는데, 그녀의 행실에 대한 잘못된 소문을 들었던 웨슬리는 공개적으로 소피아를 질책하고 성찬을 베푸는 것을 거절하였다. 이에 그녀의 남편은 웨슬리가 자기 부인의 명예를 심각하게 훼손하였다면서 소송을 재기하여 결국 웨슬리는 법정에 서게 되었다. 결과적으로 재판에서 유죄는 면했으나 그의 명성은 큰 타격을 받았다. 소피아의 남편은 그가 식민지를 못 떠나게 다시 재판을 걸려 했으나 웨슬리는 가까스로 '탈

출'하는 데 성공하였다.[16]

이렇게 웨슬리는 선교 사역과 결혼에 실패하고 패배감에 젖어 잉글랜드로 돌아오게 되었는데, 그가 탄 배가 중간에 큰 폭풍우를 만나게 되었다. 이때 웨슬리는 폭풍 속에서도 찬송가를 부르는 일단의 모라비안교도들을 보고 그들의 평온한 모습에 큰 감명을 받았다. 잉글랜드로 돌아온 웨슬리는 1738년 5월 24일, 런던의 엘더스게이트(Aldersgate) 가에서 열리는 모라비안 모임에 참석하게 되는데, 이곳에서 누군가 루터의 《로마서 주석》의 서문을 읽는 것을 듣고 회심을 경험하게 된다. 웨슬리는 다음과 같은 기록을 남겼다. "8시 45분쯤, 그가(주석을 읽는 사람) 예수 그리스도를 믿는 믿음을 통해 하나님이 심령에 일으키신 변화를 묘사하는 동안 나는 이상하게 마음이 뜨거워짐을 느꼈다."[17] 흥미로운 것은 불과 며칠 전인 5월 17일에 동생 찰스도 친구와 갈라디아서 주석을 읽는 중에 웨슬리와 비슷한 회심을 경험한 것이었다. 이러한 경험 후 신의 은혜에 관한 메시지가 웨슬리 형제의 핵심 메시지가 되었다.

새로운 열정으로 무장된 웨슬리 형제는 영어권 대서양 세계를 멀다 않고 다니며 복음을 전하기 시작하였다. 아직 영국 및 식민지에 도로망의 발달이 미약하던 시절 이들은 평생 동안 약 40만 킬로미터를 말을 타고 여행하였으며, 각지에서 총 4만 번 이상의 설교를 하였는데, 이는 평균 하루에 두 번 이상 설교를 하였음을 의미했다.[18] 존 웨슬리는 당시 평균 수명이 한참 지난 70세가 되었을 때에 말 타기를 중단하였고, 80대 중반이 되어서야 새벽에 설교하는 것을 중단하였다. 웨슬리 형제의 사역은 그 광범위한 활동 영역뿐 아니라 전도 방식에서도 새로운 면모를 보였다. 웨슬리는 하층민 노동자들이 교회까지 나오기가 어려운 상황을 고려해 그들의 마을로 찾아가 옥외 설교를 시작하였고, 밤 시간을 이용해 집회를 진행하기도 했다. 찰스 웨슬리는 직접 성경 및 종교 서적을 읽기 어려운 하층민을 위해 그리스도교의 핵심 메시지를 담은 찬송시를 작사하여 퍼뜨렸다. 이런 헌신적인 노력의 결과 1791년 그가 죽었을 때 13만 5,000명의 감리교도가 존재했고, 541명의 순회 설교자들이 '감리교도'로서 대서양 세계를 다니며 복음을 전

옥외 설교를 하는 웨슬리

파하고 있었다. 이 모든 사역을 마치고 그가 죽기 직전 한 말은 "무엇보다 가장 좋은 것은 하나님이 우리와 함께한다는 것이다(the best of all is, God is with us)"라는 말이었다.[19]

　사실 감리교의 발흥은 웨슬리의 생애와 발전 과정을 같이했다고 해도 과언이 아니다. 그것은 크게 세 개의 단계로 나눠서 살펴볼 수 있다. 1기(1730-40년대)는 대각성 운동 시기로, 감리교가 국교회 내의 부흥운동으로 태동되던 시기이다. 웨슬리는 영국과 식민지를 오가며 옥외 집회를 열고, 노동자 계층과 여성과 아동, 아메리카 원주민 등 기존의 그리스도교가 관심을 기울이지 않았던 계층에 그리스도교를 전파하였다. 이런 과정을 통해 생겨난 웨슬리의 추종자들은 1739년 봄 브리스톨에 최초의 감리교 교회를 세웠다.

　2기(1750-60년대)는 새로운 교회 조직이 형성되던 시기이다. 웨슬리의 추종자들은 아직 자기들과 국교회를 분리시켜 생각하지 못했지만, 교회 운영의 측면에서는 확연히 구별되는 특징을 보이고 있었다. 이때까지 가톨릭은 물론이고 개신교 교파들도 성직자 중심으로 교회가 조직되고 운영되었다. 그러나 웨슬리는 갑자기 팽창된 영어권 대서양 세계라는 지리적 범위를 감당하기 위해 성직자뿐 아니라 평신도들이 설교자로서 중요한 역할을 담당하도록 하였다. 그럼에도 넓은 지역에 흩어진 신도들을 모두 돌볼 수 없었기 때문에 12명 단위의 '속회(society)'로 묶어 이를 지역 교회의 기초 단위로 삼았고, 이 속회들을 모아 그 위에 '순회(circuits)'라는 조직을 두었다. 그리고 이곳에 순회 설교자들을 파견하였고, 이들을 감독이 돌보도록 하였다.

3기(1770-80년대)는 웨슬리의 신학이 완성 단계에 이르고, 사실상 독립된 감리교회가 존재하게 된 시기이다. 웨슬리는 죽을 때까지 국교회를 떠나지 않았지만, 현실은 그의 바람과 달랐다. 미국 독립전쟁이 끝나고 1784년 12월 25일에 볼티모어에서 열린 '크리스마스 총회'에서 독립된 미국 감리교회가 성립되었으며 프랜시스 아스버리(Francis Asbury)가 미국 감리교회의 감독으로 안수받게 되었다. 사실상 이때부터는 독립된 감리교회가 존재했다고 보는 것이 일반적인 시각이다.

웨슬리는 감리교뿐 아니라 프로테스탄트 교회 전반에 영향을 준 유산을 남겼다. 우선 그는 프로테스탄트 메시지를 시대에 맞는 방식으로 전파하였다. 그는 은혜의 메시지를 전파하고 성경의 진리성을 옹호한 점에서 프로테스탄트 유산을 계승하였지만, 그동안 복음 전파의 측면에서 소외되었던 성별, 계층, 인종에게 복음 전파를 시도하였고, 이를 위해 옥외 설교, 철야 예배를 시도하고, 평신도로 구성된 순회 설교자를 파송하는 혁신적인 방식을 도입하였다. 사실 이런 것들을 웨슬리가 처음 고안한 것은 아니다. 옥외설교는 시기적으로 조지 휫필드가 먼저 시작하였고, 모라비안교도들도 소그룹을 중심으로 한 교회 조직을 가지고 있었다. 하지만 웨슬리는 옥외 설교를 순회 설교자의 일반적인 전도 방식으로 발전시켰고, 모라비안교도들의 소그룹을 속회와 순회로 재구성해 체계화한 점에서 발전된 면모를 보였다.[20]

두 번째로 웨슬리는 실천주의적 복음주의 확립에 중요한 영향을 끼첬다. 잘 알려진 대로 웨슬리는 구원에 있어 인간의 의지가 차지하는 부분을 강조했던 아르미니안주의자로서 그동안 프로테스탄트 신학에서 상대적으로 약화되어 설명되던 인간의 행위에 좀더 중요성을 부여하려 하였다.[21] 그의 신학적 입장은 당시에도 많은 논쟁을 불러일으켰지만, 그의 영향력 아래 감리교도들뿐 아니라 다수의 복음주의자들이 세금 개혁, 고용제도 개혁, 감옥 개혁, 반노예제 운동 같은 사회개혁 활동에 나서게 된 것도 사실이었다. 대표적인 예로 국교회 출신 하원의원이었던 윌리엄 윌버포스는 웨슬리의 영향 아래 반노예제 운동에 관심을 가지게 되었고, 의회에서 노예무역 폐지 운동을 시작하였다. 웨슬리는 삶의 영역이 팽창하고 상상하기 어려운 속도로 변화가 일어나던 시대를 살았다. 그리고 그의 영향력 아래 프로테스탄트 교회는 시대의 변화를 놓치지 않을 동력을 마련할 수 있었다.

조지 휫필드

영국과 아메리카 식민지에서 일어나던 부흥운동이 대서양적 사건으로 발전하는 과정에서 중요했던 두 번째 인물은 휫필드(1714-1770)였다. 그는 1714년 잉글랜드 글로스터에서 태어났다. 휫필드는 옥스퍼드에서 공부하는 동안 웨슬리 형제를 만나 홀리 클럽의 멤버로서 활약하였다. 국교회의 성직자가 된 그는 1736년부터 3년간 자신이 세례를 받았던 글로스터교회에서 사목을 하였다. 그는 웨슬리와 함께 옥외 설교 방식을 유행시켰고, 프로테스탄트 신학과 영성을 당시 최신의 방법으로 전파하고 옹호하는 것에 많은 관심을 기울였다.

그럼에도 웨슬리와는 몇 가지 점에서 차이를 보였다. 가장 큰 차이는 신학적인 것으로, 아르미니안주의자였던 웨슬리와 달리 휫필드는 칼뱅주의를 고수하였다. 두 사람은 예정과 견인, 성화 교리에서 근본적인 차이를 보였으며, 초기 감리교에는 휫필드를 따르는 칼뱅주의적 감리교도들도 상당수 존재하였다. 또한 둘은 노예문제에 대한 접근방식도 달랐다. 존 웨슬리

설교하는 조지 휫필드

는 노예제도의 완전한 폐지와 노예의 해방을 주장했지만, 휫필드는 노예제도의 정당성 자체를 부정하지 않았다. 그는 선교와 고아원 운영을 위해 조지아에 노예농장을 운영하기도 했다. 그럼에도 그는 끝까지 웨슬리의 친구이자 동역자였고, 웨슬리를 '앞으로 죽어서 천국에 가면 주의 곁에 가까이 있을 사람'이라고 평가할 정도로 존경하였다.

대각성 운동 기간 동안 휫필드는 열정적으로 영어권 대서양 세계에 복음을 전파하였다. 그는 잉글랜드 대부분의 카운티에서 설교하였고, 웨일스를 수시로 방문하였다. 1741년부터 스코틀랜드로 전도 여행을 시작하였고, 1742-1744년 사이에 캠버스랭, 서더랜드, 로스킨, 퍼스 등에서 부흥운동이 일어나는 데 영향을 끼쳤다. 아일랜드로는 두 번 전도여행을 떠났고, 버뮤다, 지브롤터, 네덜란드도 방문하였다. 아메리카 식민지로는 7번 여행하였는데, 1740년의 2차 식민지 방문은 대각성 운동에서 역사적인 사건이 되었다. 휫필드는 필라델피아를 방문하여 이신론자인 벤저민 프랭클린을 감화시켰고 향후 식민지 전도여행의 계획을 수립하고 홍보하는 데 있어

파트너 관계를 형성하였다.[22] 1740년 9월 14일부터 10월 13일에는 노스햄
프턴을 방문해 에드워즈를 만났다. 그가 에드워즈가 사목한 노스햄프턴 교
회에서 행한 설교집회는 1차 대각성 운동의 확산에 크게 기여했다고 평가
된다. 그의 식민지 방문은 광범위한 지역에서 종교적 열정을 불러일으켰고,
대서양 양안의 종교 지형을 변화시켰다.

횟필드는 당시부터 뛰어난 설교자로 명성을 떨쳤다. 그는 직선적인 표
현으로 회개를 촉구하면서도, 그 필요성을 일상 속의 예를 통해 극적으로
설명하여 대중적이고 영향력 있는 설교를 하였다. 또한 많은 부흥운동가가
그랬듯이 성령의 체험을 강조하였다. 옛 퓨리턴 전통에서는 광신으로 여겨
졌던 심리적 현상이 그의 설교에서는 성령을 묘사하는 긍정적인 서술로 나
타났다. 이후 한동안 이러한 설교 방식이 영국과 식민지에서 유행하게 되었
다. 프랭클린은 횟필드의 인기와 영향력을 다음과 같이 증언하였다.

"다양한 교파에서 온 수많은 인파가 그의 설교를 들으러 모였다. 그의
설교가 청중에게 끼친 지대한 영향을 관찰하는 것은 장관이었다. 횟필드의
부흥운동은 이 지역 거주민의 생활양식을 바꾸어 놓았다. 종교에 관해 무
관심했던 모습은 온데간데없고, 마치 온 세계가 점점 종교적으로 바뀌는 것
처럼 보였다. 저녁이 되면 어떤 거리에서든 각 가정에서 찬송 부르는 소리를
듣지 않고 마을을 걷기가 어려울 정도였다."[23] 마크 A. 놀은 횟필드가 "전통
그리스도교의 많은 부분을 포용하면서도 더 근대적이고 개인주의적인 형
태의 신앙"을 제시했다고 평가하였다.[24]

횟필드 선교 활동의 가장 큰 의의는 광범위한 지역에 거주하는 대규
모 인구에게 그리스도교를 전파하기 위해 상업적 방식을 접목한 것에 있었
다. 횟필드는 누구보다도 홍보와 마케팅의 중요성을 잘 아는 종교인이었다.
횟필드가 1738년 처음으로 미국을 방문하기 전, 이미 지역신문을 적극적으
로 이용해 자신의 도착과 전도여행 일정을 홍보하였고, 그 결과 그가 보스
턴에 도착했을 때에 시민들은 그를 맞을 준비가 되어 있었다.[25] 또한 지역
신문들은 그의 여행 동선과 스케줄, 부흥운동의 결과를 식민지와 대서양
반대편으로 전파하였기 때문에 그의 활동은 범대서양적인 관심을 받게 되

었다. 여기에는 프랭클린의 조력이 중요했던 것은 물론이다. 프랭클린은 식민지에서 그의 에이전시 역할을 하였고, 각종 행사를 홍보하고 일정과 동선을 조율하는 역할을 수행했다.

사실 휫필드가 벌이는 활동의 상업적 가치를 가장 잘 인식한 것은 휫필드 자신이었다. 휫필드가 상업적 목적으로 사역을 한 것은 아니었지만 적어도 그것이 복음 전파를 촉진할 수 있음을 인식했던 것은 분명해 보였다. 그는 식민지에 도착하기 몇 달 전부터 신문 편집자들과 출판업자에게 자신의 책을 보내 선전하였고, 그것이 자신의 방문에 맞춰 보급될 수 있도록 노력하였다. 휫필드가 집회를 마치면 바깥에서는 그의 설교집들이 판매대 앞에 진열되어 있었다. 뉴잉글랜드의 상인들 또한 휫필드의 상업적 가치를 알아보고 마케팅 전략을 세웠다. 예를 들어, 휫필드의 설교를 시리즈로 만들어 시차를 두고 출판해 관심을 배가시키고, 들고 다니기 쉽게 포켓 사이즈로 책을 만들거나, 다량의 책을 구입한 경우 배달 서비스를 제공하였다.[26] 이렇게 상인들의 이윤 추구와 부흥운동가의 노력이 합쳐져서 복음주의는 다양한 집단에게 접근할 수 있게 되었다. 새롭게 발달된 선전방식과 상업적 기술은 복음주의 문학 독자층의 절대적 수를 늘렸고, 또한 그것이 유통되는 지리적 범위를 대서양 세계로 확대하였다.

대서양 복음주의 네트워크의 형성[27]

1980년대까지 대각성 운동은 특정 지역이나 교파에 초점을 맞추어 서술되고 있었다. 즉, 학자들은 대각성 운동을 대서양적 사건으로 보지 않고 지역적 사건으로 바라보면서, 그것들을 뭉뚱그려 서술하였다. 그러다가 1980년대 초반부터 수전 오브라이언과 프랭크 램버트 같은 학자들이 이 운동을 대서양적 시각에서 접근하기 시작하였다. 이들은 지역적 접근이 대각성 운동의 중요한 특징 두 가지를 간과했음을 지적하였다. 기존의 서술은 대서양 양안에서 국교도, 루터파, 경건주의자, 침례교, 감리교 등 다양한 배경을 가진 종교인들이 교파와 지역의 경계를 넘어 프로테스탄트 부흥운동에 참여한 점을 간과하였다. 또한 이런 시각은 영국과 아메리카 식민지의 복음주의자들이 대서양 반대편 복음주의자들의 활동을 잘 알고 있었고, 서로의 발전에 밀접히 관여했던 사실도 설명하지 못한다.[28]

사실 우리는 몇 가지 사례를 통해 당시 많은 복음주의자들이 다른 지역의 부흥운동을 인지하였고, 나아가 일종의 대서양적 정체성을 형성하고 있었음을 추정해 볼 수 있다. 첫 번째 예는 '레터데이(Letter Day)'이다. 1730년대에 대각성 운동이 시작되면서 대서양 양안의 부흥운동 지도자들의 서신 교환이 활발해졌다. 처음에는 개인적으로 아는 지인에게 편지를 보냈지만, 곧 그것을 공유하고 싶어 하는 사람들이 늘어나면서 사람들은 사본을 만들고 돌려 보기 시작하였다. 대각성 운동 기간 동안 기도회나 성경 읽기 모임 같은 다양한 종교 집회들이 식민지 전역에서 조직되었는데, 대서양 반대편의 부흥 소식을 전달하는 편지 읽기는 이런 모임들의 중요한 순서로 빠르게 자리 잡았다. 나중에는 잉글랜드와 웨일스의 종교단체들이 아예 회중 앞에서 편지만을 읽는 특정한 날인 '레터데이' 행사를 시작하게 되었다. 1730년부터 휫필드와 웨슬리 추종자들이 레터데이 행사를 시작했고, 1741년에는 휫필드를 추종하는 감리교도들이 런던에서 매월 두 번째 월요일에, 브리스톨에서 매월 첫 번째 월요일에 레터데이 행사를 정기적으로 가졌고, 이 행사들은 적어도 7년 이상 지속되었다. 1742-1743년 동안에는 잉글랜드뿐 아니라 웨일스, 스코틀랜드, 뉴잉글랜드에서도 이 행사가 열리게 되었다. 1746년 웨슬리가 감리교 설교자들에게 보낸 편지에서는 한 달에 한 번 레터데이를 개최할 것이 권장되는 것으로 보아, 교파 내에 어느 정도 정착된 것으로 보인다.[29] 이 행사는 대서양 양쪽 복음주의자들이 서로를 감정적으로 동일시할 수 있는 기회를 제공하였고 대서양을 넘어 일련의 교리와 종교 관행들이 공유되는 계기가 되었다.

레터데이의 효과를 증대하기 위해 복음주의자들은 잡지와 신문 같은 출판 매체와의 연결을 시도하였다. 1740년부터 런던의 출판업자 존 루이스(John Lewis)는 유명 복음주의자들의 편지를 주된 내용으로 하는 신문을 주

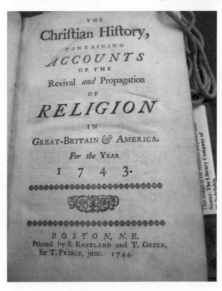

복음주의 저널 《크리스천 히스토리》

간으로 출판하기 시작했다. 그를 따라 1741년부터 글래스고의 윌리엄 맥클로치(William McCulloch), 에딘버러의 제임스 로브(James Robe), 보스턴의 토머스 프린스 주니어(Thomas Prince, Jr.)가 종교 부흥의 소식을 전하고 복음주의 서신을 소개하는 잡지를 출판하였다. 이들의 밀접한 상호 의존 관계는 복음주의자들의 대서양을 넘나드는 연결고리를 잘 보여 준다. 맥클로치의 《글래스고 위클리 히스토리(Glasgow Weekly History)》(1741. 11-1742. 12, 발행)는 루이스의 《런던 위클리 히스토리》에서 152건의 편지를 발췌 인용하였고, 프린스가 발행하던 주간 《크리스천 히스토리(Christian History)》는 1호부터 7호까지 연속으로 로브가 쓴 스코틀랜드 부흥운동 기록인 《킬사이스 부흥 기록(Narrative of Revival in Kilsyth)》 전체를 연재하였다.[30] 이렇게 영국과 아메리카 식민지의 복음주의 잡지들은 비슷한 서신 내용과 대서양 반대편의 부흥 소식을 공유함으로써 대서양 세계 곳곳의 종교 공동체를 공동의 관심사로 묶을 수 있었으며, 레터데이로 형성되던 대서양 양안의 복음주의자들의 유대감을 더욱 널리 퍼뜨릴 수 있었다.

연합기도회(United Concert for Prayer) 또한 대서양 복음주의 네트워크의 강도를 가늠해 볼 수 있게 해주는 사례이다. 1740년대에 대서양 양쪽의 복음주의자들은 전 세계적인 부흥을 위해 특정한 날을 정해 기도와 금식을 시작하였는데, 이것은 영국과 아메리카 식민지의 다양한 종교적 협회들과 집회들에서 일반적 현상으로 자리 잡았다. 예를 들어 영국의 횟필드파 감리교도 협회들은 매달 16일을 그들의 기도일로 정했고, 이를 따라 국교회 복음주의자들도 1742년에 추수감사절 다음에 오는 목요일을 그들의 기도일로 정하였다.[31] 1742년 에드워즈도 기도와 금식을 위해 특정일을 구별하여 지킬 것을 제안한 적이 있었고, 이에 영향받아 스코틀랜드에서 지역별 기도일 행사가 시작되었다.

연합기도회는 이런 지역적 행사들을 연결하여 범대서양적 행사로 만들려는 시도였다. 1744년 10월 스코틀랜드 부흥운동가들이 처음으로 잉글랜드와 아메리카 식민지의 복음주의자들에게 2년 동안 전 세계적인 부흥을 위해 각자 정기적으로 기도회를 가질 것을 제안하였다. 이 소식은 이미 발달되어 있던 개인적 서신 교환 네트워크와 《크리스천 먼슬리 히스토리(Christian Monthly History)》 같은 복음주의 잡지들을 통해 적극적으로 홍보되었다. 1746년 8월 스코틀랜드 복음주의자들은 7년간 이 행사를 다시 가질 것을 제안하였고, 아메리카 식민지에서 에드워즈를 비롯한 많은 복음주의자로부터 적극적인 지지를 얻을 수 있었다.[32]

1749년 뉴잉글랜드의 복음주의자들은 에든버러의 제임스 로브에게 "우리 지역에서 연합기도회는 큰 호응을 얻었으며, 수많은 목사와 평신도, 회중집회와 교회들이 이 행사에 동참하였다"는 서신을 보냈다.[33] 로브는 연합기도회의 정확한 규모와 참가자의 이름들을 명시하고 있지는 않다. 그러나 1754년 복음주의자들이 또 한 번 7년간의 행사를 제안할 것을 심각히 고려했던 것을 생각해 보면 대서양 세계 전역에서 그 호응이 상당했음을 짐작해 볼 수 있다. 웨슬리가 자신 있게 말했던 것처럼 대각성 운동 기간 동안 복음주의자들은 이런 범대서양적 행사를 통해 '온 세상을' '하나의 교구'로 바라보게 되었다.

맺음말

대각성 운동은 영어권 대서양 세계의 종교지형을 크게 변형시켰다. 첫 번째로 프로테스탄트 교파들은 교세를 회복하였다. 1734년에서 1742년 사이 뉴잉글랜드 지역에서 2만 5,000명에서 5만 명 정도의 신자가 늘어났다고 평가된다. 회중교회는 250여 개의 교회를 새로 조직하였으며, 그 외에도 침례교, 장로교의 성장이 두르러졌다. 영국의 감리교는 1770년까지 2만 9,000명의 신도들이 50여 개의 순회를 조직하고 있었는데, 이 수는 1790년대에 13만 명으로 늘었다. 이전까지 기계적 우주관, 이신론, 계몽주의의 영향으로 사람들의 심성 속에서 영향력을 상실하던 그리스도교는 점차 수세에서 벗어나게 되었다.

두 번째로 미국의 정치적 지형 변화에 영향을 끼쳤다. 예일 대학교의 종교사 교수였던 시드니 알스트롬(Sydney Ahlstrom)은 초기 미국 사회의 형성에 중요한 세 가지 요소를 거명한 바 있다. 첫째는 미국 역사의 시작 시기에 식민지 사회 문화 형성에 결정적 역할을 한 퓨리턴주의였고, 둘째는 인구의 폭발적인 증가였다. 식민지 사회는 1713년에 인구가 36만 명이었는데, 1760년에는 160만 명으로, 그리고 1776년에는 300만 명으로 폭발적으로 늘어났다. 이러한 인구 폭발의 주된 원인은 이민의 증가였다. 그리고 이는 미국 사회가 다문화 사회로 가는 방향성을 설정하였다. 마지막 요소는 대각성 운동이다. 뉴잉글랜드부터 시작해 남부 식민지까지 일어난 이 운동은 식민지에서 처음 일어난 '전국적'인 사건이었다. 그것은 식민지 사회의 '일반 역사(general history)'를 제공한 사건으로 식민지의 복음주의 프로테스탄트들이 국가를 형성하는 세력으로 스스로를 의식하게 된 계기가 되었다.[34]

세 번째로 대각성 운동 이후 아메리카 식민지의 종교적 지형이 크게 변화하였다. 그동안 많은 주에서 국교회와 회중교회가 지배적인 위치에 있었는데, 감리교, 장로교, 침례교 등 새로운 교파가 성장하였고, 앞서 설명한 것처럼 이 교파들은 다시 내부적으로 올드 라이트, 뉴 라이트, 자유주의자, 분리주의자 등으로 분열되었다. 이제 더 이상 두 교파만으로 식민지 종교 지형을 설명할 수 없게 되었으며, 이는 독립 이후 국교가 인정되기 어려운 배경이 되었다.

네 번째로 대서양 세계의 부흥운동은 영국의 종교적 분위기도 변화시켰다. 우선 감리교라는 민중의 감성을 건드리고 그들의 영적 필요를 채워 주는 새로운 교파가 생겨났다. 그러나 영국의 종교적 분위기 변화는 감리교라는 특정 교파가 아니라 교파를 초월한 복음주의라는 움직임의 대두로 보는 것이 적절할 것이다. 웨슬리를 포함한 상당수의 감리교도들이 독립된 교파 정체성을 가지게 된 것은 18세기 말에 이르러서였다. 부흥운동에서 웨슬리와 그의 추종자들의 역할이 중요했지만, 국교회와 비국교회 교파들 안에 존재한 복음주의자들은 서로 영향을 주고받고 있었다. 무엇보다 영국은 심사법으로 국교도만 공직에 진출할 수 있었는데, 국교회 내에 복음주의 세력이 형성되면서, 이들을 통해 공적 영역에서 복음주의의 실천주의적 면모가 실현될 수 있었다. 5장에서 살펴볼 영국 의회 내의 복음주의 정치가들의 노예무역 폐지 운동과 도덕개혁 운동이 그 대표적인 예이다.

다섯 번째로 대각성 운동은 여성의 목소리가 그리스도교 역사에 본격적으로 등장하는 계기가 되었다. 이 책에서는 지면의 한계로 인해 에드워즈, 웨슬리, 휫필드 같은 대표적 인물을 중심으로 대각성 운동을 설명했지만, 이들 외에 수많은 이름 없는 평신도가 가담했기에 대서양 부흥이라는 큰 운동이 만들어졌음을 기억해야 한다. 특히 이 시기부터 여성의 역할이 중요해졌다. 로드아일랜드의 수재너 앤소니(Susanna Anthony)는 1742년부터 부흥운동을 이끌었으며 여성들로 이루어진 여러 협회를 조직하고 이끌었다. 그의 영향력은 여성이라는 젠더의 영역을 넘는 것으로, 에드워즈의 제자 새뮤얼 홉킨스는 자신의 신학 형성에 있어 앤소니에게 많은 영향을 받았음을 인정한 바 있다.[35] 앤소니 같은 사회 상류층 여성뿐 아니라 평범한 여성들도 부흥운동에 적극적으로 참가하였다. 로드아일랜드의 여교사 사라 오스본(Sarah Osborn)은 《자연, 진정한 그리스도교의 분명한 증거(The Nature, Certainty and Evidence of True Christianity)》(1753) 같은 팸플릿과 공개편지로 당대 사람들에게 신의 심판을 경고하였고, 해녀 히튼(Hannah Heaton) 같은 농가집 아낙네도 자신의 회심과 경건생활에 대한 기록을 남기기도 했다.[36] 이외에도 감리교, 침례교, 회중교회 내 분리주의자들 사이에서도 여성의 활약이 커졌다.

마지막으로 대각성 운동 기간 아프리카 흑인들에게 복음이 전파되기 시작하였다. 18세기 초부터 대서양 노예무역이 증가하면서 부자유 노동력의 국제적 이동이 시작되었고 그 과정에서 흑인들이 영국과 북아메리카의 백인 종교 공동체에 유입되었다. 그리고 일부 사람들은 백인 농장주와 흑인 노동자의 영혼이 평등한지 고민하게 되었다. 이미 1700년에 매사추세츠주의 퓨리턴이자 판사였던 새뮤얼 시월(Samuel Sewall)이 《요셉의 판매(The Selling of Joseph: A Memorial)》라는 제목의 소책자를 통해 노예무역을 비판하기 시작하였고, 1730년대 초부터 서인도제도의 모라비안 교회에서는 흑인을 교회의 일원으로 받아들이게 되었다. 북아메리카의 퓨리턴들은 대다수가 흑인과 백인의 영혼의 평등성은 인정하였지만, 현실에서 노예제에 제한을 두어야 할지에 대해서는 의견이 분분하였다.

1740년대의 대각성 운동은 식민지의 그리스도인들이 노예제에 어떤 식으로든 제한을 가해야 한다는 생각을 가지는 계기가 되었다. 이전과 달리 흑인 노예들이 대규모로 교회에 들어오게 되면서, 다수의 복음주의자들은 그들을 '형제와 자매'로 부르면서 동시에 노예로 부리는 것 사이의 모순을 느끼게 되었다. 당시 많은 복음주의자들은 노예제에 어떤 형태로든 제한을 가해야 한다는 생각을 가지게 되었는데, 에드워즈는 그 제한의 정도에 가이드라인이 될 만한 의견을 제시하였다. 그는 노예제 자체는 신이 세운 자연 질서의 일부로 폐지하기 어렵다고 보았으나, 그것은 일반적인 허용이 아니라 노예들을 인간적으로 대하고 그리스도교인으로 만들 수 있는 효용을 가질 때만 유효한 조건부 허용이었다. 이 기준에서 볼 때 에드워즈는 노예농장제가 여러 문제점에도 불구하고 노예들에게 그리스도교를 전파하는 효용이 있으므로 일종의 '필요악'으로 허용되어야 한다고 보았다. 그러나 이는 그가 노예무역을 반대한 이유도 되었는데 노예제 관련 행위 중 노예무역은 그 잔인함의 정도가 지나쳐 위의 효용을 인정할 수 없었기 때문이다.[37] 당시 횟필드 같은 대각성 운동의 지도자들도 비슷한 생각을 공유했다. 18세기 말에 이르면 웨슬리와 윌버포스 같은 복음주의자들은 명백히 노예제와 노예무역 모두를 반대하게 된다. 그러나 이러한 결론에 이르기 전 복음주의 공동체 안에서 노예제에 대한 시각이 변하기 시작한 것은 대각성 운동이 시작된 이후였다.

18세기에 일어난 부흥운동은 계몽주의의 도전과 확산되고 있는 종교적 회의에 대해 제대로 대응하지 못하는 분위기에 대한 응전의 성격이 강했다. 그러나 대각성 운동이 진행되면서 그리스도인들은 수동적인 대응에서 벗어나 영어권 대서양 세계에 새로운 정치·종교지형을 만들어 내기 시작했고, 그것은 우리가 다루는 18-19세기 서구 그리스도교 사회질서의 밑바탕이 되었다.

주

1 —— David Bebbington, *Evangelicalism in Modern Britain: A History from the 1730s to the 1980s* (Allen & Unwin, 1989), 35-42; John Coffey, "Puritanism, Evangelicalism and the Evangelical Protestant Tradition", in Michael A. G. Hykin and Kenneth J. Stewart (ed.), *The Advent of Evangelicalism* (B&H Academic, 2008), 252-253.

2 —— Mark A. Noll, "British and French North American to 1765", in Stewart J. Brown & Timothy Tackett (ed.), *The Cambridge History of Christianity, Enlightenment, Reawakening and Revolution, 1660-1815* (9 vols, Cambridge University Press, 2006), VII, 404.

3 —— W. R. Ward, *Early Evangelicalism, A Global Intellectual History, 1670-1789* (Cambridge University Press, 2006), 36-39.

4 —— W. R. Ward, "Evangelical Awakenings in the North Atlantic World", in Stewart J. Brown & Timothy Tackett (ed.), *The Cambridge History of Christianity, Enlightenment, Reawakening and Revolution, 1660-1815* (9 vols, Cambridge University Press, 2006), VII, 331-332.

5 —— Jonathan Edwards Sr., *A Faithful Narrative of the Surprising Work of God in the Conversion of Many Hundred Souls in Northampton* (Printed & sold by S. Kneeland and T. Green, 1738), i-ii.

6 —— Frank Lambert, *Inventing the "Great Awakening"* (Princeton University Press, 1999), pp. 23-24.

7 —— Jonathan Edwards, "Unpublished Letter of May 30, 1735", C. C. Goen (ed.), *The Works of Jonathan Edwards*, (26 vols, Yale University Press, 1957), IV, 99-111.

8 —— Ward, "Evangelical Awakenings in the North Atlantic World", 342.

9 —— Noll, "British and French North American to 1765", 407.

10 —— "Jonathan Edwards", Stanford Encyclopedia of Philosophy (http://plato.stanford.edu/entries/edwards/, 2018년 8월 9일 검색).

11 —— Noll, "British and French North American to 1765", 407-408.

12 —— Edwards, Sr., *A Faithful Narrative of the Surprising Work of God*, i.

13 —— Herbert Schlossberg, *The Silent Revolution & Making of Victorian England* (Ohio State University Press, 2000), 30.

14 —— Ward, "Evangelical Awakenings in the North Atlantic World", 344-345.

15 —— Stephen Tomkins, *John Wesley: A Biography* (Lion Books, 2003), 37.

16 —— "John Wesley Trial: 1737 - A Fateful Move", Law Library - American Law and Legal

Information (http://law.jrank.org/pages/2347/John-Wesley-Trial-1737-Fateful-Move.html, 2018년 8월 10일 검색).

17 —— Frederick Dreyer, *The Genesis of Methodism* (Lehigh University Press, 1999), 27.

18 —— Tomkins, *John Wesley: A Biography*, 199.

19 —— J. F. Hurst, *John Wesley the Methodist* (Kessinger Publishing, 2003), 298.

20 —— 마크 A. 놀, 《터닝포인트》(CUP, 2007), 313.

21 —— 좀더 자세하게 설명하자면, 그들은 사람이 자신의 자유의지로 신을 믿기로 선택할 수 있다고 보았으며, 예수의 속죄는 모든 인류를 위한 것이고, 사람이 성령의 도움을 거절하는 것도 가능하다고 보았다. Keith D. Stanglin & Thomas H. McCall, *Jacob Arminius: Theologian of Grace* (Oxford University Press, 2012), 190.

22 —— Benjamin Franklin, *The Autobiography of Benjamin Franklin: 1706-1757* (Applewood Books, 2008), 104-108.

23 —— Franklin, *The Autobiography of Benjamin Franklin*, 108.

24 —— Noll, "British and French North American to 1765", 407.

25 —— *The Christian History, 1743-1744*, 5 January, 1744/1745.

26 —— Frank Lambert, "Pedlar in Divinity", *The Journal of American History*, vol. 77, no. 3 (December, 1990), 814-817.

27 —— 이 소항목의 레터데이와 연합기도회 관련 내용은 필자의 다음 논문에서 발췌하였다. 「대서양 복음주의 네트워크의 노예무역폐지주의」, 《영국연구》, 제22권 (2009.12), 66-69.

28 —— Susan O'Brien, "A Transatlantic Community of Saints: The Great Awakening and the First Evangelical Network, 1735-1755", *American Historical Review*, vol. 81 (Oct, 1986).

29 —— O'Brien, "Transatlantic Communications and Literature in the Religious Revivals", 102-108; Frank Lambert, *Inventing "the Great Awakening"*, 156-157.

30 —— James Robe, *A short Narrative of the Extraordinary Work at Cambuslang in Scotland* (Printed and sold by William Bradford, 1742).

31 —— *The Glasgow Weekly History, 1742*, Library Company Philadelphia, Am 1743 Gla Aa 743 655, xxvi.

32 —— Jonathan Edwards, Sr., *Some Thoughts Concerning the Present Revival of Religion in New-England* (Printed and sold by S. Kneeland and T. Green, 1742), p. 61.

33 —— John Gillies, *Historical Collections Relating to Remarkable Periods of the Success of the Gospel, and Eminent Instruments Employed in Promoting It* (2 vols, Printed by R. and A. Foulis, 1754), II, 402.

34 —— Sydney Ahlstrom, *A Religious History of the American People* (Yale University Press, 2004), 5-6.

35 —— Noll, "British and French North American to 1765", 408-409.

36 —— Barbara E. Lacey, "The World of Hannah Heaton: The Autobiography of an Eighteenth-Century Connecticut Farm Woman", *William and Mary Quarterly*, vol. 45 (April, 1988), 280-304; Catherine A. Brekus, *Sarah Osborn's World: The Rise of Evangelical Christianity in Early America* (Yale University Press, 2013).

37 —— 에드워즈의 노예무역 및 노예제에 대한 사상은 필자의 다음의 논문을 참조. 「조나단 에드워즈의 노예제에 대한 시각 고찰, 1730-1780」, 《미국사연구》, 제38권 (2013.11).

미국 독립혁명과
정교분리 사회

4

미국 독립혁명은 18세기 중엽 13개 식민지가 영국으로부터 독립하여 연방제 공화국인 미합중국을 수립한 사건이다. 이때의 '혁명'의 개념을 독립 자체로 한정하면 1783년에 끝난 사건이 되지만 새로운 헌정 체제의 수립까지 포함하면 1789년에 그 역사가 마무리된다. 13개 식민지는 1775년에서 1783년까지 영국을 상대로 독립 전쟁을 벌였다. 이들은 1776년 독립을 선언하였으며 1781년에 사실상 승리를 거두었다. 이 전쟁은 1783년의 파리강화조약으로 공식적으로 종식되었다. 13개의 식민지는 오랜 논의 끝에 1787년 미합중국의 헌법을 제정하였고, 모든 식민지 의회의 비준을 받아 공식 헌법으로 선포된 것은 1789년이었다.

영국으로부터 식민지가 독립한 사건을 혁명으로 부르는 이유는 무엇인가? 우선 미국의 독립은 서양근대사에서 최초로 민주적 공화체제가 수립된 사건이었다. 이는 특정 국가의 사건으로 끝나지 않고 유럽 각국에 심대한 영향을 끼쳐 향후 찾아올 민주주의 혁명의 시대를 열었다. 근대 역사학의 아버지 레오폴트 폰 랑케는 세계사에서 가장 의의 있는 사건으로 미국 독립혁명을 뽑으면서 다음과 같이 말하였다. "북아메리카인들은 영국의 헌정사상을 버리고 개인의 권리에 기초한 새로운 공화주의를 도입함으로 세상에 새로운 힘을 도입하였다. … 지금까지는 군주제가 국민의 이해관계에 제일 잘 맞는다는 확신이 유럽에서 우세했지만, 이제 국민이 스스로를 통치해야 한다는 생각이 퍼지게 되었다."[1] 이처럼 이 사건이 유럽과 북아메리카 사회의 정치 지형에 끼친 영향과 변화를 생각해 볼 때 혁명적 사건이었던 것은 분명하다.

또한 정치-종교사적 측면에서 보면 미국 독립혁명은 근대적인 정교분리 사회가 최초로 성립된 사건이었다. 4세기 초 콘스탄티누스의 그리스도교 공인 이후 유럽 사회에서 그리스도교는 정부의 보호 속에 독점적 지위 혹은 적어도 우월한 지위를 누려 왔다. 심지어 그들은 비그리스도교인들에게 순응을 요구하고, 따르지 않을 경우 그들의 시민권을 박탈하거나 생존을 위협할 수도 있었다. 그러나 이런 지위는 수정헌법 1조가 공포되면서 이 지역에서는 공식적으로 종식되었다.

혁명 이전의 미국 사회

1588년 프랜시스 드레이크가 지휘한 잉글랜드 함대는 '무적함대'로 불렸던 스페인의 함대를 격파하였다. 이 전쟁은 영국을 가톨릭 침략군으로부터 지켜 낸 사건이었지만 또한 영국의 북아메리카 진출이 가능하게 된 계기가 되었다. 이때 엘리자베스 1세의 허가를 받아 월터 롤리 경이 이끄는 탐사대가 북아메리카에 진출하였는데, 그는 자신이 탐사한 지역을 '처녀왕(Virgin Queen)' 엘리자베스를 기리기 위해 '버지니아(Virginia)'라고 명명하였다. 그러나 롤리의 식민지 정착촌 건설은 실패하였고, 이후 런던의 상인 집단과 플리머스의 상인 집단이 북미 대륙 탐험에 관심을 보였다. 엘리자베스 1세의 뒤를 이은 제임스 1세는 1606년 런던 상인들에게 남부에서 식민 사업을 할 특허권을 주었고, 플리머스 상인에게는 북부 지역 개발에 관한 특허권을 수여하였다.[2]

　　1607년 런던 상인들이 세운 회사는 지금의 버지니아에 최초의 정착촌 '제임스타운'을 건설하는 데 성공하였다. 이 성공에 고무되어 1609년 이 회사는 이름을 '버지니아 회사'로 바꾸고 이 지역의 개척을 시도하였다. 1610-1612년 버지니아 지역의 백인 정착민들은 포우하탄 추장이 이끄는 지역 원주민과 충돌하게 되는데, 이때 양자를 중재한 것이 추장의 딸 포카혼타스였다. 그녀는 백인들에게 납치되었으나 곧 백인 문화에 동화되어 그리스도교로 개종하였다. 1614년에는 존 롤프라는 백인과 결혼해 영국을 방문하기도 했는데, 이 여행 중 면역력이 약화되어 병에 걸려 사망하였다. 이후 버지니아 회사는 재정 조달에 실패하여 파산하였고, 1624년 제임스 1세는 회사에 하사한 특허장을 철회하였다. 그리고 1776년까지 이 지역은 국왕령 식민지가 되었다.

　　플리머스 상인들이 세운 회사는 1606년에 특허장을 받았지만 제반 사정이 열악하여 곧바로 식민지 개척 사업에 뛰어들지 못하였다. 다만 존 스미스 선장이 플리머스 상인의 요청으로 탐사 여행을 떠났고, 자신이 본

플리머스 회사와 버지니아 회사 개발권의 경계

지역을 뉴잉글랜드(New England)라고 명명하였을 뿐이다. 사실상 이 지역을 개척하게 된 것은 바로 퓨리턴들이었다. 엘리자베스 1세가 사망하고 즉위한 제임스 1세는 왕국의 통합을 위해 국왕이 교회 조직을 통제하는 주교제를 지지하였고, 그 연장선에서 비국교도들을 박해하였다. 당시 대다수 퓨리턴은 국교회의 틀에서 벗어나지 못했지만 일부는 이 틀을 벗어나 국교회식 예배를 따르지 않으려 하였다. 1608년 잉글랜드의 스크루비(Sccooby) 지역에 모여 살던 퓨리턴 분리주의자들은 종교의 자유를 누릴 수 있는 네덜란드 라이덴으로의 이주를 결정하였다. 그러나 네덜란드에서 외국인 비숙련공은 낮은 임금밖에 받을 수 없어 생활이 궁핍하였고, 무엇보다 그들이 보기에 자녀들이 자유분방한 대륙의 사회 분위기에 적응해 퓨리턴의 정체성을 상실해 가고 있었기 때문에 회의를 느끼고 있었다. 그래서 이들은 더 나은 삶과 자녀의 신앙교육을 위해 신대륙으로의 이주를 결정하였다.[3]

　　'필그림(순례자)'으로 불렸던 이들은 1620년 버지니아 회사로부터 버지니아에 정착해도 된다는 허가를 받고, 1620년 9월 영국 플리머스에서 항

메이플라워호에서 서약문에 서명하는 퓨리턴 대표들

메이플라워 서약문

해 길에 올랐다. 이들이 탄 메이플라워호에는 35명의 '성도(퓨리턴 분리주의자들)'와 67명의 '이방인(이 교파에 속하지 않은 그리스도교인들)'이 탔으며 11월에 현재의 케이프 코드라 불리는 해안에 도달하였다. 이 지역이 애초의 목적지는 아니었지만, 이미 남쪽 버지니아까지 가기에는 너무 늦은 계절이었다. 이때 일부 '이방인'들이 자기들은 곧 버지니아 회사와 아무 상관없는 지역에 정착촌을 세우게 될 것이므로, 자기들은 해안에 도착하면 계약에 얽매일 필요 없이 자유이며 누구도 이래라저래라 명령할 수 없다고 주장하였다.[4] 이런 예상되는 무질서를 막기 위해 필그림들은 선상에서 향후 수립할 사회의 기초가 될 계약을 맺었는데, 이를 '메이플라워 서약(Mayflower Compact)'이라고 한다. 그들은 하나의 정부를 세우기로 합의하였고, 사회질서를 지키기 위해 스스로 제정한 법규와 규칙을 따르기로 서약한 점에서 당대의 대표적인 사회계약으로 평가받는다.

1620년 12월 21일에 이들은 플리머스 록에 정착했는데, 목적지가 아닌 곳에서 보낸 첫해 겨울은 매우 혹독했다. 이 기간에 이주자 절반이 사망하였지만, 지역 원주민의 도움으로 일부는 살아남을 수 있었다. 원주민들은 필그림들에게 모피를 주어 추위를 견딜 수 있도록 해주고 지역 기후에 적합한 작물인 옥수수 재배법을 알려 주었다. 이주민들은 이 은혜를 잊지 않고 첫 번째 수확물을 거둔 후 감사절 파티를 열고 원주민들을 초대하였다. 이것이 미국 추수감사절의 시작이 되었다. 그러나 13년이 흘렀을 때쯤에는 유럽인들에게서 옮은 수두로 원주민의 대부분이 사망하고 만다. 반면 유럽인들은 같은 기간 인구가 300명으로 증가하였다.

북아메리카가 본격적으로 개척되기 시작한 것은 매사추세츠에 식민지가 건립되면서부터였다. 1629년 영국의 퓨리턴 상인들이 지금의 매사추세츠와 뉴햄프셔 지역의 토지를 개척할 권리를 국왕으로부터 받아 '매사추세츠 만(灣) 회사(Massachusetts Bay Company)'를 설립하였다. 이들은 약 1,000명의 이주 희망자를 모아 17척의 배에 나눠 타고 신대륙에 도착하였고, 매사추세츠 식민지를 세우게 되었다. 이후 플리머스와 매사추세츠의 중심지인 보스턴을 중심으로 뉴잉글랜드 정착이 확산되었다. 이후 다른 국가에서 더 다양한 교파적 배경을 지닌 이민자들이 들어오기 시작하면서 중부 식민지와 남부 지역으로 식민사회가 확대되었다.

 ## 퓨리턴 사회의 분위기

1630년 5월 21일 잉글랜드의 퓨리턴이자 매사추세츠 만 회사의 설립자였던 존 윈드롭(John Winthrop, 1587/8-1649)은 영국의 사우스햄프턴 항구에서 매사추세츠 식민지를 향해 항해를 막 떠나려는 무리들을 향해 그들이 신세계에 세울 새 공동체가 '산 위의 동네(a city upon a hill, 마 5:14)'처럼 모든 사람이 우러러보는 장소가 될 것이라고 격려하였다.[5] 이후 '산 위의 동네'는 뉴잉글랜드 정착민들이 건설하려 한 신정사회(theocracy)를 상징하는 표현이 되었다. 이들은 아직 '정교분리'라는 개념이 없던 시대를 살았기도 했지만, 애초에 신대륙으로 이주한 이유가 종교적 열심 때문이었기에 이를 당연하게 생각하였다. 퓨리턴들은 새로운 정착지마다 주민들을 종교적으로 묶는 '언약(Covenant)'을 맺었다. 이들은 공유지를 중심으로 집들이 정렬한 마을을 설계하였고, 그것이 발전해 타운이 형성되면 주민들은 정기적으로 '타운미팅'을 열어 마을의 중요사항을 결정하였다. '언약'에 따르면 교회의 의사구성에 참여할 수 있는 사람들이 타운미팅에도 참여할 수 있었는데, 칼뱅주의의 영향 아래 있었던 퓨리턴들은 세례를 받고 명확한 회심의 경험이 있는 신도들을 교회의 의사결정권자로 인정하였다.

그러나 시간이 흐르며 정착 1세대와 2세대 사이에 갈등이 시작되었다. 우선 아직 개척된 토지가 한정된 상황에서 인구가 늘어나자, 토지를 차지하기 위한 경쟁이 심화되었다. 모국인 영국은 부친의 재산이 장자에게만 상속되는 '장자상속제'라는 관습을 따랐기 때문에 토지가 분할되지 않은 반면, 신대륙에 온 퓨리턴들은 이 관습에 얽매이지 않고 모든 자녀가 상속을 받았기 때문에 시간이 흘러 상속이 거듭될수록 다음 세대 자녀들이 차지할 수 있는 토지가 줄어들 수밖에 없었다.[6] 이는 식민지 사회의 토지분쟁을 증폭하였다. 또 다른 문제는 정착 후 안락한 환경에서 자라난 2세대의 종교적 열성의 약화였다. 종교적 이유 때문에 대양을 건너 신대륙으로 이주한 1세대는 특별한 종교적 회심을 경험한 경우가 많았지만, 그들의 자녀 세대는 그렇지 않았다. 그래서 당시 정착민들 사이에는 새로운 회심자들이 없으면 언약으로 이뤄진 교회의 운영이 불가능하고, 더 나아가 언약에 기초한 사회의 유지도 불가능할 것이라는 두려움이 퍼져 갔다.[7]

이 두려움에 대한 대응으로 1662년 매사추세츠 퓨리턴들은 총회를 개최하여 역사가들이 나중에 '불완전 언약(Half-way Covenant)'이라고 부를 새로운 제도를 고안하였다. 본래 퓨리턴 공동체에서는 명백한 회심의 경험이 있는 사람만 교회의 정식 구성원이 되고 자녀들에게 세례를 줄 수 있었다. 그러나 다음 세대의 종교적 열심이 부모 세대의 기준에 미치지 못하여 교회의 정식 일원이 될 수 있는 인원이 계속 줄어들게 되었다. 이에 교회의 사회적 영향력의 감소를 막기 위해 회심의 경험이 명백하지 않은 사람에게도 부분적인 회원 자격을 주자는 것이 '불완전 언약'의 취지였다. 그것에 따르면 '언약'을 따르는 구성원의 자녀들은 교회에서 세례를 받고 교회와 마을의 일반 회원이 될 수 있었다. 그러나 개인적으로 회심의 경험이 있기까지 성찬과 의사결정권 참여가 제한되는 점에서 정식 구성원과는 구별되었다.[8] 매사추세츠의 퓨리턴들은 공동체의 의사결정에 구원받은 성도만 참여한다는 원칙을 훼손하지 않으면서 좀더 많은 사람이 퓨리턴 시스템의 일원으로 참여할 수 있는 방법으로 이 제도를 개선하였다. 그럼으로써 사회에 대한 퓨리턴 공동체의 영향력을 계속 유지할 수 있다고 생각하였다. 이는 일면 성공적이었으나, 시간이 흐르며 자녀 세대의 종교적 열성이 줄어드는 것은 막을 수 없었다.

예외적인 경우이긴 하지만, 초기 퓨리턴 사회에 퍼진 신앙공동체가 흔들리고 있다는 경각심 속에서 극단화된 공동체 보호행동이 발생하기도 했다. 그 대표적인 예가 바로 마녀재판이었다. 1692년 2월 매사추세츠주의 세일럼 마을에서 새뮤얼 패리스(Samuel Parris) 목사의 아홉 살 딸 베티 패리스와 열한 살 조카 애비가일 윌리엄스가 병에 걸렸는데, 일반적인 약으

세일럼 마을의 마녀재판

로 안 나올뿐더러 계속해서 소리를 지르며 물건을 던지고 이상한 소리를 내는 이상 증상을 보였다. 곧 이런 증상들이 마녀가 사악한 힘을 썼기 때문이라는 소문이 마을 전체에 퍼졌다. 그 결과 평상시에 의심스러웠던 10명이 마녀로 고발되었다. 세일럼 마을에 순회재판소가 설치되었고, 혐의자들에 대한 심문과 고문이 행해졌고, 그 결과 1692년 10월까지 19명이 마녀로 처형을 당했다.[9]

사실 마녀재판은 근대 유럽과 식민지 곳곳에서 발견되는 현상이었다. 그런데 어떻게 근대에 이런 집단 히스테리적인 현상이 일어날 수 있었을까? 일부 학자들은 이를 흉년, 전쟁, 전염병 같은 혼란과 갈등에 대한 반응으로 설명하기도 했지만, 최근의 연구 성과들은 마녀재판이 외우내환의 시기뿐 아니라 평화기에도 꾸준히 일어났다는 것을 보여 주었다. 몇몇 학자들은 경제적 요인에서 답을 찾으려고도 한다. 당시의 판결문을 보면 '마녀'로 여겨지는 피의자의 재산 처리와 관련된 내용이 많이 언급된다. 그러나 재산을 약탈하기 위해 이 특정 시기에 아메리카 식민지뿐 아니라 유럽에서도 그렇게 많은 수의 사람을 마녀로 몰았다고 말하기는 어렵다.[10] 최근 영국 역사학자 키스 토머스(Keith Thomas)는 '거부된 자선 모델(charity refused model)'

로 이 현상을 설명하였다. 즉 정신문화의 위기 속에 있던 식민지 마을들이 전통적으로 유지되어 오던 그리스도교적 자선의 전통을 지키지 못하자 사람들이 죄책감을 느끼게 되고, 그 결과 차라리 자선의 대상을 악마화하여 제거하는 경향이 생겼다는 것이다. 토머스는 실제로 희생자 대부분이 과부나 자녀가 없는 여인같이 사회적 약자로 자선의 대상들이었다는 것을 근거로 들고 있다.[11] 사실 마녀 현상은 어느 하나의 원인으로 돌리기에는 다층적인 측면을 가지고 있다. 그러나 이러한 다양한 설명들은 이 현상이 전통적인 뉴잉글랜드 퓨리턴 사회의 종교적 덕목과 가치가 와해되고 있다는 위협감과 관련이 있음을 암시하고 있다.

아메리카 식민지 전체를 볼 때 그 종교적 구성은 다양한 편이었다. 프로테스탄트가 지배적인 주들도 그 안의 교파 구성은 다양했다. 버지니아, 메릴랜드, 뉴욕, 캐롤라이나, 조지아는 잉글랜드 국교회가 주의 공식 종교였다. 매사추세츠, 코네티컷, 뉴햄프셔에서는 회중교회가 국교 역할을 하였다. 그러나 이 지역에서 특정 종파가 아니면 공직에 못 나가거나 예배 장소를 구하지 못할 정도의 강력한 국교제를 실시한 것은 아니었다. 중부 식민지에서는 종교적 다양성이 좀더 널리 인정되었다. 메릴랜드 식민지는 가톨릭교도의 피난처로 만들어졌고, 펜실베이니아는 퀘이커교도들이 건설하였다. 이외에 네덜란드 자유교회 및 유대인들도 종교적 자유를 누렸다.

이렇게 아메리카 식민지는 유럽 사회 어떤 곳보다도 종교적 다양성이 인정되는 새로운 사회였지만, 그럼에도 유럽의 어떤 지역 못지않게 종교적인 담론이 강했던 사회였다. 18세기로 가면서 교파를 초월해 신실한 종교인들의 불안감이 더욱 커져 갔다. 많은 이들이 이전에 비해 사회에서 경건함이 사라져 가고 있다고 생각하였다. 이는 비단 세대교체 때문만은 아니었다. 북아메리카 대륙 내부로 개척지가 확대되면서 인구 이동이 증가하였고, 그 결과 조직화된 종교조직을 유지하기 어려워졌다. 또한 해안가 도시에서는 상업의 발달로 세속주의가 확산되고 있었으며, 여기에 종말론, 신비주의 등이 퍼져 있었다. 당시 성직자들의 설교를 보면 이전과 다른 사회적 분위기를 한탄하고 절망하는 내용이 많이 발견된다. 이런 분위기 속에서 앞 장에서 설명한 대각성 운동이 일어나게 되었다.

3장에서 설명된 것처럼 대각성 운동은 식민지의 정치, 종교적 지형을 크게 변화시켰다. 전국적인 인지도를 지닌 인물들의 부흥활동은 직간접적으로 식민지인들을 묶는 정체성 형성에 영향을 주었다. 그뿐만 아니라 기존의 다양한 교파가 부흥운동에 대한 입장에 따라 올드 라이트, 뉴 라이트, 자유주의자, 분리주의자 등으로 다시 분화되면서 더 이상 국교회, 회중교회 같은 몇 개의 교파만으로는 식민지 종교지형을 설명할 수 없게 되었다. 미국의 독립 이전 식민지 사회는 기존의 생각보다 훨씬 종교적으로 분화된 사회였으며, 특정 교파가 국교로 인정되는 것이 사실상 어려운 상황이었다.

계몽사상, 복음주의, 혁명의 관계

계몽사상과 복음주의의 관계에 대해서는 3장에서 설명했으므로 여기서는 핵심만 짚고 넘어가고자 한다. 18세기에 유럽과 마찬가지로 식민지 사회에도 계몽사상이 퍼졌다. 그동안 도식적으로 식민지의 부흥운동이 계몽주의의 도전에 대한 반발인 것처럼 해석되었지만, 양자의 관계는 생각보다 복잡했다. 식민지의 복음주의자들은 맹신을 경계하고 이성적인 그리스도교를 옹호한 점에서 대륙의 계몽주의에 영향을 받았다. 그러나 이들이 십자가 중심주의를 강조하고 성경 속 계시의 절대성을 옹호한 것은 계몽주의의 이성 중심주의에 대한 반발이기도 했다.

그렇다면 복음주의는 혁명의 발발에 어떻게 영향을 주었는가? 양자가 상호영향을 주고받은 정도에 대해서는 학자에 따라 견해가 다르다. 페리 밀러(Perry Miller), 앨런 헤이멋(Alan Heimert), 제임스 클로펜버그(James Kloppenberg) 같은 학자들은 대각성 운동이 식민지 정체성 강화에 도움을 주어 미국 독립운동의 혁명 사상의 발전으로 이어지는 연결선을 제공했다고 본다. 반면, 시드니 미드(Sidney Mead), 존 머린(John Murrin) 등은 대각성 운동이 혁명을 만든 것은 아니었다고 주장한다.[12] 그러나 이들이 밀러, 헤이멋

등의 접근과 보이는 차이는 복음주의와 혁명이 영향을 주고받은 정도의 차이라고 보는 것이 정확할 것이다. 미드나 머린조차도 양자가 아무런 상관이 없다고 주장한 것은 아니었다. 무엇보다 혁명 과정에서 복음주의의 역할을 낮춰 보는 견해는 당시 상당수의 그리스도교인들이 신의 섭리가 새 국가의 시작을 축복한다고 주장하면서, 자기들의 '자유'를 '신성한 대의'로 정당화했던 사실을 간과하게 된다. 그래서 요즘은 혁명 과정 속의 종교의 역할이 다시 주목받고 있다.

또한 복음주의 담론은 식민지인들이 영제국 체제의 도덕적 권위를 공격하는 과정에 도움을 주었다. 당시 많은 식민지인은 영국이 자유와 권리를 주장하면서도 식민지인의 재산권, 자유 같은 '천부인권(God-given rights)'을 제한하는 것에 위선을 느끼고 있었다. 특히 영국이 행하는 노예무역은 이 위선을 더 돋보이게 만들었다. 이런 상황에서 식민지의 복음주의 지도자들이 제공한 '덕성과 도덕성' 담론은 이들이 영국의 도덕적 모순을 지적하면서, 자신들의 도덕적 우월성을 주장하는 데 중요한 도구로 사용되었다. 영제국 체제의 부도덕성을 드러내고, 영국 정치인들과 그 사회의 타락과 악행을 비판하는 데 있어 복음주의 담론은 설득력을 더하였다. 클로펜버그는 혁명기에 "자유사상이 프로테스탄티즘과 공화주의라는 상이한 전통에서 나온 주장들과 결합되었다"고 평가하였다.[13]

물론 복음주의가 혁명에 영향을 끼쳤다는 것이 당시 모든 그리스도교인이 혁명을 찬성했다는 것을 말하지는 않는다. 당시 식민지의 그리스도교인들은 실상 다양한 선택을 하였다. 혁명이 발발했을 때 식민지 거주민의 3분의 1 정도는 여전히 영국에 충성을 바쳤다. 특히 국교회에 속한 그리스도교인의 다수는 충성파였고, 상당수의 지도자들은 독립혁명이 일어나자 영국으로 돌아가기도 했다. 그러나 다른 교파의 지도자들은 혁명을 지지하는 경우가 좀더 많았다. 예를 들어 루터교의 지도자 헨리 뮬렌버트(Henry Muhlenbert)는 1776년까지는 "위에 있는 권세에 순종하라"는 로마서 13장 말씀을 근거로 조지 3세에게 충성하였지만 독립 선언 이후에는 입장을 바꾸었다. 신이 부여한 새로운 '권세'가 생겼기 때문이다.[14] 이렇게 교파 또는 개인의 신념에 따라 그리스도교인들은 다양한 결정을 내렸다. 하지만 당시 복음주의자들 중 독립을 찬성하게 된 사람이 영제국의 도덕적 권위를 부정하고 자신의 도덕적 우월성을 주장하려 할 때, 복음주의의 메시지는 그에게 유용한 담론적 무기가 될 수 있었다.

그러면 계몽주의는 혁명에 어떻게 영향을 주었는가? 혁명이 일어나기 전 식민지 사회에는 계몽주의 지식인들의 영향으로 자유주의와 공화주의가 확산되고 있었다. 본래 식민지의 법제도의 근간은 본국인 영국의 제도에서 비롯된 것이었다. 그러나 본국이 너무 멀리 떨어져 있어서 식민지인들은 상위 기관으로부터 최소의 간섭을 받는 가운데, 자신들의 일을 스스로 처리하는 데 익숙해져 있었다. 1690년대 이후 식민지 총독의 실제 권한은 매우 제한적이었고, 식민지 의회는 영국 의회처럼 각자 식민지 안에서 실질적인 통치권을 행사하였다.[15] 이런 관행 속에 많은 식민지인은 자기들만의 권리가 있다는 생각을 공유하게 되었다.

1770년대 초까지도 식민지인들이 독립된 국가의 국민이 되는 것을 생각하기는 쉽지 않았다. 그러나 독립운동이 실제로 일어날 때 그 사상적 근거가 될 수 있는 잠재성을 가진 사상이 이미 퍼져 있었다. 미국 독립혁명의 지도자들은 계몽주의에 영향받은 지식인들이었고, 특히 존 로크와 몽테스키외는 그들의 정치적 '자유주의'를 정교하게 발전시키는 기준이 되었다. 로크는《통치론(Two Treatises of Government)》(1689)에서 시민이 전제정부에 대해 가지는 저항권을 주장하였다. 그가 보기에 인간의 자연적 상태는 평화롭고 합리적이었으며, 생명권, 자유권, 재산권같이 자연법이 인간에게 부여한 양도불가능한 권리를 누리고 있었다. 그러나 시간이 흐르며 각자가 스스로의 자연권을 규정해 자신의 권리를 보호하고자 하면서 혼동과 충돌이 일어나게 되었다. 이런 불편함을 해소하기 위해 개인의 자발적 동의에 입각해 계약으로 정부가 수립된다. 이때 지배자와 피지배자 사이에 상호적 의무가 발생한다. 즉, 정부는 인민의 자연권을 보장해 주어야 하며, 인민은 정부에 시민으로서 의무를 다해야 한다. 그래서 정부가 이 계약을 깨고 자연권을 침해하려 할 경우 시민에게 저항할 권리가 생기는 것이다. 로크의 사상

미국 헌법의 권력 분립 정신에 영향을 끼친 몽테스키외

은 식민지 지식인들이 사회 구성원의 뜻에 반하는 지도자를 몰아낼 수 있다는 생각을 갖는 데 영향을 주었다.[16]

샤를 몽테스키외(Charles Baron De Montesquieu, 1689-1755)의 '권력 분립' 사상도 식민지 지식인들 사이에 유행하였다. 권력 분립에 대한 내용은 몽테스키외가 저술한 《법의 정신(Esprit des Lois)》(1748) 제11편에 주로 나오는데, 제11편은 자유에 대해 고찰하는 부분이었다. 몽테스키외에게 자유란 어디까지나 법이 허용하는 것을 행할 수 있는 권리를 뜻한다. 권력 분립론은 이러한 의미의 자유를 보장하기 위한 제도이다. 누군가가 법이 허용하는 한도를 넘어서 권력을 남용한다면 결국 다른 누군가의 자유는 침해당하기 마련이기 때문이다. 《법의 정신》에서 국가의 작용은 입법, 재판(사법), 집행(행정)의 삼권으로 분리된다. 각 작용은 저마다 독립된 기관에 나누어져 속해 있어야 하며, 각 기관에는 그 관할 사항에 대해 '다른 작용을 담당하는 기관으로부터의 간섭이나 구속받는 일 없이 결정할 수 있는 권한'이 주어져야 한다. 몽테스키외는 삼권 기관 중 특히 입법부와 행정부는 상호 견제하여 권력의 균형을 이루도록 조직할 것을 주장하였다.[17] 이러한 몽테스키외의 사상은 미국 건국의 아버지들에게 영향을 주어 중앙정부와 주정부의 헌법의 기본 정신인 권력 분립에 지대한 영향을 끼쳤다. 이처럼 계몽주의 사상가들의 정치이론에 근거하여 혁명 이전 식민지 사회에는 이미 정치적 자유주의가 발달해 있었다.

또한 계몽사상은 식민지 사회에 영국의 정치체제에 대한 비판의식을 고양하고 그 대안으로 공화주의가 확산되는 데 영향을 주었다. 대부분의 식민지 지식인들은 영국이 명예혁명으로 이룩한 입헌주의 자체는 모범을 보인다고 생각했지만, 당시의 영국 의회 정치는 그 정신에서 벗어나 부패하고 타락했다고 보았다. 로크와 몽테스키외의 정치사상이 말하듯 모범적 정치의 핵심은 권력의 분리와 균형인데 비대해진 영국 의회는 의회만능주의에 빠져 이 균형을 심각하게 파괴하고 있었다. 당시 영국은 국왕이 아직 국정에 참여할 실제 권한을 상실한 것은 아니었지만, 명예혁명 이후 의회가 실질적으로 우위를 점하는 입헌군주제가 성립되었다. 당대부터 쓰였던 '의회 속의 국왕(King in Parliament)'이라는 말은 이전에 비해 제한된 왕권을 잘 보여 준다. 또한 사실상 행정부와 입법부의 구분이 없고, 국왕의 법정이 재판소의 기능을 상실하고 상원이 대법원 역할의 일부를 수행하는 등, 의회가 입법·사법·행정 기능을 사실상 독점한 상황이었다. 당시 식민지 지식인들 사이에는 이런 폐해를 어떻게 막을 수 있을지 논의가 활발했으며, 그 대안 중 하나로 '혼합정체(mixed constitution)'가 부상하였다. 즉, 사회를 구성하는 다양한 계층의 이익이 균형을 이루어 반영될 수 있다면 정부를 안정적으로 운영할 수 있을 것이라 생각한 것이다.[18] 이렇게 정부를 '공공의 것(common-wealth)'으로 파악한 사상을 공화주의라고 한다. 공화주의자들은 군주같이 강력한 최고 행정관을 두고, 의회는 상하원으로 분리해 상원은 특권층의 이익, 하원은 일반 대중의 이익을 대변하는 역할을 수행한다면, 영국과 같이 특정 계층의 이익을 대표하는 단일 기관에 권력이 집중되는 것을 막을 수 있다고 생각하였다. 새뮤얼 애덤스, 페트릭 헨리, 토머스 페인, 벤저민 프랭클린, 조지 워싱턴, 토머스 제퍼슨, 존 애덤스와 같은 미국의 '국부'들은 계몽주의의 영향 아래 이러한 공화주의를 지지하고 있었다.

혁명의 배경

아메리카 식민지인들은 오랜 시간 높은 수준의 자율권을 행사하며 식민지의 주요 사업을 스스로 해결하며 지내 왔다. 영국 국왕이 임명하는 총독이 있었지만 그의 권한은 상당히 제한적이었고, 실질적인 권력은 주민의 대표들이 모인 식민지 의회에 있었다. 영국은 간섭을 최소화하고 식민지인들은 충성을 바치는 이 암묵적인 합의가 깨진 것은 '7년전쟁'이 발발하면서부터였다. 1756년부터 서인도제도, 인도, 유럽, 북아메리카 식민지에서 프랑스와 영국 사이에 전쟁이 일어났다. 1763년 이 전쟁은 치열한 접전 끝에 영국의 승리로 끝났고 영국은 캐나다, 플로리다, 미시시피강 동쪽의 아메리카 원주민의 영토 등을 새로운 식민지로 얻게 되었다. 새로운 식민지가 생긴 것은 일면 좋은 일이겠으나, 갑자기 기존 영토의 3-4배에 해당하는 땅이 생기면서 영국은 막대한 방위 비용을 지불해야 했다. 영국은 이미 7년전쟁 과정에서 약 6,500만 파운드(오늘날 화폐 가치로 약 20조 원 이상)의 전비를 쓴 상태였기 때문에 이런 재정 부담을 감당할 수 없었다.

영국은 이러한 재정적 어려움을 7년전쟁 기간 중 방위의 핵심 지역이었던 식민지에 전가하여 해결하려 했다. 우선 항해법(Navigation Act)을 식민지에도 적용하였다. 1651년 영국은 신흥 무역 강대국 네덜란드를 견제하기 위해 기존보다 강화된 항해법을 통과시켰는데, 그것은 영국 선박만 영국 항구로 수입되는 식민지산 물자를 운송할 수 있음을 규정하고 있다. 이 조항을 아메리카 식민지에 확대 적용하여 결과적으로 식민지인들은 자원만 공급하고, 중계이익은 영국이 독점하도록 한 것이다. 또한 식민지인들과 영국 생산업자의 경쟁을 금지시켰다. 예를 들어 아메리카 식민지에서 모피가 풍부하게 생산되므로 가죽 모자를 싸게 제조할 수 있지만 그것을 수출하게 되면 본토의 모자 생산업자와 경쟁하게 되므로 식민지에서 모자 완성품을 수출할 수 없도록 금지한 것이다. 또한 식민지인들이 영국에서 만든 생산품을 회피할 수 있으므로 영국 외 다른 나라와의 무역을 금지시켰다. 이런 조항들이 7년전쟁 이후 시행되자 식민지인들은 격하게 반발하였다. 1762년 버지니아의 정치가 패트릭 헨리는 국왕이 자신의 국민에게 이로운 역할을 하지 않는다면, 그는 "폭군"에 지나지 않으며 "자기 백성들에 대한 모든 권리를 몰수당하게 될 것이다"고 주장하였다.[19]

식민지인들이 가장 강하게 반발한 것은 영국의 조세정책이었다. 영국은 7년전쟁 후 식민지인들에게도 방위비를 분담시키기로 결정하였고, 이를 요구하기 위해 밀수를 단속하고 관세를 올리려 했다. 특히 1764년에는 설탕에 세금을 매기고, 1765년에는 모든 신문, 팸플릿, 공문서에 3페니의 인지를 붙이도록 한 인지세법이 통과되었다. 사실 이 세금의 액수 자체는 영국 본토 및 다른 식민지에 비해 결코 과다하다고 할 수는 없었다. 그러나 식민지인들이 격하게 반발했던 것은 이것이 본국과 식민지의 헌정적 질서와 연관되어 있기 때문이었다. 식민지 대표자들은 자신들의 참여 없이 영국 의회가 세금을 부과할 법적 권리가 없으며, 이는 영국의 법질서에도 위배됨을 주장하였다. 이에 따라 나온 "대표 없이 세금 없다(No taxation without representation)"라는 말은 벤저민 프랭클린, 제임스 오티스, 패트릭 헨리 등 다수의 식민지 정치인들 사이에 유행했던 슬로건이었다.[20] 결국 영국 정부는 1766년 인지세법을 철회했지만, 방위비 분담 정책을 포기한 것은 아니어서 차, 종이, 페인트 등의 수입에 과세할 것을 내용으로 하는 타운센드 법(Townshend Act, 1767)을 실행하였다. 그러나 식민지인들이 집단으로 반발하자, 1770년에는 본국의 체면상 '차'세만 제외하고 타운센드 법을 철회하였다.

그러나 식민지인들의 입장에서 보면 자치권과 대표권의 침해라는 문제의 핵심은 달라진 것이 없었다. 1770년 발생한 '보스턴 학살'(Boston Massacre) 사건은 상황을 더욱 악화시켰다. 이는 현지인들과 영국 병사 사이에 다툼이 생기자 갑자기 수백 명의 군중에 둘러싸이게 된 8명 정도의 영국군이 시민을 향해 발포한 사건이었다. 그 결과 11명이 부상당하고 3명이 그 자리에서 죽었으며, 나중에 부상자 2명이 추가로 사망하였다. 사상자의 수만 보면 '학살'이라고 부르기에 부족해 보이지만, 당시 식민지인들에게 문제가 되었던 것은 피해자의 많고 적음이 아니라, 영국 정부가 동의 없이 군대를

보스턴 학살 사건

상주시키고 영국 의회가 식민지 법 제도에 정면으로 반하는 법률을 군대
의 힘으로 시행한다는 것이었다. 1773년에는 '보스턴 차 사건'이 일어났다.
당시 '차'세에 대한 반발로 식민지인들은 영국 정부가 독점권을 준 동인도
회사 차에 대해 불매운동을 벌이고, 대신 외국에서 밀수한 차를 마시는 경
우가 많았다. 이에 동인도회사의 적자가 커졌고, 결국 회사가 파산을 면하
기 위해 창고에 쌓아 둔 차를 북아메리카에 헐값에 팔게 되었다. 이에 정식
수입된 차가 밀수한 차보다 더 싸지는 가격 역전현상이 생겼고 결국 식민지
인들은 영국 정부의 의도대로 세금이 부과된 차를 마시게 되었다. 이 전략
이 식민지인들의 집단 보이콧을 무력화시키자 이에 분노한 보스턴 주민 몇
명이 인디언 복장을 하고 보스턴 항에 정박해 있는 동인도회사 선박에 들
어가 차를 바다로 버린 사건이 발생하였다. 이에 식민지인들과 본국 사이의
갈등은 돌이킬 수 없을 정도로 악화되었다.

독립전쟁

보스턴 차 사건 후 영국은 강경책으로 선회하였다. 보스턴 항을 폐쇄하고, 매사추세츠주의 선거를 중지시켰다. 이는 그들의 자치권을 인정하지 않는 조치였다. 그리고 새로 획득한 알러게니(Allegheny) 산맥 서쪽 지역을 캐나다로 편입하였다. 영국의 반응이 심상치 않음을 감지한 식민지인들은 필라델피아에서 제1차 대륙회의를 소집하였다(1774). 신생 조지아주를 뺀 모든 식민지 대표가 모인 이 회의는 패트릭 헨리의 "자유가 아니면 죽음을 달라"는 명연설로 유명하다. 제1차 대륙회의에서 본국과의 전쟁을 선언한 것은 아니었지만 이때부터 민병대를 조직하여 훈련시키고 군수물자를 비축하기 시작하였다. 영국에서 수상 피트와 에드먼드 버크 같은 일부 정치인들은 온건한 타협을 주장했지만, 국왕 조지 3세의 응징 의지가 워낙 강했고, 대부분의 정치인은 여기에 편승하였다.

1775년 4월 매사추세츠주의 렉싱턴과 콩코드에서 식민지 농부들과 영국군 사이에서 일어난 교전을 계기로 전쟁이 시작되었다. 이에 1775년 5월 10일에 제2차 대륙회의가 소집되었고, 여기서 대륙군 창설이 결정되었다. 대륙회의는 조지 워싱턴을 총사령관으로 임명하면서, 각 주에 군사와 물자 지원을 요청하였다. 제2차 대륙회의는 식민지 전체를 규율할 법률적 근거가 없었지만 이미 식민지를 대표해서 대사를 지명하고, 조약을 체결하고, 군대를 조직하는 등, 정부의 주요 기능을 실행하고 있었다. 결국 1776년 7월 4일, 대륙회의는 벤저민 프랭클린, 존 애덤스, 로저 셔먼, 로버트 리빙스턴, 토머스 제퍼슨이 기초한 독립선언서를 채택하여 선포하였다. 이는 13개 식민지가 독립으로 자신들의 미래의 방향을 설정하고 그 대의와 정당성을 대외에 선포한 문서였다.

1776년 영국에서 3만 명의 증원군이 도착하였고, 강력한 해군의 지원으로 뉴욕, 필라델피아 등 주요 지역에서 승리를 거두었다. 식민지군은 영국 정규군과 전면전을 피하고 지연술을 쓰다가 기습하는 방식으로 작전을

2차 대륙회의의 독립선언 징면

펼쳤다. 이런 작전은 일부 성과를 거두어 새러토가 전투에서 대륙군은 의미 있는 승리를 거두었고(1777년 10월), 이를 계기로 프랭클린은 파리에 가서 프랑스의 군사적 지원을 얻는 데 성공하였다(1778년). 1779년에는 스페인과 네덜란드가 미국 지원에 나섰다. 결국 1781년 워싱턴의 대륙군과 쥘베르 라 파예트 장군(Gilbert du Motier, Marquis de La Fayette, 1757-1834)이 이끄는 프랑스군이 찰스 콘월리스(Charles Cornwallis, 1738-1805)가 지휘하던 영국군을 요크타운에서 포위하여 대승을 거두고 7,000명의 항복을 받았다. 이후 전쟁은 사실상 미국의 승리가 확실해졌다. 1783년 파리에서 교전국 간에 강화조약이 체결되었다. 영국은 13개 식민지의 독립을 인정하였고, 이 새로운 독립국은 서쪽으로 미시시피강, 남으로는 플로리다, 북으로는 5대호 지방까지를 새로운 영토로 얻게 되었다.

헌법 제정과 연방 공화국 수립

독립을 선언하고 운명공동체가 된 13개 식민지는 상호 동맹을 규정한 '연합 헌장(Articles of Confederation, 1777년 채택, 1781년 비준)'을 제정하였다. 이 헌장에 따르면 아직 미국은 13개 주정부가 연합한 형태로, 중앙정부가 없었다. 대다수의 식민지인들은 중앙집권제를 전제왕권과 동일시하여 반감을 가지고 있었다. 연합헌장에 따르면 13개의 국가는 각자 완전한 주권을 가졌다. 그래도 외교, 국방, 화폐, 원주민 대책 등 13개 식민지에 공통된 이슈들을 처리하기 위해 '연합회의'를 두었는데, 의사결정은 13개 주 중 9개 주 이상의 찬성으로 진행되었다. 그나마도 이 회의는 징세, 통상 권한, 상비군 유지 권한이 없었기 때문에 의회로서의 기본권한도 갖추지 못하였다.[21] 그러나 1783년 종전 이후 연방헌장 체제로는 각 주간에 생기는 반목과 분쟁을 해결하기 어렵고, 내부 의사결정 구조를 볼 때 식민지 전체를 아우르는 정책을 시행하기가 난망함이 드러났다. 이에 알렉산더 해밀턴, 조지 워싱턴, 제임스 매디슨 등의 주장으로 독립된 새 국가의 헌법 제정을 위한 제헌의회가 1787년에 필라델피아에서 개최되었다.

　　제헌의회는 연방정부의 성격과 그것이 가지게 될 권한, 연방정부와 각 주의 관계 등의 의제를 놓고 치열한 논쟁을 겪어야 했다. 1787년 9월 17일 이런 갈등의 시간 끝에 제정된 연방헌법은 몽테스키외의 삼권 분립의 원리에 입각한 공화제 헌법이었다. 그것은 각 주에 광범한 자치권과 권한을 인정한 것이었으나 중앙에 연합회의보다 훨씬 강력한 연방정부를 두고 있다. 헌법이 규정하고 있는 권력구조를 살펴보면 입법권을 가진 연방의회는 상원과 하원으로 구성되었고, 연합회의와 달리 과세와 징병을 관장할 수 있었다. 대통령선거인단에 의해 선출되는 대통령은 법률의 시행과 정책의 실행을 관장하며, 군통수권을 지녔다. 사법부는 주 법원과 연방법원의 이중 구조로 이루어져 있고 종신직인 대법관으로 구성된 최고 대법원을 설치하여 실질적인 독립을 보장하였다. 생각보다 강력한 중앙정부의 등장은 중앙

제헌의회 의장을 맡은 조지 워싱턴

집권체제에 대한 뿌리 깊은 반감을 다시 한 번 불러일으켰다. 미국 정계는 새로 만들어진 헌법을 지지하는 연방주의자들과 헌법이 개인의 기본권을 충분히 보장하지 못한다고 우려를 표명하는 반연방주의자들로 나뉘었으며, 결국 양측은 타협을 통해 기본권의 보호 강화를 내용으로 하는 일종의 '권리장전'을 채택하게 되었다. 이는 1791년에 신앙, 언론, 출판, 자의적 정부에 반대하는 내용을 포함한 수정헌법(amendment) 10개조로 나타났다. 그리고 수정헌법 1조에서 '정교분리'가 규정되었다. 강력한 중앙정부가 초래할 수도 있는 권리침해로부터 지켜야 할 첫 번째 자유는 종교와 관련되어 있었다. 이 정교분리를 규정한 헌법 조항이 내포하는 의미를 좀더 자세히 살펴보도록 하자.

정교분리 조항의 의미

1787년 5월부터 9월까지 필라델피아의 인디펜던스 홀에 55명의 '국부 (Founding Fathers)'들이 모였다. 독립 이후 종교의 지위에 대해서는 의견이 분분했지만 몇 가지는 분명해 보였다. 우선 독립 후 새로운 사회 형성에 그리스도교가 중요한 역할을 해야 한다는 것에 대다수가 공감하였다. 제헌의원들의 상당수가 계몽주의자 및 이신론자였지만 그들이 그리스도교의 우월한 위치를 부정한 것은 아니었다. 이와 더불어 대각성 운동 이후 다양한 교파가 등장하고 내부적인 분열을 겪은 상황을 볼 때 이 차이를 극복하고 국교제를 유지하는 것도 분명 어려워 보였다.

미국 헌법의 아버지들은 종교 문제가 매우 첨예한 문제이기 때문에 이 이슈에 깊이 들어가기보다는 차라리 거리를 두려는 태도를 보였다. 1787년에 제정된 미국 헌법 본문 6조 3절은 "미합중국의 어떠한 관직 또는 위임에 의한 공직에도 그 자격 요건으로서 종교에 대한 심사는 요구되지 아니한다(No religious Test shall ever be required as a Qualification to any Office or public Trust under the United States)"고 규정했다. 교회사 역사가 필립 샤프는 독립 후 특정 교파들이 신생 공화국을 위한 사상적 근거를 제공하기엔 부족한 반면, 독점적 지위를 누리려는 경쟁은 치열했기 때문에 의회가 그 길을 막았다고 평가하였다.[22] 역사가 월터 번스(Walter Berns)의 표현에 의하면 그들은 "종교 문제를 해결하지 않음으로써 종교 문제를 풀었다."[23]

당시 신생 공화국 사회의 종교 지위 문제에 대한 해결책은 크게 세 가지가 존재했다. 첫 번째는 기존의 국교제(establishment)처럼 한 교파가 정부의 지원을 독점하는 시스템을 유지하는 것이고, 두 번째는 일반적 국교제 (general establishment)로 정부 지원을 모든 프로테스탄트에 확대하는 것이며, 마지막은 국교제 폐지(disestablishment)로 어떤 종파에게도 정부의 지원을 허용치 않는 것이다. 연방헌법 6조에 의해 첫 번째 방안은 가능한 답안의 목록에서 제거되었지만, 모든 프로테스탄트 교파를 지원해서 사실상 특정 교파의 독점적 지위를 막을지, 아니면 종교에 대한 지원 자체를 폐지할지에 대한 결론은 아직 내려지지 않았다. 이 문제에 대해 미국의 주들은 다양한 입장을 보였다. 코네티컷처럼 회중교회가 사실상의 국교 역할을 하는 지역도 있었지만, 매사추세츠, 로드아일랜드, 펜실베이니아, 버지니아 등 대다수의 주는 국교제를 폐지하고 일반적 국교제로 갈 것인지 아니면 국교제 자체를 폐지할 것인지 여부를 두고 갈등하였다.

버지니아는 초기 미국 역사에서 주도적 역할을 감당한 주로, 이곳에서 내려진 결론이 다른 주에도 영향을 주었기 때문에 좀더 자세히 살펴볼 필요가 있다. 독립 선언 이후 버지니아에서 그리스도교의 지위에 관한 논쟁이 일어났다. 잉글랜드 국교회 혹은 회중교회를 종교적 배경으로 가지고 있던 정치인들은 기존의 국교제도를 폐지하더라도 복수의 프로테스탄트 교파를 주정부가 지원하는 일반적 국교회를 찬성한 반면, 주요 교단에 속하지 않은 교파에 소속된 정치인들은 모든 형태의 국가적 지원에 반대하는 경향을 보였다. 토머스 제퍼슨은 1777년 작성한 '종교 자유법(Virginia Statue for Establishing Religious Freedom)'(1786년 통과) 초안에서 "진리는 너무나 위대해서 가만히 내버려 두어도 승리한다"면서 모든 형태의 국교제 폐지를 주장하였다.[24] 그러나 아직 법안이 주 의회에 계류 중이던 1784년 제퍼슨이 프랑스 대사로 가게 되었고, 이 사이에 잉글랜드 국교회 신자였던 페트릭 헨리가 버지니아의 모든 프로테스탄트 교회를 세금으로 지원하자는 법안을 제출하였다. 헨리는 그리스도교의 전파가 사회 전체를 이롭게 한다는 그리스도교의 사회적 유용성을 주된 근거로 내세웠다.

이 법안은 다른 교파들, 특히 침례교도들의 반발을 일으켰다. 버지니아에서 교세가 약했던 침례교도들은 지금 상태에서 교세에 따라 주정부의 지원이 차등적으로 주어질 경우 현재의 종교적 지형이 지속될 것이라고 보았다. 이들은 자신들의 의견을 관철시키기 위해 제퍼슨과 제임스 매디슨(James Madison, 1751~1836)같이 정교분리를 주장하는 공화주의자들과 결탁하였다. 1785년, 매디슨은 '종교 사정에 대한 기억과 항변(Memorial and Remonstrance Against Religious Assessments)'이라는 제목의 팸플릿에서 정부의 지원을 받는 종교는 필연적으로 부패하게 된다고 주장하였다.[25] 결국 1786년 의회 내의 공화주의자들과 침례교 배경을 가진 정치인들의 동맹은 제퍼슨의 일반적 국교제 폐지 법안을 통과시키는 데 성공하였다.

　이는 당시 미국 복음주의자들이 국교제 폐지 이슈를 두고 자신들의 교파적 이해관계에 따라 분열되어 있었음을 보여 주는 예이다. 미국 독립 혁명 이후 각 주에서 국교제 폐지가 대세가 된 상황에서 미국 전역에 일종의 자유시장이 생겨 각 교파는 치열한 경쟁을 시작하였다. 이런 상황 속에서 이 이슈에 대한 프로테스탄트 진영 전체를 만족시키는 입장을 정하는 것은 사실상 불가능하였다. 결국 1789년 헌법이 통과된 후, 버지니아와 유사한 정교분리 논쟁이 연방의회 차원에서 벌어졌고, 격렬한 논쟁 끝에 수정헌법 1조의 결론에 도달하게 되었다. 그것은 "연방의회는 국교를 정하거나 또는 자유로운 신앙 행위를 금지하는 법률을 제정할 수 없다(Congress shall make no law respecting an establishment of religion, or prohibiting the free exercise thereof)"라고 규정함으로써 국교제 자체의 폐지를 선언하였다.

　수정헌법 자체가 연방정부의 과도해 보이는 권력을 제한하여 시민의 개인적 권리를 보호하려는 취지로 제정되었고, 수정헌법 1조는 그 연장선에서 연방정부가 각 주의 의사에 반해 전국적인 국교를 정하는 것을 방지하는 측면이 존재한다. 그러나 교회사적 의미에서는 연방정부와 주정부, 국가의 권한과 개인의 권리 사이의 관계 규정 차원을 넘어 좀더 본질적인 변화가 있어났음을 보여 준다. 그리스도교 공인 이후 오랜 시간 유지된 그리스도교가 지배적인 사회구조가 법률적 차원에서 종식되고 교회가 공식적으로 국가의 지원을 받지 않는 그리스도교 사회가 생성된 것이다.[26]

미국 독립 직후 열린 감리교 크리스마스 총회(1784년 12월 25일).
감리교는 이 총회에서 프랜시스 아스버리를 감독으로 세우고 독립된 교단이 되었다.

 ## 혁명 이후 미국 사회의 종교적 분위기

독립 이후 국교제가 소멸하고 정부의 공식적인 후원이 사라지면서, 종교적 측면에서 거대한 자유시장이 생기게 되었다. 특히 서부 개척으로 미국의 영토가 확장되면서 더 많은 교파에게 더 많은 전도의 기회가 주어졌다. 잉글랜드 국교회, 회중교회, 장로교 같은 주요 교단들도 이제 특권적 지위를 버리고 새로 유입된 교단들과 무한 경쟁을 벌이게 되었고, 이 과정 속에서 감리교, 침례교 등 새로운 환경에 잘 적응한 교단들의 교세가 확대되었다. 감리교는 속회, 순회 등으로 넓은 지역의 교인들을 소그룹으로 조직화하고 평신도 순회 설교자들을 보내어 이들을 감독하는 등 새로운 전도 체계를 개발하였다. 침례교들도 회중 중심의 교회 제도를 만들어 남부로 교세를 확대할 수 있었다.

　미국 건국 이후 교회에 대한 국가의 재정적 지원이 사라지면서, 개인의 자발적 참여에 의존하는 교회가 나타났다. 교회의 구성원으로서, 주요 의사결정 참여자로서 일반 평신도들의 역할이 이전에 비해 중요해진 것이다. 프로테스탄트 교회 안팎에서 평신도들의 역할이 늘어나면서 그 결과 교회가 참여하는 사회개혁 활동이 더 활발해졌다. 18세기 말부터 영미권 그리스도교인들은 술, 결투, 노예제 같은 사회악과 맞서 싸우고, 주일학교를 세우고, 병원과 고아원 등을 설립하는 등 사회적 약자를 돕는 활동에 헌신하게 되는데, 이는 이런 변화된 분위기 속에서 가능하였다.

　그러나 국교회 폐지가 비그리스도교 사회의 건설을 의미하는 것은 아니었다. 교회는 여전히 미국 사회를 이루는 가장 중요한 요소였고, 정교분리가 이뤄진 사회에서도 교회는 다양한 방법으로 국가에 영향을 끼칠 수 있었다. 미국 복음주의자들의 압력으로 대다수의 고위 선출직 공직자는 취임선서 끝에 "신이여 나를 도우소서(so help me God)"라는 문구를 말해야 했고, 미국의 대통령들은 수시로 국가 기도일, 국가 금식일 등을 선포했다. 그리고 상원, 하원을 비롯한 국가기관에 원목(chaplaincy)을 두었다. 또한 교회는 새로운 국가의 정당성에 필요한 신학적 명분을 제공하였다. 독립을 지지했던 많은 설교자들은 이제 성경을 인용하여 '신의 포도원'(이사야 5:7) 혹은 '새로운 예루살렘'으로서 신생공화국의 비전을 제시하였다.

맺음말

미국 독립혁명은 여러 가지 시대적 한계를 지니고 있다. 독립선언문에서 식민지인들은 모국과 관계를 끊으면서 자연권에 호소하여 분리를 정당화하였으며, '독립선언서'는 미국인들의 권리만이 아니라 전 인류의 보편적인 권리를 선언하였다. 그러나 그들이 이룩한 사회에서 천부적 권리는 오직 백인만의 것이었고, 그것도 성별과 재산의 소유 정도에 따라 차등적으로 주어졌다. 특히 재산에 입각한 사회계서제가 굳건하게 유지되었고 그것은 대다수 하층민의 정치 참여 제한으로 이어졌다. 무엇보다 독립혁명이 천명한 천부인권은 인종을 초월해 적용되지 못했다. 독립전쟁 동안 많은 식민지인은 영제국의 도덕적 위선을 공격하기 위해 노예무역을 공격하였고, 그 연장선에서 북아메리카의 노예제도에 대해서도 비판적인 입장을 가지고 있었다. 그러나 위기 상황이 끝나자 이전에 반노예제적 입장을 취했던 남부 주들의 대표들은 입장을 번복하였다. 미국 제헌의회는 남부의 강력한 반발로 노예제 문제를 해결하지 못했고, 1807년에 노예무역만을 폐지하는 선에서 이를 봉합하였다. 노예제는 신생 공화국을 분열시키는 지속적인 요인이었고, 이 상태는 남북전쟁으로 노예제가 소멸될 때까지 계속되었다.

그럼에도 미국 독립혁명은 이전의 어느 혁명보다도 명확히 '주권재민(主權在民)'의 정신을 천명하고 최초의 민주공화국을 성립시킨 정치혁명이었다. 그것은 세습 군주 대신 선출된 대통령과 의회에 권력을 부여하고, 성문헌법을 두었으며, 세습 귀족제를 부정하며 교회와 국가를 분리한 점에서 이전에 없었던 정치체제를 수립하였다. 또한 독립혁명은 '왕당파' 인사들의 재산을 몰수해 애국파에게 매각하여 경제적 지배계층을 교체하고, 식민지 시기에 일부 지역에 존재했던 영주가 자의적으로 거두던 봉건적 성격의 토지 부과조(賦課租)를 폐지한 점에서 정치 혁명을 넘어 사회적 혁명

을 이룩하였다.[27]

무엇보다 미국 독립혁명은 서구세계에서 최초로 정교분리 사회구조를 확립한 사건이었다. 식민지인들이 택한 정교분리는 여러 종교 중 하나를 국교로 만드는 것을 금한다는 것이 아니라 그리스도교 교파들 중 하나가 특권을 누려서는 안 된다는 것이었다. 따라서 모든 프로테스탄트 종파를 후원하는 일반적 국교제가 대안이 될 뻔했으나, 계몽주의에 영향받았던 제퍼슨이나 매디슨 등의 영향과 프로테스탄트 교파 내의 치열한 경쟁의 결과로 모든 형태의 국교제를 폐지하는 것으로 결론이 내려졌다. 그 결과 최초로 그리스도교가 특권적 지위 자체를 공식적으로 내려놓은 사회가 탄생하였다. 지금도 미국은 그리스도교의 영향력이 강한 사회이지만, 적어도 법률적으로 종교가 공적 영역에서 특권을 누리지 못하는 사회가 이때 시작되었다.

주

1 —— Leopold von Ranke, *Über die Epochen der Neueren Geschichte*, Theodor Schieder and Helmut Berding (ed.), (De Gruyter Oldenbourg, 1971), 415-417.

2 —— 앨런 브링클리, 《있는 그대로의 미국사 I》, 황혜성 외 역 (휴머니스트, 2005), 57-60.

3 —— William Bradford, *Bradford's History "Of Plimoth Plantation"* (Wright & Potter, 1898), 29-35.

4 —— Bradford, *Bradford's History*, 180.

5 —— Francis, J. Bremer, *John Winthrop: America's Forgotten Founding Father* (Oxford University Press, 2005), 171.

6 —— 브링클리, 《있는 그대로의 미국사 I》, 154-156.

7 —— David D. Hall, "New England, 1660-1730", in John Coffey & Paul C. H. Lim (ed.), *Cambridge Companion to Puritanism* (Cambridge University Press, 2008), 145.

8 —— David M. Scobey, "Revising the Errand: New England's Ways and the Puritan Sense of the Past", *The William and Mary Quarterly*, vol. 41 (January, 1984), 419.

9 —— Paul Boyer & Stephen Nissenbaum (ed.), *Salem-Village Witchcraft: A Documentary Record of Local Conflict in Colonial New England* (Northeastern University Press, 1972), 8.

10 —— 주경철, 《마녀, 서구 문명은 왜 마녀를 필요로 했는가》 (생각의 힘, 2016), 258-259.

11 —— 키스 토마스, 《종교와 마술 그리고 마술의 쇠퇴》, 이종흡 역 (나남, 2014), 3권, 192-193; 주경철, 《마녀》, 259-260.

12 —— Perry Miller, *The Life of the Mind in America from the Revolution to the Civil War* (Harcourt, Brace & World, 1965), 3-95; Alan Heimert, *Religion and the American Mind from the Great Awakening to the Revolution* (Harvard University Press, 1966), 398-400; James T. Kloppenberg, "The Virtues of Liberalism: Christianity, Republicanism, and Ethics in Early American Discourse", *Journal of American History*, vol. 74 (1987), 9-10; John Murrin, "No Awakening, No Revolution? More Counterfactual Speculations", *Reviews in American History*, vol. 11, no.2 (1983), 161.

13 —— Kloppenberg, "The Virtues of Liberalism", pp. 9-10.

14 —— Martin E. Marty, "The American Revolution and Religion, 1765-1815" in Stewart J. Brown & Timothy Tackett (ed.), *The Cambridge History of Christianity, Enlightenment, Reawakening and Revolution. 1660~1815* (9 vols, Cambridge University Press, 2006), VII,504.

15 —— 브링클리, 《있는 그대로의 미국사 I》, 172.

16 —— John Locke, *Two Treatises of Government* (Printed for Thomas Tegg, 1823), 159-160.

17 —— Charles Baron De Montesquieu, *The Spirit of Laws* (Cosimo Classics, 2011), 64-65.

18 —— Thomas S. Kidd, *God of Liberty: A Religious History of the American Revolution* (Basic Books, 2012) 7-8; Robert Middlekauff, *The Glorious Cause: The American Revolution, 1763-1789* (Oxford University Press, 2005), 51-52.

19 —— David A. McCants, *Patrick Henry, the Orator* (Greenwood Press, 1990), 118-119.

20 —— John C. Miller, *Origins of the American Revolution* (Brown and company, 1943), 122-125 .

21 —— John Ferling, *A Leap in the Dark: The Struggle to Create the American Republic* (Oxford University Press, 2003), 255-259.

22 —— Philip Schaff, *Church and state in the United States or the American Idea of Religious Liberty and Its Practical Effects* (G. P. Putnam's Sons, 1888), 23.

23 —— Walter Berns, *The First Amendment and the Future of American Democracy* (Basic Books, 1976), quoted in Marty, "The American Revolution and Religion, 1765-1815", 510.

24 —— Act for Establishing Religious Freedom, January 16, 1786 (http://www.virginiamemory.com/docs/ReligiousFree.pdf, 2018년 8월 14일 검색).

25 —— James Madison, *Memorial and Remonstrance, drawn by His Excellency James Madison* (Lincoln and Edmonds, 1784), 8.

26 —— Marty, "The American Revolution and Religion, 1765-1815", 512.

27 —— 배영수 편, 《서양사강의》, 241.

영국 노예무역
폐지 운동

5

웨스트민스터 사원 안에 있는 윌버포스 조각상

1장에서 살펴본 것처럼, 최근 학계에서는 '혁명'이라는 용어를 '군사혁명', '산업혁명', '과학혁명'같이 사회 전반에 걸친 광범위한 변화를 지칭하는 용어로 사용하는 경향이 있다. 이렇게 '근본적인 변화'라는 측면에서 보면 영국에서 일어난 복음주의자들의 노예무역 폐지 운동도 혁명적 요소를 갖추고 있다. 그것은 정치적 측면에서는 대중정치의 출현을 촉발했고, 경제적 측면에서는 노예노동에 의존하는 산업을 임금노동에 의존하는 구조로 바꾸었으며, 무엇보다 영국인들의 도덕적 가치관에 큰 변화를 가져온 점에서 사회 전반에 걸친 근본적인 변화였다. 그래서 역사학자 허버트 슐로스버그(Herbert Schlossberg)는 18세기 말에서부터 19세기 초까지 영국 복음주의 정치인들이 주도한 노예무역 폐지 운동을 설명하면서 '조용한 혁명(Silent Revolution)'이라는 용어를 사용하였다.[1]

노예무역 폐지 운동은 교회사에서도 중요성을 가진다. 17세기부터 과학혁명, 이신론, 계몽주의 등의 등장으로 사람들의 심성 속에서 영향력을 상실하던 그리스도교는 18세기 말부터 사회개혁을 통해 세속화에 적극적으로 대응하기 시작하였다. 그리고 그 대표적인 예들 중 하나가 바로 이 운동일 것이다. 같은 시기 미국에서도 독립 이후 정교분리가 확립되면서 각 교파가 영향력을 확대하기 위해 사회개혁 활동에 관심을 기울이기도 했다. 그러나 미국에서는 이것이 기본적으로 개별 교파 차원의 움직임이었던 데 반해, 영국에서는 국교회 내의 복음주의자들이 의회에 진출하여 그들의 종교적 동기가 국가 정책으로 연결될 수 있는 통로가 놓였다. 이들의 노예무역 폐지 운동은 일면 상반되어 보이는 그리스도교적 가치와 정치적 이익의 최대분모를 현실 정치에서 실현해 가는 방식이었다.

흔히 노예무역 폐지 운동은 그 지도자인 윌리엄 윌버포스(William Wilberforce, 1759~1833)의 등장으로 시작된 것처럼 서술되지만, 그의 등장 이전부터 일단의 복음주의 정치가들이 모여 노예무역 폐지를 포함한 사회 개혁을 생각하고 있었다. 최근 영국 레스터 대학(University of Leicester)의 존 커피(John Coffey) 교수가 주목하듯이 당시 상당수 영국인은 미국 독립혁명으로 인한 식민지 상실이 초래한 제국의 위기 상태를 영국을 향한 신의 진노로 보았다. 사실 신비주의 및 종말론적 성향은 경건주의자들이 보여 준 것처럼 이전의 그리스도교 교파들에서도 쉽게 발견되는 현상이다. 그러나 이들은 중세에 천년왕국을 표방한 민중 운동들이나 또는 근대 초 재세례파들이 현실 파괴적인 성향을 보인 것에 비해, 신의 심판을 되돌리기 위해 죄악을 회개하고 현실을 개혁하는 방법을 택하였다. 찰스 미들턴(Charles Middleton), 제임스 램지(James Ramsay) 같은 복음주의 정치인들은 영국의 테스턴(Teston)이라는 지역에 모여 영국민을 더 나은 그리스도교인으로 만들 방안을 논의하였는데, 이들에게 노예무역 폐지는 영국이 범하고 있는 죄악을 뉘우치는 대표적인 방식으로 보였다. 요크셔의 하원의원이었던 윌버포스가 그리스도교인이 되었다는 이야기를 듣고 그를 찾아가 노예무역 이슈를 의회에서 제기하도록 설득한 것도 바로 이들이었다.[2]

사실 18세기 말 영국의 복음주의 정치인들은 특정한 악행을 폐지하는 것 이상을 목표로 삼았다. 윌버포스의 《실제적 견해(Practical View)》(1797)는 18세기 영국 복음주의자들의 지침서로 평가되는데, 그는 여기서 영국 사회에 필요한 것이 도덕성의 회복을 내포하는 '진정한' 그리스도교의 회복임을 분명히 하였다. 윌버포스가 보기에 당시 영국은 겉으로는 그리스도교 사회로 보이지만 실제 현상은 전혀 달랐다. 그는 영국인 대부분이 그리스도교 국가에서 태어난 사실만을 가지고 신앙을 가진 것처럼 여기는 '명목상의 그리스도교인(nominal christian)'이라고 생각하였다. 그들은 그리스도교의 도덕률이 종교 영역에만 적용되고 일상생활과 별개의 것으로 보는 이원론적 시각을 가진 사람들이었다. 윌버포스가 보기에 '진정한' 그리스도교는 그 윤리적 가르침이 일상생활에서 분리될 수 없는 것이었으며, 따라서 '진정한 그리스도교인'이 되는 것은 높은 도덕적 자질을 갖추기 위한 수고와 어려움, 지속적인 성찰이 요구되는 문제였다.[3] 이런 논리의 연장선에서 당시 복음주의자들의 개혁 활동의 초점이 국가 도덕 개혁에 맞춰졌던 것은 자연스런 결과였다.

그렇다면 이러한 목적을 이루는 과정에서 노예무역 폐지 운동은 어떠한 역할을 하였는가? 일단 18세기 후반기가 되면 노예무역은 가장 눈에 띄는 사회악이었기 때문에 도덕 개혁 운동에서 그것의 폐지가 가지는 상징적인 의미가 컸다. 또한 국가 도덕개혁이라는 큰 목적을 달성하기 위해 노예무역 폐지가 실질적인 도움을 준 면도 있다. 아래서 서술하듯이 1787년부터약 반세기 동안 영국에서는 노예무역과 노예제 폐지라는 도덕적 가치판단을 담은 이슈가 각 정파의 주요 의제가 되고, 의회에서도 주요 논쟁거리가되었으며, 신문과 팸플릿 등의 미디어를 통해 영국 전체에 알려지게 되었는데, 이는 국가 도덕성에 대한 국민의 관심이 높아지는 중요한 배경이 되었다. 사실 노예무역의 폐지는 단순히 제도 하나가 없어진 것이 아니라, 영국의 정치 윤리와 일반 국민의 도덕적 가치관의 변화를 전제로 하는 것이다.

 ## 노예무역 폐지 운동의 시작

어떤 역사적 사건을 한 사람이 전담한 것처럼 서술하는 것은 위험하지만, 영국의 노예무역 폐지 운동에서 가장 중요한 역할을 한 사람이 윌버포스인 것은 부정할 수 없다. 윌버포스는 1759년 영국 북동부의 항구도시 헐(Hull)에서 그 지역의 상업과 은행업을 장악한 부유한 집안의 외아들로 태어났다. 1768년 부친의 죽음 후 잠시 백부의 집에 보내지게 되는데, 그는 이곳에서 감리교도였던 백부의 영향으로 복음주의적 신앙을 잠시나마 접하기도 하였다. 그러나 당시 국교도들은 감리교를 하류계층의 종교로 경시하는 경향이 있었고, 손자가 '천박한 감리교도'가 되는 것을 염려한 할아버지는 그를 다시 집에 돌아오게 하였다. 1776년 케임브리지의 세인트존스 칼리지에 입학한 그는 학문적으로는 별로 두각을 나타내지 못한 학생이었지만, 대신 그곳에서 윌리엄 피트(William Pitt), 토머스 기스번(Tomas Gisborne) 같은 정치적, 종교적 동료들을 만나게 되었다. 특히 24세의 젊은 나이에 수상이 되어 20년 가까이 국정을 이끌었던 피트와의 우정은 평생 지속되었으며, 윌버포스의 정치 활동에 커다란 영향을 주었다. 윌버포스가 정계를 떠나지 않고 계속 남아 있도록 설득한 것도 피트였으며, 노예무역 폐지 운동을 시작하도

젊은 시절의 윌리엄 윌버포스

록 용기를 주었던 사람 중 한 명도 피트였다.

대학 졸업 후 그는 1780년에 자신이 유지 역할을 하는 고향에서 당선되어 피트와 함께 하원에 진입하는 데 성공하였고 1784년에는 24세의 나이로 당시 잉글랜드에서 가장 중요한 선거구라 할 수 있는 요크셔의 의원으로 당선되는 정치적 성공을 거두었다. 또한 이때 그의 둘도 없는 친구 피트가 조지 3세에 의해 수상으로 지명됨으로써 그의 입지는 더없이 탄탄해졌다.

그는 요크셔에서 당선된 지 얼마 지나지 않아 가족 및 친구와 대륙여행을 하던 중 '회심'을 경험하게 된다. 당시 영국 상류층에서는 도버해협을 건너 프랑스, 이탈리아, 지중해 지역을 둘러보고 오는 그랜드투어(Grand Tour)가 유행하였다. 당시 상류 계층에 속한 많은 사람들이 적어도 1년 이상의 시간이 걸리곤 했던 대륙여행을 위해 큰 돈을 허비하였는데, 이런 유행은 윌버포스에게도 영향을 준 것 같다.[4] 1754년, 윌버포스는 누이의 건강이 악화되자 요양을 겸하여 프랑스 해안으로 그랜드투어에 나서게 되었다. 이런 여행에 나설 때는 그냥 혼자 가는 것이 아니었다. 여행 가이드는 필수항

목이었는데, 가이드는 대부분 학식이 풍부한 학자들이 맡곤 하였다. 당시 애덤 스미스 같은 대학자들도 교수 월급보다 많은 수입을 보장해 주었던 가이드 일을 통해 수입을 올리곤 하였다. 윌버포스는 한 다리 건너 아는 친구이자 케임브리지의 교목이었던 아이작 밀너(Isaac Milner)를 이번 여행의 가이드로 초청하였다.

　1784년 10월 20일에 윌버포스 일행은 도버 해협을 건너 프랑스에 도착하였는데, 이곳에서부터 밀너의 복음주의와 윌버포스의 세속주의가 충돌하기 시작하였다. 그들은 내내 다투었고, 프랑스 남부 리비에라에 이르기까지 실상 밀너의 설명은 윌버포스에게 거의 영향을 주지 못하였다. 그러다가 윌버포스는 우연히 일행 중 한 명이 들고 있던 필립 도드리지(Philip Doddridge)의 《인간 영혼 속의 종교의 부흥과 발전(The Rise and Progress of Religion in the Soul)》(1745)이라는 책을 발견하게 되었는데, 윌버포스가 이 책에 관심을 보이자 밀너가 같이 읽어 보자고 제안을 했다. 이때 국내의 급한 현안 때문에 윌버포스가 귀국하게 되었는데 밀너는 굳이 동행하여 독서 토론을 이어 갔고, 나중에 윌버포스는 밀너와 이 책을 읽었던 것을 그의 회심의 중요한 계기로 여기게 된다.[5]

　1785년 11월, 윌버포스는 내적 괴로움의 시간 끝에 자신이 신을 위해 살려면 세상을 버려야 하며 중간지대는 없다는 결론에 도달하였다. 그는 여러 친구에게, 특히 피트에게 이런 결심을 편지로 알렸다. 피트와 윌버포스는 여러 번 편지를 나누고 장시간 대화를 나눴다. 이때도 윌버포스는 정계를 떠나려는 결심을 접지는 않았지만, 정계에서 윌버포스를 잃고 싶지 않았던 피트의 간곡한 설득에 마음이 흔들릴 수밖에 없었다. 또한 12월에 윌버포스는 유명 찬송가 〈나 같은 죄인 살리신(Amazing Grace)〉의 작사자이자 당시 노샘프턴셔 올니 교회의 복음주의 운동의 지도자였던 존 뉴턴을 찾아갔다. 당시 사교계는 하류층에 복음을 전하던 복음주의자들을 천시하는 경향이 있었기 때문에 윌버포스 같은 명망가가 그를 찾아간 것은 세간의 주목을 받았다. 이 만남에서 뉴턴은 윌버포스가 세상과의 고리를 끊지 말 것을 강력하게 권고하였다.[6]

윌버포스가 정계에 남도록 설득한 존 뉴턴

이 갑작스런 사건은 윌버포스의 절친한 친구들에게 실망을 주었지만, 그것은 동시에 그가 새로운 친구들을 얻는 계기가 되기도 했다. 이 젊은 요크셔 하원의원의 회심 소식은 토머스 클락슨(Thomas Clarkson), 그랜빌 샤프(Granville Sharp) 같은 노예무역 폐지 운동을 염두에 두고 있던 사람들이 그에게 접근하는 계기가 되었고, 이들은 곧 노예무역 폐지를 위한 공동전선을 구성하게 되었다. 비슷한 시기에 스코틀랜드 출신 변호사인 제임스 스티븐(James Stephen)은 서인도제도의 바베이도스에서 불공정한 노예 재판을 보고 노예무역 폐지의 결의를 다지고 있었다. 그는 이 문제를 윌버포스와 상의하게 되었고, 이것이 계기가 되어 스티븐은 의회에서 윌버포스의 노예무역 폐지 활동을 위한 정보 조사자의 역할을 맡게 되었다. 또한 당시 자메이카의 재무관이었고, 후에 《크리스천 옵저버(Christian Observer)》지의 편집자가 되는 재커리 머콜리(Zachary Macaulay)도 그의 누이가 당시 유명한 복음주의자이자 윌버포스의 지인이었던 토머스 배빙턴(Thomas Babington)과 결혼함으로써 윌버포스와 연결되었다. 그리고 1786년에는 후에 각각 인도 총독, 동인도회사의 이사가 된 존 쇼어(John Shore)와 찰스 그랜트(Charles Grant)가 인도에 선교사 파송을 금지하던 동인도회사의 헌장을 수정하기 위한 운동을 벌이면서 윌버포스와 함께하게 된다. 이렇게 후에, 클래팜파(派)의 핵심 회원을 구성하게 될 사람들은 1786년 당시에는 각각 영국, 서인도제도, 인도 등에 흩어져 있었지만 느슨하게나마 연결망을 이룰 수 있었다.

1787년 5월 22일 '런던 노예무역 폐지 협회'가 설립되었고, 이들은 의회에 이 의제를 가져갈 사람으로 갑작스런 회심으로 유명해진 윌버포스를 생각하게 되었다. 몇 개월간의 망설임 끝에 윌버포스는 이 역할을 담당하기로 결심하였다. 1787년 10월 28일, 윌버포스는 일기장에 그의 구체적인 인생의 목적을 다음과 같이 적었다. "전능하신 하나님께서 내 앞에 두 가지 커다란 사명을 주셨다. 그것은 노예무역을 폐지하는 것과 이 나라의 관습을 개혁하는 것이다."[7] 여기서 보듯이 노예무역의 폐지와 도덕 개혁은 처음부터 분리될 수 없는 궁극적으로 하나의 목표였다. 윌버포스는 이 과업을 혼자서 하지 않고 비슷한 생각과 의무감을 가진 공동체를 통해 진행하였다. 1797년 윌버포스가 런던 근교의 클래팜에 위치한 헨리 손턴의 집으로 이사한 후, 그를 따라 그의 정치적·종교적 동료들이 그곳에 모이기 시작하면서, 위에서 언급된 친분관계가 조직의 형태를 띠게 되었다. 클래팜은 원래 은행가 집안인 손턴 가(家)가 지역 유지 역할을 하던 곳으로, 헨리 손턴이 집을 대여해 주는 등의 편리를 제공하여 윌버포스와 그 동료들이 한 마을에 몰려 살게 됨으로써 영국 정치사에서 '클래팜파(Clapham Sect)'라고 불리는 복음주의 정치가 무리가 탄생하게 되었다.

클래팜파라고 하는 집단의 성격이 무엇이었는지는 논의의 대상이다. 실상 '클래팜파'란 이름 자체가 윌버포스가 죽은 지 12년이 지나서야 그들의 반대 세력들이 사용한 이름이었고, 여기서 언급한 사람들 외에도 개별 사항별로 이해관계를 같이하는 여러 사람들이 클래팜 공동체를 거쳐 갔기 때문에 어떤 범위까지를 '클래팜파'라고 할지도 애매하다. 윌버포스에 대한 대표적인 전기를 쓴 폴록이나 슐로스버그도 이런 점을 들어 클래팜이 독립적인 정치 분파를 이루지 않았으며 단지 사안별로 뜻을 같이하는 정치가들의 느슨한 우애조직이라고 말하고 있다.[8] 이들의 말처럼 클래팜파가

클래팜 개혁가들이 출석하던 교구교회

클래팜 마을에 있는 윌버포스 하우스

특정 교파나 정파가 지배했던 집단이 아니었고, 모든 의제에 단합된 행동을 보이지 않았던 것은 분명하다. 하지만 적어도 클래팜파의 핵심을 이루던 사람들은 복음주의적 신앙과 가치관을 공유하고 있었으며 어떤 사안에 뜻이 모아질 때만 행동을 같이한 것이 아니라 윌버포스를 정점으로 하는 '내각회의'를 열어 의견을 조율하고 그에 따라 계획을 수립하여 일의 분업을 수행하는 체계적인 면모를 보였다.[9] 이렇게 이 단체의 핵심인물들이 가졌던 동질적인 정치적 목적의식과 어느 정도의 조직적 체계를 고려한다면, 클래팜파는 적어도 그 핵심을 이루는 사람들의 범위에서는 일종의 독립적인 정파의 형태를 띠었다고 볼 수 있다.

 ## 대서양 노예무역

노예무역 폐지 운동을 본격적으로 설명하기 전에, 이 운동이 폐지의 목표로 삼은 노예무역의 규모와 성격에 대해 먼저 알아보는 것이 필요할 것이다. 우선 얼마만큼의 흑인 노예가 대서양을 건넜는가? 에모리 대학(Emory University)의 교수로 오랫동안 노예무역에 관한 연구를 수행한 데이비드 엘티스(David Eltis)가 구축한 데이터베이스는 노예무역을 통한 부자유 노동력 이주의 흐름을 큰 틀에서 파악하는 데 도움을 준다. 그에 따르면 1514년부터 1866년 사이의 기간 동안 약 1,060만 명 이상의 흑인 노예들이 대서양 반대편을 향해 팔려 간 것으로 파악된다. 흑인 노예들의 승선지는 지금의 세네갈, 감비아, 베냉, 기니, 골든코스트 등 서아프리카에 집중되어 있으며, 이들의 매매는 18세기 전반(약 230만 명), 18세기 후반(약 350만 명), 19세기 초반(약 325만 명)의 시기에 최고조에 달했다. 엘티스는 또한 아메리카에 실제로 도달한 노예들의 수에 대한 통계도 제공하고 있다. 그에 따르면 아프리카를 떠난 흑인들 중 약 870만 명 정도가 목적지에 하선하였으며, 그들의 하선지는 북아메리카 본토(약 83만 명), 서인도제도(약 435만 명), 브라질(약 320만 명) 등에 집중되어 있었다.[10] 엘티스 외에도 허버트 클레인(Herbert

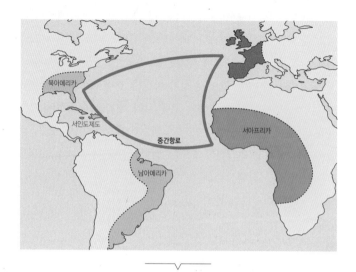

대서양 노예무역 루트. 노예무역은 중간 판매상인 영국, 아프리카의 공급자,
신대륙의 소비자라는 삼각축으로 이루어져 삼각무역이라고도 불린다.

S. Klein), 스탠리 엥거먼(Stanley L. Engerman), 시모어 드레서(Seymour Dresher), 로저 앤스티(Roger Anstey) 등이 부분적으로 제시한 자료들을 종합해 보았을 때, 16세기 초부터 19세기 중반 동안 약 1,000만 명에 가까운 흑인들이 아프리카 서해안을 떠나 서인도제도, 브라질, 북아메리카 등의 지역으로 이동하였으며 그들 중 약 18퍼센트 정도가 승선 과정, 항해 중, 하역 과정에서 죽은 것으로 보인다.[11]

대서양 노예무역을 시작한 것은 스페인과 포르투갈이었지만 18세기 이후 영국이 차지하는 비중이 매우 높아졌다. 하버드 대학의 경제사학자 닐 퍼거슨은 1850년 이전 대서양 반대편으로 강제 이송된 약 1,000만 명의 노예 중 300만 명 정도만 영국 선박을 타고 갔어도 오늘날 영국이 지불해야 할 배상금이 260조 달러에 이른다고 추산하였다.[12] 이는 18세기 영국이 대서양 노예무역에서 차지하는 비중을 짐작하게 해준다.

사실 노예무역은 중간 판매상인 영국뿐 아니라 아프리카의 공급자와 신대륙의 소비자 모두에게 중요한 범대서양적 무역이었다. 우선 노예무역은 아프리카인들에게 이익이 되는 사업이었다. 처음에는 전쟁포로나 범죄자들이 노예로 팔렸지만, 노예가 상당한 이익이 되는 사업임을 깨닫고는 전문적으로 노예를 공급하는 아프리카 출신 흑인 노예사냥꾼들이 등장하였다. 또한 노예무역으로 수많은 유럽인이 서아프리카 해안을 오가며 식민지가 개척되고 거류지가 생겼기 때문에 이 지역의 경제가 노예무역에 의존하는 비중은 점점 커져 갔다. 이렇게 아프리카 서해안에서 수출된 노예는 18세기에는 주로 서인도제도로 팔려 갔다. 이는 당시 유럽에서 설탕의 수요가 증가했기 때문인데, 서인도제도의 설탕은 높은 품질로 당시 큰 인기를 끌고 있었다. 제당업은 고도로 노동집약적인 사업이었고, 이 필요를 아프리카의 노예들이 채우게 된 것이다. 18세기부터 19세기 초까지 영국의 주요 해외 식민지인 서인도제도의 경제에서 노예무역이 차지하는 비중은 매우 컸고, 이는 노예무역 폐지를 어렵게 하는 요인이었다.

노예무역 폐지가 어려운 이유에는 이런 경제적 요인 외에 당시 시대적 배경에서 이해할 수 있는 인식적 한계도 있었다. 사실 인류 역사에 노예제는 계속 존재했었기에, 당시에는 노예제도의 존재에 대한 의문보다는 그것이 문제라는 것이 더 새로운 생각이었다. 앞서 언급한, 〈나 같은 죄인 살리신〉을 작사한 존 뉴턴은 본래 노예무역선 선장이었다. 그는 1749년 진정한 그리스도교인으로 거듭나는 '회심'의 경험을 하는데, 알려진 것과 달리 이 영적인 경험 후에도 1754년(혹은 1755년)까지 노예무역을 지속하였다. 그가 노예무역을 공식적으로 비판한 것은 1788년에 윌버포스가 노예무역 폐지 운동에 대한 지지를 요청했을 때였다. 이렇게 늦은 의사표명의 이유를 그는 다음과 같이 설명하였다. "노예무역은 언제나 불의한 것이지만, 무관심과 이해관계가 한동안 그 죄악을 인식하는 것을 막았다."[13] 그의 예가 보여 주듯이 18세기 말까지도 진정한 그리스도교로의 회심이 자동적으로 노예제를 비판하도록 이끈 것은 아니었다.

더욱이 아직까지도 다수의 그리스도교인은 노예제가 여러 문제에도 불구하고 그리스도교 전파에 도움이 된다는 생각에서 벗어나지 못했다. 3장에서 설명했듯이 대각성 운동 기간 동안 흑인 노예들이 대규모로 그리스도교 공동체에 유입되기 시작하면서 노예제도에 어느 정도 제한이 필요하다는 생각이 퍼지게 되었지만 그 해결책이 노예무역 및 노예제의 폐지라고 생각하기까지는 좀더 시간이 필요했다. 에드워즈나 휫필드는 노예무역이 폐지되는 것이 옳다는 선구자적인 주장을 했지만 아직 그것이 현실적으로 가능하다고 생각하지는 않았다. 오히려 그리스도교 전파는 이들에게 양심의 가책에 대한 면벌부를 주는 효과가 있었다. 많은 그리스도교인이 어쨌든 결과적으로 노예제도를 통해 흑인 노예들이 그리스도교를 접할 수 있는 기회를 얻게 된다는 이유로 그것의 효용을 주장할 수 있었다. 나아가 일부 그리스도교인들은 노예제에서 얻는 수입이 해외 복음 전파에 사용된다는 이유로 그것을 신의 목적을 이루기 위한 수단으로 제시하기도 하였다. 이런 이유로 1701년에 잉글랜드 국교회가 해외 선교를 위해 세운 해외복음전파협회(Society for the Propagation of the Gospel in Foreign Parts)는 캐리비안 식민지에 노예농장을 소유하고 있었고, 이들이 도망가면 쉽게 식별하기 위해 노예들의 가슴에 협회(Society)를 뜻하는 대문자 'S' 자를 인두로 지져 새기기도 하였다.[14] 영국에서 노예무역 폐지 운동이 시작될 당시의 노예무역 찬성론자들은 19세기 전반의 미국 남부의 성직자들처럼 노예제를 성경이 정당화한다고 생각하고 적극적으로 옹호한 것은 아니었다. 하지만 그들의 도덕적 인식 수준에서는 윌버포스 및 그의 복음주의 정치가 동료들이 주장한 노예무역 폐지라는 해법은 상당히 급진적인 것으로 보였다.

또한 윌버포스가 처음 노예무역 폐지를 주장했던 1780년대의 영국 정계는 노예무역 폐지에 호의적이기 어려운 상황에 있었다. 명예혁명 이후 개인의 재산권은 국왕 및 정부가 보호해야 할 가장 중요한 기본권이었다. 1689년 영국 의회를 통과한 권리장전에서는 국왕의 자의적 세금 부과 및 개인 재산에 대한 침해를 금지해 재산권을 정치적 권리의 핵심에 두었다. 당시 다수의 영국 하원의원들은 노예를 노예 농장주의 '재산'으로 파악했고, 그 연장선에서 반노예제 조치가 그들의 재산권에 대한 침해가 될 수 있다고 생각했다. 무엇보다 1789년 프랑스혁명이 발발하고 혁명전쟁이 시작되면서 급진적으로 보이는 이 운동이 프랑스와 연관 있는 것처럼 여겨지는 분위기가 조성되었는데, 노예무역 폐지라는 재산권을 흔드는 주장도 혁명에 영향을 받았다고 생각하는 사람들이 많았기 때문이다. 특히 1794년 프랑스 혁명정부가 노예제 폐지를 결의하면서 노예무역 폐지 운동가들이 프랑스의 자코뱅 추종자라는 근거 없는 비판이 퍼지게 되었다.

이렇게 노예무역이 가졌던 경제적 중요성, 당시 사람들의 인식, 영국의 정치상황 등을 고려해 보면 18세기 말에 노예무역이 없어진 세계를 상상하기란 매우 어려웠음을 알 수 있다. 그렇다면 왜, 그리고 어떻게 노예무역은 폐지될 수 있었는가? 이를 알기 위해 윌버포스와 클래팜파가 노예무역 폐지 운동을 전개한 방식을 살펴보도록 하자.

노예무역 폐지 운동의 진행

노예무역 폐지 운동 초기에 클래팜파는 법안 통과에 낙관적인 태도를 가지고 있었다. 그들은 수상이었던 피트는 물론이고 거물급 야당 지도자라 할 수 있는 찰스 폭스의 지지를 받는 상황이었다. 또한 당시는 프랑스 같은 외국에서도 노예무역 폐지 운동이 강력하게 일어나고 있는 상황이었기 때문에, 클래팜파가 노예무역 폐지 법안의 통과를 자신할 만한 이유는 충분한 편이었다. 하지만 이런 클래팜파의 낙관주의에 대해 동의하지 않는 사람이 있었는데 바로 존 웨슬리였다. 이미 1774년에 노예무역을 공격하는 팸플릿《노예제도에 대한 고찰(Thoughts on Slavery)》을 출판할 만큼 이 문제에 관심이 많았던 웨슬리는 이 문제가 단순한 인권의 문제를 넘어 결국은 '국가의 이익'에 관한 문제로 귀결될 것이라고 예상하였다. 그리고 이 과정에서 노예무역에서 선원들의 사망률이 중요한 이슈가 될 것이라고 조언하기도 했다.[15]

웨슬리의 예상대로 노예무역 폐지 운동은 곧 강력한 반대에 부딪치게 되었으며 그것을 극복하는 데에는 20년이라는 긴 시간이 흘러야만 했다. 이는 위에서 설명된 대로 노예제도의 죄악성에 대한 이해의 부족뿐 아니라 많은 의원이 가졌던 변화 자체에 대한 두려움, 노예무역의 폐지가 가져올 국내외에서의 영국민들의 재산권 침해에 대한 우려 그리고 국익에 손해가 될 것이라는 예상 때문이었다.

이런 반대에 직면하여 윌버포스는 증거가 있어야 반대 의견을 물리칠 수 있다고 판단하였고, 피트 수상을 설득하여 추밀원에 영국의 아프리카 무역과 노예무역의 실태에 대해 전반적인 조사를 실시하라는 명령을 내리게 하였다. 이에 따라 추밀원의 '무역–식민지 위원회'는 약 2년에 걸쳐 노예무역의 실태를 조사하였으며 그 결과 1790년에는 노예무역이 아프리카에 끼친 피해와 노예들이 서인도제도로 이송되는 도중 일어난 '끔찍한 일들'에 대한 증거들이 의회에 제출될 수 있었다.[16]

추밀원 조사에서 얻어진 자료와 증거들은 분명 클래팜파가 노예무역의 비인간성을 주장하는 데 강력한 논거를 제공해 주었지만 동시에 웨슬리의 경고가 사실임을 깨닫게 하였다. 대다수 의원은 추밀원에서 제시한 증거들에 동요되었음에도 여전히 노예무역 폐지가 경제적 손실을 가져올 것이라는 걱정에서 벗어나지 못했다. 그리고 하원의원들의 이런 부정적인 입장 표명 뒤에는 서인도제도의 농장주들과 노예상인들의 압력이 있었음은 물론이다. 리버풀, 브리스톨 같은 항구도시들의 의원들과 사탕수수 재배로 이득을 보는 많은 영국인들도 이런 염려에서 벗어나지 못하였다.

1789년 5월에 처음 제출된 노예무역 폐지 법안의 실패로 인해 이 사실을 명확하게 인식하게 된 클래팜파는 곧 전략을 수정하게 되었다. 우선 이전과는 달리 노예무역의 비인도성보다 경제적 비효율성에 초점을 맞추기로 하였다. 그들은 노예 공급을 중단하면 농장주들의 노예에 대한 처우가 향상될 것이기 때문에 노예가 건강해져 노동력이 향상되고, 새로운 노예 구입 비용이 절감될 것이라고 설득하였다. 또한 한 해 동안 노예 무역선에서 죽는 선원의 수가 다른 모든 무역으로 인해 2년 동안 죽은 선원 수보다 많다는 사실을 적시하면서, 노예무역을 계속하면 해군에 필요한 선원 공급이 줄어들어 해군력이 프랑스에 뒤처질 것이란 주장을 하였다.[17] 무엇보다도 이들은 영국이 아프리카와 경제적 원리에 근거한 무역 관계를 수립하게

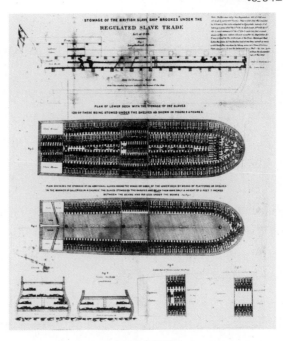

노예선에 실린 엄청난 수의 흑인들이 묘사되어 있는 반노예무역 팸플릿

된다면, 정기적이면서도 점증적인 무역의 이익으로 인해 보상받게 될 것이라고 강조하였다.

이와 더불어 클래팜파는 입법 방식에서도 새로운 전략을 채택하였는데, 그것은 동의안의 '폐지'라는 단어 앞에 '점진적'이란 말을 삽입한 것이었다. 1792년, 클래팜파는 스코틀랜드 출신의 하원의원 헨리 던다스(Henry Dundas)가 제시한 점진적 노예무역 폐지안을 수용하였다. 노예무역 폐지를 반대하던 사람들은 아직 때가 무르익지 않았음을 주장함으로 계속하여 폐지 시기를 늦출 수 있다고 생각하였고, 무엇보다 이들의 양심의 부담이 줄어들었기 때문에 망설임 없이 동의안에 찬성표를 던질 수 있었다. 그래서 1792년의 이 동의안은 230대 85라는 압도적인 표차로 통과되었다.[18] 하지만 노예무역 찬성론자들은 그들이 어떤 형태로든 노예무역 폐지가 필요하다는 명분에 동의하게 된 점을 놓치고 있었다. 클래팜파는 노예무역 폐지 운동의 장기화라는 대가를 치르기는 했지만, 그럼에도 의회에서 노예무역을 공식적으로 정죄하는 데 성공하였고 이 명분을 가지고 그들의 싸움을 계속해 나갈 수 있었다.

하지만 최종적인 노예무역 폐지까지는 아직도 갈 길이 험하였다. 클래팜파는 총리였던 피트와 야당 당수인 폭스 같은 의회 내의 거물급 정치인들의 지지를 받고 있었고 또한 논거와 설득력 면에서도 분명 앞서 있었다. 하지만 서인도제도 농장주들의 이익을 대변하는 60여 명의 의원들과 노예무역선의 중간 기착지 역할을 하는 항구도시 출신의 의원들, 그리고 단순히 급진적인 변화에 소극적인 의원들의 합계는 계속 전자의 수를 능가하였다. 이후로도 클래팜파는 계속하여 근소한 차이의 패배를 맛보아야 했다. 1796년 봄에는 노예무역 폐지 법안이 거의 통과될 뻔했지만 지지자들이 투표일에 공연을 시작한 오페라 〈두 명의 꼽추(The Two Hunchbacks)〉를 관람하러 가는 바람에 70대 74로 패배하기도 했다.[19] 그 뒤로도 1797년에는 74대 82, 1798년에는 83대 87, 1799년에는 54대 84로 패배했으며 1804년에는 하원에서 124대 49로 승리하였지만 상원에서 부결되기도 하였다.

윌버포스와 그의 복음주의 정치가 동료들은 이 상황에서 벗어날 실마리를 대중 여론의 동원에서 발견하였다. 이미 1791년의 패배 때 노예무역 폐지를 지지하는 517건의 청원서가 의회에 접수되는 것을 경험했던 클래팜파는 대중의 지지가 이런 교착 상태를 타개할 방안이 될 수 있음을 직감하였다. 1792년부터 토머스 클락슨은 영국 각지를 돌아다니며 노예무역 폐지 협회의 설립을 돕고, 각 지역 단위 협회 간의 활발한 네트워크를 시도하였다. 이런 지역 노예무역 폐지 협회들의 네트워크는 그 지역 유권자들의 서명을 받아 노예무역 폐지 청원서를 의회에 지속적으로 제출하였다. 그들은 시각적 효과를 더하기 위해 서명서를 계속 연결하여 하나의 커다란 두루마리 형태로 만들었는데, 그 크기가 늘어날수록 의원들의 눈에 노예무역 폐지를 향한 대중의 열망을 생생하게 보여주는 효과가 있었다. 청원서 운동은 1805년에 정점에 달하여 요크셔, 맨체스터, 런던에서 최대 규모의 청원 운동이 일어나기도 했다.[20] 이렇게 지역적 단위에서 형성되고 있던 노예무역에 대한 반대 여론은 결국 전국적 단위로 폭발하게 되는데, 그 계기는 바로 1806년 11월 선거였다.

1806년 11월의 선거는 역사상 처음으로 노예무역이 이슈가 된 선거였고, 후보들은 정파와 상관없이 자신이 노예무역을 찬성하는지 혹은 반대하는지 입장을 표명할 것을 요구받았다. 이 선거에서 가장 주목을 받던 지역은 요크셔였다. 당시 요크셔는 마치 우리나라의 서울처럼 정치인들에게 국민감정을 확인할 수 있는 지표로 여겨지던 지역이었고, 윌버포스는 월터 포크스(Walter Fawkes)와 헨리 래슬스(Henry Lascelles) 같은 강력한 적을 만났기 때문에 이곳의 선거는 전국의 이목을 집중시키기에 충분하였다. 그럼에도 윌버포스는 전통적 지지자들의 확고한 지지를 받았을 뿐 아니라 새로운 지지계층을 발견함으로써 승리를 확정지을 수 있었는데, 그것은 바로 여성이었다. 윌버포스 진영의 캠페인 송은 노예무역 폐지를 그 중심 구절로 만들었지만, 종결부에서는 당시 공민권이 없던 여성의 지지를 불러일으키려 "여성과 윌버포스는 다시 한 번 승리할 것이다!(Women and Wilberforce conquer again!)"라는 구절을 넣은 점에서 상당히 특이했다.[21] 아직 여성계층은 참정권이 없었지만 노예무역 폐지론자들은 이들이 가정에서의 여론 형성에 끼치는 영향력에 주목하였으며, 그로 인해 근대 유럽의 대중정치에 처음으로 여성을 등장시키는 결과를 낳았다.

결국 1806년 수면 위로 드러난 노예무역에 대한 대중 여론의 거센 반감은 어떤 후보도 무시할 수 없는 것이었다. 래슬스는 선거전에서 물러나고 대신 기탁금과 선거비용을 아끼는 것을 택하였고, 포크스는 기존의 입장을 바꾸어 노예무역 폐지법안 지지를 선언함으로써 겨우 윌버포스와 함께 당선될 수 있었다. 11월 선거의 '폭풍'은 노예무역 폐지를 약속한 많은 초선 의원들을 의회에 진입시켰으며, 기존 의원들조차 이제 국민 대다수의 감정이 어떤 것인지 명확히 알게 만들었다. 결국 이런 대중의 지지와 전폭적인 여론의 지지에 힘입어 클래팜파는 20년 동안 넘지 못하던 노예무역을 둘러싼 거대 자본의 담합을 붕괴시키며 1807년 1월 노예무역 폐지 법안을 283대 16이라는 압도적인 표차로 통과시키는 데 성공할 수 있었다. 법안이 통과되

1807년 5-6월 총선거 홍보물(요크셔 지역). 노예무역 폐지법안 통과 이후이지만, 여전히 상대편을 공격할 때 노예무역과의 연관성을 언급하고 있다.

고 여러 의원들이 윌버포스를 칭송하였는데, 그중 백미는 법무장관 새무얼 로밀리(Samuel Romily)의 연설이었다. 그가 수많은 희생자들 때문에 잠 못 이룰 나폴레옹과 "수백만의 동료 피조물을 구한" 윌버포스를 비교하는 연설을 끝내자 모든 의원들이 일어나 만세를 불렀다.[22]

 ## 노예무역 폐지 운동의 성공 원인

지금까지 살펴본 것처럼 노예무역 폐지 운동에서 윌버포스를 비롯한 영국 복음주의 정치가들의 역할은 중요했으며, 그래서 반노예제 운동의 역사가 그들을 중심으로 서술되어 온 것도 어쩌면 당연한 일일지도 모른다. 반노예제 운동의 첫 번째 공식 서술은 노예무역 폐지가 이루어진 직후 토머스 클락슨(Thomas Clarkson)이 쓴 《노예무역 폐지 운동의 역사(History of the Abolition of the African Slave–Trade)》(1808)이다. 그는 노예무역 폐지 운동을 윌버포스를 비롯한 '영웅들'의 행위로 묘사하였다. 그런데 이러한 영웅 서사는 가장 흔한 역사 서술 방법이지만, 몇 가지 해결하지 못하는 문제가 있다. 우선 이 역사적 인물들이 그런 영웅적 행위를 한 동기를 설명하지 못한다. 클락슨 같은 이에게는 이들의 행위가 얼마나 영웅적이었는지가 중요하지, 그들이 왜 그러한 행동을 시작했는지는 주요 관심 사항이 아니기 때문이다. 두 번째로 이들이 왜 하필 그때 그러한 행동을 시작했는지 설명하지 못한다. 이 책에서 클락슨은 반노예제 운동의 시작을 1780년대에 각기 다른 지역에 흩어져 살았던 운동가들이 신의 초월적인 손길에 의해 조우하게 된 결과로 설명하였는데,[23] 이런 해석에서 이 운동은 신의 주권 속에 발생한 것이기 때문에 왜 그 시점에 시작되었는지는 굳이 설명을 필요로 하지 않는다.

서인도제도의 트리니다드토바고의 수상을 역임한 역사가 에릭 윌리엄스는 논저 《자본주의와 노예제(Capitalism and Slavery)》(1944)에서 첫 번째 문제에 대한 답을 제시하였다. 그는 노예무역 폐지 운동은 미국 독립혁명 직후 설탕을 생산하던 영국 식민지의 이윤이 쇠퇴하여 노예무역 폐지가 영국 경제에 덜 위험하게 보인 결과 성공하였다고 주장하였다.[24] 윌리엄스는 클래팜파가 노예무역 폐지 운동에 헌신한 동기도 경제적인 것으로 보았다. 윌버포스를 비롯한 영국 복음주의 정치가들의 상당수가 동인도회사에 투자했기 때문에 서인도제도의 설탕 산업이 쇠퇴할수록 더 이익을 보았다는 것이다. 노예무역 폐지의 원인을 경제적 쇠퇴에서 찾은 점에서 '쇠퇴 이론(Decline Theory)'으로 불리게 된 윌리엄스의 주장은 영웅 서사가 충분히 강조하지 못한 노예무역 폐지 운동의 경제적 동기를 보여 주는 데 어느 정도 성공한 것으로 평가받는다.

그러나 '쇠퇴 이론'은 후대 경제사가들의 연구에서, 특히 시모어 드레서(Seymour Drescher)의 연구에서 강하게 비판받았다. 드레서는 《이코노사이드, 노예무역 폐지 운동기의 영국 노예제(Econocide, British Slavery in the Era of Abolition)》(1977) 등의 저술에서 당시 설탕 산업이 누리던 호황을 수치로 증명해 보이면서, 1775년부터 1820년까지 영국 서인도제도의 수입과 수출이 급격히 증가하였고 1770년대 이전의 수익과 비교해도 결코 떨어지지 않은 수준이었음을 입증하였다.[25] 그래서 드레서에 따르면 영국 의회에 의한 노예제 폐지는 책 제목처럼 경제적 자살 행위(econocide)에 가까운 것이 었다. 그의 견해가 맞다면 노예무역 폐지론자들은 왜 이런 국가적 손해를 감내하려 했을까?

로저 안스티(Roger Anstey)는 이 질문에 대한 답을 시도하였다. 안스티 는 당대의 노예무역 데이터를 근거로 '쇠퇴 이론'을 비판함과 동시에, 자신 의 대표작《대서양 노예무역과 영국 노예무역 폐지 운동(The Atlantic Slave Trade and British Abolition)》(1975)에서 노예무역 폐지 운동가들의 동기를 복 음주의 교리에 내재된 반노예제적 요소에서 찾았다. 그에 따르면 18세기 프로테스탄트 부흥운동 시기에 신의 은총에 의해 자신이 죄의 노예 상태에 서 자유롭게 되었다고 믿었던 사람들은 자연스럽게 아프리카 노예들의 물 리적 구속 상태에 관심을 가지게 되었다. 이들은 노예제도를 이전처럼 무비 판적으로 수용될 수 없게 되었고 그중 일부는 노예제도에 반대하는 주장 과 행동에 나서게 된 것이다.[26] 안스티는 노예무역 폐지를 위한 정치적 운 동과 반노예제 사상의 기원의 문제에 답하려 시도한 점에서 새로운 면모를 보였다. 하지만 그가 주장하듯이 복음주의 교리 안에 반노예제 요소가 있 었다면 왜 오랫동안 복음주의자들이 노예 문제에 침묵하다가 1770년대에 그것을 없애려는 움직임에 나서게 되었는가?

컬럼비아 대학의 크리스토퍼 리즐리 브라운(Christopher Leslie Brown) 은 그의 책《도덕 자본(Moral Capital)》(2006)에서 이 질문에 대한 대답을 시 도하였다. 그의 설명에서 이해의 길잡이가 되는 것은 바로 미국 독립혁명이 라는 시대적 배경이다. 그는 미국 독립혁명을 영제국의 도덕적 정당성에 대 한 의구심을 일으킨 사건으로 정의한다. 이 과정 속에서 식민지의 독립파 들은 영국 정부가 인정하고 옹호하는 노예무역을 공격하여 제국의 도덕적 권위를 흔드는 동안, 제국 정책의 지지자들은 식민지의 노예농장에서 행해 지는 비인간적 처우를 비판함으로써 상대방의 도덕적 위선을 부각시킬 수 있었다.[27] 즉, 제국의 위기 상황 속에서 노예제도 및 노예무역을 반대하는 것이 이전과 다른 정치적 중요성을 가지게 된 것이다. 브라운이 보기에 당 시 사람들은 자신의 정치적 혹은 종교적 신념에 따라 노예무역을 반대하면서도 이를 통해 얻어지는 일종의 자산을 다른 정치, 경제, 종교적 목적을 위해 사용하는 법을 배우고 있었다.

이렇게 도덕적 위신이 중요해진 혁명이라는 시대적 배경을 강조한 설명은 두 가지 면에서 획기적이었다. 우선 노예무역에 대한 반감이 왜 이 특정 시기에 몇몇 사람들에 의해 행동을 수반하는 반노예무역 사상으로 변형될 수 있었는지 설득력 있게 설명한다. 혁명이 만들어 낸 국가적 위기 상황은 대서양 세계에 퍼져 있었던 이런 반감이 정치적 행동까지 일으킬 수 있는 이데올로기로 발전하는 과정을 설명하는 데 분명 유용하였다. 두 번째로, 그의 설명은 윌리엄스의 영웅 서사에 대한 문제 제기 이후 계속되어 온 영국 복음주의 정치인들이 반노예제 운동을 시작한 동기의 문제에도 실마리를 제공한다. 대서양 양안의 노예무역 폐지주의자들에게 자신의 신념에 따른 행동과 그로 인해 기대할 수 있는 물질적 이익은 이분법적 관계로 볼 수 있는 것이 아니었다. 그들은 분명 '옳은 일'을 하면서도 개인적인 이득을 얻을 수 있었다.[28]

예를 들어, 체스터의 주교였던 포티어스는 노예무역 폐지를 지지하는 열성적인 설교로 유명했는데, 이렇게 얻어진 도덕적 위신은 그가 국교회 지도부에 진출하는 과정에서 일종의 자산이 되었다. 또한 미국의 감리교는 1784년 미국 독립 직후 개최된 최초의 미국 감리교 설립 총회에서 노예 소유주들을 교단에서 추방함으로써, 도덕적 위신을 높일 수 있었다. 이는 여러 교파가 교세 확장을 위해 경쟁하던 신생 공화국에서 감리교가 확산되는 데 큰 도움을 주었을 것이다. 그러나 이것이 이들이 처음부터 이런 결과를 노리고 도덕적 행위를 했다는 의미는 아닐 것이다. 18세기 말부터 19세기 초의 영어권 대서양 세계에서는 개인과 집단이 노예무역 및 노예제를 공격함으로써 얻게 된 도덕적 위신이 다른 정치·종교적 목적에 사용되는 현상이 일어나고 있었다. 그리고 아래에서 보듯이, 19세기 영국의 외교·군사 정책을 보면 노예무역을 공격함으로써 얻어진 도덕자본이 국가적 목적을 위해서도 사용되었음을 알 수 있다. 이는 도덕적 목적을 국가적 이익과 조화시킬 수 있는 길을 제시하는 점에서 주목할 만하다.

영국의 해외 노예무역 억제 정책, 1815–1851년

1807년 노예무역 폐지 이후 영국 정부는 국제적 차원에서 노예무역을 근절하기 위한 노력을 시작하였다. 이는 우선적으로 영국 혼자서만 노예무역을 포기하는 것은 대서양적 차원에서 볼 때 노예무역 억제에 큰 효과가 없었기 때문이다. 스페인, 포르투갈, 브라질 등이 여전히 노예무역을 하고 있었고, 미국 남부, 서인도제도, 남아메리카 지역에 노예 노동력에 대한 거대한 수요가 존재했기 때문에 이들이 영국이 국제 노예무역 시장에서 차지했던 부분을 메우는 것은 시간문제에 불과했다.

또한 식민지 시장의 보호와 안보 측면에서도, 영국은 다른 나라가 자국이 포기한 위치를 차지하도록 방치할 수 없었다. 영국이 포기한 수익을 경쟁국이 차지할 경우 영국 경제에 무시할 수 없는 타격이 될 것이 분명했고, 특히 이는 노예 노동력에 대한 의존도가 높았던 서인도제도 식민지의 경제와 안보에 직결된 문제이기도 했다. 이런 이유에서 1807년 노예무역 폐지법안의 최대 반대자였던 서인도제도 농장주들은 법안이 통과되자 재빨리 정부의 해외 노예무역 억제 정책의 적극적인 지지자가 되었다.[29]

그리고 1807년 노예무역 폐지법안 통과를 전후해서 대중의 노예제에 대한 분노가 공적 영역으로 표출되었기 때문에 영국 정부는 어떤 식으로든 행동을 취해야 했었다. 일례로 1814년 영국이 프랑스 정부의 노예무역 폐지 약속 이행을 5년간 유예하는 외교적 양해를 주자 의회 안팎에서 거센 반대 운동이 일어났고, 24일 만에 75만 명의 서명을 담은 800여 개의 청원서가 하원에 제출되기도 했다. 이에 파리에서 외교 활동 중이던 외무장관 캐슬레이는 프랑스, 스페인, 포르투갈과 노예무역 억제를 위한 협상을 시작하게 되었다. 이는 국민의 변화된 도덕적 가치관이 정책결정 과정에 상향식으로 영향을 끼치는, 당시로서는 흔치 않은 과정을 보여 준다.

영국 정부는 우선 가능한 많은 나라와 상호 수색 조약을 맺으려 하였다. 나폴레옹 전쟁 당시 영국은 전시 교전국으로서 적국으로 향해 가는

배를 세우고 수색하는 임검수색권(the right of visit and search)을 행사하였는데, 이 과정에서 노예가 발견될 경우 영국에 해가 되는 행위로 규정하고, 노예들을 해방하고, 이 불법적 행위를 한 선원 및 배의 운명을 영국의 해사법원에서 판결하였다.[30] 그러나 이는 전시에 교전국에게만 주어지는 권한이었고, 영국 해사법원의 판결은 영국 안에서만 유효한 것이어서 본질적으로 한계가 있는 조치였다. 그래서 영국은 평시에도 임검수색을 할 수 있고, 이를 통해 노예를 해방하고, 노예선을 몰수하는 행위가 국제법적으로 정당화될 수 있는 수단을 간구하게 되었다.

이에 영국은 포르투갈, 스페인, 네덜란드, 브라질 등에 강력한 압박을 가해 각국의 선박에 대한 상호 수색을 내용으로 하는 조약을 체결하였다. 또한 1820~1840년 사이에 새로 독립한 라틴아메리카 국가들은 국제적 인정이 절실했기 때문에 영국의 승인을 대가로 유사한 조약을 맺게 되었다. 이로써 영국은 대서양 주요 국가의 영해에서 상대방의 선박을 평시에 수색하고 노예무역을 적발할 수 있게 되었다. 또한 이러한 조약은 영국과 상대국의 판사가 동수로 구성하는 공동법원을 세울 것을 규정하였고, 여기서 내려진 판결은 영국과 상대국 모두에서 효력이 발휘하게 되었다. 즉, 노예해방 및 노예선 압수 조치가 영국법을 넘어 국제법적 차원에서도 효력을 발휘하게 된 것이다.

노예무역 억제를 위한 상호 임검수색권과 공동법원 설립을 내용으로 한 조약은 이론적으로는 영국 선박도 수색당할 수 있고, 영국 국민도 공동법원에서 내려진 판결을 따라야 한다는 점에서 일종의 군사·사법주권의 양보 조치였다. 하지만 영국은 이렇게 상호 호혜적인 시스템 안에서 국익을 실질적으로 보호할 수 있는 수단을 가지고 있었다. 우선 당시 어떤 국가도 영국의 압도적인 해군력을 따라갈 수 없었기 때문에 상호 임검수색은 사실상 영국 해군의 일방적인 타 국가 선박 수색이 될 수밖에 없었다. 공동법원은 원칙상 양국 영토에 각각 한 개씩 설립하고 각 법원에 양국에서 한 명씩 판사를 임명하도록 하여 한 국가가 일방적인 판결을 내리지 못하도록 하였다. 하지만 실제로는 재정문제 때문에 상대국이 법원 운영을 포기하여 영국이 운영하는 한 개의 법원만 존재하는 경우가 많았다. 영국은 포르투갈, 스페인, 브라질, 네덜란드, 라틴아메리카 국가들과 만든 공동법원을 시에라리온에 집중 설치하였는데, 이곳까지 파견할 판사를 구하지 못해 상대국의 판사가 부재한 경우도 많았고, 그 판사가 질병으로 임무를 수행할 수 없게되면 교체하는 데만 몇 년씩 소비되어 영국 판사 혼자서 판결을 내리는 경우가 대부분이었다. 이렇게 영국은 상호 호혜적인 제도를 운영하면서도 그안에서 자국의 이익을 일방적으로 강제할 수 있는 체제를 갖추게 되었다.[31]

이렇게 영국 주도의 국제 질서가 작동하게 된 이유의 근저에는 영국의 강력한 국력이 자리 잡고 있겠으나, 다른 한편으로는 노예무역을 공격함으로써 영국이 얻게 된 '도덕자본'이 효과적으로 작용했음을 상정할 수있다. 영국 노예무역 억제 정책은 상대국의 여론 선도 집단 안에서 예상 외로 상당한 지지를 받고 있었다. 영국 외교관 데이비드 턴불은 영국 정책의 영향으로 쿠바에서 노예무역 억제를 요구하는 대중 운동이 날로 거세지고 있다고 보고하였으며, 외무장관 파머스턴도 브라질에서 노예무역의 지속에 반대하는 정치집단이 등장하는 것에 주목하면서, 그들이 영국을 "자기들의 대의에 대한 지원자"로 여기고 있다고 의회에서 증언한 바 있다.[32] 이렇게 국제 정책에서의 도덕적 명분은 영국이 해군의 활동 범위를 확대하는 것 같은 실익 추구를 합리화하는 담론적 무기로 전용되고 있었다. 적어도 시작 단계에서는 자국 내 박애주의 운동을 의식하여 시작된 이 정책을 통해 영국이 결과적으로 실리를 얻게 되는 과정은 19세기 영국의 대외 팽창 정책이 가졌던 복잡성과 교묘함의 단면을 드러내 준다. 이는 종교적·도덕적 명제와 국가적 이해관계의 추구를 충돌하는 것으로 보지 않고 현실적인 수준에서 조화시키려 한 시도로 평가될 수 있을 것이다.

맺음말

최근 들어 영국의 노예무역 폐지 운동을 정치적 사건으로만 보는 학자는 줄어들고 있다. 그것은 정치적 혁명이자, 경제적 변화였고, 종교적 가치관이 반영된 운동이기도 했다. 이 장에서는 이 복합적인 사건을 그 종교적 의미에 초점을 맞추어 서술하였다. 우선 그것은 18세기 복음주의 운동의 특징을 보여 주는 사건이다. 기계적 우주관과 이신론의 영향으로 일반인의 심성에 끼치는 영향력을 상실해 가던 유럽의 그리스도교가 18세기 초중반의 부흥운동으로 수세에서 벗어났다면, 18세기 말 영국의 복음주의 정치가들은 그리스도교적 가치를 현실 정치의 영역으로 가져가려 노력했다. 이런 맥락에서 "교회사적 측면에서 볼 때, 영국과 미국의 노예무역 폐지주의는 종교가 공적·사적 생활에 더 큰 영향력을 끼치게 하려는 보다 큰 노력의 한 부분으로 이해해야 한다"는 브라운의 주장은 적절한 평가이다.[33]

영국의 복음주의자들이 택한 사회 변혁 방법은 악습의 폐지와 국가 도덕성 고양을 위한 개혁 운동이었다. 클래팜 공동체에게 노예무역 폐지 운동은 국가 도덕개혁 운동의 한 부분이었음이 중요하게 기억되어야 할 것이다. 반 세기 동안의 노예제 폐지를 둘러싼 의회 내 논쟁과 활발한 대중 운동은 도덕적 이슈에 큰 관심을 일으켰고, 영국 의회 정치 안에 '도덕성'이라는 새로운 판단 기준을 도입하였다. 정치인들은 그때나 지금이나 도덕적이기 어려우나 어떤 정책이 "도덕적으로 국민의 동의를 얻을 수 있는가?"라는 질문을 의식하게 되는 것은 좀더 다른 차원의 발전이었다. 1815년의 전국적인 노예무역 폐지 청원서 운동의 국면에서 영국 정치인들이 국민의 도덕적 눈높이를 의식하여 적극적인 반노예무역 정책에 나서게 된 것은 그 대표적인 예일 것이다.

어떤 국가 안에 그리스도교인의 비율이 높아진다고, 혹은 그리스도교인들이 높은 지위를 차지한다고 그리스도교 사회가 만들어지는 것은 아니다. 지금 우리 사회에서 벌어지는 불의와 불평등의 문제가 높은 지위에 있는 그리스도교인의 수가 적어서 일어나는 것은 아닐 것이다. 18세기 영국의 복음주의 정치가들은 그리스도교인이 어떤 직책을 차지하는가가 아니라 그리스도교적 가치를 어떻게 정책에 반영할 것인가에 관심을 가졌다. 앞서 설명한 것처럼 그들이 노예무역 같은 악습을 철폐하고 도덕개혁을 위한 정치적 운동에 나서게 되는 데는 종말론적 위기감이 중요한 동기로 작용하였지만, 그들은 이러한 운동 안에 있는 보편적인 도덕적 가치가 제공하는 도덕자본을 강조하여 비그리스도교인들도 참여할 수 있는 정치 운동 방식을 발전시켰다.

지금까지 살펴본 것처럼 18세기 말에서 19세기 초에 개인, 집단, 심지어 정부도 노예무역 및 노예제도에 대한 반대에서 얻은 도덕적 위신을 다른 목적을 위해 사용할 수 있음을 의식하게 되었다. 이런 점에서 18세기 말에서 19세기 초의 영국 복음주의 정치가들의 운동은 상반되어 보이는 종교(도덕)와 정치적 이익의 한쪽을 포기한 것이 아니라 그 최대 공통분모를 실현시키는 방식에 대한 예를 제공하였다.

주

1 —— Schlossberg, *The Silent Revolution & Making of Victorian England*, 47~76.

2 —— Christopher Leslie Brown, *Moral Capital: Foundation of British Abolitionism* (North Carolina University Press, 2006), 341.

3 —— William Wilberforce, *A Practical View of the Prevailing Religious System of Professed Christians, in the Higher and Middle Classes in This Country, Contrasted with Real Christianity* (Cadell & Davies, 1797), 4, 298.

4 —— 당시 영국에서 유행했던 그랜드투어에 대한 대표적인 연구로 다음을 참조. 설혜심, 《그랜드 투어: 엘리트 교육의 최종 단계》(웅진하우스, 2013).

5 —— John Pollock, *Wilberforce* (Constable, 1977), 35~38.

6 —— Pollock, *Wilberforce*, 38.

7 —— Robert Wilberforce and Samuel Wilberforce, *The Life of William Wilberforce* (5 vols, J. Murray, 1838), I, 138.

8 —— Pollock, *Wilberforce*, 67; Schlossberg, *The Silent Revolution*, 56.

9 —— Wilberforce & Wilberforce, *The Life of William Wilberforce*, IV, 116~117.

10 —— The Trans-Atlantic Slave Trade Database (http://www.slavevoyages.org/voyage/search, 2018년 8월 11일 검색).

11 —— Herbert S. Klein, Stanley L. Engerman, Robin Haines, Ralph Shlomowitz, "Transoceanic Mortality: The Slave Trade in Comparative Perspective", *The William and Mary Quarterly*, vol. 58 (2001), 93~118; Seymour Dresher, *Econocide: British Slavery in the Era of Abolition* (University of Pittsburgh Press, 1977), 25~32; Roger Anstey, *The Atlantic Slave Trade and British Abolition, 1760-1810* (Macmillan, 1975), 3~37.

12 —— 닐 퍼거슨, 《Empire 제국》, 김종원 역 (민음사, 2006), 17.

13 —— John Newton, *Thoughts upon the African Slave Trade* (Printed for J. Buckland, 1788), 4, 7.

14 —— John Coffey, "The Abolition of the Slave Trade: Christian Conscience and Political Action", *Cambridge Papers*, vol. 15 (June, 2006), 1.

15 —— "John Wesley to Granville Sharp", 11 Oct. 1787, quoted in Pollock, *Wilberforce*, 75.

16 —— Thomas Clarkson, *The History of the Rise, Progress, and Accomplishment of the Abolition of the African Slave-Trade* (2 vols, Published by James P. Parke, 1808), II, 188.

17 —— Brown, *Moral Capital*, 19~20.

18 —— Pollock, *Wilberforce*, 115.

19 —— Garth Lean, *God's Politician* (Helmers & Howard, 1990), 143.

20 —— Seymour Drescher, "Whose Abolition?: Popular Pressure and the Ending of the British Slave Trade", *Past & Present*, vol. 143 (1994), 140.

21 —— Drescher, "Whose Abolition?", 146.

22 —— Pollok, *Wilberforce*, 211; Ernest Marshall Howse, *Saints in Politics: the Clapham Sect and the Growth of Freedom* (London: Allen & Unwin, 1953), 63.

23 —— Clarkson, *History of the Rise, Progress and Accomplishment of the Abolition of the African Slave-Trade* I, 193-202.

24 —— Eric Williams, *Capitalism and Slavery* (London: Deutsch, 1964), 145-150.

25 —— Drescher, *Econocide, British Slavery in the Era of Abolition*, 3-23.

26 —— Anstey, *The Atlantic Slave Trade and British Abolition*, 187-188.

27 —— Brown, *Moral Capital*, 371-372.

28 —— Young Hwi Yoon, "The Spread and Transformation of Antislavery Sentiment in the Transatlantic Evangelical Network, 1730s-1790s" (Ph.D. dissertation, University of Warwick, 2011), 146-147.

29 —— Jenny S. Martinez, "Antislavery Courts and the Dawn of International Human Rights Law", *The Yale Law Journal*, vol. 117 (January. 2008), 564.

30 —— Tara Helfman, "The Court of Vice Admiralty at Sierra Leone and the Abolition of the West African Slave Trade", *The Yale Law Journal*, vol. 115 (March. 2006), 1122-1156.

31 —— 영국의 공동법원의 설립과 운영에 관해서는 필자의 다음 논문 참조. 「영국의 해외 노예무역 억제 외교정책: 국제 중재법원의 설립과 운영을 중심으로, 1815-1851」, 《서양사론》, 제128호 (2016.3), 267-275.

32 —— First Report from the Select Committee on Slave Trade, reprinted in *British Parliamentary Papers* (Irish University Press, 1968), IV, 14, Appendix 8.

33 —— Christopher Leslie Brown, "Christianity and the Campaign against Slavery and the Slave Trade" in Stewart J. Brown & Timothy Tackett (ed), *The Cambridge History of Christianity, Enlightenment, Reawakening and Revolution, 1660-1815* (9 vols, Cambridge University Press, 2006), VII, 519.

프랑스혁명과
탈그리스도교 사회

6

1789년에 일어난 프랑스혁명은 권력구조, 헌정구조, 경제구조, 사회구조 전반을 변혁시킨 역사상 최초의 민중 혁명이었다. 그것은 권력구조를 절대왕정에서 입헌군주제로, 그리고 다시 공화정으로 바꾸었고, 경제적으로 귀족과 교회의 소유지를 재분배하였고, 최초의 남성 보통선거제를 실시하여 (1793) 민중이 정치에 참여할 수 있는 길을 열었다. 혁명기의 정치가이자 법학자였던 에마뉘엘 조제프 시에예스(Emmanuel Joseph Sieyes, 1748-1836)는 프랑스혁명을 통해 '제3신분'이 "자유롭고 번영하는 전부"가 되었다고 설명하였다.[1]

또한 프랑스혁명은 1791-1792년과 1795-1799년, 부르주아가 혁명을 주도한 시기에 재산권을 사회의 기초로 삼고 기회의 평등을 규정한 헌법을 채택하여 자유주의 발달의 기초를 마련하였다. 그것은 또한 1793-1794년에 일반 민중이 혁명을 주도한 시기에는 재산권보다 생명권을 더 우선시하고, 권리를 누릴 기회를 넘어 그것을 향유할 평등을 규정한 헌법을 채택하여 향후 사회민주주의 발달의 기반을 닦았다. 그리고 1795년에는 프랑수아-노엘 바뵈프(François-Noel Babeuf, 1760-1797)가 공산주의를 실현하려는 봉기를 일으켰는데, 이는 역사상 최초로 공산주의 정강을 현실 속에서 실현하려는 시도로써 유럽 사회에 공산주의라는 길을 제시한 사건이었다. 이렇게 프랑스혁명은 19세기 이후 유럽 사회가 나아갈 세 가지 길을 보여 준 사건으로서 역사적 의미가 컸다.

마지막으로 프랑스혁명은 교회사적 측면에서도 의미가 큰 사건이었다. 이 혁명을 통해 유럽에서 진정한 의미의 세속사회가 시작되었기 때문이다. 비슷한 시기에 영국에서는 프로테스탄트 정체성이 강화되어 국가의 교회 지원이 지속되었고, 미국에서는 공화국 수립 이후 정교분리 사회가 성립되어 국가가 그리스도교 교회에 대한 지원을 폐지하였다. 그러나 프랑스에서는 국교회를 유지한 영국과 그리스도교의 사회적 영향력을 유지하면서도 정치적으로 정교분리를 선택한 미국의 예와 달리 법률과 사회 영역에서 탈(脫)그리스도교를 지향하는 새로운 모델이 제시되었다.

구체제 프랑스의 종교 상황

구체제(ancien régime)는 중세부터 혁명 직전까지 프랑스에서 지배적이었던 사회 권력구조를 말한다. 프랑스는 기본적으로 신분제 사회였다. 제1신분은 성직자로 인구의 0.5-1퍼센트 정도를 차지했고, 제2신분인 귀족은 인구 중 1-2퍼센트의 비중을 차지하고 있었다. 귀족 중 몇 대에 걸쳐 귀족 신분을 유지한 '혈통귀족'은 오히려 소수였고, 상당수가 법률가, 행정직 공무원, 군 지휘관같이 국왕에 봉사한 대가로 당대에 귀족이 되었다. 제3신분인 평민은 인구의 96-97퍼센트를 이루고 있었다. 프랑스의 구체제가 불합리했던 것은 신분제의 존재 자체 때문만이 아니라, 정치적·경제적 특권이 오로지 상위 1-3퍼센트의 계층에 집중되었기 때문이다. 당시 인구의 3퍼센트 미만이었던 1, 2신분이 차지했던 토지는 전체의 26-35퍼센트 정도로 추산된다.[2]

이런 토지 집중 현상과 더불어 봉건적 부과는 이들의 기득권을 더욱 견고히 해주었다. 18세기 말까지도 프랑스는 귀족들은 농민들에게 봉건적인 부역을 강제할 수 있었고, 각종 시설 이용료를 법률적 근거 없이 거둘 수 있었다. 무엇보다 이들은 직접세인 따이유세(taille稅)가 면제되었다. "하나님도 세금을 내시나?"라는 제1신분의 궤변은 당시 성직자들이 얼마나 이익집단화되어 있었는지 보이는 말인 동시에 프랑스에 존재하는 신분 간의 장벽을 상징하는 표현이기도 했다. 이런 사회 계서제의 정점에는 국왕이 위치했다. 그는 프랑스의 절대군주로서 주권을 행사했고, 살아 있는 법이었으며, 신을 제외하고는 누구에게도 책임을 지지 않았다. "짐이 곧 국가"라는 루이 14세의 선언은 허풍이 아니라 프랑스의 현실을 묘사한 말이었다.

구체제 프랑스에서 가톨릭은 지배적인 종교였다. 앙리 4세가 종교적 관용을 명시한 낭트칙령을 선포하여 프랑스에서도 프로테스탄트들이 한동안 신앙의 자유와 교회 재산을 지킬 수 있었지만, 루이 14세가 이를 철회하면서 이런 보호 조치들은 사라졌고, 대다수의 프로테스탄트는 해외로 탈

농부가 성직자와 귀족을 등에 지고 있는 모습의 구체제 풍자화

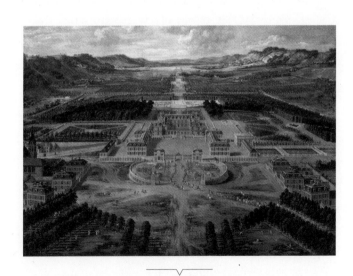

루이 14세 당시의 베르사유 궁전.
이 궁전은 루이 14세의 절대군주로서의 강력한 권력을 상징했다.

출하였다. 이후 가톨릭은 국민 절대 다수의 종교가 되었다. 국왕은 공공연히 가톨릭 신앙과 교회의 보호를 천명하였고, 루이 13세 때는 리슐리외 추기경이, 루이 14세의 어린 시절에는 마자랭 추기경이 사실상의 국정의 책임자 역할을 담당하였다. 이런 보호 아래 혁명 직전 가톨릭 성직자는 약 17만 명에 이르렀고, 프랑스의 거의 모든 교구에는 성직자를 양성하는 교육기관이 존재하였다.[3]

하지만 이런 겉모습과 달리 18세기 중반 이후 프랑스 도시 엘리트들의 종교성이 약화된 것으로 보이는 여러 징후들이 관찰된다. 앞서 설명한 것처럼 18세기 부르주아와 일부 귀족층 사이에서 계몽주의 철학이 크게 유행하였고, 이신론도 광범위하게 퍼져 있었다. 사실 이런 세속 사상이 얼마만큼의 영향력을 끼쳤는지 측정하는 것은 쉬운 일은 아니다. 그러나 이런 새로운 사조의 영향을 추정해 볼 수 있는 몇 가지 자료들이 있다. 미셸 보벨(Michel Vovelle) 같은 학자는 《18세기 프로방스 지방의 바로크적 경건과 비기독교화(Piete baroque)》(1978)에서 18세기 중반 이후 프로방스 지방 사람들의 유언장을 연구하였는데, 유언장에서 신앙고백 표현의 비중이 줄어들고, 수도원 묘지에 매장되기를 원하는 비율도 감소하였으며, 죽은 후에 드리는 '위령미사'를 요구하는 비율도 급감하는 현상에 주목하여, 이 지역 사람들의 종교성 약화를 추정하였다. 로버트 단턴(Robert Darnton)과 로제 샤르티에(Roger Chartier)는 이 시기 엘리트 계층의 읽기 형태에 주목하여 시민들 사이에 외설문학이 종교적 권위에 대한 저항의 형태로 확산되고, 부르주아 가정의 서재에서 종교서적의 구입 비중이 줄어들고, 반대로 세속서적의 비중이 증가했던 것에 주목하였다.[4] 이런 사실들이 당시 프랑스 엘리트들의 종교성을 측정하는 절대적 기준이 될 수는 없겠으나, 그것이 약화되고 있었다는 큰 방향성을 보여 주는 것은 분명하다.

또한 계몽주의의 영향으로 많은 엘리트가 비합리적으로 보이는 기존의 권위에 비판의 칼날을 갖다 대었는데, 고위 성직자들의 부패와 물질적 이익 추구는 대표적인 공격거리가 되었다. 볼테르를 비롯한 많은 계몽주의 작가들이 프랑스 가톨릭교회에 만연한 비합리성, 부패, 타락을 공격하였고, 고위 성직자들이 누리는 법적 근거가 없는 관행적인 특권들도 공격의 대상이 되었다. 이런 성직자에 대한 비판은 그들이 속한 종교에 대한 비판으로 자연스럽게 이어졌다. 대다수의 이신론자들은 무턱대고 교회의 가르침을 따르는 것을 우매한 것으로 묘사했고, 반대로 성경 속의 계시를 이성에 비추어 판단할 것을 주장하였다. 반성직자주의(Anticlericalism)는 프랑스 계몽주의의 중요한 특징 중 하나였는데, 그것은 성직자뿐 아니라 그들이 속한 조직과 교리에 대한 반감을 표현하는 것이기도 했다. 혁명 전 프랑스 사회에는 전통적인 교회질서에 대한 지지와 반그리스도교 감정이 지역과 계층에 따라 불균등하게 혼재되어 있었다.

구체제의 위기

절대군주제의 화려한 외관 아래 견고해 보였던 프랑스의 구체제는 사실 밑에서부터 흔들리고 있었다. 가장 중요한 이유는 구체제를 떠받드는 핵심 계층의 몰락이었다. 18세기 중반 이후 프랑스는 경제 성장과 인구 증가 현상이 나타났다. 처음에는 수확량의 증가가 인구 증가를 따라갔지만, 그 수준을 넘어서게 되자 곡물 가격이 급등하여 도시의 빈민과 빈농층의 생계에 타격을 주었다. 이는 농촌 경제를 어렵게 만들어 귀족들의 지대 수입을 감소시켰을 뿐 아니라 농민들에게 더 이상 봉건적 부과를 강제하기 어렵게 만들었다. 특권 계층들이 이 난국을 타개하기 위해 택한 방법은 사문화된 봉건문서를 갱신해 착취의 새로운 근거를 만들거나, 스스로 고위 관직에 진출하는 것이었다. 그러나 이는 구체제의 정당성을 흔드는 조치였다. 그동안 프랑스에는 특권계층을 존중하되 실력 있는 평민들의 고위 관직 진출을 허용하는 암묵적인 합의가 존재했는데, 귀족들의 반동은 구체제를 그나마 옹호할 수 있는 근거를 스스로 깨뜨린 것이다.[5]

사실 구체제는 여러 모순이 중첩된 사회였기 때문에 이런 현상이 아주 새로운 것은 아니었지만 18세기 말 프랑스에는 이런 모순을 의식하고 그

삼부회의 소집

것에 반대하는 정치적 행동을 취할 수 있는 부르주아 계층이 존재하였다. 이들은 평민 중 일정 수준의 경제력을 갖춘 사람들로서 기본적으로 구체제의 일원이었다. 부르주아는 18세기 중반 경제 성장의 수혜자였는데, 18세기 말로 갈수록 높아진 경제적 위상과 동떨어진 사회적 지위 사이의 간극을 의식하게 되었다. 그리고 부르주아의 계급적 욕구와 불만은 계몽주의 담론을 통해 불합리한 권위에 대한 도전으로 표출되기 시작하였다. 구체제의 모순 증가와 그것을 의식한 계급의 존재는 프랑스혁명의 중요 요인이 되었다.

이런 상황 속에서 1780년대부터 시작된 경제 위기는 혁명의 촉발제가 되었다. 본래 프랑스 왕실은 사치와 과소비로 만성적인 적자에 시달리고 있었는데, 1780년대에 찾아온 흉작은 수확량을 급감시켰고 이로 인해 세수 또한 감소하여 재정 기반이 취약해졌다. 여기에 미국 독립전쟁에 프랑스가 참전하면서 국가 재정은 치명적으로 악화되었다. 이를 해결하기 위해서는 재정 수입을 늘려야 했는데, 특권계층에 세금을 징수하는 것은 구체제의 근간을 흔드는 일이었고, 또한 평민들의 조세 감당 능력은 한계에 달했기 때문에 프랑스 재정 당국은 진퇴양난의 상황에 빠지게 되었다.[6] 이런 상황을 어떻게든 타개해 보고자 루이 16세는 프랑스의 신분제 국회인 삼부회(États généraux)를 소집하였다. 1302년 최초로 소집된 삼부회는 프랑스의 절대군주제가 강화되면서 1614년 이후 열리지 않았는데, 국왕에 의해 175년 만에 소집되면서 전 국민적 관심을 모았다. 많은 평민들은 자신들의 불만을 국왕에게 전달하고 해소할 수 있는 기회가 찾아왔다고 생각하였다.

혁명 1기(1789년 6월-1792년 8월)

이런 평민들의 기대는 곧 실망으로 바뀌고 말았다. 삼부회의 평민 대표들은 의사결정 과정에서 1인 1표를 주장했지만 특권신분은 각 신분의 의견이 한 표로 계산되는 전통적인 투표 방식을 고수하였다. 이들은 회의도 신분별로 할 것을 주장하였다.[7] 자신들의 요구가 도저히 관철될 상황이 아니라는 것을 깨달은 평민 대표들은 회의 장소인 베르사유 궁전을 박차고 나와 궁전 옆의 실내 테니스 코트에 모였고, 자신들이 국민 전체를 대표한다고 하여 '국민의회'를 결성하였다(6월 17일). 이에 국왕이 군대를 보내 해산하려 하자 이들은 헌법 제정 때까지 어떤 상황에서도 모임을 해산하지 않겠다는 선언(테니스 코트의 선언)을 하였고, 여기에 이들과 뜻을 같이하는 성직자와 귀족 47명이 동참하자, 국왕도 국민의회를 승인하게 되었다. 그러나 실제로 헌법 제정을 위한 제헌의회가 성립되자(7월 9일), 위협을 느낀 국왕은 치안 악화를 이유로 군대를 소집하고 평민 출신 재상 네케르를 파면하는 조치를 취하였다. 이런 상황 속에서 혁명의 좌절을 두려워한 민중이 구체제의 상징인 바스티유 감옥을 습격해 함락하는 사건이 일어났다. 이 사건은 전국에 충격을 주었고, 이후 혁명이 전국의 자치공동체로 확산되었다.

이렇게 시작된 혁명의 첫 번째 국면을 주도한 부류는 부르주아였다. 이들은 과격한 변혁보다는 온건한 개혁을 추구하였고, 자기들을 일반 평민과 구별시키는 요소인 재산권을 사회의 가장 중요한 질서로 여겼다. 1789년 8월 4일에 제헌의회는 봉건제가 종식되었음을 선언하였는데, 그동안 귀족들이 강제로 시켰던 노동 같은 인적 부과는 즉시 폐지하였지만, 관행적으로 거둬들이던 통행료, 시설이용료 등은 국가가 보상을 하는 방식으로 폐

바스티유 감옥의 함락

지하였다. 또한 1791년 9월 선포된 헌법의 내용은 입헌군주제를 정체로 택하고 일정 수준 이상의 세금을 내는 '능동 시민'만 투표를 할 수 있는 재산제한선거제를 골자로 하고 있었다. 이런 모든 조치는 재산권을 사회질서의 핵심적인 요소로 여긴 부르주아의 이해관계가 반영된 것이었다.

또한 혁명 1단계 때는 계몽주의의 추종자였던 혁명 부르주아의 반성직자주의가 전면에 등장하였다. 세금처럼 걷혔던 십일조가 폐지되었고, 교회의 부동산과 동산이 국유화되었으며, 모든 수도회가 해산되었다. 또한 혁명정부는 '성직자시민헌법(Constitution civile du clerge)'을 제정하였다. 이는 교회의 행정조직인 135개의 교구를 정부가 정한 83개의 군(department)으로 재조정하고, 주교와 사제를 지역 교구민의 선거로 선출하며, 선출된 성직자에게 국가에 충성을 서약하는 것을 내용으로 하고 있었다.[8] 제헌의회와 입법의회 대표의 상당수는 고위 성직자들을 불신하였으며 그들의 관습적 특권이 법의 테두리 안에 들어와 제한되어야 한다고 생각하였다.

또한 이는 프랑스 내 팽배했던 종교적 민족주의의 발로에서 나온 조치이기도 했다. 사실 혁명 이전부터 프랑스에는 교황의 간섭을 거부하고 왕실과 주교가 프랑스 교회를 직접 관장하는 '갈리아 교회의 자유'라는 전통이 존재하였다.* 그 연장선에서 최고 입법기관인 제헌의회도 교회를 로마

남녀 수도승들이 시민헌법 통과를 기뻐하고 있는 모습이 묘사된 프랑스혁명 선전물

교황이 아닌 자국의 법질서 아래 두려 시도한 것이다. 제헌의회가 이 선서를 교황과의 협의 없이 일방적으로 강제한 것도, 내부 종교문제를 교황과 협의하는 것이 '갈리아 교회의 자유'에 대한 부정처럼 비치기 쉬워서였다.

무엇보다 이는 일정 부분 교회 개혁이 필요하다는 당시의 여론을 반영하는 것이기도 했다. 당시는 제1신분, 특히 고위 성직자의 부패가 창궐하였기 때문에 이와 같은 최소한의 통제가 필요하다는 여론도 높았다. 이때까지 작위적으로 그려진 교구의 경계를 재조정하고, 매매되기도 했던 고위 성직자 자리를 선거를 통해 선출하는 제도는 교회 개혁의 방식이기도 했다. 선출된 성직자에게 시민의 한 사람으로서 국가의 기본적인 질서에 순응할 것을 요구한 것은 일부에게는 국가의 종교 통제로 보였지만 다른 일부에게는 그동안의 부패에 대한 교정책으로 비쳤다.

그러나 다수의 성직자와 가톨릭신도들은 이에 반대하였다. 성직자 계층 안에도 교회 개혁의 대의에 동감하는 사람들은 있었지만, 여전히 많은 사람들이 세속 정부가 교회의 조직과 개혁에 관한 사항을 독단적으로 결정

★—— 갈리아(Gaul)는 프랑스의 옛 이름으로, 갈리아주의(Gallicanism)는 오랜 시간 프랑스 교회가 누려온 자율성을 강조하고 교황의 간섭을 배제하려는 움직임을 의미한다.

하고 강요하는 것에 반발하였다. 무엇보다 로마 교황은 성직자의 세속국가에 대한 충성서약을 가톨릭교회의 독립과 질서에 대한 도전으로 보았으며, 프랑스의 성직자들에게 이런 조치에 저항할 것을 주문하였다. 그럼에도 에메드 케네디(Emmet Kennedy)의 연구에 따르면 약 24퍼센트 정도의 성직자들이 혁명정부의 정책을 수용하였다.[9] 일부는 혁명의 대의와 교회 개혁의 필요성에 공감하여 이 법에 따랐고, 혁명정부의 물리적 위협에 굴복한 사람들도 많았다. 새로운 법은 시민서약을 거부하는 성직자에게 국가의 지원을 중단할 것을 처벌로 규정하였지만, 실제로 서약을 거부했을 경우 반혁명분자로 몰려 물리적 박해를 받는 경우도 많았다. 성직자 시민헌법 제정 이후 프랑스 교회는 서약을 수용한 헌정사제(constitutional priest)와 반대한 저항사제(the refractories)로 분열되었다.[10]

1791년 9월 제정된 헌법에 따라 재산제한선거가 치러졌고, 그 결과 입법의회가 등장하였다. 입법의회는 곧 혁명의 완수를 주장하는 온건한 세력과 민중과 연대해 혁명을 확대할 것을 주장하는 급진 세력으로 나뉘었다. 이때 의장석을 기준으로 온건파가 오른쪽에 있었기에 '우파'로 불리었고, 과격파는 왼쪽에 있어서 '좌파'로 불리게 되었다. 그러나 혁명정국의 전개 과정은 급진 세력의 성장을 도왔다. 이미 7월에 루이 16세가 국경을 넘어 탈출하다 실패하여 파리로 압송된 사건이 있었는데(바렌 사건), 이는 프랑스 국민에게 국왕과 귀족의 반혁명 의도를 명확히 각인시킨 사건이었다. 혁명의 실패에 대한 공포감은 1792년 4월에 오스트리아와 프로이센과의 전쟁이 시작되면서 더욱 커져 갔다. 바렌 사건 이후 귀족으로 이뤄진 프랑스군 장교의 절반이 해외로 망명한 상태였기 때문에 프랑스혁명군은 초기에 계속 패배하였고, 7월 11일에 입법의회는 "조국이 위기에 처했다"는 선언문을 발표하게 되었다. 이에 프랑스 각지에서 의용군이 일어났고, 프랑스 남부 해안 도시 마르세유에서 의용군 700명이 파리까지 군가를 부르며 왔는데, 이는 지금의 프랑스 국가인 '라 마르세예즈(La Marseillaise)'가 되었다. 혁명 시민과 의용군은 프랑스군의 패배가 국왕과 반혁명 세력에 있다고 생각했기 때문에, 프랑스 각지에서 반혁명 세력으로 여겨지는 사람들에 대해 테러가 자행되었다. 이런 혁명을 지키려는 염원 속에 9월 20일 프랑스혁명군은 발미에서 처음으로 연합군에 승리를 거두었고 곧 국경을 넘어 반격하기 시작하였다.

혁명 2기(1792년 9월~1794년 7월)

1791년 혁명전쟁의 국면에서 혁명은 과격해졌고 파리의 무산계급 시민들은 8월 10일에 튈르리 궁전을 공격하여 왕권을 중지시켰다. 이제 부르주아는 혁명의 전면에 나선 민중과 결탁하였고, 성인 남성의 보통선거제를 실시하게 해 그들의 정치 참여를 보장하였다. 이에 따라 새로운 의회인 국민공회가 1792년 9월 21일에 성립되어 공화국을 선포하였다. 국민공회가 존속했던 시기를 혁명의 두 번째 단계로 보는데, 이 시기는 혁명이 가장 과격했던 시기이다. 국민공회 안에서는 민중의 정치 참여에 부정적이었던 지롱드파와 이를 지지하던 자코뱅파가 대립하였는데, 루이 16세의 처형과 혁명전쟁이 격화되는 과정에서 자코뱅파가 실권을 장악하게 되었다.

1793년 1월 21일 루이 16세가 사형당하고, 그의 사형을 가장 강력히 주장했던 자코뱅파의 지도자 막시밀리앵 로베스피에르(Maximilien Robespierre, 1758~1794)가 집정관이 되었다. 그의 통치는 '공포정치'라고 불릴 정도로, 자코뱅파에 의한 폭력과 공포가 극에 달했던 시기였다. 로베스피에르는 혁명 반대세력과 지롱드파를 학살하기 시작하고, 나중에는 수많은 시민들이 이웃의 고발만으로 체포되어 처형되었다. 1794년 6월부터는 반혁명 세력에 대한 재판이 간소화되었고, 이후 로베스피에르가 실각하는 7월까지 약 두 달 동안 1,376명이 사형을 당했다.

이런 분위기 속에서 반(反)그리스도교적 분위기 또한 달아올랐다. 혁명 2기는 그리스도교에 대한 반감의 표출을 넘어 본격적인 탄압이 행해진 시기였다. 저항사제들뿐 아니라 헌정사제들도 종교적 모임을 가질 수 없게 되었고, 3만 5,000명의 사제들이 국외로 추방당했다. 유럽 대부분의 국가에서는 교회에서 출생, 결혼, 사망 신고를 하였는데 이 또한 금지되었고, 공공

로베스피에르

장소에서 사제의 복장을 하는 것도 금지당했다. 1792년 9월 연합군의 파리 침공이 임박한 상황에서 대공포가 퍼졌고, 공황 상태에 빠진 군중은 반혁명세력을 학살하였는데, 이 과정에서 파리 감옥에 갇혀 있던 3명의 주교와 220명의 저항사제들이 살해당했다.[11] 이러한 살육은 전국으로 확산되었다. 이런 사건들을 통해 이미 교회에 대한 헌신이 약화되었던 혁명 세력들이 탈그리스도교로 새로운 공화국의 방향을 전환하고 있었음을 볼 수 있다.

이 시기에 프랑스는 혁명력을 채택하였다. 1792년 9월 22일이 1월 1일이 되었고, 그리스도교적 창조질서를 담은 7일 대신 10일이 1주를 이루게 되었다. 또한 평등 정신을 반영해 매달의 일수가 똑같아졌고, 달 이름은 '테르미도르(뜨거운 달, 熱月)', '브뤼메르(안개 달, 霧月)', '제르미날(싹 달, 芽月)' 등으로 명칭을 바꾸었다. 이 달력은 1805년 12월 31일까지 프랑스인들의 생활과 사고를 지배하였다. 그리스도교적 지명이나 성인의 이름을 담은 지명이 사라졌고, 각지에서 종교 관련 동상이 부서지고, 교회가 폐쇄되었다. 성직자들은 강제로 사임당했고, 일부 지역에서는 결혼을 강요당하기도 하였다.

프랑스 제1공화국의 지도자들은 그리스도교(가톨릭)에 대한 탄압에서 나아가 그리스도교에 대한 사상적 대체물로 '이성의 숭배(Cult of Reason)'

'이성의 신전'으로 변한 노트르담 성당

를 제시하였다. 그것은 기본적으로 무신론과 박애주의의 혼합이었다. 이성 종교의 대표적인 주창자인 안토앙-프랑소아 모모로(Antoine-François Momoro, 1756-1794)는 자유, 이성, 진리 등을 강조하였으나 이는 '헌신할 만한 가치이지 신은 아니다'라고 설명한 바 있다.[12] 그것은 단일한 사상은 아니었고, 지역과 계층별로 여러 혼종이 존재하였다. 그럼에도 이는 프랑스 공화국의 공식 종교의 역할을 하였으며 1793년 11월부터는 프랑스 전역의 교회가 '이성의 신전(Temples of Reason)'으로 바뀌었다. 예를 들어 노트르담 대성당에서는 기존의 제단이 '자유의 제단'으로 바뀌었고 그 앞에는 자유를 상징하는 불길이 타올랐다. 그리고 제단 위에는 지혜의 여신으로 변장한 여배우가 앉아 있었다. 이성 종교의 숭배자들은 자신들의 행위가 우상숭배로 보이지 않게 하기 위해 조각상 대신 살아 있는 사람을 앉혀 놓았다.[13] 새 종교의 성인 명단에는 소크라테스, 마르쿠스 아우렐리우스, 루소 등과 더불어 예수가 포함되었는데, 이후 예수를 인류의 '4대 성인' 혹은 '위대한 스승'으로 여기는 태도가 생겨났다. 이성 숭배는 프랑스 각 지방으로 퍼져 나가 각지의 신전도 비슷한 예를 따랐다.

1793년 정권을 장악한 로베스피에르는 '최고 존재에 대한 숭배(Cult of the Supreme Being)'를 제시하였다. 그는 반성직자주의자였지만 신적 존재를

최고 존재를 위한 축제(Pierre-Antoine Demachy, 1974년 作)

인정한 넓은 의미의 이신론자였고 무신론으로 대표되는 급진 사상이 사회
질서를 해친다고 생각하였다. 그는 "만약 신이 존재하지 않는다면, 그를 만
들어 낼 필요가 있다"는 말을 자주 인용하곤 했다.[14] 그래서 1794년 5월 스
스로 그리스도교와 '이성의 숭배'에 대한 대체물인 새로운 종교를 고안하였
고 국민공회는 이를 프랑스 시민의 종교로 승인하였다. '최고 존재에 대한 숭
배'는 신의 존재와 인간 영혼의 불변성을 인정한 점에서 '이성의 숭배'와 차
이를 보였으나, 여기서 언급되는 신성은 성경 속의 인격적인 신이 아닌 일반
적 의미의 신성인 점에서 그리스도교와 차이를 보였다.[15] 그는 신성의 존재
를 인정하고 높은 수준의 도덕률을 추구하는 것이 그가 세우고자 한 '덕의
공화국'의 사상적 핵심이라고 생각하였다. 1794년 6월 8일 로베스피에르가
튈르리 궁전에서 개최한 '최고 존재를 위한 축제'는 그의 권력과 그가 제시
한 새로운 종교의 정점을 보여 주었다. 그는 이 새 종교를 프랑스의 통합국교
로 만들려고 했다. 혁명전쟁에서 프랑스혁명군의 승리가 계속되면서 이 새
로운 종교들과 연계 프로그램인 반그리스도교 정책은 정복지로 확대되었다.
　　1794년 7월 27일 반대파에 의해 로베스피에르가 제거되면서 공포정
치는 종결되었다(테르미도르의 반동). 그리고 그의 죽음과 함께 '최고 존재에
대한 숭배' 또한 쇠퇴하였다. 그럼에도 혁명 2기에 일어난 탈그리스도교화

현상 이후 민중의 심성 속에서 초자연적인 신의 위치가 크게 흔들렸고, 그 자리를 표면적으로는 이성이, 실제로는 자의적이고 광신적인 또 다른 종교가 차지하게 되었다.

 혁명 3기(1794년 8월-1799년 11월)

테르미도르의 반동으로 공포정치는 끝났고, 다시 부르주아가 혁명을 주도하게 되었다. 이후 1795년 헌법에 의해 부르주아 공화국이 수립되었다. 1795년 헌법의 핵심 정신은 평형의 유지였다. 부르주아들은 권력이 한 개인과 기관에 몰리고 자유의 추구가 극단에 치달았을 때의 참상에 몸부림쳤다. 그래서 인간의 권리에 따르는 시민으로서의 의무를 강조하고, 민중의 독재를 막기 위해 재산제한선거제를 부활하였다. 정치 제도로서는 양원제를 채택하여 의회의 권력을 분산하였고, 행정부의 수장인 5년 임기의 총재도 5명을 선출하였고, 총리는 3개월마다 교체되었다. 1795년의 헌법은 극단적인 권력 분산을 추구한 것이다. 이는 이전의 공포정치의 폐단을 생각할 때 이해될 수 있는 측면이 있으나 국가권력 기구의 작동을 사실상 마비시켰다. 특히 권한이 동일한 총재 5명의 존재는 비효율성을 극에 달하게 하였다. 무엇보다 각 권력기간의 권한을 엇비슷하게 나누었기 때문에 충돌이 발생하면 해결할 합법적인 방법이 없어, 다시 폭력에 호소하는 결과를 낳았다. 결국 독재를 막기 위한 헌법은 내부 갈등을 부추기고 그것을 해결하기 위해 다시 군사력에 호소하게 되는 폐단으로 이어졌다. 사실상 나폴레옹의 등장은 총재정부의 모순이 낳은 결과물이었다.

혁명이 보수화되면서 반그리스도교 정책들도 일정 수준 완화되었다. 1795년 2월부터 사적인 종교 활동이 자유화되었다. 그럼에도 혁명 이전 교회와 성직자의 독선과 부패에 대한 민중의 분노는 가시지 않았고 범혁명세력은 기본적으로 반성직자주의를 견지하였다. 1799년까지도 가톨릭 사제들은 여전히 투옥되거나 추방되었고 교회 종을 울리거나 십자가를 내거는 것도 금지되었다. 1799년 3월 루이-알렉상드르 베르시에(Louis-Alexandre Berthier) 장군이 이끄는 프랑스군은 로마를 점령하여 로마공화국을 세우고 교황 비오 6세를 포로로 사로잡아 프랑스로 끌고 오기까지 했다. 총재정부 시기 프랑스는 종교에 대한 유화정책과 반그리스도교 정책 사이를 오갔고, 프랑스의 종교문제는 여전히 해결되지 않았다. 혁명 이후 프랑스에서는 '이성 숭배', '최고 존재 숭배' 같은 이신론 계열의 사상이 가톨릭과 경쟁하였고, 가톨릭 내부는 헌정사제와 저항사제의 공동체로 분열되었다. 이 문제의 핵심에는 세속정부와 로마 가톨릭교회의 관계 설정이 있었고, 이 문제는 총재정부의 무질서가 나폴레옹이라는 강력한 지도자의 등장으로 해소된 후에야 해결될 수 있었다.

나폴레옹 시대(1799년-1815년)

나폴레옹 보나파르트(Napoleon Bonaparte)는 코르시카섬 출신의 하급귀족으로 파리의 육군사관학교를 졸업한 후 임관하였고 1793년 툴롱에서 일어난 왕당파의 반란을 진압하며 처음으로 이름을 알리게 되었다. 테르미도르 반동 직후 로베스피에르의 남동생 오귀스탱과 가깝다는 이유로 투옥되었지만 구사일생으로 살아남아 1795년 10월 파리에서의 왕당파 봉기를 진압하여 다시 총재정부에서 군복무를 이어 갔다. 이후 이탈리아 원정군 사령관에 임명된 나폴레옹은 알프스를 넘어 이탈리아를 제압하고, 1797년 오스트리아의 수도 빈을 점령하는 등 군사적 천재성을 발휘하며 전국적인 명성을 얻게 되었다. 이때가 그의 나이 28세였다. 무능했던 총재정부는 나폴레옹을 견제하기 위해, 영국의 인도 지배를 견제한다는 명목으로 그를 이집트 원정군 사령관으로 파견하였다(1799년). 그러나 넬슨 제독이 이끄는 영국 해군에 의해 프랑스 지중해 함대가 사실상 궤멸되자 홀로 탈출하여 본국으로 돌아왔고 1799년 11월에 쿠데타를 일으켜 정권을 장악하였다(브뤼메르 쿠데타). 이후 그는 의회를 해산하고 세 명의 통령을 두는 새 헌법을 만들어 통과시켰으며 스스로 10년 임기의 제1통령이 되었다.

통령 시절 나폴레옹은 대외적으로는 군사적 팽창을 계속하였고, 대내적으로는 내정을 개혁하였다. 이 시기에 프랑스는 사법과 행정조직이 정비되고 국민교육제도를 완비하였다. 또한 항만, 도로, 운하를 재건하여 프랑스와 정복지를 연결하였다. 무엇보다 이때 '나폴레옹 법전'이라 불리는 프랑스 민법전이 제정되었는데, 이는 유럽 각국 민법의 기초가 되었다. 이러한 내정 안정 정책의 연장선에서 나폴레옹은 오랜 가톨릭과의 갈등을 끝내기 위해 로마 교황청과 타협하였다. 나폴레옹은 평상시에도 "내가 유대인을 다스려야 한다면, 솔로몬 성전을 지을 것"이라고 말할 정도로 실용적인 종교관을 가지고 있었다.[16] 그의 입장에서 프랑스혁명이 시작된 이후 이때까지 지속된 가톨릭교회와의 갈등을 공식적으로 종식하는 것은 프랑스뿐 아니라 가톨릭 정복지를 다스리는 데도 중요했다.

나폴레옹과 교황 비오 7세 사이에 맺어진 1801년의 대타협은 1905년까지 프랑스에서 유효했던 점에서 혁명 이후 세속정부와 가톨릭교회의 관계를 규정한 중요한 이정표였다. 이 타협은 가톨릭교회의 권리와 권한을 상당 부분 회복시켜 주었지만 세속정부의 우위를 보장하였다. 타협안에서 가톨릭은 '프랑스인 대다수의 종교'로 선언되었지만, 프랑스에서 여전히 국교는 인정되지 않았다. 정부는 성직자에게 급여를 줄 수 있지만 대신 성직자는 국가에 충성을 맹세해야 했다. 또한 이 타협으로 교회는 1790년 이후 상실한 재산에 대한 반환 청구를 포기해야 했다. 교황은 혁명정부가 임명한 주교를 해임할 수 있었지만, 타협 이후에도 나폴레옹은 주교를 임명하고 교회 재정을 통제하였다.[17] 1801년의 타협으로 국가와 교회의 갈등의 상당 부분은 해소되었고 프랑스에서 가톨릭교회는 재건되었다. 그러나 이는 최종적인 해결책은 아니었고 프랑스 성직자들은 이 타협안에 대한 찬성파와 반대파로 또다시 분열되었다.

1804년 나폴레옹은 샤를마뉴(Charlemagne, 742-814)가 서로마제국 황제가 된 이후 최초의 프랑스 황제가 되었다. 이는 프랑스의 통치를 통한 혁명 사상의 전파에 호의적이었던 점령지 내 친프랑스 여론을 되돌리고, 프랑

1801년 대타협에 따라 국가에 충성을 맹세하는 성직자

스군을 '혁명군'이 아닌 외부 침략군으로 보이게 만든 사건이었다. 프랑스혁명의 열성적 지지자로 나폴레옹에게 바칠 〈나폴레옹 보나파르트〉라는 교향곡을 작곡했던 베토벤은 이 소식을 듣고 제목이 있는 겉표지를 찢어 버리고 제목도 〈영웅〉으로 바꾸어 버렸다. 각지에서 프랑스의 점령에 대한 반발이 일어났고, 영국, 러시아, 오스트리아 사이에 제3차 대(對)프랑스 동맹이 맺어졌다. 이후 나폴레옹은 1805년 10월의 트라팔가르해전에서 넬슨 제독이 이끄는 영국 해군에 대패하여 영국 침공의 희망을 포기해야 했지만, 같은 해 12월의 아우스터리츠전투에서는 오스트리아-러시아 연합군을 궤멸시키며 대륙에서의 우위를 지킬 수 있었다. 나폴레옹은 영국을 복속시키기 위해 유럽 대륙과 영국의 무역을 금지시키는 대륙봉쇄령(1806년 11월)을 발령하였고, 일부 유럽 국가들이 반발하자 이를 억누르기 위해 대륙봉쇄령을 어기고 영국과 무역을 시작한 러시아를 침공하였다. 1812년의 러시아 침공은 대실패로 돌아갔고, 나폴레옹은 라이프치히전투에서 연합군에 패배하여(1813년 10월), 이탈리아 옆의 엘바섬으로 유배를 가야 했다. 이후 엘바섬을 탈출하여 다시 황제의 자리에 올랐으나 워털루전투(1815년 6월)에서 최종적으로 패배하여 남대서양의 세인트헬레나섬으로 다시는 돌아오지 못할 길을 가게 되었다.

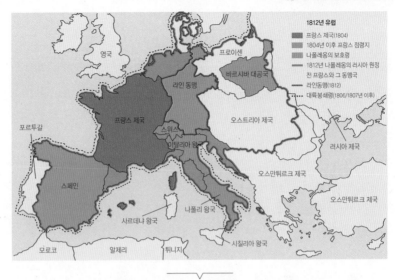

1812년 유럽 지도. 굵은 붉은 선으로 표시된 지역이 프랑스의 정복지 혹은 동맹국이다.

프랑스혁명 전쟁이 시작된 이후 나폴레옹의 원정에 이르기까지 있었던 정복 활동으로 프랑스의 종교정책 또한 유럽 각지에 확산되었다. 이 기간 동안 이성 숭배, 최고 존재 숭배, 시민교회의 이념이 전파되었고, 나폴레옹과 교황의 타협 이후에도 국가가 교회를 통제한다는 생각은 지워지지 않았다. 이런 새로운 종교정책은 유럽 각지에서 격렬한 저항을 불러일으켰지만, 같은 시기에 프랑스혁명 이념을 수용한 사람들 사이에서는 상당한 지지를 얻기도 했다. 이런 점에서 프랑스혁명기와 나폴레옹 시기의 종교 정책은 유럽에서 세속주의를 퍼뜨린 계기이자 동시에 종교적 열정을 불러일으킨 사건이기도 했다.

맺음말

지금까지 설명한 것처럼 프랑스혁명은 입헌군주제, 공화제를 도입한 정치 혁명이었고, 최초로 무산계급이 정치 무대의 전면에 등장한 사회 혁명이었으며, 토지의 재분배를 통해 구체제의 특권계층과 다른 새로운 지배세력을 형성한 사회경제 혁명이기도 했다. 무엇보다 그것은 프랑스인과 유럽인의 심성에서 그리스도교를 배제하고 대안적인 사상과 종교를 제시한 종교 혁명이기도 했다. 프랑스혁명을 이끈 세력들은 혁명의 국면에 따라 계속 변하였으나 이들은 대부분 비합리적 권위를 배제하고 이성의 능력에 따른 사회 발전을 이루려 한 공통분모를 가지고 있었다. 비슷한 시기에 영국의 복음주의 정치가들이 근대적 버전의 그리스도교적 유토피아 사회를 건설하려 하는 동안 프랑스의 세속화된 엘리트들은 아마도 최초의 탈그리스도교 사회를 건설하려 하고 있었다.

프랑스혁명부터 나폴레옹의 통치에 이르는 시기 동안 프랑스에는 교회-국가 관계의 새로운 유형이 등장하였다. 그것은 우선 국가의 교회 지원을 지속한 영국의 모델과는 근본적인 차이를 보이는 것이었다. 그리고 특정 교파에 대한 국가의 지원을 부정한 점에서는 유사하나 공적 영역에서 그리스도교의 영향력을 철저히 배제하려 한 점에서 미국의 정교분리 모델과도 구별되는 것이었다. 프랑스는 본래 구체제 하에서도 반성직자주의의 흐름이 존재하였고, 혁명이 과격화되면서 그것이 반종교주의로 전환되는 과정을 보였다. 앞서 살펴본 것처럼 프랑스혁명 동안 발생한 가톨릭교회에 대한 탄압은 로마제국의 콘스탄티누스 황제가 그리스도교를 공인한 이후 유럽 대륙에서 처음 발생한 전례 없는 정부 주도의 교회 박해였다. 그리고 나폴레옹과 교황의 타협 이후에도 세속정부는 교회에 대한 우위를 유지하였다. 이런 점에서 프랑스에서는 다른 국가에서 성립된 교회-국가 관계와 구별되는 세속적 정교분리 모델이 제시되었다.

또한 프랑스혁명기를 거치면서 종교 갈등의 새로운 유형이 등장하였다. 이 때까지 유럽에서는 종교 갈등이 가톨릭과 프로테스탄트 사이에 일어나거 나 그리스도교 공동체 내의 교파들 사이에서 발생하였다. 그러나 혁명 시 기에 나타난 반성직자주의와 탈그리스도교 정책들은 성직자와 반성직자 주의자들 사이에 갈등을 일으켰고 가톨릭과 세속정부 사이에 충돌을 일 으켰다. 프랑스혁명에서 나타난 저항사제에 대한 박해와 추방, 교황청 정 벌, 교황 체포 등의 사건들은 세속정부와 그리스도교의 충돌이라는 종교 갈등의 새로운 국면을 보여 준 예들이었다. 그리고 이때 등장한 새로운 종 류의 갈등은 지금까지 이어지고 있다.

1801년의 나폴레옹과 가톨릭교회와의 대타협으로 반그리스도교적 정책 들이 종식되고 프랑스와 그 점령지에서 교회가 재건되었지만, 대부분의 유럽 국가에서 그리스도교 교회는 이전과 같은 지위를 누릴 수 없게 되었 다. 나폴레옹 전쟁이 끝나고 모든 것을 혁명 이전으로 되돌리려는 복고주 의가 유럽을 지배하였고, 혁명 당시의 이성 종교들은 사라진 것처럼 보였 지만, 그것들이 흔들어 놓은 민중의 심성 속의 신의 위치는 되돌려지지 않 았다. 이런 점에서 프랑스혁명은 제도적 세속화뿐 아니라 서구인들의 심 성 속에서 세속화가 시작된 중요한 계기가 되었다고 볼 수 있다.

주

1 —— Emmanuel Joseph Sieyès, *What is the Third Estate?* (1789), 2-3 (https://pages. uoregon.edu/dluebke/301ModernEurope/Sieyes3dEstate.pdf, 2018년 8월 14일 검색).

2 —— 배영수 편, 《서양사강의》, 208-209.

3 —— Timothy Tackett, "The French Revolution and Religion to 1794", in Stewart J. Brown & Timothy Tackett (ed.), *The Cambridge History of Christianity, Enlightenment, Reawakening and Revolution, 1660-1815* (9 vols, Cambridge University Press, 2006), Ⅶ, 537-538.

4 —— Michel Vovelle, *Piete baroque et dechristianisation en Provence au XVIIIe siecle* (Seuil, 1978); 로제 샤르티에, 《프랑스혁명의 문화적 기원》 (일월서각, 1999); 로버트 단턴, 《책과 혁명-프랑스 혁명 이전의 금서 베스트셀러》 (알마, 2014).

5 —— 배영수 편, 《서양사강의》, 212.

6 —— Thomas J. Sargent & Francois R. Velde, "Macroeconomic Features of the French Revolution," *Journal of Political Economy*, vol. 103 (June, 1995), 474-518.

7 —— 박윤덕 외, 《서양사강좌》 (아카넷, 2016), 318.

8 —— Jack R. Censer & Lynn Hunt, *Liberty, Equality, Fraternity: Exploring the French Revolution* (Penn State University Press, 2001), 92.

9 —— Emmet Kennedy, *A Cultural History of the French Revolution* (Yale University Press, 1989), 151.

10 —— Noah Shusterman, *The French Revolution. Faith, Desire, and Politics* (Routledge, 2014), 55-87.

11 —— Tackett, "The French Revolution and Religion to 1794", 550-551.

12 —— Kennedy, *A Cultural History of the French Revolution*, 343.

13 —— R. R. Palmer, *Twelve Who Ruled: The Year of Terror in the French Revolution Princeton* (Princeton University Press, 1969), 119.

14 —— Ruth Scurr, *Fatal Purity: Robespierre and the French Revolution* (Henry Holt, 2006), 294.

15 —— Kennedy, *A Cultural History of the French Revolution*, 345.

16 ────── Martin Lyons, *Napoleon Bonaparte and the Legacy of the French Revolution* (St Martin's Press, 1994), 83.

17 ────── Georges Goyau, "The French Concordat of 1801", *The Catholic Encyclopedia*, vol. 4 (Robert Appleton Company, 1908)(http://www.newadvent.org/cathen/04204a.htm, 2018년 8월 12일 검색).

19세기 프로테스탄트 신학과
교회의 변화

7

그리스도교의 역사를 보면 교회는 사회를 새로운 발전 단계로 선도하기도 하지만, 변화된 사회적 분위기에 맞추어 스스로를 변화시켜 왔음도 알 수 있다. 예를 들어 로마제국에 전파된 그리스도교는 그리스어로 성경을 기록하고 당대의 철학적 용어와 개념을 사용하여 신학을 정립하였다. 서로마제국 멸망 후 가톨릭교회는 게르만족의 풍습을 수용하여 예배의식에 반영하기도 했으며, 종교개혁 이후 프로테스탄트 교파들은 각 민족의 언어로 예배를 드리고 예배 의식도 간결하게 바꾸었다. 그것은 그리스도교 교회가 오랫동안 다양한 문명권에서 지금까지 명맥을 유지해 온 비결 중 하나일 것이다. 이 장에서는 19세기에 유럽 사회에서 일어난 일련의 커다란 변혁 속에서 그리스도교 교회가 어떻게 스스로를 변화시키고 대응하였는지 살펴보고자 한다.

19세기 초 프랑스혁명에서 나타난 '광기'가 지나가고 유럽 사회에는 이성 중심주의에 대한 회의가 찾아왔다. 이성 중심적인 사상과 종교는 당대인의 심성에서 신의 위치를 흔들었지만 그렇다고 그리스도교에 대한 완전한 대안을 제시한 것은 아니었다. 일부 사람들은 이성으로 계시를 분석하려는 시도에 더 이상 신뢰를 보내지 못하게 되었다. 19세기에 들어서면서 유럽 사회에서 이성의 시대가 가고 인간의 감성을 중시하는 낭만주의 시대가 온 것은 분명해 보였다. 이런 분위기 속에서 그리스도교인들이 성경의 계시와 가르침을 옹호하는 방식이 변화하였다. 이제 일련의 사상가들이 그동안의 수세적 입장에서 벗어나 지적 도전에 담대히 대응하기 시작하였다.

또한 18세기 말 영국에서 일어난 산업혁명의 영향으로 사회 각 영역에서 변혁이 시작되었다. 자본가와 노동자라는 계급적 구분이 생기고, 이들 사이에 착취와 불평등이 심화되었다. 다수의 노동자는 저임금과 강도 높은 노동에 시달려야 했다. 산업화가 진행되면서 생산 속도가 향상되어 사회가 더 많은 인구를 부양하게 되었지만, 갑작스런 인구 증가는 전통적인 공동체 윤리를 파괴하였다. 산업 발달로 수많은 공업도시가 생겨났고 새로운 공간에 몰려든 노동자들은 열악한 환경에 적응하는 가운데 전통적인 생활 방식을 바꿔 나가야 했다. 이런 새로운 환경 속에서 그리스도교 교파들은 전통적인 방식으로 산업사회에 적응할 수 없음을 점차 깨닫게 되었다. 대신 이들은 새로운 도시 환경이 요구하는 필요를 채우기 위해 좀더 많은 개인 의 봉사와 헌신이 필요하게 되었다. 19세기에 프로테스탄트 공동체에서 복 음주의자들이 활발한 사회개혁 활동을 수행했던 것은 교회의 성격이 '자발 적인 종교(voluntary religion)'로 변화하던 과정을 고려해야 이해할 수 있다.

변화 1 - 복고주의와 낭만주의

빅토르 위고의 명작《레미제라블》을 보면 주인공 장발장을 용서해 준 미리 엘 주교의 일화가 나온다. 왕정복고 시대를 살았던 그는 매우 자애로운 성 품을 가졌음에도 루이 16세의 처형에 찬성표를 던진 옛 국민공회 의원이 죽어 간다는 소문을 들었을 때는 몇 번이나 망설이다가 겨우 찾아가게 된 다. 주교관에서 유일하게 가치 있는 물건인 은식기와 은촛대를 훔친 장발장 을 용서했던 그도 옛 혁명 세력을 용서하기 힘들어 한 장면이 소설에 나올 정도로, 19세기 전반 유럽에는 혁명에 대한 반동적인 분위기가 강하였다.

　이런 반혁명적 분위기를 배경으로 나폴레옹 전쟁의 승전국들이 모 여 만든 국제정치 체제가 바로 '빈체제(Wiener System)'였다. 오스트리아의 수도 빈에 모인 영국, 프로이센, 러시아, 오스트리아 등의 승전국과 부르봉 왕조가 복귀한 프랑스 대표들이 모여 세운 전후 질서의 핵심은 바로 정통 주의 혹은 복고주의였다. 이들은 말 그대로 모든 것을 프랑스혁명 이전으로 돌려놓으려 했다. 이 회의 결과 프랑스의 부르봉 등 쫓겨난 왕가가 권좌로 돌아왔고, 프랑스가 혁명전쟁과 나폴레옹 전쟁 중에 설정한 경계는 무시되 고, 열강에 의해 다시 국경선이 그어졌다. 빈 회담 참가국들 중 러시아, 오스 트리아, 프로이센은 '신성동맹(Holy Alliance)'을 맺어 유럽의 질서를 그리스 도교적 원칙에 따라 다시 건설하기로 합의하였는데, 이를 위해 자유주의적 소요 상태가 발생하면 무력으로 개입하여 진압하기로 합의하였다. 각국의 자유주의 단체와 언론사는 폐쇄되었고, 학생운동은 탄압받았다.

　　또한 프랑스혁명 세력이 몰락하고 구체제의 정치질서가 회복되는 것과 더불어 그 사상적 기반으로 여겨진 계몽주의에 대한 회의가 팽배해졌다. 이런 회의를 대표하는 사조가 바로 낭만주의였다. 낭만주의는 18세기 말부터 19세기 전반에 유럽에서 발생한 문화 사조로 '비현실적인, 지나치게 환상적'이라는 어원을 가지고 있으며 합리적인 것과 절대적인 것에 대한 회의를 보인 사조이다.[1] 낭만주의는 공포, 경이, 두려움 같은 인간 본연의 감정을 긍정하고 그것을 미적 경험의 근원으로서 중시하였다. 그렇다고 낭만주의가 이성의 존재와 효용을 부정한 것은 아니었다. 이전 세기에는 이성을 절대적이고 보편적인 존재로 보았다면 새로운 세기에는 그것을 시공간 속에서 변화하는 존재로 파악한 것이다. 어쨌든 19세기에 들어서면 영국의 시인 겸 평론가인 새뮤얼 콜리지(Samuel Taylor Coleridge, 1772-1834)가 평가한 것처럼 "계몽주의와 이성주의에 저항하는" 새로운 전통이 시작되었다.[2]

　　프랑스혁명 기간 많은 사람이 이성에 근거하여 비합리적인 권위에 도전하였지만, 그 과정 속에서 드러난 인간성의 취약한 면모와 광기는 또한 많은 유럽인을 실망시켰다. 또한 이 과정 속에서 당시 사람들의 심성이 기초한 기존의 정치, 종교, 사회의 기반이 흔들리기 시작하면서 많은 이가 공허감을 느끼게 되었다. 이러한 정신적 폐허 위에 자신의 심성에 맞는 문화를 이룩하려고 한 것이 낭만주의자들이었다. 18세기 후반 독일에는 이미 '질풍노도(Sturm und Drang)'의 시대가 찾아왔다. 이것은 독일 문학과 음악에서 나타난 사조로 이성주의에 대한 반발로 감정의 자유로운 표현을 강조하였다. 괴테(Johann Wolfgang von Goethe, 1749-1832)와 실러(Johann Friedrich von Schiller, 1759-1805)는 이 시대를 대표하는 문호들로 각각 《젊은 베르테르의 슬픔(Die Leiden des jungen Werthers)》(1774)과 《군도(Die Räuber)》(1782) 등의 작품들로 이 시대 사람들의 감성을 한껏 고양하였다. 영국의 윌리엄 워즈워스(William Wordsworth, 1770-1850)와 콜리지는 《서정민요집(Lyrical Ballads)》(1798)을 통해 영국에 낭만주의 시대의 문을 열었으며, 프랑스에서는 루소의 《신(新) 엘로이스(La Nouvelle Héloïse)》(1761)를 시작으로 생 피에르(Bernardin de Saint-Pierre, 1737-1814)의 《폴과 비르지니(Paul et Virginie)》(1784),

요한 볼프강 괴테(Johann Heinrich Wilhelm 作)

스탈 부인(Madame de Staël, 1766-1817)의 《문학론(de la littérature)》(1800), 샤
토브리앙(François-René, vicomte de Chateaubriand, 1768-1848)의 《그리스도
교 정수(Génie du christianisme)》(1802) 등에서 낭만주의적 발전이 드러났다.

　　문학과 더불어 미술에서도 낭만주의가 발현되었다. 특히 미술에서
는 이성과 합리주의에 경도된 이전의 시대정신에 대한 반발로 인간의 주
관적 판단과 개성을 존중하고, 격정적인 표현을 긍정하고 무한한 것에 대
한 동경이 나타났다. 이전 시대에 유행했던 신고전주의는 고전 시대의 모방
을 추구해 정형화된 틀과 까다로운 규범에 갇혀 있었다. 낭만주의는 이에
반발해 영웅 신화와 고딕 양식 같은 중세적인 것을 추구하고 개개인의 감
수성에 기초해 새로운 것을 창조하려 했다.[3] 프랑스에서는 테오도르 제리
코(Théodore Géricault, 1791-1824), 외젠 들라크루아(Eugéne Delacroix, 1798-
1863) 등이 낭만주의 화풍을 주도했고, 독일에서는 카스파 프리드리히(Cas-
par David Friedrich, 1774-1840)와 필립 오토 룽예(Philip Otto Runge, 1777-1810)
가 낭만주의를 대표했다. 이러한 화풍은 영국으로 건너가서 존 콘스터블
(John Constable, 1776-1837), 윌리엄 터너(Joseph Mallord William Turner, 1775-

카스파 프리드리히의 "안개 바다 위의 방랑자"(1818년 作)

1851)의 풍경화 속에서 계승되었다.

음악 분야에서도 프랑스혁명 이후 약 100년간 낭만주의가 유행하였다. 이 시기의 음악은 개인적이고 주관적이면서 동시에 비현실적이고 초자연적인 것을 추구하며 고전주의로부터 벗어나려 하였다. 특히 프랑스혁명전쟁 동안 외국의 통치를 받게 되고, 나폴레옹의 작위적인 민족 구분으로 상처를 받은 피정복민 사이에 민족주의가 유행하기 시작하면서 낭만주의 음악은 민족의 감정을 드러내는 통로로 사용되었다. 이탈리아의 주세페 베르디(Giuseppe Verdi, 1813~1901)는 외세로부터의 독립과 민족 통일을 갈망하는 이탈리아인의 염원을 자신의 오페라를 통해 표현하였다. 그의 오페라가 끝나면 관중들은 "베르디 만세(Viva Verdi!)"를 외쳤는데, 이는 '이탈리아 왕 비토리오 에마누엘레 만세(Viva Vittorio Emanuele Re D'Italia)'를 뜻하는 말이기도 했다. 비토리오 에마누엘레는 당시 통일 전쟁을 일으킨 피에몬테의 국왕으로 통일이 되면 이탈리아 전체의 국왕이 될 것으로 여겨지던 인물이었다. 이런 민족주의 음악은 동유럽에서는 슬라브주의로 변형되어 나타났다. 모데스크 무소릅스키(Modest Mussorgsky, 1839-1881)는 러시아의 혼을 음악에 담았고, 체코의 베드르지흐 스메타나(Bedřich Smetana, 1824-1884)는 〈나의 조국〉에서 보헤미아의 오랜 역사와 자연의 아름다움을 찬양하였다.

19세기 프로테스탄트 신학의 변화

이렇게 변화된 시대적 분위기는 신학에도 영향을 주었다. 프랑스혁명이 보인 이성 중심주의의 광기는 계몽주의의 영향으로 그리스도교 교리를 비이성적·비합리적인 것으로 그렸던 계시 비판에 대한 반발을 초래하였다. 그결과 19세기 신학과 철학은 계몽주의의 영향에서 벗어나 관념적 낭만주의를 표방하기 시작하였다. 여기서는 칸트부터 시작되어 19세기 중반까지 이어진 이전 시대의 성경 속의 계시 접근 방식에 대한 프로테스탄트 지성들의 대응을 살펴보도록 하겠다.

칸트[4]

독일 철학자 임마누엘 칸트(Immanuel Kant, 1724-1804)의 대응은 큰 틀에서 그리스도교 교리를 이성으로 파악 가능한 것으로 제시한 계몽주의적 접근의 틀 안에 있으나, 계시를 파악할 수 있는 이성의 범위를 제한한 점에서 이성의 능력에 한계를 설정하였다. 칸트는 그리스도교 교리는 순수이성으로는 증명할 수 없고, 도덕과 관련된 실천이성의 영역에서만 파악 가능하다고 주장하여 신의 존재를 파악할 수 있는 이성의 범위를 '실천이성'으로 좁혔다. 칸트의 주장은 그가 극복하려 한 유럽 대륙의 합리주의와 영국의 경험론을 고려했을 때 좀더 명확히 이해될 수 있다. 이 책의 2장에서 살펴본 것처럼 17-18세기 유럽 대륙에서는 데카르트로 대표되는 합리주의 사상이 발달하였는데, 그것은 '신의 존재'를 포함한 인간 심성에 내재된 관념(본유관념)을 인정하였다. 반면 영국에서는 뉴턴의 과학혁명과 로크의 영

임마누엘 칸트

향으로 경험론이 발달하였는데, 그것은 본유관념을 부정하고 경험을 통해 획득된 지식만을 참된 것으로 여기는 사조였다. 로크는 신의 존재를 '경험' 적인 지식으로 알 수 있다고 보았다. 칸트는 《순수이성비판(Critique of Pure Reason)》(1781)에서 이 두 가지 접근에 대한 대안을 제시하려 했다.

칸트는 경험론과 비슷하게 본유관념이 존재하지 않는다고 보았지만, 그렇다고 인간의 마음을 백지 상태로 본 것도 아니었다. 그는 인간 정신의 기본 구조가 존재한다고 보았다. 시간과 공간, 원인과 결과, 존재, 실체 등이 그것인데, 경험론에서는 이를 경험으로 이해할 대상으로 보았지만, 칸트는 감각이 전달해 준 느낌을 조직하기 위해 정신이 사용해야 하는 구조로 파악하였다. 감각기관이 어떤 느낌을 제공하면, 정신이 그것을 시공간 같은 범주에 배치한 후에 그것들은 우리가 이해할 수 있는 '경험'이 되는 것이다. 결국 칸트의 사상은 본유관념의 존재를 거부한 점에서 합리주의에 대한 비판이었지만, 경험 자체가 객관적인 지식을 알려 주는 것이 아니라고 제시한 점에서 경험주의에 대한 비판이기도 했다. 결국 그가 보기에 신의 존재에 대한 객관적 지식(본유관념 혹은 경험적 지식)은 존재하지 않았다. 이는 그때까지 시도되던 신 존재 증명 방식에 대한 거부였다.

칸트는 순수이성으로는 신과 영혼의 존재를 증명할 수 없지만, 우리에게는 도덕적 생활과 관련이 있는 '실천이성'이 존재한다고 생각하였다. 칸트는 《실천이성비판(Critique of Practical Reason)》(1788)에서 유한한 인간은 이세상의 행복을 얻으려는 욕심의 지배를 받아 이를 실천의 원리로 삼으려하나, 그 내부에는 단호한 도덕적 명령을 내리는 이성이 있다고 주장하였다. 그래서 칸트는 순수하게 도덕적 의무의 명령에 따르는 것이 선한 것이며 욕심에 이끌린 행복의 지배를 받는 것은 악하다고 주장하였다. 인간은 이 선천적인 도덕의식에 기초하여 신 존재, 영혼, 인간의 자유 등을 증명할 수 있다. 칸트는 실천이성이 우리가 신의 존재를 모든 행동의 재판관으로 의식하고 있고, 사후 선행과 악행에 대한 상벌이 주어질 수 있는 조건으로서 전제하고 있음을 알려 준다고 주장하였다. 칸트의 주장은 여전히 이성의 일부에 의존하여 종교를 파악하려 한 점에서 합리주의적 접근에 속한다고 볼 수 있지만, 신의 존재나 계시를 이해하는 데 있어 객관적이고 보편적인 이성적 용어로 설명·접근하는 것이 가능하다고 자신했던 이전 시대의 관념을 파괴한 점에서 그것에 대한 수정이기도 했다.

헤겔[5]

그리스도교 계시와 철학의 관계를 정립하려는 또 다른 의미 있는 시도는 독일 철학자 게오르크 빌헬름 프리드리히 헤겔(Georg Wilhelm Friedrich Hegel, 1770-1831)에 의해 행해졌다. 그는 흔히 독일관념 철학을 완성하고 현대 철학의 문을 연 사람으로 평가받는다. 헤겔은 당대부터 심오하고 방대한 철학으로 유명했으며, 논리학·정신현상학·역사철학 등에서 뛰어난 업적을 남겼다. 이 중 역사철학 분야에서 헤겔은 이성이 인류를 진보로 이끄는 방식으로 변증법을 제시하였다. 그는 우리가 사고할 때, 흔히 하나의 개념을 먼저 제시(정, thesis)하고, 그것을 다른 개념을 사용해 점검하거나 부인하고(반, anti-thesis), 마지막에 두 개념 속에 담겨 있던 가치 있는 것을 포함하는 제3의 결론(합, synthesis)에 도달하는 과정을 거친다고 주장하였다. 어

게오르크 헤겔

떤 사람이 사업에 투자를 할지 결정할 때, 그것을 해야 할 이유와 해서는 안 되는 이유를 생각하고 두 개의 입장이 최대한 조화되는 지점에 해당하는 결론을 내리게 되는 것처럼 이는 일상생활에서도 흔히 발견되는 사고방식이다. 헤겔은 이를 역사 발전의 과정에도 적용되는 법칙으로 보았다. 고대 그리스로마의 철학과 초대 그리스도교 사상이 만나 처음에는 전자의 인본주의와 후자의 신본주의적인 세계관이 충돌하기도 했지만, 곧 고대 그리스로마 철학의 용어와 개념에 그리스도교 세계관을 담아 설명하는 새로운 스콜라 철학이 등장하게 된 것처럼 말이다.

　헤겔은 '이성'을 이해력이나 추론력이 아니라 위에서 설명한 사고 과정 자체로 보았고, 이 동적인 이성은 인간 정신뿐 아니라 역사의 발전과 우주의 전개 안에 존재한다고 생각하였다. 즉, 그는 '우주적 이성'이 실재한다고 보았고, 존재하는 모든 것을 이 우주적 이성의 변증법적이고 역동적인 사고 과정으로 해석하였다. 우주와 역사 전체를 우주적 영의 자기 표명 과

197

정으로 제시하면서, 각종 종교와 철학 사상이 우주적 이성 안에서 새롭게 종합될 수 있었다. 그 결과 헤겔의 철학 안에서 성육신과 삼위일체 같은 그리스도교 교리가 다시 철학적으로 지지될 수 있었다. 그는 신과 인간의 정반합을 보여 준 성육신 안에서 신과 인간의 관계가 절정에 달했다고 보았으며, 삼위일체 교리 또한 이러한 연장선에서 신(神) 개념을 가장 정치하게 정의한 것으로 파악하였다. 또한 헤겔 이후 우주와 실존의 문제를 탐구하는 이들에게 역사가 새로운 중요성을 가지게 되었다. 헤겔의 관점에서 역사는 우주적 이성의 생각을 반영하고 있으므로, 그것은 영원한 실재를 파악할 수 있는 실마리와 배경을 제시하게 되었다. 이런 점에서 케임브리지 대학교 신학과의 더글러스 허들리(Douglas Hedley)는 헤겔이 "그리스도교 교리를 철학적 관점에서 수용하려는 담대한 시도"를 했다고 평가하였다.[6]

키르케고르[7]

그러나 칸트와 헤겔의 접근방식은 덴마크의 철학자 쇠렌 키르케고르(Søren Kierkegaard, 1813–1855)에 의해 실존주의적 비판을 받았다. 비록 도달한 결론은 매우 상이했지만, 그는 헤겔과 더불어 매우 진지한 종교적 태도를 가진 사람이었다. 27세 때 레기네 올센이라는 연인과 사랑에 빠져 약혼까지 하였으나, 불과 1년여 만에 갑자기 파혼을 선언한 적이 있었다. 파혼의 동기는 불분명하나 자신의 탁월한 지적 능력을 신이 준 사명으로 생각한 것도 이유 중 하나인 것으로 보인다. 키르케고르는 그녀와 결별하고 3년 후 쓴 《반복(Repetition)》(1843)이라는 책에서 자신이 신에게 그 여성을 향한 사랑을 희생 제물로 올렸다고 표현하기도 했다.

이렇게 진지한 종교성을 유지했던 키르케고르는 그리스도교를 '신앙(faith)'으로 정의하였다. 그는 이성으로 신을 온전히 파악할 수 없다고 본 점에서 칸트의 연장선에 서 있으나, 이성이 아닌 신앙으로 진리(truth)에 도달할 수 있다고 주장한 점에서 차이를 보였다. 그가 보기에 신앙은 이성에 기초한 결정이 아니며 좀더 위험하고 초자연적인 것이고 이성을 초월하는 것이었다. 그는 그리스도교 교리가 본질적으로 의심스러운 것이며 객관적인

키르케고르

확실성을 가진 지식은 아니라고 생각하였다. 그는 의심을 증거를 따지는 인간의 이성적 사고의 일부분으로 보았고, 인간이 신을 믿으면서도 의심하는 것도 일면 자연스런 현상으로 보았다. 그러나 중요한 것은 일상 속에서 신의 존재를 의심하면서도 인간이 여전히 신앙을 지키며 신에게 도달하려 노력한다는 사실이다. 키르케고르는 이렇게 인간이 이성이 아닌 '믿음을 통한 도약(leap of faith)'으로 진리인 신에게 도달할 수 있다고 주장하였다.

또한 키르케고르는 헤겔이 구성하려 시도한 '보편적인 철학 체계'에 도전하였다. 헤겔은 우주적 이성을 말하면서 우주의 전개와 역사의 발전을 그것의 자기표현으로 설명하였다. 그 결과 역사와 사상이 우주 전체에 영향을 끼치는 보편적인 철학 체계 안에서 종합된다. 그러나 키르케고르는 인간을 보편적인 철학 체계 안에서 보는 것 대신 언제나 '개별적인' 존재로 보았다. 그에게는 '일반명사로서 인간이 이러이러해야 한다'라는 명제보다 '개별 인간인 내가 지금 이 순간 무엇을 해야 하는가?'라는 질문이 더 중요했다. 예를 들어 "인간은 고통에 순응해야 한다"라는 명제보다 "고통을 느끼는 나는 무엇을 어떻게 해야 하는가"가 더 실존적인 의미를 가지는 것이다.

키르케고르는 헤겔과 그 추종자들이 실제 생활에서 고통 속에 있는 인간과 아무 상관없는 구조물을 지어냈다고 비판하면서, 그리스도교의 기반은 칸트의 생각처럼 이성의 일부, 혹은 헤겔의 주장처럼 철학적 체계에서 찾아질 수 없다고 주장하였다. 그가 보기에 그리스도교는 신앙과 관련된 것이었다.

키르케고르는 신앙을 지키는 것이 손쉬운 것이 아니라고 생각했다. 그것은 이윤을 얻는 수단이 아니며, 심지어 내적 경건을 위한 수단도 아니다. 그것은 자신을 부인하고 세속적 즐거움을 포기하고 '신 앞에 단독자'로 서는 것을 의미했다. 그럼에도 당대의 많은 기성교회는, 특히 덴마크의 국교였던 루터교회는 신자들에게 신앙생활에 따르는 고통과 대가를 설명하지 않고 그리스도교인이 되는 것을 쉽게 말하고 있었다. 키르케고르는 이들이 말하는 그리스도교를 '값싼 그리스도교', '그리스도교인의 범죄' 등으로 부르며 혹독하게 비판하였다. 그는 신자들에게 진정한 그리스도교인이 되기 위해 신앙생활에 따르는 대가를 설명해야 한다고 생각하였다. 이런 의미에서 그는 자신의 소명을 "그리스도교를 어렵게 만드는 것"으로 설명하였다. 그동안 많은 사람은 그리스도교권 국가(Christendom)에서 태어난 것만으로 스스로를 그리스도교인으로 여겼지만, 키르케고르는 "그리스도교 사회에 살면서 어떻게 진정한 신자가 될 수 있는가" 하는 질문을 던졌다.

19세기 프로테스탄트 지성인들은 그리스도교 교리를 이성으로 파악하여 비합리적인 것으로 제시하던 이전 시대의 합리주의의 도전을 다시 지성의 언어로 반박하기 시작하였다. 이들이 모두 일치된 견해를 보인 것은 아니지만, 오히려 이들의 다양한 접근 방식은 프로테스탄트 지성계의 다양성과 활력을 보여 주고 있었다. 종교를 도덕의 영역에서 파악하려 한 칸트의 철학, 종교를 우주적 이성의 역동적인 발전 과정 속에서 보려 한 헤겔, 그리고 이성이 아닌 신앙으로 진리에 도달하려 한 키르케고르의 주장은 이후 후학들에 의해 비판받고 수정되었다. 그러나 20세기에 칸트의 사상이 실천신학으로, 헤겔의 역사관이 역사신학으로, 키르케고르의 철학이 실존주의로 연결되는 것이 보여 주듯, 이들은 근대 이후 신학의 방향성을 설정한 인물들이었다. 그리고 이들이 공통적으로 보인 '이성'으로 신 존재를 입증하는 것에 대한 소극적인 태도는 결과적으로 그리스도교를 이성으로 파악하는 것을 부정적으로 보게 만들어 '자유주의 신학'으로 가는 길을 열게 되었다.

변화 2 - 산업혁명

18세기 말에서 19세기 초에 서구 사회에서 일어난 또 다른 변화는 바로 산업혁명으로 공업사회가 형성된 것이었다. 산업혁명의 본질을 이해하기 위해서는 인구학적 접근이 필요한데, 이 측면에서 보았을 때 그것은 기술 발전으로 인한 '맬서스적 상황'으로부터의 탈출을 의미했다. 잉글랜드의 성직자였던 토머스 맬서스(Thomas Robert Malthus, 1766-1834)는 자신의 책《인구론(An Essay on the Principle of Population)》(1798)에서 인구의 자연 증가는 기하급수적인데, 식량의 생산은 산술급수적이므로, 인간의 빈곤은 자연법칙의 결과라고 해석하였다.[8] 당시 수상 윌리엄 피트가《인구론》을 읽고 빈민 지원을 중단하기도 했듯이, 그의 주장은 오랫동안 오해를 받고 악용되기도 했다. 그러나 그가 상정한 상황은 당시 영국 및 유럽 사회가 오랜 세월 해결하지 못한 한계, 즉 경작지 면적이 크게 늘지 않은 상황에서 생산 기술이 정체된 상황을 반영한 점에서 학문적 중요성이 있었다.

이런 상황에서는 인구가 일정 수준에서 순환하게 된다. 본래 인구는 전쟁이나 기근 같은 특별한 외적 방해 요인이 없다면 자연스레 늘기 마련인데, 이 경우 처음에는 총생산이 증가하나, 점차 늘어난 인구를 먹여 살리는 비용이 증가하여 생산 증가의 폭(한계생산)은 감소하게 되고, 나중에는 실질소득 감소와 주거 환경 악화를 가져온다. 이런 상황에서 인구 증가가 더 진행되면, 일부 빈농층은 기아선상에 접근하게 되고 결국 인구는 다시 감소세로 돌아서게 된다. 물론 인구 감소기에는 정확히 반대의 상황이 나타나게 된다. 시간이 흐르면서 일인당 생산량이 증가하고 생활환경이 개선되게 되는 것이다. 실제로 11-17세기 잉글랜드의 인구 자료를 보면 맬서스의

Ch. ix.　　*in England (continued).*　　435

Table, calculated from the births alone, in the Preliminary Observations to the Population Abstracts, printed in 1811.		Table, calculated from the excess of the births above the deaths, after an allowance made for the omissions in the registers, and the deaths abroad.	
Population in		Population in	
1780	7,953,000	1780	7,721,000
1785	8,016,000	1785	7,998,000
1790	8,675,000	1790	8,415,000
1795	9,055,000	1795	8,831,000
1800	9,168,000	1800	9,287,000
1805	9,828,000	1805	9,837,000
1810	10,488,000	1810	10,488,000

In the first table, or table calculated from the births alone, the additions made to the population in each period of five years are as follow ;—

From 1780 to 1785　63,000
From 1785 to 1790　659,000

18세기 말 잉글랜드 인구증감 데이터가 나오는 《인구론》(1821년 판)의 1권 435쪽

이론이 적용되는 것을 알 수 있다. 1100-1300년 사이에 잉글랜드 인구는 200만 명에서 500만 명으로 증가했고, 이후 1500년대 초까지는 인구가 다시 200만 명까지 감소했다가 1700년대 중엽까지 다시 500만 명으로 늘어났다.[9] 구체적인 수치는 차이가 있겠지만 서유럽 대부분의 국가에 비슷한 인구 증감 그래프가 존재하였다.

그러나 18세기 말 영국은 이 '맬서스적 상황'에서 탈출한 최초의 국가가 되었다. 이 시기에 인구가 지속적으로 증가했음에도 이전과 달리 일인당 생산량이 줄지 않고, 물가가 하락하여 실질소득이 늘어나는 현상이 나타난 것이다. 이는 경작지 확대보다는 생산기술 발전에 기인한 현상이었으며 이렇게 기술혁신으로 인구증가의 덫에서 빠져나온 사건이 바로 산업혁명이었다.

영국에서 산업혁명을 전후하여 일어난 변화는 크게 두 가지 측면에서 노동자들의 삶을 변화시켰다. 우선 산업혁명 전에 있었던 농업 부분의 혁신은 농촌 인구의 이동을 촉진하여 도시의 형성과 발전에 영향을 주었다. 사실 제임스 와트가 증기기관을 개발하기 훨씬 전부터 기술 혁신과 인구 변화가 농업 분야에서부터 일어났다. 17-18세기에 영국에서는 관개시

설 및 거름 기술의 발달로 토지 생산성이 증가하였고, 그 결과 자급자족을 넘어 특화작물 재배가 활성화되었다. 또한 지금의 벨기에의 일부인 플랑드르 지방에서 면직물 공업이 발달하면서 영국은 그 원료인 양을 많이 키우게 되는데, 이를 위해 흩어져 있던 토지를 교환과 매매를 통해 한곳에 집중시키고 울타리를 치는 '인클로저(enclosure) 운동'이 일어났다. 그 결과 중세의 공동체적인 토지 이용방식은 사라지고 배타적 토지 소유권이 확립되었으며 농촌공동체는 이 과정에 적응한 계층(젠트리, 요먼리)과 그러지 못한 계층(소농 및 임노동자)으로 분화되었다. 이 과정에서 많은 빈농이 농촌을 떠나 도시로 몰려들게 되었는데, 이들은 이후 공장 노동자가 되어 산업혁명의 발전에 영향을 주었다.[10] 갑작스런 대규모 인구 유입은 새로운 산업도시를 형성시켰고, 또한 기존 도시를 확대시켰다. 이처럼 도시 인구가 급격히 증가하여 19세기 후반이 되면 농촌 인구를 능가하였다. 그 결과 19세기의 교회는 이전에 존재하지 않았던 산업도시라는 새로운 환경에 적합한 전도 방식을 개발하고 스스로의 성격을 변화시켜야 했다.

또한 산업혁명 과정 속에서 등장한 공장제는 노동자들의 생활을 근본적으로 바꾸어 놓았다. 공장제의 성립은 기본적으로 기술 발전에 기인한 것이었다. 당시 산업 발전에 필요한 동력원인 석탄 채굴이 활발했는데, 탄광에서 광물을 채굴하면서 생기는 공간에 고이는 물을 빼내기 위한 기계장치가 필요하게 되었다. 본래 이런 용도로 토머스 뉴커먼이 만든 대기압 증기기관이 있었는데 연료의 양에 비해 효율성이 떨어지는 단점이 있었다. 이에 와트는 기존 모델보다 열 효율성이 훨씬 높고 석탄 소모량을 획기적으로 줄인 새로운 유형의 증기기관을 만들었다. 와트가 증기기관 자체를 처음 발명한 것은 아니었지만 이 기계의 효용을 질적으로 향상시켜 새로운 표준을 만들어 낸 것이 그의 업적이었다. 와트식 증기기관은 다른 산업 분야의 발전에 이용될 수 있는 호환성을 가진 점에서 또한 새로웠다. 처음에는 탄광에서 물을 빼내는 용도로 사용된 증기기관은 곧 조지 스티븐슨에 의해 증기 기관차에 사용되었고, 새뮤얼 크럼프턴에 의해 '뮬(mule) 방적기'에 적용되었다. 그 결과 인류 역사에 처음으로 인력, 축력, 풍력, 수력 외에 증기력이

공장의 등장으로 노동자의 삶의 모습이 근본적으로 바뀌었다.

라는 새로운 동력이 생산 활동에 사용되기 시작하였다.

'증기 시대'의 시작은 공장 체제의 등장을 불렀다. 18세기 중엽까지만 해도 영국의 대표적인 생산 형태는 가내수공업(domestic system)이었다. 그러나 수공업자들이 여러 장소에 흩어진 이런 생산 체제 아래서는 증기기관 같은 큰 동력기계의 이용이 불가능했기 때문에 18세기 말부터는 공장제(factory system)가 이를 대체하게 되었다. 공장의 등장은 노동자의 삶의 모습을 근본적으로 바꾸었다. 인클로저 운동 등 농업 분야에서 일어난 변화로 도시에 유입된 빈민 중 상당수는 공장의 노동자로 흡수되었으며, 이는 많은 수의 사람들이 이제 농촌의 삶과는 질적으로 다른 삶을 살게 됨을 의미했다. 우선 부모들이 온종일 일하고, 아이들은 방치되는 경우가 많아졌다. 대부분의 노동자는 저임금 중노동으로 건강 상태가 안 좋아졌고, 영양실조가 만연했고, 평균 수명도 줄었다. 직업을 찾아 이동하는 경우가 잦기 때문에 예전의 농촌 공동체에서 느꼈던 소속감이 사라졌으며 심리적 공황 상태가 찾아왔다. 이제 교회는 이전에 존재하지 않았던 생활 패턴 속에 사는 사람들을 교회로 수용해야 하는 새로운 도전에 직면하였다.

탈(脫)중앙집중적인 자원 종교의 성장

산업도시와 노동계층의 등장이라는 이전에 경험하지 못한 변화 속에서 교회는 국가의 지원과 중앙집중적 조직 체계에 의지해서는 더 이상 포교는 물론이고 조직의 유지도 어려운 상황이 되었다. 이런 분위기 속에서 서구 그리스도교, 특히 프로테스탄트 교회가 구성원의 자발적 참여로 유지되는 자원 종교(voluntary religion)로 변화하였다. 이제 교회 구성원 개개인의 자발적인 참여와 헌신이 더욱 중요해진 것이다.[11] 본래 이런 현상은 미국에서 앞서 나타났다. 이미 살펴본 것처럼 미국은 독립 이후 국교제를 폐지했을 뿐 아니라 그리스도교 교파 전체에 대한 국가의 공식적인 지원을 폐지하였다. 이에 신생 공화국의 그리스도교 교파들은 애초에 개인의 자발적 참여를 중시하였다. 그러나 영국 및 유럽 대륙의 프로테스탄트 국가에서는 산업혁명이 시작되고서 이러한 변화가 나타났다. 이들 나라에서는 잉글랜드 국교회나 루터파 같은 특정 교파의 독점적 지위가 법적 측면에서 유지되었지만, 이들 교파도 정부의 행정적, 재정적 지원만으로 이 변화된 환경을 극복하는 것이 점차 어려워졌다. 결국 이 나라들에서도 전반적으로 탈중앙집중적이고 자발적인 신도의 모임이 늘어났고, 이는 곧 19세기 교회의 일반적인 특징이 되었다.

좀더 이야기를 진행하기 전에 19세기 중반의 종교적 상황을 먼저 파악할 필요가 있다. 여기서는 잉글랜드의 사례를 통해 당시 상황을 살펴보도록 하겠다. 1851년 3월 30일, 잉글랜드에서 전국적인 종교조사가 있었다. 일요일이었던 이날, 예배에 참석하러 교회에 갔던 사람들의 51퍼센트는 국교회에 출석하였고, 44퍼센트 정도가 감리교, 장로교, 침례교 등을 포함하는 비국교회 교회에 출석하였다. 이 자료를 분석한 버밍엄 대학의 종교사학자 휴 매클레오드(Hugh McLeod)는 일반적으로 비국교도들이 예배 참석에 더 열심이었던 성향을 보였기 때문에, 실제로는 신도의 60퍼센트 정도가 스스로를 국교도로, 30퍼센트 정도가 비국교도로 여겼을 것으로 추정하였다. 기타 종교로는 가톨릭교회 출석 인구가 약 4퍼센트 정도였으며, 유대교 출석 인구는 0.2퍼센트 정도였다. 물론 이날 예배에 참석하지 않았던 종교인들도 있었고, 세속주의자, 불가지론자들도 있었다.[12] 이 통계는 이때 단 1회 행해진 조사이기 때문에 이 자료만 가지고 장기적인 변화를 추적하기 어려운 면이 있지만, 적어도 18세기에 비해 국가의 지원을 받지 않은 비국교회 교회들이 외형적으로 크게 성장했음을 알려 주고 있다.

큰 틀에서 보았을 때, 19세기 중반에 국교회는 주로 잉글랜드 남부에서 강세를 보였고, 비국교회 교회들은 북서 잉글랜드에서 상대적으로 우세했다. 비국교회 교회들은 그 규모에 따라 웨슬리파 감리교(14퍼센트), 독립교회(10퍼센트), 침례교(8퍼센트), 원시 감리교(Primitive Methodist, 5퍼센트)같이 전국적으로 퍼져 있는 교파들과, 장로교와 기타 군소 감리교 교단같이 특정 지역에서 우세했던 교파들로 나눠 볼 수 있었다. 이외에도 전통적인 그리스도교와는 거리가 있지만 퀘이커(Quakers)와 유니테리언(Unitarian)같이 특정 계층 사이에 퍼지고, 중요한 인물들을 배출했던 군소 교파들도 있었다.[13] 예를 들어 퀘이커는 상공인 사이에 퍼진 종교로 영국의 은행가, 유통업자, 제조업자 중에는 이 교파 출신이 많았다. 영국의 유명 은행 바클레이스(Barclays)를 세운 존 프림(John Feame), 유명 도자기 회사 웨지우드를 세운 조사이어 웨지우드(Josiah Wedgwood), 캐드버리 초콜릿 회사를 세운 존 캐드버리(John Cadbury) 등이 18-19세기의 대표적인 퀘이커 사업가들이었다.

이들 비국교회 교회들은 애초부터 국가의 지원을 받을 수 없었기 때문에 구성원들의 자발적 참여와 활동을 강조하였다. 영국의 감리교는 1795년부터(미국 감리교는 1784년부터) 사실상 국교회에서 분리되어 독립된 교단을 형성하였다. 다른 교파에 비해 총회 같은 중앙 조직의 역할이 중요한 편이었지만 이는 평신도가 속회, 순회 등의 조직에서 이미 지도자나 순회설교자로 사역하고 있었기 때문에 전체적인 조화와 조정의 관점에서 필요한 면도 있었다. 온건 칼뱅주의자들로 이뤄진 회중교회는 교회의 일반 회중이 스스로를 조직하고 규율하는 구조였기 때문에 '회중(congregational)' 교회로 불렸으며, 또한 위로부터의 간섭에서 자유로웠기 때문에 '독립(independent)'

교회로 불리기도 하였다. 또한 국교회 안에서도 평신도들의 참여와 활동이 점차 중요해졌다. 이는 일정 부분 복음주의의 수용과 관련이 있었다.

　　18-19세기 영국 프로테스탄트 교파 안에서는 복음주의 신앙이 광범위하게 수용되었다. 스털링 대학의 근대 교회사가인 데이비드 베빙턴(David Bebbington)은 19세기 영국에서 유니테리언과 퀘이커를 제외하고 거의 모든 교단의 구성원이 18세기 복음주의 부흥운동의 가르침을 일정 부분 수용하였다고 평가하였다. 앞서 3장에서 설명된 것처럼 그는 복음주의의 특징을 성서주의, 십자가 중심주의, 회심주의, 실천주의로 요약한 바 있는데, 특히 실천주의는 복음주의를 이전의 프로테스탄트 운동과 구별시키는 가장 중요한 지점이었다.[14] 이는 19세기 교회 구성원들이 자발적인 활동으로 교회 유지에 기여하고 나아가 박애주의 활동과 사회 개혁 운동에 적극적으로 나서게 되는 종교적 배경이 되었다. 독실한 국교회 신자였던 윌버포스와 그의 클래팜파 동료들의 적극적인 사회활동은 복음주의의 영향 아래 국교회 안에 자원 종교가 확산되고 있었음을 보여 주는 예이기도 하다.

19세기 교회의 사회참여 활동

19세기에 프로테스탄트 교회의 자원 종교로서의 성격이 가장 잘 드러난 곳은 산업혁명이 가장 먼저 시작된 영국이었다. 영국의 국교회 및 비국교 교회들은 산업혁명 이후 형성된 도시 환경에 적응하려 시도하였고, 그 중심에는 평신도들의 적극적인 참여가 있었다. 앞서 살펴본 바처럼 공장제가 중요한 생산형태로 자리 잡으면서 인구가 도시로 집중되었고, 도시가 확장되었다. 상대적으로 짧은 시간에 한정된 공간에 인구가 급증함으로써 여러 문제가 생겼는데, 그중 한 가지는 바로 전통적인 종교 공동체의 상실이었다. 농촌을 떠나 도시로 이동한 노동자들은 교구를 중심으로 마을의 경계가 정해지고, 교회가 빈민을 구휼하며, 마을 사람들의 생활 중심지 역할을 하던 기존 신앙 공동체에서 단절되었다. 도시에 온 노동자들은 힘든 노동환경으로 교회 예배에 참석할 여유가 없었으며, 생활고로 헌금할 돈이 없거나, 교회에 입고 갈 마땅한 옷이 없어서 예배에 가지 못하는 경우도 많았다.

국교회보다는 비국교회 교파들이 이러한 변화에 훨씬 민첩하게 적응하였는데, 이는 그들이 국교회에 비해 상대적으로 더 강하게 보인 탈중앙집중적이고 자발적인 성격 때문이었다. 중앙집권적인 성격이 강했던 국교회는 노동자들에게 다가가려 해도 새로운 교구를 설치하고 교회를 세우고 성직자를 임명하는 등 일련의 절차를 거쳐야 했기 때문에 기민하게 반응하기 어려웠지만, 비국교도 교파들은 총회 같은 중앙조직을 거치지 않고도 지역 교회에서 변화된 환경에 맞춰 적절하고 신속한 대응을 할 수 있었다.[15] 특히 비국교도 교파 중에서도 군소 감리교 종파나 구세군같이 새로운 종파들이 도시 선교에 적극적으로 나섰다. 당시 기존의 국교회 교구 및 교회(Church)가 새롭게 형성된 노동자들의 일터 및 거주지와 멀리 떨어진 경우가 많았기 때문에, 이런 교파들은 그들과 좀더 가까운 곳에 예배당(Chapel)을 설치하고, 그들의 생활 패턴에 맞추어 예배 시간을 정하고 신앙적인 도움을 주었다. 또한 교단에서 성직자를 파견하길 기다리기보다 평신도들이 주축이 되어 구휼 사업을 진행하고 지역 공동체의 발전을 위해 일했으며, 일부 교파에서는 설교를 담당하는 경우도 있었다. 이런 노력의 결과 한동안 기존 교회를 떠났던 노동자들이 새로운 교파들로 유입되었다. 19세기 동안 대부분의 감리교 계열 교회들은 구성원의 상당 부분을 노동계급이 구성하게 되었다.

또한 평신도의 자발적 참여가 중요해진 19세기의 교회에서 여성의 역할이 중요해졌다. 18세기 말까지 퀘이커와 일부 감리교 교단을 제외하면 교회 사역에 대한 여성의 참여는 거의 허락되지 않았다. 그러나 이 시기에 평신도의 역할이 증대되고 그 연장선에서 여성의 활동 또한 증대되면서 대부분의 비국교도 교단에서 여성이 의사결정 과정에 참여하게 되었다. 애초에 중앙 조직이 약하고 회중의 참여가 중요한 특징이었던 회중교회와 침례교회에서 여성들은 교회 주요 의사결정에서 남성과 동등한 투표권을 행사했고, 평신도 참여의 전통이 강했던 감리교에서 여성들은 속회의 지도자가 될 수 있었다. 그리고 대부분의 교단에서 주일학교 교사, 병자 방문 사역, 자선 바자회, 신도 심방 등은 여성의 고유 영역으로 여겨졌다.[16] 1880년부터는 해외 선교 영역에서도 여성의 역할이 확대되게 된다. 동아시아로 선교 영역이 확대되면서, 특히 중국처럼 남성이 여성에게 설교하는 것이 불가능한 문화지역에 진출하게 되면서, '중국내지선교회(China Inland Mission)' 같은 선교단체들이 여성 선교사를 모집하게 되었다. 1887년에는 상대적으로 여성의 교회 사역 참여에 소극적이었던 국교회의 선교단체인 '교회선교협회(Church Missionary Society)'가 독신여성을 선교사로 받아들였다.[17] 그리고 20세기 초가 되면 대부분의 교파의 선교단체에서 여성 선교사가 남성 선교사 수를 능가하게 되었다.

　당시 교회의 사회 참여 활동 중 산업혁명기라는 시대적 배경을 가장 잘 반영하고, 도시 노동자들에게 가장 실질적인 도움을 주었던 것은 바로 '주일학교(Sunday School)'였다. 영국뿐만 아니라 유럽과 미국에도 공교육이 없던 시절, 국교회 및 비국교회 대부분의 교단은 노동자 계급의 자녀들에게 교육의 수단을 제공하였다. 이 사역은 교육의 경험이 있는 평신도들, 특히 아이들을 돌본 경험이 있는 여성들의 역할이 중요했던 점에서 평신도의 자발적 참여를 중시했던 19세기 교회의 특징을 가장 잘 보여 주고 있다. 당시 주일학교 교육은 노동자 자녀들이 무언가를 배울 수 있는 거의 유일한 통로였으며, 일종의 공교육 역할을 하였기 때문에 19세기 말이 되면 그리스도교 신앙에서 멀어진 부모들조차도 아이를 주일학교에 보내게 되었다. 주일학교는 산업화와 도시화가 이뤄지던 19세기 전반기에 크게 성장하였다. 이미 1831년이 되면 영국 취학연령 어린이의 25퍼센트 정도는 주일학교에 출석하고 있었다. 1870년, 교육법(Educational Act)이 통과되면서 일반 학교가 세워지게 되었지만 대부분의 일반학교가 각 교파의 후원을 받았고, 주일학교 교사들이 일반학교 교사로 전환된 경우도 많았기 때문에 주일학교의 중요성이 갑자기 줄어들지는 않았다. 주일학교 출석률은 제1차 세계대전 전까지 여전히 높은 편이었고, 1914-1939년 사이에 서서히 감소하다가 1945년 이후에야 급격히 감소하게 되었다.[18]

19세기 교회에서 평신도의 자발적 참여가 중요해지면서, 교회는 사교 생활 장소 역할도 하게 되었다. 예배 후 신도들은 곧장 집에 가지 않고 교제 활동을 하였으며, 다양한 취미와 레크레이션 활동을 같이하였다. 19세기 말이 되면 어떤 교파에 속하는 것은 교제와 사업 관계의 범위를 결정하는 것이 되었고, 또한 여가 시간을 보낼 곳을 정하는 것이기도 했다. 19세기 말부터 교회들은 신도들이 이용할 수 있는 레저시설을 구비하였으며, 이는 교인들을 끌어들이기 위한 수단이 되기도 했다.[19] 그러나 결과적으로 레저와 레크레이션을 제공하여 교인을 끌어들이려는 시도는 성공적이지 못했다. 오히려 나중에는 교회의 부수적 기능이 종교적 목적보다 더 중요해지는 것에 반발하여 기존 신도들이 이탈하는 상황이 발생하기도 했다.

평신도의 역할이 중요해진 교회 안에는 인간의 영혼뿐 아니라 육체의 안녕이 중요하다는 생각이 확산되었다. 당시 교회의 평신도 지도자들은 교회에서 열심히 봉사도 하지만, 실제 치열한 삶의 현장을 사는 사람들이기도 했기 때문에 신도의 삶의 환경 개선에 많은 관심을 기울였다. 당시 국교회와 비국교회 내부에 있었던 복음주의자들은 빈민들이 생존 이외의 것에 들일 잉여 에너지가 없다는 것을 인식하였고, 이들의 실생활에 도움을 주는 것과 전도가 분리될 수 없다는 것을 깨닫게 되었다. 그래서 당시 국교회와 비국교회 가릴 것 없이 많은 교회가 고아원 및 학교를 운영하였다. 이들은 가난한 자들을 돕고, 실업자에게 직업 교육을 시키고 여성과 아동을 교육하는 등 적극적으로 삶의 현장을 개선해 나갔다. 이처럼 당시 많은 복음주의자들은 인간의 모든 생활 영역은 신의 관심사이므로 성(聖)과 속(俗)이 분리되어서는 안 된다는 '사회적 복음'을 공유하고 있었다.

산업 프로테스탄티즘

이렇게 19세기 교회의 특징과 성격에 변화가 생기면서 그리스도교의 사회적 영향력은 일정 부분 증가하였다. 대부분의 사람들은 실제 교회 예배 참석 여부와 상관없이 영국이 그리스도교 국가라는 것에 크게 이의를 달지 않았다. 평신도의 활발한 사회참여 활동을 통해 그리스도교의 윤리적 가르침과 관행이 사회 곳곳에 침투하게 되면서 빅토리아 여왕 시기에 이르면 그것이 어느 정도 지배적인 사회 문화가 되었다. 그리 종교적이지 않은 사람들도 그리스도교적 관행을 따라하는 현상이 이 시기부터 두드러졌다.

예를 들어 거의 대부분의 사람이 세례를 받았는데, 이는 세례가 출생 증명 역할을 했을 뿐 아니라, 체통 있는 일이기도 했기 때문이다. 또한 대부분의 어린이가 주일학교에 참석했기 때문에 가정에서 특별히 종교심이 깊지 않은 부모들도 기도문을 외우거나 찬송가를 부르는 것을 보는 것이 그리 어렵지 않았다. 19세기의 많은 그리스도교인은 일요일을 '주일(Lord's day)'로 지키는 안식일 엄수주의에 경도되었다. 그들은 주일이면 예배에 참석하고, 오후엔 집에서 가정 예배를 드리거나 종교 서적을 읽는 등 차분하게 주일을 지켰다.[20] 빅토리아 여왕 시기에 '조용한 일요일'을 엄수하는 것은 일종의 영국적인 문화가 되었고, 특히 중간계급에서는 '체통 있는 것'으로 여겨졌다. 또한 이 시기의 영어 찬송은 보편적인 대중예술의 형태를 띠게 되었다. 1813년, 산업혁명을 통해 직장을 잃은 노동자들로 기계를 파괴하려 했던 과격한 집단인 러다이트(Luddites)들도 시위를 하러 나갈 때는 찬송가를 부르며 행진하였다. 이는 1870-1880년대의 노동조합 집회에서도 발견되는 현상이었다.[21]

이러한 19세기 교회의 사회적 영향력은 강력해 보이는 외관과 달리 여전히 한계를 가진 것이었다. 큰 틀에서 보았을 때 19세기 프로테스탄트 교회들은 도시라는 새로운 환경에는 어느 정도 적응한 반면, 오히려 전통적인 농촌 종교 공동체에서의 영향력은 쇠퇴하였다. 전국적인 교구 조직을 가진 국교회와 달리 신흥 비국교회 교단들은 도시의 확대를 배경으로 성장하였기 때문에 상대적으로 면적이 넓고 인구는 희박한 농촌 공동체에 진출할 여력이 없었다. 그래서 도시 프로테스탄트들의 활동이 활발해졌던 19세기에 농촌 노동자와 소농의 모습은 오히려 이교도적이었다.[22] 또한 이전에 비하면 여성의 교회활동 및 의사결정에 참여하는 비중이 늘었으나 여전히 시대적 한계에서 벗어나지 못했다. 사실 이 시기에 활발한 사회 참여 활동을 한 여성 지도자들은 중간계층 이상의 사람들이었다. 중간계층과 상류층 여성은 하녀가 있어 교회활동을 할 수 있었던 반면, 노동계급 여성은 가사일에 바빠서 교회에 나올 여력이 없는 경우도 많았다. 무엇보다 시간이 흐르면서 교회의 지도자들은 겉으로 보이는 화려한 외적 성장에 취해, 종교적 행위만 남고 본래의 의미가 쇠퇴하는 것에 무감각해져 갔다. 이들은 시간이 흐르며 교회의 사회적 영향력이 점차 쇠퇴함에도 의식하지 못하고 있다가 20세기 초, 특히 제1차 세계대전 이후 신도 수가 급감하면서 큰 충격에 휩싸이게 된다.

맺음말

지금까지 살펴본 것처럼, 19세기에 유럽 사회에는 프랑스혁명의 광기가 지나가고 이성에 대한 회의가 찾아왔다. 그 연장선에서 인간의 감성을 중시하는 낭만주의가 유행하기 시작했고, 사람들은 이성으로 계시를 분석하려는 시도를 더 이상 신뢰하지 못하게 되었다. 이에 따라 그리스도교 세계가 계시를 옹호하는 방식도 변화되었다. 칸트는 실천이성의 영역에서 그것을 파악할 수 있다고 주장하였고, 헤겔은 우주와 역사의 전개를 우주적 이성의 변증법적 발전 과정으로 제시하고 종교를 이 체제 안에서 파악하려 하였다. 키르케고르는 이성으로 진리에 도달하는 것을 포기하였지만, 대신 신앙으로 신에게 도약할 수 있다고 주장하였다. 이렇게 당대의 대표적인 프로테스탄트 지성들이 보인 접근방식은 결론은 다를지언정, 이성중심주의에 위축되었던 지난 세기의 분위기에서 벗어나 지적 도전에 담대히 대응했다는 점에서 공통점을 보였다.

산업혁명으로 산업화된 도시 사회가 등장하게 된 것은 낭만주의의 등장과 더불어 교회가 직면한 또 다른 도전이었다. 산업혁명과 도시의 형성 속에서 노동자 계급이 생겼고, 많은 사람의 생활방식이 변화하였다. 이런 변화에 적응하고 전도하기 위해 19세기에는 교회의 성격이 자원 종교로 변화하였다. 19세기에 다양한 교파 내에 포진한 복음주의자들의 활발한 사회개혁 활동은 이런 자원 종교의 발달의 연장선에서 파악할 수 있는 사건이었다.

19세기에 교회의 특징이 자원 종교로 변하면서 이 시기는 겉으로 보기에 복음주의의 전성기가 되었다. 물론 당시 사람들이 모두 종교적이었던 것은 아니지만, 이들조차도 공식적으로 거부할 수 없는 복음주의적 도덕률과 관념이 존재하였다. 그러나 복음주의가 전성기에 거둔 열매의 분배는 불균등하였다. 빈민의 다수는 여전히 조직된 종교로부터 단절되었고, 도시와 달리 전통적인 농촌 종교 공동체에서 복음주의 영향력은 오히려 쇠퇴하기도 했다. 교회의 의사결정 과정에서 여성이 차지하는 비중은 지난 세기에 비하면 분명 늘었으나 노동계급의 여성은 여전히 이 과정에서 소외되었다. 무엇보다 교회 구성원들이 화려한 외적 성장에 취해, 종교적 행위의 본래 의미가 쇠퇴하는 것에 무감각해져 갔고, 이는 20세기에 그리스도교가 직면할 사회적 영향력 감소의 중요한 원인이 되었다.

주

1 —— "Romanticism", Encyclopædia Britannica (https://web.archive.org/web/2005 1013060413/http://www.britannica.com/eb/article-9083836, 2018년 5월 15일 검색).

2 —— Darrin M. McMahon, "The Counter-Enlightenment and the Low-Life of Literature in Pre-Revolutionary France", *Past and Present*, vol. 159(May, 1998), 79.

3 —— Fritz Novotny, *Painting and Sculpture in Europe, 1780-1880* (Pelican History of Art), (Yale University Press, 1971), 96-121.

4 —— 칸트의 이론은 다음을 참조. 임마누엘 칸트, 《순수이성비판 1, 2》, 백종현 역 (아카넷, 2006); 임마누엘 칸트, 《실천이성비판》, 백종현 역 (아카넷, 2009); Will Durant, *The Story of Philosophy: The Lives and Opinions of the World's Greatest Philosophers* (Pocket Book, 1991); James Luchte, *Kant's Critique of Pure Reason* (Bloomsbury Publishing, 2007).

5 —— 헤겔의 이론은 다음을 참조. 군나르 시르베크·닐스 길리에, 《서양철학사》, 윤형식 역 (이학사, 2016); Georg Willhelm Friedrich Hegel, *The Phenomenology of Spirit*, Michael Inwood(trans.), (Oxford University Press, 2018); Walter Kaufmann, *Hegel: Reinterpretation, Texts, and Commentary* (Doubleday & Company, 1965).

6 —— Douglas Hedley, "Theology and the Revolt against the Enlightenment" in Sheridan Gilley & Brian Stanley (ed.), *The Cambridge History of Christianity: World Christianities, c.1815-c.1914* (9 vols, Cambridge University Press, 2006), VIII, 39.

7 —— 키르케고르의 이론은 다음을 참조. 메럴드 웨스트팔, 《키르케고르: 신앙의 개념》, 이명곤 역 (홍성사, 2018); Alastair Hannay &; Gordon Marino, *The Cambridge Companion to Kierkegaard* (Cambridge University Press, 1997). Søren Kierkegaard, *Concluding Unscientific Postscript to Philosophical Fragments*, Howard and Edna Hong(trans.), (Princeton University Press, 1992).

8 —— Thomas Robert Malthus, *An Essay on the Principle of Population* (2 vols, Printed for J. Johnson, 1807), I, 29-30.

9 —— 배영수 편, 《서양사강의》, 248-249.

10 —— E. P. Thompson, *The Making of the English Working Class* (Penguin,1991), 237.

11 —— David Bebbington, "the Growth of Voluntary Religion", in Sheridan Gilley & Brian Stanley (ed.), *The Cambridge History of Christianity: World Christianities, c.1815-c.1914* (9 vols, Cambridge University Press, 2006), Ⅷ, 53-54.

12 —— Hugh McLeod, *Religion and Society in England, 1850-1914* (St. Martin's Press, 1996), 11-13.

13 —— McLeod, *Religion and Society in England, 1850-1914*, 20-30.

14 —— David Bebbington, *Evangelicalism in Modern Britain, A History from the 1730s to the 1980s* (Routledge, 1999), 2-17.

15 —— Bebbington, "the Growth of Voluntary Religion", 58.

16 —— Bebbington, "the Growth of Voluntary Religion", 58.

17 —— Delia Davin, "British Women Missionaries in Nineteenth-Century China", *Women's History Review*, vol. 1 (1992), 260-261.

18 —— McLeod, *Religion and Society in England, 1850-1914*, 79-80.

19 —— Douglas A. Reid, "Religion, Recreation and the Working Class: Birmingham, 1844-1885", *Bulletin of the Society for the Study of Labour History*, vol. 51 (1986), 9-10.

20 —— Sally Mitchell, *Daily Life in Victorian England* (Greenwood Press, 1996), 250-252.

21 —— Alun Howkins, *Poor Labouring Men* (Routledge & Kegan Paul, 1985), 39.

22 —— James Obelkevich, *Religion in Rural Society: South Lindsey 1825-1875* (Clarendon Press, 1976), ch.6.

세속화, 그리스도교, 학문(과학, 역사)

8

19세기 말로 갈수록 그리스도교의 교세가 줄어들고 영향력이 감소했다는 '세속화 테제'는 지금까지도 큰 틀에서 받아들여지고 있다. 이 시기에 그리스도교의 세력 감소가 있었던 것은 사실이지만, 그럼에도 실제 어느 정도였는지 그리고 이 현상의 본질이 무엇인지에 대해서는 이론이 분분하다. 《프로테스탄티즘의 윤리와 자본주의 정신(Die protestantische Ethik und der 'Geist' des Kapitalismus)》(1905)이라는 고전을 쓴 막스 베버는 세속화를 서구 근대문명의 주요 특징으로 보면서 세계의 합리화, 관료화 개념의 판단 기초가 된다고 말하였다. 프랑스의 사회학자 에밀 뒤르켐(David Émile Durkheim)은 근대 사회의 근본적인 구조적, 조직적, 특징이 형성되는 과정으로 세속화를 제시하였는데, 그에 의하면 근대 사회는 사회 조직에 새로운 도덕적 의무를 부과함과 동시에 그 안에 신화적 요소의 자리를 줄여 가는 특징을 가지고 있었다. 브라이언 윌슨(Bryan Wilson), 데이비드 마틴(David Martin) 같은 영국 사회학자들은 북미와 유럽에서의 그리스도교 쇠퇴가 산업사회에서 종교의 줄어드는 중요성을 보여 주는 것이라는 해석을 내렸다.[1]

이러한 해석들은 사회·경제적 변화와 관련된 일반 사회학적 이론 안에서 역사가들이 종교 조직과 제도의 쇠퇴 현상을 설명할 수 있는 틀을 제공하였지만, 몇 가지 한계를 보였다. 우선 '세속화 이론'들은 세속화를 서구 근대 사회를 이루는 필수적인 요소로 파악하는 경향이 있다. 그리고 그것은 서구 문명의 팽창이 피할 수 없는 역사적 진보였던 것처럼 세속화 정신 또한 서구 문명과 함께 전 세계적으로 퍼져 왔다고 전제한다. 또한 세속화 이론가들은 세속화를 합리성과 연결시키기 때문에 종교를 사적이고 신화적인 영역과 연결시키는 경향이 있다. 이런 시각의 연장선에서 보면 현대인의 삶에서 신비한 무언가가 차지하는 자리가 줄어들수록 종교가 개인의 삶에 끼치는 영향력 또한 계속 줄어들고 있었다.

이런 문제의식에 기초하여 19세기 서구 사회의 변화를 재해석하는 이론들이 등장하였다. 그중 첫 번째는 B. R. 윌슨(B. R. Wilson)으로 대표되는 변형 이론(the theory of transformation)이다. 윌슨은 종교를 '초자연인 범주에 속하는 것과 관련된 일련의 믿음'으로 보는 세속화 이론의 전제를 거부하며, 대신 종교를 성스러운 무언가와 관련된 일련의 믿음과 관습의 통합체계라고 주장한다. 그리고 근대 사회에 적어도 이런 믿음과 관행은 존재했다고본다. 로버트 벨라(Robert Bellah)는 재배치 이론(the theory of relocation)을 주장하였다. 그는 근대 사회에서 교회의 입지가 축소된 것이 사회에서 신앙의중요성이 쇠퇴했다는 증거는 아니라고 주장하면서, 대중적 신앙은 사라진것이 아니라 교회 같은 기존 조직에서 종교단체 및 기관으로 재배치되었다고 주장한다. 찰스 글록(Charles Glock)은 분기 이론(the theory of divergence)을 주장하였다. 그는 근대 사회의 종교적 헌신의 다차원적인 모습을 가정하면서, 각 수준에서 차등적인 세속화가 있었음을 주장한다. 예를 들어 중간계급이 종교 생활의 여러 행태들 중 예배 참석이나 헌금 같은 사회적 지위와 수입이 가장 잘 드러나는 분야에서 헌신했다면, 하류층은 예배에는 참석하지 않았지만 사적인 수준에서 경건활동은 계속하고 있었던 것이다. 로드니 스타크(Rodney Stark)는 자기 제한 모델('self-restricting' model of secularization)을 주장하였다. 이 이론은 세속화를 종교 조직과 세속 권력 간의역할 조정의 결과로 본다. 이런 과정은 종교 단체를 좀더 세속적이게 만들었지만, 이것이 사회의 일반적 세속화를 의미하는 것은 아니었으며 종교 조직의 세속화가 종교 자체의 쇠퇴를 의미하는 것도 아니었다.[2]

이러한 이론들의 영향으로 이제 세속화 현상에 대한 전통적 견해가도전받고 있다. 재배치 이론의 영향으로 대부분의 역사가는 교회 대중 인원의 감소와 종교의 사회적 영향력 감소를 더 이상 동일시하지 않게 되었다. 또한 분리 이론 때문에 정기적 예배 생활에 대한 노동계급의 무관심을재해석하게 되었고, 자기 제한 모델의 영향 하에 산업도시 주변 종교단체들의 실제 상태에 대해서 조사하기 시작했다. 이상의 이론들과 새로운 증거들을 종합해 보면 산업화, 도시화, 합리화가 거스를 수 없는 보편적인 세속화현상을 일으켰다는 전제는 재해석될 필요가 있다. 무엇보다 산업화 같은현상이 항상 종교적 쇠퇴를 이끌었던 것도 아니었다. 그것은 오히려 영혼의 위로가 필요한 새 계층을 만들어 내어 그리스도교에 새로운 기회를 제공하기도 했다. 우리는 세속화 현상을 분석하기보다 전제하는 경향이 있다.

또한 이런 이론과 증거들은 세속화가 불균등한 현상이었음을 말해 준다. 세속화는 지역에 따라, 세대에 따라 차이를 보이는 고르지 못한 과정이었다. 예를 들어 지역적 차원에서 잉글랜드 북부 산업화지대와 남부의 농업지대에서 세속화 정도는 큰 차이를 보였고, 사실 같은 지역 안에서도 세부 영역별로 세속화 과정은 속도와 정도에서 큰 차이를 보였다.

아래서 자세히 살펴보겠지만, 학문의 영역에서도 세속화가 거역할 수 없는 흐름은 아니었다. 19세기에도 일단의 학자들이 종교와 과학/역사를 조화하려 적극적으로 노력하였다. 결과적으로 보면 이런 시도는 실패한 것 같지만, 실제로 일어난 일은 학문의 세계에서 그리스도교가 배제된 것이 아니라, 그 독점적 위치가 깨져서 계시와 학문을 바라보는 시각이 다양화된 것이었다. 19세기에 학문 영역이 완전히 세속화된 것처럼 보는 것은 이 복잡한 과정을 지나치게 단순화한 측면이 있다. 19세기에 세속화 과정은 이제 막 각 영역으로 침투를 시작한 것이었으며, 이 과정은 지금까지도 계속되고 있다.

그리스도교와 과학

근대 사회에 이르러 과학과 그리스도교의 관계는 적대적으로 상정되거나 혹은 과학이 그리스도교에 끼친 영향이 강조되는 경향이 있었다. 사실 19세기 중반까지도 가톨릭·프로테스탄트 양 진영에 속한 과학자의 상당수는 과학과 종교의 갈등을 느끼면서도 그것이 조화가 불가능한 정도는 아니라고 보고 있었다. 일부는 과학 안에 종교를 조화시키려 했고, 또 다른 일부는 반대 방향의 시도를 하였지만, 성경과 자연과학이 불일치한다고 생각하지 않은 점에서는 여전히 공통점을 가지고 있었다.

그러나 과학-종교 관계가 내재적으로 충돌한다는 시각도 점차 성장하였다. 물리, 화학, 역사 등에 해박한 지식을 가지고 있었던 존 윌리엄 드래퍼(John William Draper, 1811-1981)는《종교와 과학의 충돌의 역사(History of the Conflict between Religion and Science)》(1905)에서 신학과 과학적 발견 사이의 갈등이 양자의 관계 속에서 필연적인 것이라고 설명하였다. 국교회 배경을 가지고 있는 역사가이자 코넬 대학교의 설립자 중 한 명이었던 앤드류 딕슨 화이트(Andrew Dickson White)는 코넬 대학교가 종교의 계시에 따라 재단되지 않은 진리를 추구하는 "과학의 피난처"가 될 것이라 선언하기도 하였다.[3]

사실 과학–종교의 관계를 바라보는 시각을 조화 혹은 적대 두 가지로만 환원할 수 있는 것은 아니었다. 당시 대부분의 과학자가 성경의 내용과 과학적 발견의 충돌을 느낀 점, 그럼에도 양자를 최대한 종합하는 설명을 시도한 점에서, 그들의 입장은 두 가지 태도 사이의 어딘가쯤에 위치하고 있었다. 예를 들어 창세기 1장에 나오는 6일 창조기사에 대한 당시 학자들의 접근은 조화와 적대 사이에 넓은 스펙트럼을 보이고 있었다. 조셉 타운센트, 제임스 파킨슨, 존 기드 같은 일련의 지질학 및 고생물학 연구자들은 '1일–1연대' 해석을 주장하였다. 이들은 창조 후 4일까지 해와 천체가 없었기 때문에 1일이 우리의 24시간이 아닌 것을 근거로 1일(day)을 1연대(age)로 해석하였다. 그리고 루터교 배경을 가지고 있던 생물학자 요한 안드레아스 바그너(Johann Andreas Wagner, 1797–1861)는 창세기 1장 1절("태초에 하나님이 천지를 창조하시니라")과 2절("땅이 혼돈하고 공허하며") 사이에 간극이 존재하고, 이 중간 시기에 지질학적 연대가 지나갔다고 주장하기도 했다. 가톨릭 신학자 중에는 프리드리히 미켈리스(Friedrich Michelis, 1815–1886)처럼 6일이 연속된 시기가 아니라 신의 창조 활동의 서로 구분되는 6개의 순간들로 해석한 사람도 있었다.[4] 이런 해석에서 천지창조는 실재 사실의 연대기가 아니라 오히려 신의 창조 원리의 설명에 가까웠다. 이러한 예들은 지질학적 발견 이후 과학의 영역에서는 무신론적 시각이 일방적으로 승리하고 교회는 신학적으로 문자적 해석만을 고수한 것처럼 볼 수 없음을 말하고 있다.

그럼에도 성경을 기준으로 과학을 해석하려는 시도는 점차 약화되고 반대로 과학적 발견에 맞추어 성경을 보는 시각을 조정하려는 경향이 서구 근대 사회에서 분명해졌다. 또한 19세기에 이르면 성경을 문자적으로 해석하는 경향은 약해지고, 이른바 '고등비평(higher criticism)'이 발달하게 되었다. 성경 비평은 애초에 여러 사본 간의 차이를 규명하고 난해한 구절을 해석하기 위해 시작되었으나, 이 시기에 이르면 여기에 역사성이라는 잣대가 더해져서 고대 사본의 기원 및 역사적 의미를 탐구하는, 보다 높은 수준에서 비평이 행해졌다. 이런 배경에서 고대 세계의 홍수 발생, 구약 첫 오경의 모세 저술 등 그동안 당연히 받아들여지던 지식이 역사적 연구의 대상이 되었고, 성경의 설명이 옳은지 설명하기 위해 지질학, 인류학, 고고학, 고생물학 등 비신학적 학문의 탐구 비중이 높아졌다. 아래에서는 이러한 흐름을 배경으로 19세기에 우주와 인간을 바라보는 시각에 어떠한 변화가 생겼는지 살펴보도록 하겠다.

 ## 우주의 설계에 대한 시각

고대 그리스인들이 '질서 있는 우주'라는 뜻의 코스모스(Cosmos)라는 단어를 사용한 이래 오랫동안 서구인들은 우주와 세계 안에 질서 체계가 있다는 개념을 유지하였다. 그러나 장기 19세기(The long 19th century) 기간 동안 자연세계에 정교한 질서의 '설계' 흔적이 있다는 생각이 약화되었다.★ 이는 자연 생물체의 각 기관들은 그 외형만으로 그 설계자의 사용 목적을 유추할 수 있다는 기능주의(functionalism)적 해석이 약화되는 과정과 맥을 같이했다. 19세기 초만 해도 루터교 신앙을 가졌던 조르주 퀴비에(Georges Cuvier, 1769~1832) 같은 고생물학자는 하나의 형태에서 다른 형태로 점진적으로 변화한 예를 발견하지 못했다면서 종(種) 사이의 점진적 진화 이론을 비판하였다. 그는 다른 종에 속하는 생물들의 기관(organ)의 유사성을 알기 위해 얼마큼 비슷하게 생겼는가보다는 각 기관의 기능에 초점을 맞추었다.[5]

★──── 장기 19세기란 프랑스혁명이 시작된 1789년부터 제1차 세계대전이 시작된 1914년까지의 시기를 문화적으로 동일한 세기로 파악하는 개념이다.

종 사이의 점진적 진화 이론을 비판한 조르주 퀴비에

이런 기능주의적 해석은 신의 특별한 목적을 가진 설계를 지지하는 함의가 있었다. 영국에서는 윌리엄 페일리(William Paley, 1743-1805)가 자연의 설계 개념을 주장하면서 종 사이의 변형을 비판하였고 8대 브리지워터(Bridge-water) 백작인 프랜시스 에거튼(Francis Egerton)의 주도로 설계 프레임 안에서 자연세계를 탐구하는《브리지워터 논문집(Bridgewater Treatises)》이 출판되었다. 토머스 챌머스(Thomas Chalmers), 존 키드(John Kidd) 등이 참여한 이 프로젝트는 1833년부터 1840년의 기간 동안 총 8권의 책을 통해 인간의 지성, 외부 자연, 천문학, 수학, 동물계, 지질학, 화학 등의 분야에 나타난 신의 설계를 설명하려 하였다.[6]

비슷한 시기에 이런 기능주의적 설계이론에 대한 비판이 제기되었다. 프랑스의 식물학자 장 밥티스트 라마르크(Jean-Baptiste Lamarck, 1744-1829)와 동물학자 에티엔 제프루아 생틸레르(Étienne Geoffroy Saint-Hilaire, 1772-1844) 등이 유기적 다양성을 주장하기 위해 기관의 기능보다 형태의 유사성을 강조하며 퀴비에의 신적 설계를 전제로 한 주장들을 반박했다. 이들은 퀴비에가 상대적으로 좁은 시간 간격을 가진 화석들을 비교한 것을 비판하며(퀴비에는 고대 이집트의 고양이 미라를 발견해 지금의 고양이와 비교하였다), 한 종에서 다른 종으로의 변형이 훨씬 더 긴 시간 구조 속에서 점진적으로 일어난다고 주장하였다.[7]

영국에서는 스코틀랜드의 의사이자 생물형태학자인 로버트 녹스(Robert Knox, 1783-1862)가 《브리지워터 논문집》 출판 프로젝트에 참가한 학자들을 "극단적인 목적주의 학파"라고 비판하였다. 그는 한 종(A)에서 다른 종(B)으로의 변이를 보여 주는 '(A)종-(B)종'과 유사한 형태를 가진 중간 단계의 화석이 발견되지 않는다는, 기존에 점진적 진화론이 비판받던 지점을 극복하려 하였다. 녹스는 《인간의 종족(The Races of Men)》(1850)에서 생태계의 종들이 오랜 기간 안정적으로 있다가 짧은 기간 일종의 멀리뛰기를 해서 다른 종으로 진화되었다는 '도약진화론(saltatory evolution)'을 주장하기도 했다.[8]

이 새로운 이론들은 다른 종에 속한 생물들의 기관의 기능을 보고 유사성을 판단하기보다, 형태적으로 유사한가 여부에 집중함으로써 기존의 '기능주의'가 가졌던 과학적 가치를 상실시켰다. 이전의 생물학자들이 어류, 조류, 양서류, 포유류의 골격구조가 가진 각각의 독특한 기능에 집중하여 각각이 특별한 다른 목적으로 설계되었다고 보았다면, 기능주의의 비판자들은 이들 동물들이 척추동물로서 가지는 형태적 유사성에 집중하여 종 간의 점진적 변형을 설명하는 근거로 사용한 것이다.

오랜 시간 서구 그리스도교 세계에는 이성과 자연에 대한 경험을 통해 신의 존재를 알 수 있다는 자연신학의 개념이 존재했다. 고대 로마 시기에는 마르쿠스 바로(Marcus Terentius Varro)가 일상과 자연의 경험을 통해 신적 존재를 체험할 수 있다고 주장했고, 중세 신학을 확립한 토마스 아퀴나스도 자연 속에 드러난 신의 흔적을 통해 신의 존재를 입증할 수 있다고 생각하였다. 윌리엄 페일리(William Paley, 1743-1805)는 자연신학에 관한 책을 저술하였고(1802년), 브리지워터 프로젝트도 자연신학의 배경을 가지고 있었다. 그러나 19세기에 들어서서 자연세계가 어떤 질서를 가지고 설계되었다는 생각이 약화되었고 과학적 담론에서 '설계'라는 단어는 점차 사라지게 되었다. 우주론에서 '설계' 개념이 약화되는 것은 전통적인 자연신학의 쇠퇴를 의미하는 것이기도 했다. 유럽 대륙에 비해 아직 영어권에서는 자연신학적 전통이 좀더 지속되었지만 19세기 말로 갈수록 자연 속에 드러나는 신의 목적과 설계에 대한 확신은 점점 사라져 갔다.

 ## 인간관의 변화

우주를 바라보는 시각에서 설계의 개념이 약화되면서 인간을 바라보는 시각에도 변화가 생겼다. 18세기 중반까지만 해도 그리스도교 신앙을 가진 과학자들은 신의 형상에 따른 인간의 창조를 근거로 인간의 영혼이 동물과 다르다고 보았고, 창세기에 나오는 노아 후손의 계보를 근거로 인류가 공동의 기원을 가진다고 생각하였다(사실 이를 적극적으로 주장하기보다 이런 오래된 생각에 크게 이의를 달지 않았다). 그러나 인간을 포함한 자연세계가 신의 특별한 설계로 만들어졌다는 전제가 흔들리면서 인간이 독특한 존재인 이유는 무엇인지 의문이 제기되기 시작하였다. 유럽 대륙에서는 유물론에 영향받은 과학이 발달하면서 인간의 영혼이 두뇌라는 기관으로부터 독립된 실체가 아니라 이 기관의 생리학적 작용의 결과물이라는 생각이 퍼지고 있었다. 인간 고유의 특징을 밝히기 위해 독일의 해부학자 루돌프 바그너(Rudolf Wagner)는 친구였던 천재 수학자 카를 프리드리히 가우스(1777–1855)의 뇌 샘플을 연구했고, 프랑스에서는 뇌해부학자 폴 브로카(Paul Broca)가 1880년까지 7,000개 이상의 뇌 샘플을 면밀히 분석하였다. 이들은 '영혼의 기관'으로 여겨졌던 뇌를 연구해 다른 동물과 비교되는 인간 고유의 특징을 밝히려 하였으나 결과적으로 실패하였다.[9]

　19세기 전반부에 영국에서 진행된 종의 전환(transmutation of species)에 관한 치열한 논쟁은 1859년 11월 찰스 다윈의《종의 기원》출판 이후 진화에 관한 논쟁으로 전환되었다. 대표적인 사례가 1860년 6월에 옥스퍼드 대학교에서 열린 진화론 논쟁이었다.《종의 기원》출판 후 7개월이 안 된 시

인간 고유의 특징을 밝히기 위해 가우스의 뇌를 연구한 바그너

점에서 영국의 저명한 과학자들과 철학자들이 참여한 이 논쟁은 양측의 대표주자인 다윈식 진화론을 옹호하는 토머스 헨리 헉슬리(Thomas Henry Huxley)와 그것을 강하게 비판한 새뮤얼 윌버포스의 이름을 따라 '윌버포스-헉슬리 논쟁'으로 불리기도 한다. 이 논쟁 자체는 어느 한쪽의 일방적 승리는 아니었다. 오히려 윌리엄 윌버포스의 셋째 아들로 옥스퍼드의 국교회 주교였던 새뮤얼 윌버포스는 당대 가장 유명한 연설가였던 반면, 헉슬리는 연설 능력이 신통치 않았기 때문에 회중에게 강렬한 인상을 주지 못했다. 또한 다윈식 진화론은 아직 정립 중이었기 때문에 당대의 유명 생물학자였던 로버트 오언(Robert Owen)이나 지질학의 권위자 애덤 세드윅(Adam Sedgwick) 같은 저명한 과학자들은 증거 부족을 이유로 진화론의 반대편에 가담하기도 했다.[10]

사실 1860년의 옥스퍼드 논쟁은 향후 진행될 인간의 기원과 '종교-과학'의 관계를 둘러싼 더 치열한 논쟁의 시작점에 불과하였다. 이후 헉슬리와 로버트 오언은 3년에 걸쳐 인간의 기원에 관한 학술적 논쟁을 이어 갔고, 이를 통해 다윈의 진화론에 근거하여 인간과 동물의 해부학적 차이를

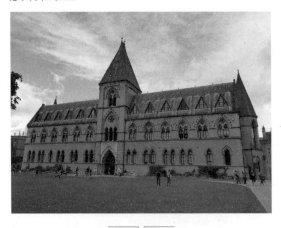

윌버포스-헉슬리 논쟁이 열렸던 옥스퍼드 대학교 자연사박물관

부정한 헉슬리의 주장이 좀더 주목을 받게 되었다.[11] 진화론 논쟁은 다윈
식 진화론이 좀더 널리 인정받는 기회가 되었지만, 나아가 과학 지식의 진
보가 종교적 권위에 의해 방해받아서는 안 된다는 명제가 확립되는 계기가
되기도 했다. 아마도 이 논쟁에서 가장 유명한 부분은 윌버포스가 헉슬리
에게 당신도 고릴라의 후손이냐고 물으며 비아냥거리자, 헉슬리가 "자신의
뛰어난 연설 능력과 종교적 권위를 자유로운 논의를 억압하는 데 사용하는
사람이 되느니 유인원의 친척이 되겠다"고 말한 부분일 것이다.[12] 헉슬리의
연설은 전반적으로 임팩트가 약했지만 이 답변이 주었던 울림은 이 논쟁을
지켜본 다수의 증인이 인상 깊게 기억하고 있었다.

결과적으로 다윈의 진화론을 둘러싼 논쟁 이후 그리스도교 신앙을
가진 과학자들 사이에서도 인간의 독특성을 생물학적으로 밝히려는 시도
는 확연히 약화되었다. 그러나 그것은 인간의 생물학적 특성과 영혼의 존
재를 부정한 것이라기보다 과학적 사실을 종교적 시각으로 재단하려는 시
도의 약화라고 보는 것이 더 정확할 것이다. 당시에도 어떤 과학적 발견을
인정하는 것과 특정한 종교적 입장을 가지게 되는 것은 여전히 또 다른 세
계관적 선택의 문제였다. 다윈과 헉슬리는 생명체가 어떻게 기원하여 변형
되어 왔는지를 과학적 연구방법을 통해 입증하였는데, 과학의 영역에서 이

루어진 이러한 발견에 기초하여 당대 사람들의 일부는 신이 인간을 창조한 것 자체를 부정하는 '진화주의자'가 되었지만, 또 다른 일부는 진화를 신이 생물을 창조했던 방식으로 받아들여 '진화 유신론자'가 되기도 하였다. 19세기의 유명 식물학자였던 아사 그레이(Asa Gray)를 포함하여 일단의 칼뱅주의자들이 진화를 창조를 설명하는 방식 중 하나로 받아들였던 것은 주목할 만한 사실이다.[13]

근대 서구 사회에서 발달한 지질학적·생물학적 발견이 획일적으로 과학자는 무신론자로, 신학자는 유신론자로 만든 것은 아니었다. 19세기 이후 서구 사회에서는 과학계가 보는 종교와 과학의 관계만큼이나 신학의 입장에서 보는 양자의 관계도 복잡한 층위를 가졌다. 그런 의미에서 19세기에 일어난 일은 과학적 발견과 세계관의 분리에 가까웠다. 이전까지는 과학적 발견이 그리스도교 세계관의 테두리 안에서 해석되었으나 이제 다른 세계관과 복합적으로 연결될 수 있게 된 것이다.

그리스도교와 역사

19세기 초까지는 과학과 마찬가지로 역사적 해석 또한 종교적 권위에서 자유롭지 못했다. A. 클라크(A. Clarke)는 1825년 출판된 《성경주석(the Holy Bible with a Commentary and Critical Notes)》에서 나폴레옹의 몰락을 다니엘서 7장 25절에 나오는 "한 때(a time)"의 마감으로 해석하였고, 23절의 "네 번째 왕국"을 교황제에 대입하여 설명하였다.[14] 이런 문자적 해석과 과도한 현실 적용은 당시에도 의구심을 일으켰지만, 대다수의 그리스도교인은 적어도 역사를 신의 섭리에 비추어 해석하는 것을 당연히 여겼다. 1807년 토머스 클락슨이 출판한 《노예무역 폐지 운동의 역사》는 영국 제도의 각 지역과 아메리카 식민지를 연결하는 반노예제 운동가들의 네트워크 형성을 신의 섭리로 바라보았고, 1830년에 출판된 헨리 밀먼(Henry Milman)의 《유대인의 역사(The history of the Jews)》도 구약의 내용과 신약의 예언을 기초하여 유대인의 역사를 서술하였다.

그러나 이런 역사서술이 전제하고 있는 성경의 역사성은 19세기부터 유럽 대륙에서 고고학과 중동 고대사에 대한 연구가 발달하면서 흔들리기 시작하였다. 독일의 드 바테(W. M. L de Wette)는 모세오경의 상당 부분이 비역사적인 서술이라고 주장해서 1819년에 베를린 대학의 교수직에서 해임되기도 했다. 그러나 그에게 영향받은 학자들이 일련의 학파를 이루었다. 빌헬름 바트게(Wilhelm Vatke)와 하인리히 에발트(Heinrich Ewald)는 구약의 역사성을 상당 부분 부정했다. 특히 에발트는 모세오경과 여호수아서의 원 기록에 새로운 사료를 추가한 편집자가 적어도 여섯 명 이상 존재했고, 이 편집 과정이 600-700년 정도 걸렸다고 주장하였다. 스트라우스(D. F. Strauss)는 신약으로 눈을 돌려 복음서의 사료가 본질적으로 '관념적'이라고 주장하면서 역사 사료로서의 가치에 의문을 제기하였다.[15]

1867년 에발트의 역사 서술이 영국에 번역되어 들어오면서 자유주의적 신학관을 가진 학자들에 의해 성경을 이루는 사본들의 형성 과정과, 기록 내용의 신뢰성을 탐구하는 고등비평이 수용되기 시작하였다. 특히 당시에는 모세오경에 관한 새로운 문서비평(documentary hypothesis) 해석의 파장이 컸다. 모세가 오경의 거의 모든 부분의 저자라는 사실은 초대교회 이전부터 근대에 이르기까지 대다수의 사람들이 인정하고 있었다. 그러다가 18세기 중반부터 모세오경의 진본성에 대한 의문이 제기되었다. 프랑스의 의학자였던 장 아스트뤽(Jean Astruc, 1684-1766)은 창세기에서 신을 때로 '하나님(God)'이라 하고 때로는 '야훼(Jehovah)'라고 지칭하는 것에 주목하여 모세가 최소 두 가지 자료를 가지고 썼다고 주장하였다. 이런 문서비평을 본격적으로 발달시킨 것은 에발트의 제자 율리우스 벨하우젠(Julius Wellhausen, 1844-1918)이었다. 그는 1878년 출판된 《이스라엘 역사 입문(Prolegomena zur Geschichte Israels)》에서 오경이 모세 시대보다 훨씬 후에 생성된 J(야훼 문서, 기원전 850경 생성), E(엘로힘 문서, 기원전 750경 생성), D(신명기 문서, 기원전 620경 생성), P(사제 문서, 기원전 500경 생성) 등 네 가지 자료를 가지고 편집되었고 바빌론 포로 귀환 이후 시대에 이르러 지금 형태의 오경으로 정립

문서비평을 발전시킨 벨하우젠

되었다고 주장하였다.[16] 이런 주장들은 모세오경을 기원전 2000-1000년 사이가 아닌 후기 왕조나 포로 시대의 상황을 반영하는 문서로 만들어 그 역사성을 축소하고, 나아가 오경을 넘어 구약의 대부분을 실제 알려진 시기보다 훨씬 뒤에 써진 후대의 편집물로 만드는 결과를 낳았다.

물론 벨하우젠과 그의 제자들이 발달시킨 이론에 대한 비판도 제기되었다. 20세기에 들어서 동일한 신적 대상을 부르는 방식에 따라 자료를 나누는 것이 얼마만큼 정확한 구분인지 학문적 회의가 등장하였고, P자료가 J자료 작성 과정에 들어왔다고 보아 둘의 차이를 무시하는 학자들도 생겨났다. 또한 편집 과정의 존재가 '진본성'과 '역사성'을 떨어뜨린다는 전제도 비판받았다.[17] 사실 대부분의 사료는 어느 정도는 후대에 의해 일부 수정 및 보완 과정을 거쳐 기록물로 남게 된다. 이런 과정을 통해 모세가 남긴 기록 자체의 존재를 의심하거나 그 역사성을 단정적으로 부정하기보다 모세의 중심 메시지가 시대의 흐름 속에서 어느 정도 유지되었는지 살펴보는 것도 의미 있는 역사적 접근방식일 것이다.

'장기 19세기'로 불리는 1815-1914년 사이에 성경을 바라보는 역사학계의 시각은 크게 흔들렸지만, 성경 기록의 역사성이 보편적으로 거부된 것은 아니었다. 링컨의 국교회 주교가 되는 크리스토퍼 워즈워스(Christopher Wordsworth)는 1865년에 출판한 《창세기와 레위기 주석(Genesis and Exodus: with notes and introduction)》에서 구약성경의 역사성을 강조하였고, 라이트풋(J. B. Lightfoot), 웨스트콧(B. F. Westcott), 호트(F. J. A. Hort) 등 케임브리지 출신 신학자들은 바우어(F. C Baur)가 주장한 신약성경의 2세기 편집설을 부정하였다. 드라이버(S R. Driver)는 1904년에 출판한 《창세기 주석(The Book of Genesis with introduction and notes, Westminster Commentaries)》에서 과학적 발견과 성경 사이에 근본적인 충돌이 있다는 견해를 논박하기도 했다.[18]

그럼에도 불구하고 성경에 대한 새로운 역사적 비평의 등장 이후 성경과 관련된 역사서술은 이전과 같을 수 없었다. 벨하우젠 이후 발달한 문서비평은 20세기 후반까지도 모세오경을 해석하는 중요한 모델로 역할하였다. 그것은 자유주의 신학자들에게는 성경 해석의 기준이 되었다. 그들은 오경에 복수의 주요 사료가 있고, 그 자료들의 대부분이 모세 시대보다 훨씬 뒤에 기록되었다는 전제 아래 성경 해석을 발전시켰다. 그러나 문서비평은 또한 구약을 보수적 시각으로 해석하는 학자들에게도 영향을 주었다. 보수 신학자들도 이전의 비평학적 접근을 의식하여 성경 해석 이론을 발전시키게 된 것이다. 이들이 모세오경의 통일성과 역사적 진본성을 주장할 때 그것은 자유주의적 성경 해석에 대한 비판을 전제하고 있다.

 ## 역사 발전의 문제

18세기는 계몽주의의 시대였다. 이 시기에 이성과 자연을 긍정적으로 바라보았던 계몽주의 역사가들은 지리, 기후, 경제, 사회, 인간을 종합적으로 바라보려 하였다. 또한 계몽주의자들은 인간 기술의 진보에 대한 확신을 가지고 있었으며, 그 결과물을 역사 서술에 충실히 반영하려 하였다. 그래서 계몽주의 시대에 역사를 바라보는 시각에 변화가 생겼다. 우선 식물학과 지질학 연구가 발달한 결과 많은 이들이 구약성서가 주장하는 것보다 세상이 훨씬 오랜 역사를 가지고 있다고 생각하게 되었다. 이는 그동안 인류의 기원과 역사의 시작에 대한 서술에서 주연배우에 해당했던 신의 역할의 재설정을 요구하였다. 다수의 역사가들은 여전히 인류 역사의 발달 경로를 미묘하게 조종하고, 그 역사의 원인으로 작동하는 '신의 섭리'를 주장하였지만, 다른 역사가들은 신을 배제하기 시작하였다. 그러나 섭리를 포기한다 해도 대부분의 역사가에겐 여전히 인과관계를 설명하기 위한 이론이 필요했다.

일부 계몽주의 지식인들은 어떤 중대한 사건도 계획되거나 의도되지 않는다고 주장하였다. 프랑스의 계몽사상가 볼테르가 저술한 《브라만과 예수회 수사의 대화(Dialogue between a Brahmin and a Jesuit)》에는 한 브라만의 이야기가 나온다. 이 인도 성직자가 왼발을 잘못 디뎌 친구가 물에 빠져 죽었는데, 그의 죽음 후 아내는 아르메니안 상인과 도망쳤고 딸은 한 그리스인과 결혼하게 되었는데, 이들의 딸이 프랑스에 정착해 앙리 4세를 암살한 프랑소와 라바약(François Ravaillac)의 아버지와 결혼하게 되었다는 것이다. 볼테르가 제시한 이 가상의 사건에서 인과관계의 고리는 존재했지만 그것이 누군가의 의도대로 되었다고 보기는 매우 어려운 것이었다.[19]

그러나 계몽주의 시대에도 다른 부류의 역사가들은 '우연'보다는 더 복잡한 역사적 인과관계의 유형을 제시하였다. 예를 들어 《로마제국 쇠망사》를 저술한 에드워드 기번(Edward Gibbon, 1737-1794)은 로마제국의 흥망성쇠라는 거대한 사건을 우연 같은 단일한 인과관계 유형으로 설명할 수 없다고 생각하였으며, 따라서 역사적 사실을 구성하는 복잡하고 이질적인 요소 간의 무수히 많은 인과관계를 상정하였다.[20] 기번이 쓴 로마사의 내용과 주장 자체는 새로운 주장과 설명들로 대체되고 있지만 그의 역사적 인과관계에 대한 접근은 지금까지도 역사 서술의 주요 방식으로 참고되고 있다. 기번은 사람들이 역사 속에서 신의 섭리를 포기해도 역사가들은 인과관계의 설명을 포기할 수 없고, 그 인과관계를 꼭 단일한 것으로 상정할 필요도 없음을 알려 주었다.

19세기의 가장 영향력 있는 역사가인 레오폴트 폰 랑케(Leopold von

'근대 역사학의 아버지' 랑케

Ranke, 1795-1886)는 계몽주의자들의 주관적 상상력에 근거해 역사적 인과관계를 재구성하려는 시도를 극복하려 하였다. 그는 역사적 인과관계의 추적 과정에서 여러 요인 사이의 주관적인 짝짓기 시도를 배제하고, 정밀한 증거 조사에 따른 '과학적' 입증 방식을 주장하였다. 그는 오직 신중한 문헌 분석을 통해 '그것이 실제로 어떠했는지'만 말할 수 있길 바랐다.[21] 랑케의 역사서술에서 역사가들의 해석이 차지하는 비중은 현저히 낮아졌지만, 그럼에도 그의 등장 이후 대부분의 역사가는 신중한 사료 분석을 통해 역사적 인과관계의 실체에 접근할 수 있다는 생각을 하게 되었다.

20세기에 이르러서 E. H. 카(E. H. Carr, 1892-1982)는 랑케 식의 '있는 그대로의 과거(Wie es eigentlish gewesen)'에 대응하여 역사가의 해석을 다시 강조하였다. 사실 카의 정확한 입장은 역사적 사실과 역사가의 해석의 중간 정도에 위치한 것이었다. 그는 역사가는 "사실의 천한 노예도 아니오, 억압적인 주인도 아니다"라고 말하면서 "역사란 결국 역사가와 사실 사이의 부단한 상호작용의 과정이며 현재와 과거 사이의 끊임없는 대화"라는 유명한 명제를 남겼다.[22] 카도 역사의 인과관계에서 신을 제거하였지만, 신이 빠졌음에도 역사를 추동하는 힘이 여전히 존재하고 역사가 발전한다는 생각

《역사란 무엇인가》의 저자 E. H. 카

을 유지하였다. 카는 자연계의 진화와는 달리 역사 속에서 인간은 여러 세대의 경험을 배우고 그것에 자신의 경험을 결부시킴으로써 진보를 이루어 왔다고 보았다. 그에게 "역사는 (이전에) 획득된 기량이 세대에서 세대로 전승되는 것을 통해서 이뤄지는 진보"로 해석되었다. 그래서 그의 역사관에서 역사를 이끄는 초역사적 힘은 특별한 존재의 이유를 상실하게 되었다.

그럼에도 이는 현대 역사학이 유물론적인 전제를 갖게 되었음을 의미하지는 않는다. E. H. 카는 진지한 역사가가 역사 전체를 조망하여 신이 역사의 행로를 명령하고 의미를 부여한다고 믿을 수 있다는 것을 부정하지 않았다. 그러나 그 역사가가 여호수아의 군대를 돕기 위해 신이 낮을 연장했다는 설명을 역사 서술의 영역에 가져오는 것은 불가능하다고 보았다.[23] 이런 개별적 사건의 기적성을 믿는 것은 종교의 영역에 속하기 때문이었다. 19세기 이후 현대 역사학 서술에서 신의 섭리, 기적, 의도 같은 오래된 용어들이 제거되었지만, 그 결과가 유물론적 역사관으로의 교체로 고정된 것은 아니었다. 계몽주의 시대 이후 역사학에서 신의 역할은 축소되었고 심지어 사라진 것처럼 보이나, 역사가들은 여전히 원인과 결과의 고리를 설명하는 과정에서 섭리와 유물사관 사이에서 다양한 입장을 취하고 있다.

맺음말

지금껏 살펴본 것처럼 19세기 이후 세속화는 서구 문명의 주요 특징 중 하나로 자리 잡았다. 흔히 근대사회에서 종교의 비중이 계속 줄어들었다고 여겨지지만, 19세기 서구 사회에 대한 좀더 자세한 연구와 관찰은 산업화와 도시화가 불가역적이고 보편적인 세속화를 일으켰다고 보기 어렵게 만든다. 세속화는 지역 혹은 세대에 따라 차이를 보이는 매우 고르지 못한 과정이었다.

학문의 영역에서도 세속화는 불균등한 현상이었다. 19세기에 학문에서 그리스도교가 차지했던 전통적인 지위는 심각하게 도전받았으나, 여전히 많은 학자가 종교와 과학 또는 종교와 역사를 조화하는 종합적인 접근을 시도하였다. 이를 학문의 영역에서 계시와 섭리의 추방으로 단순화하기는 어렵다. 당대의 과학자 및 역사가들의 반응을 고려하면 이 시기에 일어난 일은 학문의 세계에서 계시와 섭리를 추방한 것이 아니라 계시와 학문을 바라보는 시각이 다양화된 것이었다.

그동안 과학과 그리스도교의 관계는 근대 이후 과학이 그리스도교 세계관을 흔드는 과정에 초점이 맞춰져 설명되었다. 그러나 19세기에 발달한 지질학적·생물학적 발견이 모든 과학자를 무신론자로, 혹은 모든 신학자를 근본주의자로 만들지는 못했다. 어떤 과학적 발견과 이론을 인정해도 그 당시 사람들에게 특정한 종교관을 갖는 것은 여전히 세계관의 문제였다.

상술한 것처럼 19세기에는 유럽 대륙에서부터 고고학 및 중동 고대사 연구의 발달로 구약의 역사성에 대한 의구심이 증대되었다. 여기에 지구의 나이가 6,000년보다 오래되었다는 지질학적 증거들이 제시되었고, 다윈의 《종의 기원》으로 인류의 발전을 섭리가 아닌 생물학적 법칙으로 설명할 수 있게 되면서 전통적인 역사관이 흔들리게 되었다. 대부분의 역사가는 역사 서술에서 신의 섭리를 포기하였지만, 여전히 인과관계의 설명을 시도하고 있으며, 그 인과관계를 단일한 것으로 보지 않게 되었다. 계몽주의 시대 이후 역사 속의 종교의 역할은 사라졌다기보다는 다양한 방식으로 재정립되었다.

주

1 —— Max Weber, *General Economic History*, Ira Cohen (ed.), (Transaction Publishers, 1981), 368–369; Emile Durkheim, *The Evolution of Educational Thought*, Peter Collins(trans.), (Rougledge & Kegan Paul. 1977), 30; Bryan R. Wilson, *Religion in Sociological Perspective* (Oxford University Press, 1982), 153–159; David Martin, *A General Theory of Secularization* (Harper & Row, 1978), 1–11.

2 —— 세속화 이론에 대한 여러 학자의 비판은 다음을 보고 정리하였다. S. J. D. Green, *Religion in the Age of Decline, Organisation and Experience in Industrial Yorkshire, 1870–1920* (Cambridge University Press, 1996), 9–16. 그린이 참고한 자료들은 다음과 같다. B. R. Wilson, "The Debate over Secularisation", Encounter, vol. 45 (1975); Robert Bellah, *Beyond Belief: Essays on Religion in a Post-Traditional World* (University of California Press, 1970); Charles Glock, "the religious revival in America?" in Jane Zahn (ed.), *Religion and the Face of America* (University of California Press, 1959); Rodney Stark, "Class, Radicalism and Religious Involvement in Great Britain", *American Sociological Review*, vol. 29 (1964).

3 —— John William Draper. History of the Conflict between Religion and Science (Henry S. King, 1875), vi, x; David C. Lindberg & Ronald L. Numbers, *God and Nature: Historical Essays on the Encounter between Christianity and Science* (University of California Press, 1986), 2–3.

4 —— Nicolass A. Rupke, "Christianity and the Sciences", in Sheridan Gilley & Brian Stanley (ed.), *The Cambridge History of Christianity: World Christianities, c.1815–c.1914* (9 vols, Cambridge University Press, 2006), Ⅷ, 53–54, 167.

5 —— Martin Rudwick, *The Meaning of Fossils: Episodes in the History of Palaeontology* (Elsevier Publishing Company, 1972), 104–115.

6 —— John M. Robson, "The Fiat and Finger of God: The Bridgewater Treatises", in Richard J.Helmstadter, Bernard V. Lightman (ed.), *Victorian Faith in Crisis: Essays on Continuity and Change in Nineteenth-Century Religious Belief* (Stanford University Press, 1990).

7 —— 퀴비에와 생틸레르의 논쟁에 관해 다음을 참고. Toby A. Appel, *The Cuvier-Geoffroy Debate: French Biology in the Decades before Darwin* (Oxford University Press, 1987).

8 —— Evelleen Richards, "The 'moral anatomy' of Robert Knox: the Interplay between Biological and Social Thought in Victorian Scientific Naturalism", *Journal of the History of Biology*, vol. 22 (September, 1989), 373-436: Ronald L. Numbers, *Biology and Ideology from Descartes to Dawkins* (University of Chicago Press, 2010), 107.

9 —— Nicolaas A. Rupke, *Richard Owen: Biology without Darwin* (University of Chicago Press, 2009), 303-309: Darrin M. McMahon, *Divine Fury: A History of Genius* (Basic Books, 2013), 160.

10 —— Bernard V. Lightman & Bennett Zon (ed.), *Evolution and Victorian Culture* (Cambridge University Press, 2014), 292.

11 —— Thomas Henry Huxley, *The scientific memoirs of Thomas Henry*, Michael Foster & E. Ray Lankester (ed.), (5vols, Macmillan, (published 1898-1903), 2007), IV, 538-606.

12 —— A. F. R. Wollaston, *A Life of Alfred Newton, Professor of Comparative Anatomy, Cambridge University, 1866-1907* (Dutton, 1921), 118-120.

13 —— David N Livingston, *Darwin's Forgotten Defenders: The Encounter Between Evangelical Theology and Evolutionary Thought* (Regent College Publishing, 1984).

14 —— John Rogerson, "History and the Bible", in Sheridan Gilley & Brian Stanley (ed.), *The Cambridge History of Christianity: World Christianities, c.1815-c.1914* (9 vols, Cambridge University Press, 2006), VIII, 181.

15 —— Rogerson, "History and the Bible", 183-185.

16 —— G. J 웬함, J. A. 모티어 편,《NBC 21세기판 IVP 성경주석, 구약》(IVP, 2005), 79-80.

17 —— 웬함, 모티어 편,《NBC 21세기판 IVP 성경주석, 구약》, 83-85.

18 —— Rogerson, "History and the Bible", 190, 192, 195.

19 —— Voltaire, "Dialogue between a Brahmin and a Jesuit", 70-75. (https://www.csus.edu/indiv/c/carleb/VoltaireDialogues.pdf, 2018년 8월 15일 검색).

20 —— 존 H. 아널드,《역사》, 이재만 역 (교유서가, 2000), 87-88.

21 —— Leopold von Ranke, "Preface: Histories of the Latin and Germanic Nations from 1494-1514", in Fritz Stern (ed.), *The Varieties of History: From Voltaire to the Present* (Vintage Books, 1973), 57.

22 —— E. H. Carr, *What is History?* (Vintage, 1967), 35.

23 —— Carr, *What is History?*, 95-96.

종교 생활의 변화:
여성, 청소년, 노동자

9

지금까지 살펴본 것처럼 19세기는 산업혁명, 도시화, 세속화 등으로 특징지을 수 있는 시기였다. 이 기간 동안 여성, 청소년, 노동자 등 이전보다 더 각별한 관심과 도움이 필요한 신자층이 등장하였다. 그리고 서유럽과 미국의 프로테스탄트 교회는 이들에게 각각 새로운 역할, 교육의 기회, 개혁 프로그램을 제공하였다.

여성: 새로운 역할

사실 여성은 교회에서 오랜 시간 일정한 역할을 해왔다. 신약성경의 사도행전에는 바울을 후원한 리디아(루디아)라는 여성 사업가와 피비(뵈뵈) 같은 여성 지도자가 등장한다. 초대교회의 첫 모임들은 가정집의 주방과 같은 여성의 공간에서 생겨나기도 했다. 중세 시절에도 수도원에서 계속하여 영성을 지닌 여성 지도자들이 배출되었으며, 구제 활동은 여성의 중요한 활동 영역으로 남아 있었다. 이렇게 근대 이전 시대부터 여성들은 교회 공동체 안에서 중요한 역할을 해왔지만, 엄밀히 말하면 가정 내에서 아이들을 교육하고 집에 찾아오는 나그네를 돌보는 여성의 전통적 역할이 약간 더 확장된 것에 가까웠다. 그러나 19세기에는 좀더 근본적인 질문이 던져졌다. 여성에게 설교권을 허락할 수 있는가? 나아가 교회 내 리더십으로 진입을 허용할 것인가?

결과적으로 말하면, 19세기에 여러 교파 안에서 여성의 역할이 이전에 비해 증대되기 시작했다. 교파별로 속도의 차이가 있지만, 크게 보면 국교회와 가톨릭 등 기성 교파는 이 과정이 느린 편이었고 비국교회 교파에서는 상대적으로 빠른 편이었다. 또한 중앙에 권한이 집중된 교파보다는 퀘이커, 유니테리언, 회중교회같이 평신도 권한이 강한 교회에서 더 빠른 경향을 보였다. 물론 아직까지 대부분의 프로테스탄트 교파에서는 "남편이 아내의 머리 됨"(엡 5:23)이라는 성경 구절을 근거로 여성의 역할에 제한을 두었지만, 19세기 말로 갈수록 대부분의 교단이 구제뿐 아니라 집사 및 선교사로서 여성의 역할을 인정하였고, 감리교 같은 교파에서는 여성이 순회 설교자로 임명되기도 하였다.

약간 일반화해서 설명하자면, 여성의 교회 내 역할 증대는 다음과 같은 과정을 겪었다. 여성은 처음에는 교회 내 의사결정 과정에 참여하게 되었고, 그 후 감리교의 여성 순회설교자의 예에서 보듯이 설교권을 얻게 되었으며, 그다음으로 구세군에서처럼 평신도 직분자가 될 권리를 얻게 되었다. 마지막으로 유니테리언 교회에서는 여성이 정식으로 성직자로서 안수받고 성찬을 집례하는 단계까지 나아갔다.[1] 19세기 초까지만 해도 여성의 설교권이 이슈의 중심이었지만 동시대의 말기로 갈수록 여성 안수 문제가 논의의 핵심에 자리 잡게 되었다.

여성을 성직자 직위에 임명하는 것은 그들을 교회 구조의 상층부에 포함시킬지 여부와 차원이 다른 문제였다. 많은 사람은 이를 그리스도교 교리와 관련이 있다고 생각하였다. 다수의 그리스도교인들은 고린도전서 11장에 나오는 교회 내 여성의 활동에 대한 바울의 언급을 근거로 여성의 역할이 제한되어야 한다고 보았는데, 그에 비해 이 오랜 생각을 뒤집을 만한 논거는 상대적으로 빈약해 보였다.[2] 또한 이 문제는 당시 많은 그리스도교인에게 신학의 문제를 넘어 원초적인 감정의 문제이기도 했다. 그들에게 여성 설교자, 여성 목회자의 존재는 전혀 자연스럽지 못한 현상이었다. 가정에서 여성이 하던 역할의 확대 개념인 구제나 교육과 달리 공동체를 지도하고, 그 운명을 결정하는 것은 오랜 시간 남성의 영역이었기 때문에 그 영역에 여성이 들어오는 것은 어색하게 느껴졌던 것이다.

또한 당시에는 여성의 교육 기회가 적었기 때문에 여성 목회자는 남성에 비해 자격이 부족해 보이는 경우가 많았다. 잉글랜드의 경우 전국적으로 새로운 대학 설립 움직임이 나타난 19세기 말 이전에는 성직자 교육을 옥스퍼드와 케임브리지로 대표되는 명문 대학들이 담당했기 때문에, 남성 성직자에 대한 전통적 시각은 교육받은 엘리트에 가까웠다. 18세기 말에서 19세기 초에는 프로테스탄트 부흥 운동이라는 특수한 배경 속에서 카리스마 있는 여성 설교자의 등장이 가능했지만, 이후 감리교나 회중교회 같이 부흥을 주도했던 교파들이 기성 교회질서 속으로 흡수되면서 여성 설교자는 다시 자질이 부족한 것처럼 보이게 되었다. 1840년대 중반에 이르기까지 영국에서 설교 및 사역을 하는 여성 수는 국교회와 비국교회를 합쳐 10명이 넘지 않았다.[3]

그럼에도 시간이 흐르며 여성의 교회 내 활동의 범위와 횟수가 증가한 것은 분명해 보였다. 이는 앞 장에서 설명한 것처럼 새로운 환경의 변화와 관련이 있었다. 산업혁명으로 도시와 공장지대가 등장하고, 노동자 계급이 나타나면서 전통적인 남성 엘리트 성직자들이 감쌀 수 없는 계층이 생겨났다. 특히 도시의 노동자 계층 중 여성 및 아동이 교회에 유입되기 시작하면서 이들을 돌보기 위해 여성 신도의 역할이 중요해졌다. 또한 이는 세계 선교 시대의 시작과도 관련 있었다. 그리스도교 사역의 지리적 범위가 확대되면서, 중국처럼 남성 선교사가 현지인 여성에게 접근하기 어려운 지역이 생겨났고, 이는 여성 선교사의 수와 역할의 증대로 이어졌다.

여성의 역할 증대는 신학적으로는 18세기 말부터 19세기 중반까지 있었던 영미 프로테스탄트 공동체 내의 복음주의 영향력 확대 과정과 관련이 있었다. 이 책의 전반부에서 설명된 것처럼 복음주의는 본래 평신도 사역이 중요했던 운동이었으며, 평신도 사역에서 큰 부분을 자치하는 것이 바로 여성이었다. 초기에 이 과정을 주도했던 것은 감리교 계열 교단들이었다. 이들 교단에서는 여성의 성직자 안수를 금했지만, 이와 별개로 여성의 설교는 허락되는 분위기였다. 웨슬리파 감리교에서는 관행적으로 여성 순회설교자가 인정되었으며 감리교 계열의 소수 교파인 순수감리교(Primitive Methodists)는 1812년에, 다른 감리교 계열인 바이블 크리스천(Bible Christians)은 1816년에 여성의 설교를 공식적으로 허가하였다. 1860년대에 이르면 순수감리교에는 90명, 바이블 크리스천에는 75명의 사례를 받는 전임 여성 설교자가 있었다.[4]

1860년대부터 좀더 많은 교파에서 여성의 활약이 두드러졌다. 영국에서는 마틸다 베이스(Mathilda Bass), 이사벨라 암스트롱(Isabella Armstrong) 등 유명 여성 복음주의자들이 활동하였는데, 이들은 이전과 달리 잉글랜

미국에서 여성 최초로 신학대학을 졸업하고 목회자가 된 올림피아 브라운

드 국교회, 스코틀랜드 국교회(장로교), 침례교 등 전통적으로 여성 사역에 제약이 많았던 교파 출신이었다.[5] 미국에서는 여성 최초로 신학대학(세인트 로렌스 대학 신학부)을 졸업하고 버몬트에서 설교 실습을 하고 있던 올림피아 브라운(Olympia Brown)이 유니버설리스트 교회(Universalist church)에서 첫 여성 목회자가 되었다.[6] 또한 당시 미국 감리교 안에는 카리스마적 리더십을 강조하는 성결운동(Holiness Movement)이 성장하고 있었는데, 성결운동 가들이 자주 인용하던 "내가 내 영을 만민에게 부어주리니"라는 구약 요엘 서의 구절(2장 28절)은 여성의 설교권을 옹호하는 논거로 사용되었다.

19세기 말의 새로운 점은 그동안 교회 내에서 '남성의 머리 됨'을 강 조한 교리에 대한 확신이 약화되기 시작한 것이었다. 그리스도교 전파의 지 리적 범위가 늘어나고 서구 사회가 농촌에서 도시로 삶의 무대를 바꾸게 되면서 여성에게 이전과 다른 역할이 요구되기 시작하였다. 이제 바울의 메 시지는 고린도교회의 특수한 상황에 한정된 것으로 여겨지게 되었고, 뵈뵈 나 루디아 같은 초대교회 여성의 적극적인 역할을 암시한 다른 성경 구절들이 새롭게 강조되었다. 하지만 이때도 갑작스럽게 늘어난 여성 설교자와 기존의 남성 설교자가 평등한 위치에 서게 된 것은 아니었다. 여성들은 이제 막 교회의 리더십 안으로 들어서기 시작했을 뿐이었고, 교파 내 중요한 사안에 대한 결정권은 여전히 남성의 영역으로 남아 있었다.

19세기 말에서 20세기 초가 되면서 여성의 교회 내 리더십 확대에 관한 다른 차원의 문제가 제기되었다. 즉, 성직 임명에 대한 요구가 거세진 것이다. 교육받은 여성의 수가 늘어나면서 성직이 더 이상 남성 엘리트의 고유 영역이라 볼 수 없게 되었고, 또한 여성 참정권 운동, 금주 운동 등에서 주도적인 역할을 하는 여성이 등장하면서 교파 내에서 여성에 대한 인식이 변화되었다. 사실 이미 해외 선교의 영역에서는 여성의 지도력이 두드러졌다. 서구 선교회들은 유교문화권처럼 남성이 여성에게 설교하는 것이 불가능한 문화 지역을 발견하게 되었고, 이 지역에서 여성에게 포교하기 위해 여성 선교사를 모집하게 되었다. 1887년 국교회 계열의 교회선교협회는 독신 여성을 선교사로 받아들였고, 20세기 초에 이르면 영국의 국교회 선교사의 과반수는 여성이 차지하고 있었다. 1900년, 미국에서는 40개 이상의 프로테스탄트 여성 선교회가 있었고 여성 선교사의 수도 1,000명을 넘어섰다.[7] 그리고 지역에 따라 여성 선교사밖에 없는 지역에서는 이들이 남성 성직자가 수행하던 역할을 대신하는 경우도 생겨났다.

선교지에서의 변화는 본국의 교단에도 영향을 끼쳤다. 성결운동에 깊이 영향받은 교파인 구세군은 여성에게 남성과 완전히 동등한 설교권을 부여하였다. 구세군이 공식적으로 남성과 여성의 역할 구분을 폐지한 것을 필두로 19세기 후반 거의 모든 교회에서 여성의 공적 역할의 팽창을 목격하게 되었다. 20세기 초부터 잉글랜드 국교회와 감리교 같은 주류 교단에서 여성의 성직 임명에 관한 논의가 시작되었다. 미국에서는 자유의지 침례교회(Freewill Baptist), 형제교회, 나사렛교회 같은 군소 교단이 여성 성직자 안수를 시작하였지만, 20세기 전반까지도 주류 교단은 여전히 소극적인 자세를 보였다. 사실 여성의 성직 임명 문제는 이때부터 시작되어 지금까지 진행 중인 이슈다. 중요한 것은 19세기 말부터 교회에서 여성의 역할이 교회

1866년 중국에 도착한 허드슨 테일러와 그의 선교사 동료들.
18명의 선교사 중 9명이 미혼 여성이었다.

사의 어떤 시기보다도 훨씬 더 능동적으로 정의되기 시작했다는 것이다. 이
제 여성 성직자 인명을 반대하는 교단들도 교회 공동체 안에서 여성이 차
지하는 중요한 부분이 있다는 것을 부정하지 않게 되었다. 앞으로도 여성
의 사회적 지위가 향상되고, 교육 수준이 증대됨에 따라 교회 안에서 여성
역할과 지위에 대한 논의가 이전보다 더 활발해질 것이라 예상된다.

 ## 청소년: 교육

7장에서 설명한 것처럼 산업혁명의 여파로 서구 프로테스탄트 사회에서 교
회가 구성원의 자발적 참여로 유지되는 자원 종교로 변화하는 과정이 나타
났다. 영어권 대서양 세계의 프로테스탄트 교회들은 정부의 지원이나 제도
적 뒷받침보다 사회개혁을 통해 교회의 영향력을 유지하려 하였다. 그들은
산업화 및 도시화의 변화 속에 등장한 새로운 계층들 중 아동 및 청소년에
게는 평신도의 적극적인 교육활동을 통해 영향을 끼치려 하였다.

주일학교

프로테스탄트 교파들에게 주일학교(Sunday School)는 기본적으로 차세대를 위한 종교교육의 수단이었다. 그들은 새로 조성된 산업도시에 유입된 노동자 자녀들의 문맹이 그리스도교 전파에 큰 장애가 된다고 생각하였다. 그들이 주일학교에서 아동과 청소년에게 읽기, 쓰기를 교육한 것은 기본적으로 성경 내용과 자기 교파의 중심 교리를 가르치려는 의도 때문이었다. 당시 대표적인 종교 교육가 중 한 명으로 1916년 주일학교 운동에 대한 보고서를 작성한 헨리 F. 코프(Henry F. Cope)는 이 운동을 주도한 사람들에게 "영혼에 대한 관심이 다른 어떤 것보다도 위에 있었다"고 평가하면서 주일학교 운동을 세속화 현상에 대한 반동으로 평가한 바 있다.[8]

그러나 프로테스탄트 교파에게 주일학교는 현실적인 필요에 대응하는 가운데 발달한 선교방법이기도 했다. 갑작스런 산업화 및 도시화로 도시로의 인구 유입이 갑작스럽게 증가하면서 도시에서는 노동자들의 거주 환경이 악화되었고 만성적인 실업 및 빈곤으로 범죄가 증가하였다. 당시 영국과 미국의 교계에서 영향력이 컸던 복음주의자들은 이러한 상황을 매우 우려하였으며 노동자 계층에게 복음주의적 윤리관을 교육할 장소가 필요하다고 생각하였다.

일반적으로 복음주의는 중간계층 사이에서 유행한 신앙의 흐름이었고, 따라서 이들이 전파하려 한 그리스도교 윤리는 중간계층의 도덕률을 반영하고 있었다. 주일학교에서는 기초학습능력뿐 아니라 건전한 생활 습관과 사회생활에서 요구되는 기본적인 에티켓 등이 교육되었는데, 이는 중간계층의 가치관이 노동자 계급 아이들에게 전해지는 과정이기도 했다. 이런 교육을 받은 모든 아이들이 예의가 바르게 되고 신사처럼 행동하게 된 것은 아니었으나 이런 생활방식에 대한 동경이 생기고, 행동의 기준으로 삼게 된 것은 의미 있는 변화였다. 이런 점 때문에 일단의 학자들은 주일학교를 중간계급의 하층민 통제수단으로 보기도 한다.

그러나 노동자들이 지배계급의 통제 수단을 수동적으로 받아들이기만 한 것은 아니었다. 그들도 실로 다양한 이유와 동기에 의해 적극적으로 주일학교에 자녀들을 보냈던 것이다. 우선 주일학교는 노동자들이 자녀들을 교육시킬 수 있는 공공학교의 역할을 하였다. 이곳에서 노동자 계층 어린이들은 사회생활에 필요한 기초지식을 얻을 수 있었다. 또한 주일학교는 노동자 계층 아이들이 영양가 있는 간식을 제공받을 수 있는 곳이었으며, 책 자체를 구입하기 쉽지 않던 시절에 교과서를 얻을 수 있는 장소이기도 했다. 또한 청소년 입장에서도 주일학교는 오락과 놀이를 배우고 즐길 수 있는 곳이기도 했으며, 부모 입장에서는 아이들이 주일학교에 간 시간이 일주일에 유일하게 여가를 즐길 수 있는 기회이기도 했다. 무엇보다 대부분의 노동자 부모가 자녀들은 자기들보다 더 높은 계층에 진입하기를 바랐는데, 종교 교육이 교양인으로 성장하기 위해 필수적인 부분이라 생각하였다.[9] 노동자 계급 부모들이 가졌던 동기의 다양성은 주일학교를 중간계급의 사회 통제수단으로 단순화하기 어렵게 만든다.

최초의 주일학교는 이미 1750년대에 등장하지만 그것을 체계화하고 전국적으로 발전시킨 것은 로버트 레이크스(Robert Raikes, 1736–1811)였다. 그는 국교도 출신의 박애주의자로 흔히 주일학교 운동의 선구자로 알려져 있다. 본래 직업이 출판업자였던 레이크스는 많은 종교서적을 읽으면서 노동자 사이에 만연한 부도덕한 관습은 치료보다 예방이 더 중요하다고 생각하게 되었고, 그 최선의 방법이 교육이라는 결론에 이르렀다. 레이크스는 대부분의 노동자 아이가 부모를 따라 주중에 일하기 때문에 주일 아침예배를 마친 오후 시간이 교육에 적당한 시간이라고 생각하였다. 주일학교에서는 일요일에 업무로 바쁜 성직자 대신 노동자와 비슷한 삶의 패턴을 사는 평신도가 교사의 역할을 하였으며, 교재로는 성경 혹은 그것을 풀이한 간단한 교과서를 만들어 사용하였다. 그리고 아이들은 대부분 글을 모르는 상태에서 학교에 오기 때문에 읽고 쓰기를 배우는 것부터 시작해 점차 교리 공부로 발전하는 커리큘럼을 개발하게 되었다. 초기의 주일학교는 오전 10–12시에 예배를 드리고 그 후 성경 내용에 대한 간단한 분반 공부를 하며, 잠시 집에 갔다가 오후 1시에 다시 돌아와 오후 5시 정도까지 저학년은 읽고 쓰기를 배우고 고학년은 교리를 공부하였다.[10]

주일학교의 창시자로 여겨지는 레이크스

1780년 7월, 잉글랜드의 글로스터에서 주일학교가 시작되었다. 처음에는 소년들이 대상이었지만 곧 소녀들을 받아들였다. 1784년 런던에 주일학교가 생긴 이후 그 수가 급속히 늘어서 1780년대 말에 이르면 잉글랜드 전역에서 24만 명의 어린이가 주일학교에 출석하게 되었다. 주일학교는 1801-1850년 사이에 큰 증가를 보였는데, 단적인 예로 1831년 통계에 따르면 영국 전역에서 125만 명의 어린이가 주일학교 교육을 받은 것으로 파악된다.

1870년 잉글랜드와 웨일스에서 교육법이 실행되었는데 이는 주일학교 개혁의 계기가 되었다. 5-12세 사이 아이들에게 공교육을 실시하는 것을 내용으로 하는 이 법은 국가가 최초로 전국의 어린이에게 교육의 기회를 제공했다는 점에서 역사적 의의가 있다. 그러나 이 법으로 인해 그동안 교구 교회가 책임지던 교육을 '학교 위원회(school board)'가 담당하게 되었는데, 이는 공교육에서 교회의 책임 축소와 지방과 중앙정부의 책임 확대를 의미했다.[11]

영국의 각 교파들은 이런 교회와 국가 사이의 교육 갈등을 극복하기 위한 방안을 찾았고 이는 주일학교의 개혁으로 이어졌다. 1870년 웨슬리파 감리교 회의에서 주일학교 개혁을 위한 실천 목표가 세워졌는데, 그것은 모든 교파의 담당자, 선생, 위원회 위원을 포함하는 '연계적 주일학교 연합(Connexional Sunday School Union)'을 설립하는 것이었다. 이 조직은 변화된 환경에 적응하기 위한 방법으로 중앙과 지방 정부의 학교건축 계획에 참가하였고, 좀더 구체적으로는 예배실과 교실이 같이 있었던 '학교-교회(school-chapel)'를 지으려 하였다. 이런 시도는 감리교 같은 기성교단이 주일학교 운동을 교회 안으로 흡수하고 그것을 발전시키기 위한 계획의 일부로 행했다는 점에서 새로웠다.[12] '학교-교회'는 평일에는 학교로 사용되다가 일요일에는 주일학교 건물로 이용되었다. 이곳의 교사들은 학생들에게 경건생활과 엄숙함을 가르칠 것이 요구되었고, 학생들은 교리, 명예, 그리스도교 의무 등을 교육받아야 했다. 그 주요 수단으로 성경과 교리문답집이 사용되었고, 점차 학교들 사이에 표준화된 커리큘럼이 등장하게 되었다.

그럼에도 20세기에 들어서면서 공교육의 향상과 세속화의 진전이 두드러지자 이 상황에 대처하기 위한 방안으로 학생의 수준에 따른 분리교육을 표방한 '등급제 학교'가 고안되었다. 이제 주일학교에 학년제가 도입되고 학년 안에 다시 수준에 따른 세 개의 반들이 설치되었다. 이러한 변화 속에 '어린이의 종교(Children's Religion)'라는 새로운 개념이 확산되었다. 이는 어떤 어린이든지 수준에 맞는 적당한 교육을 받는다면 높은 수준의 종교성에 도달할 수 있다는 생각으로, 다수의 주일학교 운동가들 사이에 공유되고 있었다. 교육의 '분리된', '등급별', '발전단계'의 원칙은 시간이 흐르며 주일학교의 교육 방침으로 확고히 자리 잡게 되었다.[13] 이런 변혁은 어느 정도 성공적이어서 영국의 경우 1914년 전까지 전체 취학 아동의 절반 정도가 주일학교에 출석한 것으로 파악된다.

미국에서도 노동자 아이들을 세속화의 흐름에서 구하기 위해 주일학교 운동이 시작되었는데, 영국과 비슷하게 대규모 공업도시가 포진한 북부에서 먼저 발달하였다. 1786년, 미국 감리교 첫 번째 감독인 프랜시스 아스

해방노예 출신으로 뉴욕에 주일학교를 세운 케이티 퍼거슨

버리(Francis Asbury)가 버지니아주 하노버에 주일학교를 세웠고, 1791년에는 필라델피아와 뉴욕에도 주일학교가 생겼다. 1814년에는 해방노예 출신인 케이티 퍼거슨(Katy Ferguson, 1779-1854)이 뉴욕에 두 번째 주일학교를 세웠다. 여덟 살 때 엄마가 다른 곳으로 팔려가 고아로 자란 퍼거슨은 버려진 아이들에 대한 관심이 많았다. 16세 때 친구의 도움으로 자유의 몸이 된 후 퍼거슨은 길거리를 떠도는 어린이들을 집에 데려와 먹을 것을 주고 성경 이야기를 들려주었는데, 이 모임이 지역교회의 후원을 받아 뉴욕의 두 번째 주일학교로 발전하였다.[14] 노예해방까지의 길은 아직 멀었지만 19세기 초부터 미국의 일부 지역에서는 흑인 어린이들이 주일학교에 출석하고 있었다.

미국의 사업가이자 박애주의자였던 루이스 밀너(Lewis Miller, 1829-1899)는 한 공간에 모든 학년이 함께 모여 수업을 받는 것을 보고, 분반 공부를 위해 여러 개의 주일학교 전용 공간을 갖춘 교회를 건설하려는 애크런 계획(Akron Plan)을 시작하였다. 오하이오주의 애크런에서 1867년에 처음 시작된 이 프로젝트는 미국 장로교가 채택하고 곧 전국으로 퍼져 갔다.[15] 주일학교를 위한 건축에 이어 교육 프로그램 또한 개발되었다. 미국 감리교의 감독이었던 존 H. 빈센트(John H. Vincent, 1832-1920)는 침례교 출신의 B. F. 제이콥스(B. F. Jacobs)와 협력하여 '유니폼 수업 계획(Uniform Les-son Plan)'으로 불렸던 주일학교 커리큘럼을 개발하기도 했다. 그리고 19세기 말, 루이스 밀너와 존 빈센트는 이 수업 계획을 수행할 주일학교 교사들을 양성하기 위해 뉴욕주 셔토쿼(Chautauqua)에 '셔토쿼 인스티튜션(the Chautauqua Institution)'이라는 교사 캠프를 만들기도 하였다. 20세기에 들어서서 헨리타 미어스(Henrietta Mears, 1890–1963)가 연령에 따른 주일학교 교육 프로그램을 개발하였고, 이를 출판하기 위해 가스펠 라이트(Gospel Light)라는 출판사를 설립하기도 하였다.[16]

이러한 운동가들의 노력에 힘입어 19세기 말에서 20세기 초 영어권 대서양 세계에 주일학교 시스템이 뿌리내리게 되었다. 영국과 미국에 아직 공교육 체계가 없던 시절, 교단의 평신도들(특히 여성들)이 담당하던 주일학교 교육은 노동자 자녀들이 누리는 교육에서 매우 큰 부분을 차지했다. 19세기 말이 되면 노동자 계급 안에 종교에 대한 반감이 확산되었지만 반종교적 확신을 가진 부모조차도 아이는 주일학교에 보낼 정도로 주일학교는 일상화되어 있었다.

주일학교 교육이 영국과 미국에 가장 크게 공헌한 것은 아마도 노동자 계급 어린이들의 문맹률을 크게 떨어뜨린 사실일 것이다. 노동자 어린이들과 그 부모들이 글을 읽고 쓰게 됨으로써 교회는 오히려 그들에 대한 영향력을 강화할 수 있었다. 이미 19세기 중반부터 창세기의 창조기사 같은 성경의 가르침에 대한 도전이 일어났고 그 파장도 커지고 있었다. 하지만 글을 알게 된 노동자들이 막상 이런 과학적·지질학적 논쟁을 접할 기회는 적었다. 오히려 그들은 손쉽게 구할 수 있는 복음주의 소책자와 종교소설을 통해 성경에 대한 '지식'을 얻고 있었다.

그럼에도 20세기에 들어서면서 주일학교 운동이 세속화 현상을 더 이상 늦출 수는 없었다. '연계적 연합' 같은 제도적 통합, '학교–교회' 같은 조직적 팽창, '어린이의 종교' 같은 교육학적 혁명은 분명 획기적인 발전이었지만, 제1차 세계대전이 끝나고 영국과 미국에서 공교육이 확고히 자리 잡으면서 주일학교 출석률은 점차 감소하였으며 1945년 이후 급격히 줄어들었다.

사립학교 교육

19세기 복음주의자들은 노동계층에 복음을 전파하기 위한 효과적인 방식을 개발하였을 뿐 아니라 동시에 상류계층의 도덕관에도 영향을 끼치려 했다. 대표적인 예가 사립학교 개혁 시도이다. 사립학교 교육 개혁이 최초로 시작되고 서구 국가들의 엘리트 교육에 영향을 끼친 영국의 예를 살펴보자.

사립학교를 영어로는 '퍼블릭 스쿨(Public School)'이라고 한다. 이는 미국에서는 주정부나 연방정부의 재정 지원을 받는 학교를 의미하는 단어이지만, 잉글랜드와 웨일스에서는 11세 이상의 청소년을 위한 '등록금을 내는 독립된 학교'를 지칭한다. 사실상 사립학교(private school)인데 퍼블릭 스쿨이라고 부르는 이유는 무엇인가? 중세 말까지 대부분의 학교는 교회에 의해 운영되었고, 길드나 상인의 자제들로 입학이 제한되어 있었다. 귀족들은 많은 경우 개인 교사를 고용했다. 그러다가 영국 산업구조의 변화로 젠트리와 요먼리 같은 계층이 생기면서 그들의 자제들을 위한, 교회로부터 독립된 학교의 필요성이 제기되었다. 그래서 16세기부터 럭비스쿨(Rugby School), 해로스쿨(Harrow School)같이 등록금만 낸다면 '누구에게나 열린(public)' 기숙학교가 세워지기 시작하였다. 물론 등록금이 상상을 초월하게 비쌌기 때문에 실질적으로는 젠트리 이하 계층에는 문이 열려 있지는 않았다.

그러나 19세기 중반 영국 사립학교들의 교육 환경은 심각한 상황이었는데, 주요 문제는 도덕적 타락이었다. 지역을 가릴 것 없이 대부분의 학교는 야만성, 폭력, 성적 타락의 온상이었고, 그 안에서 종교는 죽은 것처럼 보였다. 19세기 말까지 옥스-브리지 입학생의 대부분은 명문 사립학교 출신이었는데, 이들이 보인 방탕하고 폭력적이고 비종교적인 면모는 대학 당국을 아연실색하게 했다. 옥스퍼드 대학교 영문학 교수이자 그리스도교 변증으로 유명한 C. S. 루이스도 자서전 《예기치 못한 기쁨(Surprised by Joy)》에서 자신이 청소년기에 다녔던 사립학교들을 매우 부정적으로 서술하였다. 그는 그곳의 강압적인 분위기와 성적 타락에 몸서리쳤으며, 결국 건강을 해쳐 그곳을 떠나야만 했다. 그가 한때 그리스도교 신앙을 버렸던 것도

사립학교 개혁에 나선 토머스 아널드

바로 사립학교 시절이었다.

사실 이런 사립학교의 상황을 개선해 보려는 노력이 루이스가 태어나기 반세기 전에 토머스 아널드(Thomas Arnold, 1795–1842)에 의해 시작되었다. 그는 일반적으로 영국의 유명 평론가인 매튜 아널드(Matthew Arnold)의 아버지로 알려져 있지만 사실 그의 중요성은 사립학교 개혁에서 찾아져야 할 것이다. 젠트리 출신으로 옥스퍼드에서 공부했던 아널드는 럭비스쿨에 오기 전에 레일럼(Laleham)에 있는 사립학교의 교장으로 근무하면서 사립학교 시스템의 문제점을 실감하였다. 그는 사립학교 교육의 문제를 해결하기 위해 종교를 다시 학교 교육의 중심에 놓으려 하였다.

1828년 아널드는 럭비 스포츠가 유래한 명문 학교인 럭비스쿨의 교장이 되었으며, 그곳에서 자신의 교육 철학 주장을 실행하여 큰 반향을 일으켰다.★ 그의 교육 커리큘럼에서는 종교와 도덕 교육이 일반 지식 교육보

★——— 아널드가 교장으로 오기 5년 전인 1823년 럭비스쿨에서 축구 경기 중에 윌리엄 웹 엘리스(William Webb Ellis)라는 학생이 공을 손으로 들고 달리기 시작한 것이 럭비의 기원으로 전해진다. 현재 럭비 월드컵의 우승컵 이름이 웹 엘리스 컵(Webb Ellis Cup)이다.

다 강조되었다. 그는 "영국의 그리스도교인들에게 필요한 한 가지는 그리스도교적이고, 도덕적인 정치 철학"이라고 주장하였다.[17] 아널드는 학생들의 영혼의 치료가 교육의 첫 번째 목적이며, 도덕적 발전이 그다음이고, 이후 지식 교육이 따라와야 한다는 철학을 가지고 있었다. 첫 번째 목적을 위해 그는 설교를 통해 학생들의 인격 형성에 영향을 주려 하였고 또한 높은 수준의 성경 지식을 강조하였다. 그는 또한 두 번째 목표인 도덕적 훈육을 위해 16-18세에 해당하는 상급생에게 후배들의 학업과 행동을 감독하게 하는 감독제(Praepostor system)를 개발하여 학생들의 생활 방식을 규율하였다. 마지막으로 학생들의 지적 발달을 위해서는 역사, 수학, 현대 언어 등 다양한 학문을 가르쳤지만 그럼에도 고전 언어를 중시하고, 일부 자연과학의 유물론적인 성향은 반대하였다.[18] 그는 분명 학생들에게 실용적 지식보다는 좀더 근본적인 학문을 전달하고 싶어 했다.

아널드의 강인한 성격에 종교적 열성이 더해져서 행해진 럭비스쿨의 개혁은 곧 다른 사립학교들의 모델이 되었고, 잉글랜드 교육 시스템에 큰 영향력을 끼친 것으로 평가받는다. 또한 그의 많은 제자들이 옥스퍼드 대학에 진학하여 발리올 칼리지(Balliol College)를 비롯한 여러 칼리지의 교수 및 사감으로 진출하였다. 이들은 아널드의 사상을 학문과 교육의 영역에 확산시키려 하였다. 이외에도 아널드의 제자들 중 상당수는 성직자, 교사가 되어 그들을 통해 아널드의 사상이 영국의 젊은이들에게 직간접적으로 전해지게 되었다.

최근의 연구들은 그의 영향력이 과장된 측면이 있다고 주장한다. 아널드 이전에 영국의 사립학교 안에 이미 종교적 색채가 강했다는 주장도 있으며, 반대로 그가 교장으로 있었던 럭비스쿨에서조차 큰 변화가 있었는지 의심스럽고, 설혹 그렇다 해도 다른 학교에까지 그것이 근본적인 변화의 요인으로 작용할 정도는 아니었다는 반론도 제기된다.[19] 그러나 아널드의 사립학교 개혁에 관한 19세기 말의 평가들은 이런 반론과 상반된다. 현대의 비평가들과 달리 아널드가 학교 안에 종교, 도덕 교육을 강화시킨 업적을 당대인들과 후속 세대는 근본적인 변화로 인식하였다. 아널드 스스로는 개인적으로 복음주의자들을 좋아하지는 않았지만 복음주의자들은 아널드와 함께 사립학교 학생들에게 19세기 말까지도 영향력을 유지할 수 있었다.

노동자: 사회개혁

18세기부터 복음주의자들은 사회의 악행과 관행에 맞서 왔다. 저명한 복음주의 연구자 데이비드 베빙턴은 복음주의가 맞서 온 세 가지 사회악을 제시하였다. 첫 번째는 '복음의 방해물'이다. 예를 들어 노예무역은 그 잔혹성으로 인해 선교 활동에 절대적인 장해물이 되었기에 반드시 폐지되어야 했다. 두 번째는 '복음의 대체물'로, 그들이 보기에 프로테스탄티즘의 자리를 대신 차지하려 하는 가톨릭 신앙이나 무신론적인 프랑스혁명 사상이 이 카테고리에 속했다. 마지막은 '일상생활 속의 악행들'로, 상류층의 성범죄, 도박, 결투, 노동계급의 음주 등이 대표적인 예이다.[20] 이 세 가지 목표가 분리될 수 있는 것은 아니어서 19세기 초 영국의 복음주의 정치가인 윌버포스는 노예무역 폐지 운동과 악습 폐지 운동을 동시에 진행하면서 당시 대륙에서 유행하던 프랑스혁명 사상의 확산에 반대하였다.

이런 18세기 복음주의의 싸움은 19세기에도 계속되었다. 산업화, 도시화, 세속화라는 새로운 사회적 분위기 속에서 프로테스탄트 교회는 또 다른 투쟁의 대상을 발견하였는데, 바로 사회의 빈곤이었다. 가난은 인류의 역사에서 항상 심각한 문제였지만, 19세기의 빈곤은 그 발생 원인이 이전과 조금은 달랐다. 산업혁명을 통해 생산방식에 혁신이 생겨나면서 생산 공간이 장인의 작업장에서 공장으로 변화하였고, 장인의 상품뿐 아니라 공장에서 일하는 노동자의 '노동' 자체가 상품이 되어 팔리기 시작하였다. 이들은 임금에 의존해 살아가는데 임금 변화는 사회구조·노동형태·경제 정책에 의존하기 마련이기에, 개인의 노력을 넘어 사회구조적 측면에서 빈곤이 발생하게 된 것이다. 따라서 이 시기에 빈곤 문제에 대한 대응은 사회구조 개혁과 밀접히 연관되어 있었다.

구제 개념의 변화

영국은 엘리자베스 1세 시절부터 '구빈법(Poor Law, 1601)'을 제정해 시행하고 있었다. 시대에 따라 세부 내용이 변하기는 했으나 핵심은 '교구(parish)'를 지원 단위로 하여 교회가 자기 교구 안의 빈민에게 기초적 생활 수단을 제공하는 것이다. 1815년 제정된 구빈법도 비슷한 내용을 담고 있었다. 그 핵심 내용은 일할 수 없는 노동자들에게 생존에 필요한 약간의 돈을 지원하는 것으로, 지역 공동체에게 큰 재정 부담을 지우는 문제가 있었다. 1830년경 구빈을 위해 연간 약 700만 파운드 정도가 소요되었고, 많은 사람은 자기들이 보기에 게을러서 일을 하지 않는 이들에게 자신의 돈이 지원되는 것에 분노하고 있었다.[21] 반대로 일부 고용주들은 구빈법에 의한 재정 지원을 핑계로 하층계급의 임금을 깎는 경우도 많았다.

국교회 교구제에 기초한 빈민 지원과 일부 개인적 자선이 병합된 형태였던 전통적인 구제 제도에 대하여 19세기에 들어 중요한 도전이 제기되었는데, 그것은 애덤 스미스(Adam Smith, 1723~1790), 토머스 멜서스(Thomas Malthus, 1766~1844), 데이비드 리카도(David Ricardo, 1772~1823) 등으로 대표되는 고전 경제학자들의 등장이었다. 사실 지금의 관점에서 '고전' 경제학이지 당시에 이 이론들은 상당히 새로운 것이었다. 스미스의 '보이지 않는 손'은 강력한 정부의 조치가 오히려 빈곤을 재생산하는 원인이 된다며 '자유방임'을 주장하였고, 멜서스의 '인구론'은 경험적으로 식량 생산이 인구 증가보다 뒤처진다는 것을 증명하면서 빈민을 위해 더 많은 몫을 남기려는 시도에 의문을 제기하였다. 그가 보기에 이런 노력은 인구 증가만 가속시킬 뿐이었고 이는 결과적으로 이들을 먹여 살릴 국가의 능력을 벗어나는 상태를 만들어 인민의 비참함만 증대시킬 뿐이었다. 당시 사람들은 이런 일련의 사상들을 '정치경제학(political economy)'이라 부르게 되었다

이런 경제 사상에 영향을 받아 1834년 신 구빈법이 제정되었다. 이 법에서는 개인의 노력과 자활 의지가 중요해졌다. 그것에 따르면 재정 지원은 매우 예외적인 경우만 허용되고, 도움이 필요한 가난한 자는 '구빈원(workhouse)'에 가서 최소한의 음식, 의복, 잠자리를 제공받되 그만큼의 일

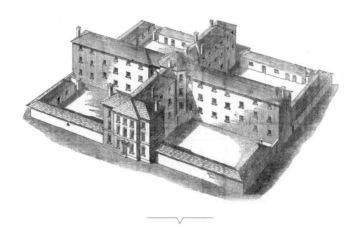

가난한 자의 감옥으로 불렸던 구빈원

을 해야 했다. 이곳에서는 성별에 따라 거주 장소가 나눠지기 때문에 가족
이 분리되고, 음식·의복·주거 환경이 모두 열악해 '가난한 자의 감옥'이라
고 불리기도 했다.[22] 당시 잉글랜드에서는 실업자 및 빈민의 폭동이 잦았는
데, 구빈원에 대한 공격도 심심치 않게 발생하였다. 여러 문제에도 불구하
고 19세기 초에 이르러 몇 가지는 확실해졌다. 구빈 문제에 있어서 전통적
인 공동체적 상부상조의 개념이 깨지고, 정치경제학에 영향받아 임금노동
의 개념이 도입된 것이다. 그리고 근대 사회에서 교회가 자기 교구의 가난
한 자를 책임지는 전통적인 역할을 더 이상 할 수 없다는 것이 명확해졌다.

　이러한 변화에 대한 교회의 입장은 어떠했는가? 19세기에 프로테스
탄트 교회가 빈민 문제를 주도하기에는 상황이 너무 변해 있었다. 그래서
이 시기에 교회가 겪은 일은 전통적인 주도적 역할을 국가에 넘기고 보조
자의 역할로 자신의 정체성을 확립하는 과정에 가까웠다. 사실 다수의 복
음주의자는 정치경제학적 경제관을 받아들이고 있었다. 여전히 많은 사람
이 경제에 있어 도덕성이 물질적 요인보다 강제력이 크다는 생각을 견지하
였지만, 정치경제학에 내포된 자유·책임·근면 등의 가치관은 복음주의자
들의 신학적 입장과 결을 같이하고 있었다. 그래서 갈등이 더 커졌는데, 복
음주의자들은 자기들이 전통적 역할을 할 수 없는 것을 알았지만, 구빈원

만으로 빈곤 문제가 해결될 수 없다고 생각했기 때문이다.

그래서 이들은 국가 주도의 구빈 정책을 용인하되 그것이 채우지 못하는 부분을 자선협회들로 채우려 하였다. 이 시기에 복음주의자들이 세운 자선협회는 실로 다양했다. 19세기 초 영국의 클래팜 복음주의자들은 '사회악 억제 협회(Society for the Suppression of Vice)', '빈민의 환경 향상과 안락 증진을 위한 협회(Society for Bettering and Increasing the Comforts of the Poor)', '소액 부채로 인한 수감자 구제협회(Society for the Relief of Persons Imprisoned for Small Debts)', '왕립 아동학대 금지 협회(Royal Society for the Prevention of Cruelty to Children)' 등을 설립하였는데, 19세기 말로 가면서 임산부 및 미혼모를 돌보는 활동, 빈민을 위해 음식과 헌 옷을 나누는 활동, 동물을 보호하기 위해 바자회를 여는 것까지 자선협회들이 다루는 활동의 내용은 더욱 다양해졌다.

구빈 입법과 사회적 부작용 발생으로 인한 교회의 역할 재조정 과정은 잉글랜드뿐 아니라 스코틀랜드, 독일 지역 국가들, 덴마크, 네덜란드 등 프로테스탄트 국가에서 일반적으로 나타난 현상이었다. 독일에서는 요한 비체른(Johann Wichern, 1898-1881)이 독일내부선교협회(Inner Mission in Germany)를 설립하여 유치원과 소년원을 세우고, 유흥업소 종사자·알코올 중독자·정신병자들을 위한 쉼터를 만들었으며, 덴마크에서는 옌스 라르센(Jens Larsen, 1804-1874)이 비슷한 구빈 사역을 했다.[23] 이를 통해 서구 교회 안에서는 변화된 사회적 환경에 맞추어 하층계급의 빈곤과 관련된 정책을 주도하지 않되, 그것에 무관심하지 않는다는 입장이 정립된 것처럼 보였다.

그러나 당시 복음주의자들의 자선활동이 빈곤 뒤에 있는 근본적인 원인을 건들지 않는 미봉책이라는 비판도 제기되었다. 그들의 활동은 노동자들의 영혼에 변화를 일으키지 못했을 뿐 아니라 이들이 처한 문제를 야기한 자본주의 사회의 구조적 불평등 문제에 대한 처방도 아니었다. 또한 복음주의자들의 자선활동은 다수의 교단 내에서 전통적 구빈 방식을 고수한 보수주의자들과 더 급진적인 변화를 원했던 사회개혁가 집단 양쪽으로부터 비판받았다. 그러나 시간이 흐르며 현실적으로 국가가 해결하지 못하는 일은 교회도 못한다는 전제는 점차 서구 프로테스탄트 공동체에 수용되었다.

사회 개혁

시간이 흐름에 따라 하층계급의 빈곤 문제를 도와주는 것을 넘어, 노동자에게 가해지는 가혹한 조건을 개선하려는 움직임이 나타났다. 일부 사회개혁가들은 19세기 노동자들의 노동 및 생활 환경의 실상이 노출됨에 따라 간헐적인 도움으로는 문제를 근본적으로 해결할 수 없음을 인식하게 되었다. 19세기 전반 노동자들이 처한 상황은 말 그대로 끔찍했다. 당시 가장 산업이 발달하고 경제적으로 발달했던 영국조차도 노동자들은 보통 일주일에 6일간 70-80시간을 일해야 했고, 미국의 경우 1900년까지 제철 산업에 종사하는 노동자들은 72시간 이상 일해야 했다. 18세기 말 이후 유럽의 인구는 지속적으로 증가하여 노동 공급이 과잉된 것에 비해 임금은 훨씬 느린 속도로 늘었기 때문에 노동자들의 대다수는 빈곤에서 벗어나기 어려웠다. 단적인 예로 1900년까지 미국의 일반 노동자들은 평균생계비용보다 20-40퍼센트 이하의 수입을 벌고 있었다.[24] 아직 산업재해의 개념도 없었고, 그것에 따른 보상도 미비해서 일하다가 부상을 당하거나 불구가 되어도 보상은 전혀 없었다. 병이 나서 결근을 하면 그날의 수입이 없어지기 때문에 노동자들은 건강을 해치며 일을 해야 했다.

어린이들의 노동 환경은 더욱 처참했다. 당시 많은 면직물 산업의 고용주들이 기계 밑을 돌아다니며 떨어진 재료를 줍고, 기계 사이에 끊어진 실을 잇기 위해 어린아이들을 고용하였다. 또한 광산업에서도 아동 노동에 대한 수요가 높았는데, 이는 당시 갱도가 좁아 몸집이 작은 아이들이 석탄을 끌고 나오기에 적합했기 때문이었다. 광산에 고용된 아이들은 보통 오전 4시부터 오후 5시까지 일했지만 임금은 성인보다 10-20퍼센트 정도 덜 받았기 때문에 광산주들에게 선호되었다. 이런 실상이 알려지면서 1833년과 1844년, 공장법(Factory Acts)이 영국 의회를 통과하였는데, 그것은 아동 노동을 보편적으로 제한하는 입법이라는 점에서는 의미가 있었지만, 9세

이하 아동의 노동을 금지하고 야간 노동을 금지하는 정도여서 아직 미흡한 점이 많았다.[25]

　이런 상황을 타개하기 위한 몇 가지 방안이 제기되었다. 가장 먼저 노동자들은 자본가와 그들과 한편인 정부에 저항하는 소요를 일으켰다. 대표적으로 영국에서는 공장을 급습해 기계를 파괴하는 러다이트(Luddite) 운동이 퍼져 갔고, 이에 대한 귀족과 중간계급의 두려움은 매우 컸다. 또한 이런 배경에서 유럽 사회에 사회주의가 퍼져 갔는데, 사회주의자들은 폭력 혁명을 통한 프롤레타리아 독재를 대안으로 제시하였다. 나아가 이들은 종교의 사회적 역할을 배제할 것을 주장하였기에 사회 기득권에게는 심각한 위협으로 느껴졌다. 마지막으로 서구 사회의 그리스도교 공동체 안에 존재한 그리스도교 사회주의자들은 노동자들에 대한 교육과 교화를 통해 당시의 어려움을 극복할 수 있다고 보았다. 이들은 기본적으로 사회주의의 문제의식을 공유하지만, 귀족과 자본가에 의한 독재와 다르지 않다며 '프롤레타리아 독재'에 반대한 점과 노동자에 대한 그리스도교 교육의 중요성을 강조한 점에서 차이를 보였다. 이들은 노동자는 스스로를 직접 관리할 수 없는 존재들이라서 누군가 가르치고 도와주어야 한다고 생각하였다.

　케임브리지 대학의 교수로 1889년부터 국교회의 더럼 주교를 겸임했던 브룩 포스 웨스트콧(Brooke Foss Westcott, 1825-1901)은 이러한 흐름을 '사회적 복음(Social Gospel)'이라는 용어로 표현하였다. 그는 자신의 책《그리스도교의 사회적 면모(Social Aspects of Christianity)》(1887)에서 일부 사회주의자들의 반종교성을 반대하면서도 그들의 사회적 문제의식에 관심을 기울일 것을 주장하였다.[26] 웨스트콧은 시간이 흐를수록 거세지는 자유방임 경제 정책의 확산 국면에서 신자들이 빈민과 실업자들을 위한 정의를 위해 노력할 것을 강권하였다. 1889년 웨스트콧은 캔터베리 대주교인 에드워드 벤슨(Edward Benson)과 함께 '그리스도교 사회주의연합(Christian Social Union, CSU)'을 설립하였다.

　웨스트콧과 벤슨의 영향력 아래 사회적 복음의 개념이 국교회에 확산되었고 많은 국교회 성직자들이 이 조직에 참여하였다. 회원들은 국교

사회적 복음을 주장한 웨스트콧

회 신도로서 다음의 몇 가지에 동의해야 했다. 첫째, 사회의 관행을 통제하는 궁극적 권위로서 그리스도교 원칙을 인정할 것, 둘째, 도덕 명제와 그리스도교 원칙을 현재의 사회·경제 문제에 어떻게 적용할지 연구할 것, 셋째, 그리스도를 실생활 속에 살아 있는 주인으로 인정하는 것이었다.[27] CSU는 1891년에는 런던에 지부를 세우고 회원도 124명이 되었으며, 1910년까지 전국에 60개의 지부를 내고 회원도 5,000명까지 늘렸다. 그리고 영국 CSU는 미국, 오스트레일리아, 뉴질랜드에도 비슷한 그리스도교 사회주의 협회가 설립되는 데 영향을 주었다. 이러한 예들은 19세기 말에서 20세기 초 국교회 같은 기성 교파 안에서 사회주의적 문제제기가 수용되는 과정을 보여 주는 의미 있는 변화였다.

이런 흐름은 영국의 비국교도 교파들에서도 나타났다. 스코틀랜드 회중교회 성직자 존 브라운 패턴(John Brown Paton, 1830-1911)은 그리스도교의 사회적 중요성을 강조하고 해외 선교뿐 아니라 자기가 사는 국가의 소외된 계층을 위한 '내부 선교(inner mission)'를 주장하였다. 잉글랜드 회중교회의 목사 앤드루 먼스(Andrew Mearns, 1837-1925)는 《버림 받은 런던의 처절한 통곡(the bitter cry of outcast London)》(1883)에서 런던 노동자의 열악

한 주거환경을 고발하였고, '왕립 노동계급 주거문제 위원회(Royal Commis-
sion of the Housing of Working Classes)'의 설립에 영향을 주었다. 1894년 비국
교도 출신의 사회주의자들은 '그리스도교 사회주의연맹(Christian Socialist
League)'을 설립하였는데, 그 첫 회장인 존 클리퍼드(John Clifford)는 고용주
가 노동자들에 대해 도덕적 의무를 가지고 있다고 주장하면서 구제를 넘
어 노동자들의 임금을 인상하고 교육의 기회를 증진할 것을 권고하였다.[28]

'사회적 복음'은 유럽 대륙과 북아메리카의 프로테스탄트 교회 안에
서도 발견되는 현상이었다. 1870년 프로이센의 궁중 목사 아돌프 슈퇴커
(Adolf Stoecker, 1835-1909)는 베를린 지역 노동계층 선교 책임자로서 오랜
시간 이들에게 도움을 제공하기 위한 활동을 하였으며, 노동계층 사이에서
그리스도교가 영향력을 상실하고 있는 현실에 큰 경각심을 표하기도 하였
다. 슈퇴커는 루터교가 노동자들을 도외시하는 가운데 노동자들이 무신론
적인 사회민주당(SPD)에 경도되는 것을 막기 위해 스스로 그리스도교사회
당(the Christian Social Party, 1878)을 창당하기도 하였다.[29] 네덜란드에서는 개
혁교회 안에 개인의 종교 경험뿐 아니라 교회의 사회·정치적 참여를 중요
하게 여기는 전통이 있었다. 나중에 총리를 역임한 개혁교회 목사 아브라
함 카이퍼(Abraham Kuyper, 1837-1920, 총리 재임 1901-1905)는 신도들의 일상
속에 역사하는 신의 역할을 강조하는 신학을 견지하였고, 그 연장선에서
국민의 생활에 관심을 가지고 개혁하는 내부 선교를 발전시켰다.[30] 사회적
복음과 관련된 논의는 미국에서 더욱 활발했다. 워싱턴 글래든(Washington
Gladden, 1836-1918)과 월터 라우션부시(Walter Rauschenbusch, 1861-1918) 같
은 신학자들은 그리스도교의 윤리를 빈곤, 아동노동, 교육환경, 경제적 불
평등 등의 문제에 적용해야 한다고 주장하였다. 글래든과 라우션부시는 일
찍이 자본주의 사회의 불평등 문제에 관심을 가지고, 노동조합이나 협동조
합 같은 현실적 대안을 찾으려 한 점에서 사회적 복음 운동의 선구자로 여
겨진다.[31]

맺음말

여기까지 산업혁명과 도시화 현상으로 세속화의 흐름이 더 강해진 것처럼 보였던 19세기에 프로테스탄트 교회가 보인 반응을 살펴보았다. 우선 이전보다 여성의 교육 기회가 증가하고 사회 운동에 대한 참여도가 증가하면서 교회 내부의 여성에 대한 시각도 변화하였다. 비록 많은 갈등을 거쳐야 했지만 19세기 이후 대부분의 프로테스탄트 교단들은 교회 공동체 안에 무시할 수 없는 여성의 역할이 있음을 인정하게 되었다. 또한 프로테스탄트 교회는 주일학교를 통해 세속화 시대에 노동자 계급의 자녀들에게 그리스도교 윤리와 중간계급의 가치관을 전파하려 하였으며, 사립학교 개혁 등을 통해 상류층에게도 영향을 끼치려 하였다.

노동자 계층의 복지와 관련하여 19세기에 교회는 전통적인 주도권을 포기하였지만 빈곤 문제에 있어 충실한 보조자로서, 특히 자선활동을 통해 국가 복지제도가 채우지 못하는 부분을 메우려 노력하였다. 그리고 일부 그리스도교인은 여기서 더 나아가 노동자들이 처한 환경의 개선을 위해 사회제도의 개혁을 주장하는 사회적 복음의 개념을 포용하기도 하였다. 그러나 19세기 복음주의자들의 노력은 눈에 띄는 결과물을 맺지는 못하였다. 예를 들어 여성 안수 문제는 지금까지도 교파 사이에 그리고 동일 교단 안에서 논쟁이 되고 있으며, 복음주의자들의 교육 개혁 노력에도 교육의 세속화는 거스를 수 없는 흐름처럼 보인다. 또한 사회적 복음은 여전히 모호한 개념으로써 교회 내의 보수주의자들과 교회 밖의 급진적 개혁을 주장하는 사람들로부터 동시에 비판을 받고 있다. 그럼에도 당시 세속화의 흐름 속에서도 교회가 여성의 지위 향상, 교육 안에서의 종교와 윤리의 역할, 노동 환경 개선 등의 대안을 제시한 것은 그동안 일반적으로 알려진 교회의 대응에 대한 이미지를 재고해 볼 것을 요청하고 있다.

주

1 —— Elaine Kaye, "A Turning-point in the Ministry of Women", in W. J. Sheils and Diana Wood (ed.), *Women in the Church* (Studies in Church History, 27.) (Blackwell for the Ecclesiastical History Society, 1990), 505-512.

2 —— McLeod, *Religion and Society in England, 1850-1914*, 160-161.

3 —— E. Dorothy Graham, "Chosen by God : the Female Itinerants of Early Primitive Methodism" (PhD Thesis, University of Birmingham, 2013), 13.

4 —— Janice Holmes, "Women Preachers and the New Orders: Women Preachers in Protestant Churches", in Sheridan Gilley & Brian Stanley (ed.), *The Cambridge History of Christianity: World Christianities, c.1815-c.1914* (9 vols, Cambridge University Press, 2006), VIII, 87.

5 —— Holmes, "Women Preachers and the New Orders", 88.

6 —— Helen Rappaport, *Encyclopedia of Women Social Reformers* (vol.2 ABC Clio, 2001), I, 113-114.

7 —— Dana L. Robert, *American Women in Mission: The Modern Mission Era 1792-1992* (Mercer University Press, 1997), 129.

8 —— Henry F. Cope, *The Modern Sunday School and Its Present Day* (Fleming H. Revell Company, 1916), 94.

9 —— McLeod, *Religion and Society in England, 1850-1914*, 79-80.

10 —— Montrose Jonas Moses, *Children's Books and Reading* (M. Kennerley, 1907), 101-118.

11 —— David Bebbington, *The Nonconformist Conscience: Chapel and Politics, 1870-1914* (HarperCollins Publishers, 1982), 127-131.

12 —— Green, *The Religion in the Age of Decline*, 221-223.

13 —— Green, *The Religion in the Age of Decline*, 246.

14 —— International Normal Committee, *The Modern Sunday School* (Sunday School Union, 1887), 40-41.

15 —— Evans, H. F. (1915). "Architecture of Sunday Schools" in John T. McFarland and Benjamin S. Winchester (ed.), *The Encyclopedia of Sunday Schools and Religious Education* (Thomas Nelson & Sons, 1915), 29-30.

16 —— Peter Feinman, "Chautauqua America", *The American Interest*, vol. 5 (2010), 83-88: Ethel May Baldwin & David V. Benson, *Henrietta Mears & How She Did It* (Regal Books, 1966).

17 —— J. J. Findlay (ed.), *Arnold of Rugby: His School Life and Contributions to Education* (Cambridge University Press, 1897), xvii.

18 —— Lytton Strachey, *Eminent Victorians: Cardinal Manning, Florence Nightingale, Dr. Arnold, General Gordon* (Chatto & Windus, 1918), 173.

19 —— D. C. Somervell, *English Thought in the Nineteenth Century* (Greenwood Press, 1977), 113.

20 —— Bebbington, *Evangelicalism in Modern Britain*, 133-134.

21 —— Derek Fraser, *The Evolution of the British Welfare State* (Palgrave Macmillan, 2009), 50.

22 —— Felix Driver, *Power and Pauperism* (Cambridge University Press, 2004), 61.

23 —— David M. Thompson, "The Social Though of the Protestant Churches", in Sheridan Gilley & Brian Stanley (ed.), *The Cambridge History of Christianity: World Christianities, c.1815-c.1914* (9 vols, Cambridge University Press, 2006), VIII, 157.

24 —— "United States History-The Struggles of Labor", Library of Congress Country Studies (http://countrystudies.us/united-states/history-82.htm, 2018년 8월 16일 검색).

25 —— 1833-1834 공장법에 대해 다음을 참고. B. L. Hutchins & A. Harrison, *A History of Factory Legislation* (P. S. King & Son, 1911); W. R. Cornish and G. de N. Clark, *Law and Society in England 1750-1950* (Sweet and Maxwell, 1989).

26 —— Brooke Foss Westcott, *Social Aspects of Christianity* (Macmillan, 1887), xii.

27 —— Arthur V. Woodworth, *Christian Socialism in England* (Swan Sonnenschein & Company, 1903), 140-141.

28 —— Thompson, "The Social Though of the Protestant Churches", 159.

29 —— Harold Green, "Adolf Stoecker: Portrait of a Demagogue", *Politics and Policy*, vol. 31 (March 2003), 106-129.

30 —— Abraham Kuyper, "Sphere Sovereignty", In James D. Bratt, *Abraham Kuyper: A Centennial Reader* (Wm. B. Eerdmans, 1998), 461.

31 —— Washington Gladden, *Recollections* (Houghton Mifflin, 1909), 252, 292; "Social Gospel" in Dictionary of American History (https://www.encyclopedia.com/philosophy-and-religion/christianity/protestant-denominations/social-gospel, 2018년 8월 16일 검색).

근대국가와 그리스도교:
독일, 이탈리아의 통일

10

19세기에 유행한 대표적인 사조에는 낭만주의, 사회주의, 민족주의가 있었다. 이 책의 이전 부분에서 앞의 두 사조는 부분적으로 다루었기에 이 장에서는 민족주의와 그리스도교의 관계에 대해 살피려고 한다. 당시 민족주의의 성장을 가장 잘 보여 주는 사건은 바로 독일과 이탈리아의 통일일 것이다. 이 나라들에서는 프로테스탄트와 가톨릭이 통일 과정과 통일 이후 국가 형성에 영향을 끼쳤다. 이는 무엇을 보여 주는가? 우선 세속화 시대에도 국민국가 형성에 교회가 일정 수준의 역할을 했음을 암시한다. 두 번째로 이 두 국가의 통일은 국민국가 형성 과정에서 그리스도교가 수행한 복합적인 역할을 보여 준다. 뒤에서 보겠지만 교회는 이탈리아 통일의 저항세력이었고, 독일에서는 국가 통치기구 역할을 하였다. 마지막으로, 두 국가의 통일 과정은 세속화 시대에 국가가 그리스도교 수사(修辭)를 어떻게 이용했는지 그리고 현실과의 괴리는 어떠했는지를 생각해 보게 한다. 이탈리아 왕국은 가톨릭 국가를 공언했지만 통일 과정에서 교회와 경쟁하였고, 독일 제국도 프로테스탄트 국가를 표방하였지만, 정치·교육·복지의 영역에서 그리스도교의 영향력을 점차 제거하였다.

그리스도교와 민족주의

민족주의(nationalism)에 대한 사전적 정의는 '민족의 독립과 통일을 가장 중시하는 사상' 또는 '19세기 이래 근대국가 형성의 기본 원리'이다. 조금 쉽게 풀이하면 주로 19세기에 발달한, 민족이 최고의 충성과 헌신의 대상이 된다고 보는 사조로 이해할 수 있을 것이다. 민족주의자들은 세계의 구성 단위를 '민족'으로 파악하는 경향이 있으며, 민족과 관련된 가치에 최우선 순위를 두는 배타성을 보이며, 일부는 민족의 정치적 독립을 필수적인 것으로 여긴다.

민족주의는 개인이 속한 혈연·지연 공동체에 대한 헌신을 의미하는 애국심(patriotism)과 구별된다. 우리 마을에 누가 쳐들어온다면 가족과 재산을 지키기 위해 나서는 것이 자연스런 반응일 것이다. 애국심이 이러한 인간 본연적인 감정이라면, 민족주의는 근대 사회에 이르러 국민국가가 형성되는 가운데 만들어진 발명품에 가깝다. 또한 민족주의는 민족의 독립을 중요하게 여기나, 그중 정치적 독립성을 필수적인 것으로 여기는지 여부에 따라 '넓은 의미의 민족주의'와 '좁은 의미의 민족주의'로 분류될 수 있다. 전자가 민족의 문화적 자율성과 정체성을 지키는 것을 추구한다면, 후자는 정치적 독립국가의 경계가 국민국가의 범위와 일치할 것을 주장한다.[1] 예를 들어 터키, 이라크, 이란, 시리아 국경 주변에 살고 있는 4,000만 명의 쿠르드족이 있는데, 이들 가운데 문화적 정체성 지키는 것을 추구하는 민족주의자들은 전자에 해당하고, 그것에 만족하지 못하고 정치적 독립을 이루어야 민족의 숙원이 달성된다고 보는 민족주의자들은 후자에 속할 것이다.

사실 그리스도교와 민족주의의 발전은 밀접한 연관성이 있다. 흔히 16-17세기를 민족주의의 발흥기로 보는데, 종교개혁이 그 시작에 중요한 역할을 했다. 우선 루터의 종교개혁은 잠재되어 있던 독일어 지역 사람들의 민족 감정이 분출된 결과물이자 그것을 더 확산하는 계기이기도 했다. 이탈리아 출신 교황들이 독일 지역 교회들의 일에 간섭하고 통제하는 것에 대해 쌓여 있던 반감은 강압적인 면벌부 판매를 계기로 표면으로 분출되었다. 이 원초적인 감정은 종교개혁이 진행되는 과정 속에 더욱 강화될 수 있었다. 또한 종교개혁자들이 이때까지 라틴어로 되어 있던 성경을 모국어로 번역한 것은 같은 말을 쓰는 독일인들의 동질성 형성에 기여하였다. 1521년 3월 루터는 신성로마제국 황제 카를 5세가 소집한 보름스국회에서 이단으로 정죄되었지만, 작센의 선제후 프리드리히의 도움으로 바르트부르크 성에 숨을 수 있었다. 이곳에서 루터는 신약성경을 독일어로 번역하였다. 그는 신도들이 성경을 직접 읽고 신의 뜻을 찾길 바랐기 때문에 귀족이 아닌 일반인이 읽는 '속어'로 성경을 번역하였다. 그러나 성경 번역에는 의도치 않은 결과도 있었다. 즉, 경계도 모호한 유럽 중부 지역에 흩어져 살던 독일인들에게 표준어 역할을 하는 공동의 텍스트를 제공한 것이다. 이는 독일 지역에서 초기 단계의 민족 정체성이 형성되는 데 영향을 주었다.

루터가 성경을 번역했던 바르트부르크 성

또한 종교개혁자들의 성경 해석은 오랫동안 사라졌던 '민족'이라는 개념의 부활에 중요한 역할을 하였다. 이때까지 가톨릭은 성경의 내용을 상징적으로 해석하는 경향이 있어서, 구약에 나오는 용어나 사건 등을 역사적 사실로 보기보다 신약에 나오는 이야기의 표지(sign)로 보았다. 이런 해석에서 구약의 이스라엘과 관련하여 언급되는 '민족'이라는 개념은 역사적 실례로 보기 어려웠다.[2] 그러나 당시 대부분의 프로테스탄트 신학자들은 성경이 상징으로써뿐 아니라 실질적인 역사적 실례로써도 신앙생활에 가르침을 준다고 생각하였다. 그들은 성경 내용의 역사적 의미를 복구하였으며 그 과정 속에서 이스라엘과 관련된 '민족' 개념 또한 현재적 의미를 가질 수 있었다.

종교개혁이 초기에는 루터나 칼뱅같이 대학을 졸업한 엘리트들의 운동이었던 것처럼 이들에 영향받은 초기의 민족주의는 일종의 지적 운동에 가까웠다. 그러나 민족주의는 18-19세기로 가면서 제조업자, 상공업자 같은 중간 계층의 이데올로기가 되었다. 기본적으로 상업을 중시했던 부르주아 계층에게는 통일된 민족국가가 의미하는 통합된 시장의 성립이 그들의 이해관계와 일치했던 것이다. 또한 민족에 최고의 가치를 두는 민족주의 세계관과 배타성은 그들의 심성 속에서 중요성을 상실해 가던 신에 대한 믿음의 대체물로서의 역할을 맡았다. 민족주의가 그들의 심성 속에 남아 있던 무언가 초

273

월적인 가치와 존재에 대한 의존과 신뢰의 욕구를 채워 주었던 것이다.

이 장에서 살펴볼 것처럼 19세기에 민족주의는 민족의 통일을 추구하는 운동으로 발전하였다. 하지만 '넓은 의미의 민족주의'에서 보듯이 그것이 본래부터 통일 운동이었던 것은 아니며 오히려 초기에는 민족의 정체성을 확립하려는 문화 운동에 가까웠다. 그러나 유럽에서는 프랑스혁명과 혁명전쟁을 거치며 민족주의의 성격이 변화하였다. 유럽 민중은 새롭게 받아들인 자유, 평등, 박애 같은 프랑스혁명의 이상을 기존의 분열된 구체제적 영방국가에서 실현할 수 없다는 것을 깨닫게 되었고, 점차 독립된 국민국가(nation-state) 안에서 평등한 시민의 자유와 권리 증진이 가능하다는 생각이 퍼지게 되었다. 18세기에 독일과 이탈리아의 통일은 민족주의와 통일 이데올로기가 만난 대표적 사례로 볼 수 있을 것이다.

두 통일국가의 형성에 그리스도교는 중요한 역할을 수행했다. 두 국가 모두 그리스도교 국가를 표방했다. 그러나 그리스도교의 역할은 중요성과 한계를 동시에 보였다. '종교'로서 가톨릭과 프로테스탄트 모두 통일 민족국가를 위해 흩어진 국민들을 결속할 접착제 역할을 하였지만, '제도'로서 그리스도교는 두 나라에서 일정 수준에서 통합의 저해 요소가 되었다. 이탈리아의 경우 가톨릭교회는 신생 국가의 주도권을 두고 국민의 심성 속에서 경쟁을 벌였고, 이 갈등은 1920년에 무솔리니가 등장한 후에야 해소되었다. 독일은 반대로 프로테스탄트 정체성이 신생 국가의 정체성 형성에 중요했으나, 그 과정에서 가톨릭은 소외되었고, 프로테스탄트 교회는 제국의 통치기구화되었다.

이탈리아 지역의 상황

서로마제국 멸망 이후 이탈리아 지역은 1,000년이 넘는 시간 동안 여러 나라로 갈라져 있었다. 이 지역이 처음으로 하나의 통치체로 묶인 것은 나폴레옹의 지배를 받게 되면서부터였다. 혁명전쟁 기간 중에 이탈리아 북서부

이탈리아의 통일 1815-1860
숫자는 사르데냐 왕국(1861년 이후
이탈리아 왕국)에 병합된 연도임

1815년경의 이탈리아. 북서쪽의 사르데냐 왕국과 중앙의 교황령을
제외한 나머지 지역은 사실상 외국의 지배 아래 있었다.

와 로마 주변부는 프랑스에 합병되었고, 북동부에는 이탈리아 공화국이 세워졌으며 남부에는 나폴리 왕국이 존속했는데, 모두 사실상 나폴레옹의 통치를 받은 점에서 공통점을 가지고 있었다. 프랑스의 통치는 외국의 혁명 사상을 전해 준 점에서 이탈리아 내에 지지 세력을 양성하기도 하였다. 그러나 1804년 나폴레옹이 황제의 자리에 오르면서 프랑스의 지배는 혁명 사상의 전파 통로가 아닌 이민족의 침략으로 본질이 변하였다. 그리고 이탈리아를 이루는 국가들 안에서 프랑스에 대한 반감과 함께 민족적 정체성이 성장하기 시작하였다.

이 민족주의적 감정은 1815년 성립된 빈체제를 겪으며 정치적인 통일 운동으로 발전하였다. 나폴레옹 전쟁이 끝나고 전후 유럽의 질서를 짜기 위해 오스트리아의 수도 빈에 모인 유럽 열강의 대표들은 '정통성의 원칙'을 확립하여 모든 것을 혁명 이전으로 돌리려 하였다. 그 결과 프랑스의 부르봉 왕가처럼 혁명으로 쫓겨난 왕가들이 복귀했고, 혁명 이전의 국경이 복원되었다. 그러나 이탈리아는 혁명 이전부터 강대국의 다툼으로 인해 국경이 변해 왔기 때문에 이전의 국경으로 돌아가지 못했다. 빈체제를 주도한 메테르니히는 본래 '독일 연방'처럼 오스트리아가 주도하는 '이탈리아 연방 (an Itlalian Confederation)'을 세우는 구상을 가지고 있었으나, 주변국들의 반발로 포기하였다. 대신 러시아, 프로이센, 프랑스와의 합의에 따라 총 7개의 군주국으로 작위적인 경계가 설정되었다.[3] 형식적 국경선과 달리 사르데냐-피에몬테 왕국(이하 사르데냐 왕국)을 제외한 대부분의 북부 지역은 사실상 오스트리아의 지배를 받았고 남부의 나폴리 왕국은 프랑스의 영향력 아래 놓여 있었다. 이렇게 이탈리아의 경계가 설정되는 과정 속에 민족성은 아무런 영향을 끼치지 못했다. 메테르니히의 말처럼 "'이탈리아'라는 단어는 지리학적 표현"으로 "아무런 정치적 중요성을 가지고 있지 못했다."[4]

그러나 18세기 초 이탈리아는 이미 혁명을 통해 자유 사상을 받아들이고, 이민족의 지배를 받으며 민족적 감정이 고양된 상태였다. 그래서 곧 빈체제에 맞서는 자유주의-민족주의 운동이 시작되었다. 그 시작은 1820-1821년에 활약한 '카르보나리당'의 봉기였다. 카르보나리는 이탈리아어로 '숯 굽는 사람'이라는 뜻의 '카르보나라(Carbonara)'에서 온 단어로, 그 결사 단원이 숯쟁이로 위장 활동을 했기 때문에 불린 이름으로 알려져 있다. 자유주의적 공화주의를 주장했던 카르보나리당은 19세기 초 남이탈리아에서 프랑스의 지배에 항거하여 조직되었으며, 북이탈리아로 세력을 확대하였다.[5]

1831년에는 '이태리 건국 3걸' 가운데 한 명인 주세페 마치니(Giuseppe Mazzini, 1805-1872)가 청년 이탈리아당을 창설하였다. 그는 청나라 말기 개혁가 량치차오(梁啓超)가 《이태리 건국 삼걸전(意太利建國三傑傳)》에서 주세페 가리발디, 카밀로 카부르와 함께 소개한 인물인데, 이 책을 신채호가 번역하여 소개했기에 우리에게도 잘 알려져 있다. 마치니와 그 추종자들은 일반 민중의 지지에 기반을 둔 공화주의 통일 운동을 1853년까지 이어갔다. 1833년 사보이와 피에몬테에서 봉기하였지만 실패하였고, 1841-1845년 사이에는

청년 이탈리아당을 창설한 주세페 마치니

시칠리아, 토스카니, 롬바르디아, 베네치아에서도 반란을 일으켰지만 실패하였다.

 ## 이탈리아 지역에서의 1848년 혁명

이탈리아 통일 운동의 성격을 바꿔 놓은 사건은 1848년의 혁명이었다. 나폴레옹 몰락 이후 약 30년간 유럽을 억압하던 빈체제에 대한 민중의 정치적 불만이 쌓여 있던 차에 1847년 흉작으로 인해 유럽 대륙에 경제 위기가 찾아오자 유럽 곳곳에서 무능한 복고왕정에 대한 저항이 시작되었다. 1848년 1월 시칠리아에서 시작된 봉기는 2월에는 파리로 옮겨 가서 왕정을 무너뜨리고 제2공화정을 수립하였고(프랑스 2월혁명), 3월에는 베를린과 빈 등 독일 국가들의 수도에서 혁명이 일어나게 되었다. 이탈리아에서도 이 혁명의 물결 속에 빈체제를 이끄는 오스트리아로부터 독립하기 위한 운동이 일어났다.

밀라노에 임시정부가 수립되었고, 베네치아도 공화국을 선포하였으며 1848
년, 마치니는 교황령에 침입하여 '로마 공화국'을 선포하였다. 그러나 1848
년 혁명은 공화정이 성립된 프랑스를 제외한다면 대부분의 국가에서는 실
패로 끝났다. 이는 이탈리아도 마찬가지여서 밀라노와 베네치아 공화국의
임시정부는 얼마 못 가 다시 오스트리아 군대에 의해 진압당했고, 로마 공
화국은 교황 비오 9세의 요청으로 프랑스 군대가 간섭하여 얼마 지나지 않
아 붕괴되었다.

혁명이 실패한 원인은 여러 측면에서 살펴볼 수 있다. 유럽적 차원에
서 보면 18세기 말 프랑스혁명과 달리 부르주아와 민중 사이에 결탁이 오
래 가지 못했고, 구체제의 지배세력이 제거된 것도 아니어서 혁명의 바람이
지나가자 귀족들은 다시 세력을 회복할 수 있었다. 이탈리아 내부의 상황
을 살펴보면, 우선 곳곳에서 산발적으로 독립·통일 운동이 있었지만 그것
을 규합할 중심세력이 없었다. 오히려 독립·통일 세력은 마치니를 중심으
로 한 공화주의자들, 교황을 국가의 수반으로 만들려 한 가톨릭주의자들,
이탈리아 내 유일한 독립 지역인 사르데냐 왕국을 중심으로 통일을 추구하
는 현실주의자들로 갈라져 있었다. 무엇보다 통일국가 실현은 지식인과 엘
리트들에게는 가슴을 뛰게 하는 사명이었을지 몰라도, 국민의 대다수를 차
지하는 농민들에게는 피부에 와닿는 구호는 아니었다. 사실 이탈리아 혁명
세력이 토지 재분배나 소작료 감면 같은 농민들의 관심사를 반영한 이슈
를 제시하지 못한 것은 1848년 혁명 실패의 가장 중요한 원인이었다. 오히
려 농민들은 북이탈리아를 재정복하러 온 오스트리아의 요제프 라데츠키
장군의 군대를 보고, 무질서와 혼란이 잦아들 것으로 보아 환호성을 지르
며 반겼다.[6]

카부르의 등장

1848년 혁명의 실패를 계기로 공화주의자와 가톨릭주의자의 통일 방안

은 사실상 탈락되었고, 이후 사르데냐 왕국을 중심으로 한 통일 노선이 가장 현실성 있는 방안으로 부상하게 되었다. 이를 주도한 것은 이탈리아 건국의 두 번째 영웅 사르데냐 왕국의 수상 카밀로 카부르(Camilo Cavour, 1818~1861)였다. 1852년 수상이 된 카부르는 본래 지주 출신이나 농업 기술 도입에 적극적이었고, 산업화에 열린 태도를 가지고 있었다. 그는 사르데냐 왕국이 산업화를 이루고 열강의 틈바구니에서 살아남기 위해 이탈리아 북서부에서 반도 끝으로의 확장, 즉 통일이 필요하다고 보았다.

카부르의 통일 정책은 외교와 군사력의 결합이었다. 외교관 출신으로 유럽의 정세와 역학관계를 잘 파악하고 있었던 카부르는 오스트리아를 축출하는 것을 통일의 최우선 과제로 삼았고, 이를 위해 영국·프랑스와 러시아·오스만튀르크 사이에 일어난 전쟁인 크림전쟁에서 영국·프랑스 편에 서서 그들의 환심을 사려 했다. 이러한 외교정책 때문에 영국은 이탈리아 통일을 반대하지 않게 되었고 당시 프랑스 황제였던 나폴레옹 3세는 통일 전쟁에서 사르데냐를 지원하기로 합의하였다. 그리고 그 대가로 사르데냐는 왕가의 발흥지인 사보이 지역을 프랑스에 넘겨주기로 약속하였다(1858년 플롱비에르 밀약).[7]

이렇게 외교를 통해 우군을 확보한 카부르는 군사력을 동원하여 오스트리아와 전쟁을 시작하였다. 사르데냐군은 초기에 승리를 거두었고, 롬바르디아와 베네토 지역으로 진격하였다. 그러나 이 결정적인 순간에 나폴레옹 3세는 이탈리아를 배반하고 갑작스럽게 오스트리아와 단독 강화조약을 맺었다. 프로이센이 오스트리아를 지원할 가능성이 제기되면서 두 국가를 상대로 전쟁을 하는 것에 부담을 느꼈던 것이다. 결과적으로 1859년의 전쟁에서 사르데냐는 롬바르디아 지역만 합병하였을 뿐이지만, 이는 오히려 이탈리아에서 민족주의 바람이 일어나는 계기가 되었다. 북부 이탈리아의 파르마, 모데나, 토스카나, 로마냐 지방에서 혁명 정부가 들어섰고 이들은 자진해서 사르데냐와의 합병을 결의하였다. 이때 프랑스는 이를 묵인하는 대가로 사보이와 더불어 유명 휴양지인 니스를 할양받았다.

이탈리아 북·중부에서 일어난 통일 움직임에 자극받아 1860년 남부

이탈리아를 만들고 있는 카부르와 가리발디

의 시칠리아에서도 프랑스계 부르봉 왕가에 대한 반란이 일어났다. 이 봉기는 처음에는 과격한 진압으로 실패하는 것 같았지만, 이탈리아 건국의 세 번째 영웅 주세페 가리발디(Giuseppe Garibaldi, 1807~1882)가 '붉은 셔츠단'이라는 의용군 1,000명을 모아 이곳에 상륙하면서 전세가 역전되었다. 가리발디는 이탈리아 통일이라는 대의와 붉은 셔츠단의 명성을 이용하여 큰 희생 없이 시칠리아 왕국을 정복할 수 있었다. 그리고 가리발디는 자기가 정복한 지역 전체를 아무런 대가도 바라지 않고 사르데냐 왕국에 헌납하였다. 이로써 1861년 3월 베네치아와 로마를 제외한 이탈리아 지역을 묶은 통일 이탈리아 왕국이 성립될 수 있었다. 1861년 6월 카부르는 통일의 과업을 마치고 세상을 떠났지만, 그 뒤로도 미수복 지역을 회복하기 위한 노력은 계속되었다. 1866년 오스트리아가 프로이센과 전쟁하는 틈을 타서 이탈리아군은 베네치아로 진군하였고, 1870년에는 프랑스가 프로이센과 전쟁하는 과정 중에 교황청을 지키던 프랑스군이 본국으로 돌아가자 이탈리아군이 로마를 점령하여 오늘날의 이탈리아와 거의 비슷한 형태의 통일국가가 이루어졌다.

이탈리아의 통일은 새로운 국가의 탄생보다는, 한국으로 치면 통일 신라의 경우처럼 사르데냐-피에몬테라는 지역 국가의 팽창에 더 가깝다. 새 왕국의 국가원수로는 사르데냐 왕국의 비토리오 에마누엘레 2세(Vittorio Emanuele II, 이탈리아 왕 재위 1861-1878년)가 즉위하였다. 그러나 통일은 전례 없는 민족주의 발흥의 결과물이기도 했다. 당시 이탈리아 전역에는 누구도 거스를 수 없는 통일을 향한 민중의 열망이 존재했다. 가리발디가 이탈리아 통일을 위한 의용군을 모집했을 때, 이탈리아 각지에서 며칠 사이에 1,000명 이 넘게 모여들고, 시칠리아에 상륙하자 그 수가 4,000명으로 늘었던 것은 상징적인 예였다. 그러나 이 의용군의 남부 원정을 카부르가 후원하고, 가 리발디의 진격에 맞추어 샤르데냐 군을 진격시켰던 것처럼 현실 정치가들 은 민중의 민족주의적 열망을 국가의 정치적 목적을 위해 이용할 수 있었다.

통일 이탈리아 왕국의 모습

새로운 통일 왕국은 아직 불안하고 정돈되지 않았을 뿐 아니라 대내외적인 위협 요소가 상존하는 국가였다. 우선 이탈리아는 지역적으로, 계층적으로 분열된 국가였다. 1848년과 달리 이탈리아 민중은 통일 운동가들의 토지 재분배 및 농업 구조개선 같은 약속을 믿고 통일 운동을 지지하였다. 그러나 막상 통일이 되어도 크게 현실이 달라지지 않자 공약 이행을 촉구하는 농민반란이 일어나게 되었다. 지금도 마찬가지이지만 당시 이탈리아는 남부에 농업 지역이 많았기 때문에 이 소요는 주로 남부에 집중되었다. 이탈리아는 통일 직후인 1861년부터 1864년 사이에 다시 내전상태에 돌입하였으며 이 과정에서 통일전쟁보다 더 많은 전사자가 나올 정도로 전쟁은 치열하였다. 또한 통일 이탈리아의 왕가가 북부에서 발현한 사르데냐의 왕조였기 때문에 이 내전은 정부와 농민 사이의 계급투쟁일 뿐 아니라 북부와 남부의 대립이기도 했다. 1881년의 조사에 따르면 북부 지역은 소규모 공장 중심으로 지역 기반 산업이 발달하기 시작하였지만, 남부는 여전히 100만 명

이상이 실업상태에 있었고 더 많은 수의 주민이 최저생계선 이하의 임금을 받고 있었다.[8] 이때 해결되지 않은 갈등과 상처는 지금까지도 계속되고 있어서, 지금도 이탈리아는 북부가 소득이 높고 실업률이 낮은 반면 남부는 정반대의 경제 지표를 가지고 있다. 이탈리아 연립여당의 일원이었던 '북부연명'이라는 정당이 한때 북부의 독립을 주장했을 정도로 남북 간의 정치적 갈등 또한 심한 편이다.

그러나 신생 이탈리아 왕국이 직면한 가장 심각한 문제는 바로 가톨릭교회와의 갈등이었다. 서로마제국이 멸망한 이래 19세기 후반에 이르기까지 가톨릭은 외세에 시달리고 내적으로 수십 개의 나라로 분열된 이탈리아인들을 묶는 오래된 끈이었다. 종교로서 가톨릭은 지금까지도 이탈리아에서 비슷한 역할을 수행하고 있지만, 권력기관으로서 교회는 이탈리아 통일 과정에서 일관되게 통일 반대 세력 역할을 하였다. 대부분의 교황은 전통적인 대귀족 집안 출신이어서 민중 운동에 소극적인 입장을 취하는 경우가 많았다. 또한 이들은 즉위 과정에서 프랑스, 스페인, 오스트리아 같은 강대국의 지지를 받는 경우가 많아서, 즉위 후에도 그들의 영향력에서 자유롭지 못했다. 그래서 그들은 기본적으로 주변 강대국의 지배에서 벗어나려는 민중운동이었던 초기 통일운동에 부정적인 태도를 보였다. 19세기 초의 교황 비오 7세(재위 1800-1823)는 카르보나리당을 파문하였고 이는 이탈리아 내 보수 세력이 교황을 중심으로 한 통일국가를 구상하게 되는 계기가 되었다.[9] 교황 레오 12세(재위 1823-1829)는 오스트리아의 지지 속에 교황이 되었고, 이후 이탈리아 문제에 있어서 일관되게 오스트리아에 협력하였다. 그다음 교황들인 비오 8세(재위 1829-1830)와 그레고리오 16세(재위 1830-1846)는 교회에 대한 혁명세력의 공격을 막기 위해 가톨릭에 친화적이었던 복고 왕조들을 지지하였다.

교황 비오 9세(재위 1846-1878)는 본인의 재위 당시에 이탈리아의 통일이 이뤄졌기 때문에 실질적인 정교 갈등의 당사자였다. 교황령을 마지막으로 통치한 교황이었던 그는 내치에 있어서는 정치범을 사면하고 헌법을 승인하는 등 자유주의적인 면모를 보였지만, 이탈리아의 통일이 결국은 로마의 정복으로 완성될 수밖에 없었기 때문에 교황령의 수장으로서 이에 반대하게 되었다. 이 사건으로 많은 사람들이 진보적인 인물로 평가되던 교황에 대해 실망하였고, 무엇보다 그가 이탈리아인들의 민족주의적 열망을 배신했다고 생각하게 되었다.[10] 1848년 11월 마치니는 이런 상황을 이용하여 교황령 전복을 시도하였다. 1849년 1월 로마 공화국이 선포될 때 망명을 갔던 비오 9세는 1850년 4월이 되어서야 프랑스군의 도움으로 간신히 로마로 돌아올 수 있었다. 이후 비오 9세는 반민족주의의 선두에 서게 되었다.

1861년 이탈리아 대부분의 지역의 통일이 이루어진 후, 카부르는 로마 교황령에 대한 몇 가지 원칙을 세우게 되었다. 우선 로마가 새 통일 국가의 수도가 되어야 한다는 것에는 의심의 여지가 없었다. 또한 그는 가톨릭 교회가 독립을 유지하되 세속 권력을 포기해야 한다는 정교분리 원칙을 제시하였다.[11] 1866년에 이르면 로마시를 제외한 교황령 대부분의 지역이 이탈리아 왕국에 속하게 되었다. 이탈리아 정부는 교황이 세속 지배권을 이탈리아 왕국에 양도하는 대신, 신생 국가 내의 독립적 존재로서 종교 활동을 보장하고 교황청에 연금을 제공하는 보상안을 내놓았지만 비오 9세는 전통적인 교황국가의 회복을 포기하지 않았다. 그는 1864년에는 가톨릭 신앙을 위협하는 '오류들의 목록(Syllabus of Errors)'을 발표하였는데, 여기에는 범신론, 유물론, 이성주의, 거짓된 관용, 사회주의, 공산주의 그리고 정교 분리 주장 등이 포함되어 있었다. 더 나아가 비오 9세는 1869-1870년에는 제1차 바티칸공의회를 열어 교회의 무오류성을 선언하면서 자신의 결정을 옹호하기도 했다.[12] 결국 1870년 9월 로마는 점령당하고 이탈리아 왕국의 수도로 선포되었다. 이때도 비오 9세는 스스로를 '바티칸의 포로'로 선포하고 가톨릭 신도들에게 이탈리아 왕국의 공무에 참여하는 것을 금지하였으며, 비토리오 에마누엘레 2세의 가문을 파문하였다. 비오 9세는 국민 혹은 국가가 아닌 교회가 그리스도교 세계를 지도해야 한다는 신념을 가진 인물이었으며 그런 점에서 자유주의 혹은 민족주의와 타협할 여지를 남기지 않았다.

초기 이탈리아 왕국은 빈곤과 높은 문맹률, 정치적 불안정, 지역과 계층 갈등 같은 분열 요소가 많은 국가였고, 통합보다는 분열의 힘이 강한 사

베드로를 제외한 최장기 집권 교황이자
교황령을 마지막으로 지배한 교황이었던 비오 9세

회였다. 그리고 이러한 갈등의 중심에는 정교 갈등이 있었다. 종교로서 가톨릭은 통일 과정에서 외세 지배에 대한 대안을 제시하고, 통일 후 혼란의 시대에 민중이 의지할 정서적 안정을 제공하였지만, 사회제도로서 교회는 통일 과정과 통일 이후 계속 국가와 대립하였다. 통일 이전에는 교황령이라는 국가로서 사르데냐 왕국과 경쟁하였고, 통일 이후에는 보편교회의 대표로서 전통적인 그리스도교 세계의 지도력을 포기하려 하지 않았던 것이다. 비오 9세 이후에도 가톨릭교회는 자유주의, 민족주의, 정치적 자유주의 등을 포용하는 데 상당한 시간이 필요하였다.

독일 지역의 상황

19세기 초반 '독일인'은 유럽 중부의 넓은 지역에 흩어져 살고 있었다. 흔히 신성로마제국(962-1806)을 독일과 동일시하기도 하지만 양자의 경계가 항상 일치했던 것은 아니다. 이 제국 안에는 폴란드인, 헝가리인, 덴마크인, 네덜란드인, 체코인 등 비독일인들도 많이 살았고, 반대로 제국 밖에도 독일 국가들의 영토가 있었다. 이렇게 독일인들은 지리적으로는 명확히 분류하기 어려운 지역에 산재되어 살고 있었음에도, 문화적 측면에서는 몇 가지 공통분모를 가지고 있었다.

가장 중요한 요소는 '독일어'라는 공동 언어였다. 구어로서 독일어는 이전부터 있었지만, 문어적 독일어를 독일인들이 공유하는 과정에는 앞서 말한 것처럼 루터의 역할이 컸다. 그의 성경 번역 이후 독일인들 사이에 사실상 '표준어'가 존재하게 되었으며, 그 결과 문법 및 어휘의 통일성이 상대적으로 높은 일종의 언어공동체가 성립되었다. 프로이센이 나폴레옹의 지배하에 있던 시기에 독일의 철학자 요한 고트리프 피히테(Johann Gottlieb Fichte, 1762-1814)는 프로이센 학사원에서 독일인의 애국심을 고취하는 내용의 연속강연을 하였다. 1807년 12월부터 1808년 3월까지 진행된 이 강연은 "독일 민족에게 고함"이란 제목으로 묶여 출판되었다. 그는 8차 강연에서 민족이라는 단어를 언어에 대한 고차적 의미를 공유하는 사람들에게 적용하면서 언어를 독일인 정체성을 구성하는 핵심 요소로 제시한 바 있다.[13] 당시 독일을 이루는 여러 국가의 중간 계층은 독일어를 바탕으로 발전한 시, 소설, 노래, 민요 등을 공유하고 있었는데, 이들 중 일부는 자민족의 언어 보존을 위해 국가 공동체가 필요하다는 생각을 하게 되었다.

두 번째는 그리스도교인데 언어보다는 낮은 수준에서, 그러나 좀더 복잡한 방식으로 민족 정체성을 이루는 요소가 되었다. 유럽 여러 민족과 마찬가지로 독일인 사이에서도 그리스도교의 개념과 상징이 민족 문화의 중요한 부분을 차지하고 있었다. 독일어권에 사는 사람이라면 독일 민족의 국가가 그리스도교 신앙과 가치에 기반을 두어야 한다는 것에 반대할 사람은 없었을 것이다. 그러나 독일은 몇 차례의 종교전쟁에서 드러났듯이 가톨릭과 프로테스탄트 사이의 갈등이 심한 나라였고, 종교에 따라 국가의 경계가 나눠지고, 국가 안의 공동체가 분열되어 있었다. 그래서 독일인들은 넓은 의미의 그리스도교 문화를 공유하였지만 그것을 바탕으로 건설할 나라에 대해서는 프로테스탄트와 가톨릭이 서로 다른 비전을 가지고 있었다.

　19세기 초, 독일 국가들 사이에 존재한 이런 낮은 수준의 문화적 공통분모가 독일에서 현실적인 정치적 결과를 낳지는 못했다. 나폴레옹이 러시아 원정에 실패한 후 1813-1814년 프로이센을 비롯한 독일 국가들은 옛 영토를 탈환하기 위해 프랑스와 전쟁에 돌입하였다. 1813년 3월 총동원령이 내려지고 각지에서 지원병이 쇄도했는데, 이때 병사들은 자기가 속한 영방국가에 소속되어 프랑스와 싸웠다. 그러나 아직 독일의 젊은이들에게 '독일'은 관념적 개념에 가까웠기 때문에 독일이라는 국가를 위해 싸운다는 생각을 하기는 어려웠다.

독일 연방

앞서 살펴본 것처럼 나폴레옹 전쟁을 마무리하기 위해 성립된 빈 회의에서는 정통성의 원칙이 확립되어 유럽 각지에서 쫓겨난 왕과 귀족들이 귀환하고 옛 국경선이 회복되었다. 독일의 경우 신성로마제국이 사라졌지만, 다시 황제를 뽑고 제국을 만드는 것은 어려워 보였기 때문에 대신 39개의 독일 국가들을 느슨하게 묶은 독일 연방(German Confederation, 1815-1866)이 성립되었다. 사실 이는 옛 제국보다도 더 약한 정치체로서 독일인들의 민족적 열망 대신 정통성의 원칙을 따른 결과물이었다. 실제로 독일 연방에 속한 룩셈부르크, 하노버, 슐레스비히는 각각 네덜란드, 영국, 덴마크의 외국 군주가 다스렸으며, 반대로 독일계 국가인 오스트리아와 프로이센은 연방 밖에 있는 영토의 비중이 상당히 높았다.

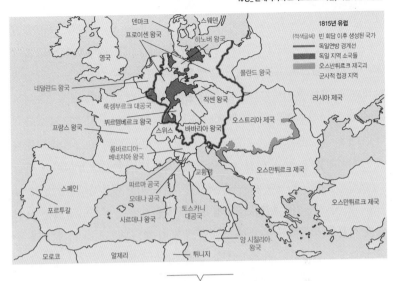

1815년의 유럽. 중부의 붉은 선이 빈 회담으로 성립된 '독일 연방'이다.
오늘날의 독일과 달리 오스트리아, 체코, 폴란드 일부를 포함하고 있다.

또한 독일 연방은 반동적인 성격을 지닌 국가였다. 독일 지역 국가들
에 옛 왕조가 복고되면서 자유주의와 통일과 관련된 움직임은 탄압받았다.
1817년 10월 루터가 성경을 번역한 바르트부르크 성 근처의 숲속에서 종교
개혁 300주년을 기념하여 독일의 학생 대표들이 모여 일종의 학생조합인
'부르셴샤프트(Burschenschaft)'를 창설하였다. 이들은 '자유, 명예, 조국(Ehre,
Freiheit, Vaterland)'이라는 표어를 내걸고 자유 통일 운동을 주창하였고, 그
연장선에서 이 빈체제에 대항하는 반체제 운동을 벌였다. 1819년에는 부르
셴샤프트 회원인 카를 루트비히 잔트(Karl Ludwig Sand)가 자유주의와 민족
주의를 비판한 극작가 아우구스트 폰 코체부에(August von Kotzebue)를 암
살한 사건이 일어났는데, 독일 연방 내에서 주도적 역할을 했던 오스트리아
의 수상 메테르니히는 이를 기회 삼아 칼스바트칙령을 발표하여 부르셴샤
프트를 불법화하고 자유 통일 운동을 탄압하였다.[14]
　　무엇보다 독일 연방에는 정부와 교회 사이에 갈등이 상존했는데 그
양상은 가톨릭 지역과 프로테스탄트 지역에서 상이했다. 신성로마제국의

마지막 총리였던 카를 폰 달베르크(Karl Von Dalberg, 1744-1817)는 독일 연방 안에 '가톨릭 국교회' 수립을 제안하였는데, 이는 로마 교황청의 영향력으로부터 독립된 독일 교회의 형성을 염두에 둔 주장이었다. 이에 반해 19세기 초 교황청의 외교 문제를 담당했던 에르콜레 콘살비(Ercole Consalvi, 1757-1824) 추기경은 독일 연방 의회가 연방 전역에 통용되는 정교협약을 맺을 것을 주장했다. 그는 새로 제정될 '교회-정부 관계'를 규정한 법률이 가톨릭에 교회세 징수권, 성직자 지명권, 교회의 자치권을 부여하길 바랐다. 그러나 연방 내 가톨릭 군주들조차 이런 요구들에 부정적인 태도를 보였다. 그들은 전국적 차원의 정교협약이 독일을 이루는 국가들의 주권을 침해할 것이라 생각하였다. 또한 가톨릭 국교회 개념도 오히려 독일 지역 주민들의 정서를 하나로 묶어 민족주의 운동을 장려할 수도 있기 때문에 수용하기 어려웠다.[15]

    독일 연방의 프로테스탄트 교회는 가톨릭보다는 국가와 좀더 긴밀한 관계를 수립하였다. 독일 연방이 세워지면서 일부 프로테스탄트 국가들의 경계가 재조정되고 일부 국가는 통합되었는데, 이런 상황에서 동일 지역의 경우 프로테스탄트 교파들이 연합하여 교회를 세우는 경우가 나타났다. 예를 들어 라인란트 지역의 프로테스탄트들은 통합 교파를 설립하였고, 프로이센에서는 국왕의 주도로 교파 통합정책이 시도되기도 했다. 비록 이 노력 자체는 성공하지 못했지만, 이후로도 독일의 프로테스탄트 군주들은 교파들을 통합하고 나아가 통합된 교회를 국가 정책의 수행자로 이용하려 했다.[16] 프로테스탄트 교회도 가톨릭과의 경쟁에서 우위를 점하고, 세속화 현상에 맞서기 위해 군주의 지지가 필요했기 때문에 이후 독일의 프로테스탄트 지역에서 교회는 국가 정책에 상당히 우호적인 태도를 보였다. 이는 통일 이후 프로테스탄트 교회가 신생 제국 안에서 국가 통치기구의 역할을 하게 된 배경이 되었다. 전반적으로 독일 연방은 반자유주의적이고 반민족주의적인 성격이 강했으며, 국가와 교회가 갈등하는 동시에 협력하는 분열된 사회의 모습을 하고 있었다.

독일 지역에서의 1848년 혁명

이러한 상황에 변화를 가져온 사건이 1848년에 일어난 혁명이었다. 앞서 살펴본 것처럼 1848년 1월부터 남유럽에서 시작된 혁명이 3월에 독일 지역에서도 일어났고, 일시적으로 권력을 장악한 부르주아들은 통일 문제를 논의하기 위해 프랑크푸르트에서 국민의회를 개최하였다. 독일 연방 의회가 통과시킨 새로운 선거법에 따라 성인 남성의 보통선거로 선출한 국민의회는 통일국가의 틀을 짜는 임시 입법부의 역할을 하였다.

1848년 5월 18일부터 1849년 5월 31일까지 열린 회의에서 통일국가의 정체에 대한 치열한 논쟁이 있었는데, 이를 이해하기 위해서는 당시 독일 혁명세력 내부의 견해 차이를 살펴볼 필요가 있다. 18세기 중반 독일의 부르주아들은 크게 자유주의자와 민주주의자로 나누어 볼 수 있는데, 전자는 국민의 대표가 모인 의회의 권한 확대를 중요하게 여겼고, 따라서 시민의 자유 증대는 꼭 통일국가가 아니어도 개별 영방국가 안에서도 가능하다고 생각하였다. 이들은 통일국가가 이루어질 경우 그 정체로 입헌군주정을 선호하였으며 이를 위해 군주 및 귀족과 타협도 가능하다고 생각하였다. 반면 민주주의자들은 보통선거제와 인민주권의 확립을 중시하였고, 따라서 시민의 자유 증대는 반혁명적 정치체제를 가진 영방국가가 아니라 새로운 통일국가에서 가능하다고 보았다. 이들이 꿈꾼 통일국가는 공화제의 모습을 하고 있었으며, 이 과정에서 군주 및 귀족은 대화와 타협의 대상보다는 적대자에 가까웠다.[17] 약 1년간 진행된 논의 과정에서 미국식의 공화국 안(案), 선출식 군주제 안 등도 제안되었지만 독일 전역에서 모인 대표들은 이런 주장들에 익숙하지 않았다. 그래서 결과적으로는 국민의 기본권을 보장하는 헌법을 제정하는 것과 대의기관으로 상원과 하원을 설치하는 것을 전제로 입헌군주제가 채택되었다.

프랑크푸르트 국민의회에서 다룬 또 다른 이슈는 통일국가의 지리적 범위였다. 이는 기본적으로 프로이센과 오스트리아가 보유한 비(非)독일

프랑크푸르트 국민의회

어 권역을 '독일'에 포함할 것인가의 문제였는데, 특히 오스트리아는 영토의 절반 이상이 비독일어권이었기 때문에 결국 통일국가에 오스트리아를 포함시킬 것인가 하는 문제로 귀결되었다. 오스트리아를 포함하는 안은 독일의 범위가 커지기 때문에 '대독일주의'로 불렸고, 반대의 경우는 독일이 작아지므로 '소독일주의'로 불렸다. 그리고 전자에서 통일의 주도권이 오스트리아에 있다면 후자는 프로이센 중심의 통일안으로 볼 수 있었다. 국민의회 의원들의 다수는 독일어를 사용하는 오스트리아가 '독일'에 포함되는 것이 마땅하다고 생각하였지만, 그 연장선에서 오스트리아 영토 내의 비독일어권 지역은 통일국가에서 배제되어야 한다고 보았다. 그러나 자국의 분할을 전제하는 대독일주의는 오스트리아 대표들의 강력한 반발을 불렀고, 결국 프랑크푸르트 국민의회는 프로이센 중심의 통일을 의미하는 소독일주의 안을 채택하게 되었다.[18]

프랑크푸르트에 모인 각국의 대표단 사이에는 종교 문제에 있어서는 국가의 교회에 대한 통제가 제한되어야 한다는 공감대가 형성되어 있었다. 자유주의자들과 민주주의자들은 모두 당시 독일 지역의 군주들이 가톨릭·프로테스탄트를 막론하고 종교 문제에 과도하게 관여하고 있다고 보왔고, 그것이 독일 사회의 정치와 사회의 진보를 막고 있다고 생각하였다. 프랑크푸르트 국민의회는 1849년 3월 제국헌법을 제정하였는데, 여기서 교회와 국가는 상당한 수준으로 분리되었고 종교 기관들은 국가의 간섭 없이 자율적으로 내부 일을 처리할 수 있게 되었다. 그러나 이러한 자치를 얻는 대가로 교회는 국가 기관으로서 지위를 포기하고, 시민 교육에 있어서도 특권을 상실하였다. 예를 들어 출생, 결혼, 사망 증명같이 전통적으로 교회가 처리하던 기능은 이제 국가로 이양되었다.[19]

프랑크푸르트 국민의회에서 입헌군주제와 소독일주의를 채택했을 때, 새로운 통일국가의 국가원수가 프로이센 국왕이 되리라는 것은 누구나 예상할 수 있는 일이었다. 그러나 모든 제후와 자유시들이 찬성한 것이 아니라는 이유로 당사자인 프로이센 국왕 프리드리히 빌헬름 4세가 제국 황제의 직위를 거절함으로써 통일국가 건설 노력은 난관에 처하게 되었다. 정치적 입장이 왕권신수설에 가까웠던 빌헬름 4세는 민중의 임명하는 황제의 관에서 "수상한 혁명의 냄새"가 난다며 못마땅해했고, 의회의 논의를 통해 결정된 대로 따르는 것에 모욕감을 느꼈다. 이는 또한 혁명에 놀라 잠깐 동안 민중에 정치적 양보를 했던 독일의 전통적 지배세력이 아직 건재했음을 보여 주는 사건이기도 했다. 이들은 프랑스와 달리 독일에서는 부르주아와 민중의 결합이 견고하지 못함을 알게 되었고, 혁명의 열기가 어느 정도 식자 국왕을 움직여 반격에 나섰다. 이후 프랑크푸르트 국민의회가 제정한 헌법은 프로이센, 오스트리아 등 독일의 주요 국가에서 거부당했고, 의회 또한 얼마 못 가서 해산당했다.

결국 1848년 혁명은 실패하였지만 그럼에도 독일의 모습은 이전과 같을 수 없었다. 프로이센의 프리드리히 빌헬름 4세를 포함한 독일 대부분의 군주들은 형식적으로나마 헌법을 받아들이고, 어떤 식으로든 대의기구와 선거제도를 인정할 수밖에 없었다. 검열과 정치적 결사체에 대한 제한도 시간이 흐르며 한계가 생겼고, 정부의 교회 통제도 점차 어려워졌다. 대부분의 독일 국가들은 적어도 교회 내부의 사안에는 자치권을 부여하게 되었다. 무엇보다 1848년 혁명의 실패는 독일 민족주의자들이 좀더 현실주의적인 통일 방안을 고려하는 계기가 되었다. 이후의 통일 논의는 독일 내의 사실상 유일한 통일 가능 세력인 프로이센을 중심으로 이루어지게 되었다.

비스마르크의 등장

이탈리아의 경우와 비슷하게 1848년 이후 독일에서 프로이센을 중심으로 한 통일 노선이 가장 현실적인 방안으로 부상하게 되었다. 그리고 이 과업을 주도한 이는 프로이센의 수상 오토 폰 비스마르크(Otto von Bismarck, 1815-1898)였다. 그는 프로이센의 토지 귀족인 융커(junker) 출신으로 자유주의자와 민주주의자 모두의 적이었으며 대부분의 융커처럼 국왕에 대한 충성심이 높은 인물이었다. 젊었을 때 잠시 군복무를 한 이후 비스마르크는 외교관으로 활동하였기 때문에 카부르처럼 국제 정세에 대한 이해가 높았다. 그는 1851년부터 독일 연방 주재 프로이센 대사로 근무하면서 오스트리아를 통일의 경쟁세력으로 인식하게 되었고, 1858년부터는 러시아 대사로 활동하면서 국제 정치에서 러시아의 중요성을 깨닫게 되었다. 비스마르크는 이후 러시아와의 친선을 외교 정책의 기본 원칙으로 삼게 되었다.[20]

프리드리히 빌헬름 4세의 뒤를 이어 프로이센의 새로운 국왕이 된 빌헬름 1세는 1862년에 국방 예산과 징병 기간을 늘리는 것을 내용으로 하는 군제 개혁을 시도하였으나 자유주의자들이 다수인 의회의 반대에 직면하였다. 그는 이 상황을 타개하기 위해 비스마르크를 수상에 임명하였다. 비스마르크는 수상 취임사에서 국가의 중요한 문제들이 언론이나 다수결이 아닌 "오직 철과 피에 의해서만" 해결될 수 있다고 선언하여 '철혈재상(Eiserner Kanzler)'이라는 별명을 얻었다. 그는 군제 개혁을 의회의 동의가 필요 없는 국왕의 통치권 행사로 해석하였고, 따라서 의회와의 타협 없이 이 정책을 밀어붙였다. 이 개혁으로 프로이센은 장병 수와 장비를 크게 늘릴 수 있었고, 이는 통일 전쟁에서 필요한 강력한 군사력을 갖추게 된 배경이 되었다.[21]

외교관 출신인 비스마르크에게 전쟁과 외교는 동전의 양면과 같았다. 그는 클라우제비츠의 정의처럼 전쟁을 "또 다른 수단에 의한 정치의 연속"으로 보았고, 따라서 프로이센의 정치적 목적을 달성하기 위해 외교와 전쟁이라는 수단을 필요에 맞게 사용하였다. 따라서 통일 전쟁 과정을 비스마르크의 일방적인 무력 사용으로 보는 것은 균형 잡힌 해석으로 보기 어렵다.

통일 전쟁은 1864년 프로이센-덴마크 전쟁으로 시작되었다. 표면적 이유는 덴마크가 독일 연방에 속하는 슐레스비히 지역을 합병하려 했기 때문으로, 이는 독일 통일에 반하는 행위였기 때문이었다. 이 전쟁에서 승리한 후 비스마르크는 독일 지역의 맹주이자 사실상 통일에 가장 큰 장애물이었던 오스트리아와의 일전을 준비하였다. 전쟁을 시작하기 전 비스마르크는 프랑스와의 비밀 외교를 통해 중립을 약속받았고, 이탈리아에 베네치아 합병을 허락하는 대가로 군사동맹을 맺었다. 1866년, 비스마르크는 이런 사전 정지작업 후 오스트리아와 전쟁을 시작하였다(보오전쟁). 프로이센 군대는 엎드려서 총을 쏠 수 있는 후장총을 도입하고 철도로 군대를 이송하는 혁신적인 전술을 사용하여 개전 후 한 달 만에 오스트리아의 항복을 받았다.[22] 이때 일부 참모들은 오스트리아의 수도 빈으로 진격하자고 건의하였지만 비스마르크는 이를 거부하였는데, 이는 향후 전쟁에서 오스트리아가 중립을 지키게 만들기 위해서는 그들을 모욕하면 안 된다는 판단 때문이었다. 보오전쟁의 승리로 이제 독일 통일 문제에서 대독일주의는 사라졌고, 오스트리아의 입김이 강했던 독일 연방이 해체되었을 뿐 아니라 그 대체물로 프로이센이 주도하는 북독일 연방이 등장하였다.

비스마르크는 독일 통일을 위한 마지막 작업으로 독일 지역에 강력한 통일국가의 등장을 반대했던 프랑스와의 전쟁이 불가피하다고 보았다. 당시 프로이센과 프랑스는 스페인 왕위 계승자 선정 문제로 갈등이 있었다. 전쟁이 필요하다고 생각한 비스마르크는 프랑스의 나폴레옹 3세가 이 문제의 평화로운 해결을 위해 빌헬름 1세에게 보낸 전보를 왜곡하고 언론에 흘려서 양국의 대립을 격화시켰고, 결국 전쟁이 일어나게 되었다(보불전쟁, 1870년

베르사유 궁전에서 열린 독일 제국 황제 즉위식.
가운데 흰 군복을 입은 사람이 비스마르크이다.

7월–1871년 1월). 일찍부터 전쟁을 계획했던 프로이센 군대는 프랑스 군대에
비해 훨씬 준비가 잘되어 있었고, 결국 전쟁 시작 후 두 달이 못 되어 프랑
스군은 사실상 무너졌다. 새로 수립된 프랑스의 국민방위정부가 저항을 계
속하였지만 오래 버티지 못하고 1871년 1월에 항복하였다. 같은 달에 베르
사유 궁전에서는 통일 독일 제국이 선포되었고 빌헬름 1세의 황제 즉위식
이 열렸다. 비스마르크는 같은 독일어권 국가인 오스트리아와 달리 적대국
인 프랑스는 재기불능으로 만들어야 한다는 판단으로 50억 프랑의 배상금
을 부과하고 알자스–로렌 지방을 할양받는 조건으로 프랑스와 강화조약
을 맺었다.* 이때의 치욕을 잊을 수 없었던 프랑스는 1919년 제1차 세계대
전이 끝나고 독일 대표를 베르사유 궁전의 같은 장소로 불러서 항복 서명
을 받아내기도 했다.

　　통일 전쟁은 정치적으로는 독일 제국의 탄생이라는 결과를 가져왔지

★—— 프란츠라는 아이가 학교 수업에 늦었는데 그날이 프랑스어로 배우는 마지막 수업이었다는 내용
의 알퐁스 도데의 소설 《마지막 수업(La Dernière Classe)》은 바로 이 사건을 배경으로 하고 있다.

만 종교적으로는 이 신생 제국에서 프로테스탄트의 우위가 시작되는 계기가 되었다. 우선 1866년 보오전쟁의 승리로 독일 연방이 와해되고 가톨릭 국가인 오스트리아가 독일에서 제외되자 독일 지역에서 가톨릭과 프로테스탄트의 균형이 깨졌다. 특히 비스마르크가 만든 북독일 연방은 남부 독일 국가들이 빠지면서 사실상 프로테스탄트 국가로 보였다. 소수파인 가톨릭 대표들은 북독일 연방의 새 헌법에 종교의 자유를 보장할 것을 요구했지만 의회 내 다수파는 이 관용의 주장을 새 국가에 대한 불복종으로 낙인찍고 부결시켰다.[23] 또한 1870년 발발한 보불전쟁은 프로테스탄트 국가인 독일과 가톨릭 국가인 프랑스의 충돌로 보였기 때문에 전쟁 과정에서 독일은 프로테스탄트 국가의 정체성을 더욱 강화하게 되었다. 빌헬름 1세 궁전의 목사였던 아돌프 슈퇴커(Adolf Stoecker)는 1806년까지 독일어권 지역 존재했던 '독일 민족의 신성로마제국(Holy Roman Empire of the German Nation)'이 1871년에 '독일 민족의 신성한 프로테스탄트 제국(The holy, Protestant Empire of the German Nation)'으로 교체되었다고 평가한 바 있다.[24]

 ## 통일 독일 제국의 모습

통일 제국의 사회상은 이탈리아의 경우처럼 여러 면에서 불안정했다. 제국의 정치 체제는 자유주의적 시스템과는 거리가 멀었다. 비스마르크가 독일인의 민족주의적 감정을 이용하긴 하였지만 기본적으로 시민의 참여로 만들어진 제국이 아니었기 때문에 독일 제국의 권력은 사실상 황제에게 집중되어 있었다. 또한 무력에 의한 통일이었기 때문에 제국은 프로이센 중심으로 돌아갔다. 제국은 연방제를 채택하여 그 안에 25개 국가가 존재했지만, 외교와 국방 권한은 프로이센의 군주와 비스마르크가 장악했다. 그리고 제국 관료조직의 상부는 프로이센 출신 귀족들이 장악하였다. 제국 초기에 비스마르크의 지위는 불가침이어서 하원은 내각에 대한 불신임권조차 갖지 못했고 정부의 예산안에 대한 거부권만을 행사할 수 있을 뿐이었다.

교황과 갈등 중인 비스마르크(왼쪽)가 묘사되어 있는 문화투쟁 풍자화

또한 독일 제국은 상당수의 가톨릭 국민이 있었음에도 프로테스탄트 성향이 강한 국가였다. 앞서 설명한 것처럼 가톨릭 국가인 오스트리아와 프랑스와 싸우는 가운데 독일 국가 내의 프로테스탄트 정체성이 강화되었고, 독일 통일은 프로테스탄트 국가인 북독일 연방이 남부의 가톨릭 국가들을 흡수하는 방식으로 진행되었다. 독일의 프로테스탄트들은 자신의 승리를 프로테스탄티즘과 독일 문화의 우월성의 증거로 해석하였다.[25] 새로운 제국에서 프로테스탄트 교회는 이전의 저항적 이미지를 버리고 국가교회로서 민족주의적 상징과 수사를 전파하는 도구가 되어 갔다.

특히 제2제국 초기 8년간 독일은 친(親)프로테스탄트를 넘어 아예 반(反)가톨릭 성향을 보이는 국가가 되었다. 1873년 독일의 자유주의 정치가인 루돌프 피르호가 가톨릭과의 싸움은 "인간성을 위한 위대한 투쟁의 성격"을 띤다고 선언한 후 이 갈등은 '문화투쟁(Kulturkampf)'으로 불리게 되었다.[26] 당시 독일에서는 보수와 진보를 넘어 대부분의 프로테스탄트 정치인은 남부의 가톨릭이 제국의 통합을 저해하고 있다고 보았다. 실제로 남부의 바이에른이나 라인란트 지역의 가톨릭 국가들은 통일 제국에 비협조적이었고, 이를 이용하여 국가의 경계를 넘어 교황에 대한 충성심을 더 강조하는 예수회 같은 단체들이 활동하였기 때문에 비스마르크의 경각심은 더욱 커져 갔다. 이런 상황에서 1871년 제1차 바티칸공의회에서 교황의 수위권을 확인하고 무오류성이 천명되자 가톨릭 지역의 충성심을 의심한 비스마르크는 같은 해 7월 프로이센 문화성의 가톨릭과를 폐지하면서 가톨릭교회에 대한 탄압을 시작하였다. 이후 가톨릭에 불리한 일련의 법적 조치들이 취해졌다. 1872년 프로이센 학교관리법에 의해 가톨릭교회의 교육 활동이 금지되었고, 독일 제국 내의 예수회가 해체되었다. 1873년 '오월법(Mai Gesetz)'이 통과되어 가톨릭 성직자가 되기 위해 국가고시를 통과하게 만들었으며, 1875년부터 국민의 생활 속에서 교회의 역할을 축소하려는 조치 중 하나로 교회에서의 결혼이 무효화되고 민사혼(民事婚)이 의무가 되었다.[27] 1878년까지 이런 정부의 조치에 반대하는 가톨릭 성직자 1,800여 명이 투옥되거나 추방되었고, 대부분의 가톨릭 단체는 해산되었다.

그러나 이러한 반가톨릭 정책은 결과적으로 실패하였다. 마치 초대교회의 그리스도교인들처럼 독일의 가톨릭 신도들은 핍박에 대항해 자신들의 종교에 대한 충성심을 더욱 강화하였다. 무엇보다 이들은 1870년 가톨릭 중앙당(Deutsche Zentrumspartei)을 설립해 의회에 진출함으로써 합법적 테두리 안에서 정치적 투쟁을 전개할 수 있었다. 비스마르크의 반가톨릭 정책이 강해진 1784년의 총선에서는 오히려 가톨릭 중앙당이 91석을 차지하면서 정부에 저항할 수 있는 발판을 마련하였다. 무엇보다 시간이 갈수록 보수 세력과 프로테스탄트 사이에서도 문화투쟁에 대한 지지가 떨어졌다. 보수 정치인들은 비스마르크의 종교 탄압을 반자유주의적 조치로 보아 회의적인 태도를 보였고, 일부 프로테스탄트들은 아무리 가톨릭교회라 하더라도 교회 조직에 대한 정부의 간섭과 억압이 지나치다고 생각하기 시작하였다. 결국 1878년 비스마르크는 교황청과 화해하고 점진적으로 반가톨릭 법들을 철회하였다.[28] 보수주의자이지만 실리주의자이기도 했던 비스마르크는 자신의 조치가 가톨릭의 저항을 약화시키지 못하고 가톨릭 중앙당의 성장만을 가져왔음을 인정하게 되었다. 무엇보다 독일 제국 안에 사회주의자라는 새로운 적이 등장하면서 그는 가톨릭 중앙당과 대결하기보다 화해하고 우군으로 만드는 것이 더 낫다고 생각하게 되었다.

독일 통일 과정을 주도했던 비스마르크는 개인적으로는 인격적인 신을 신뢰했고, 그를 세상의 주관자로 받아들였지만, 이런 개인적 믿음이 현실정치에 들어오는 것은 단호히 거부하였다.[29] 그가 만들려던 제국의 모습은 분명 프로테스탄트 국가는 아니었다. 그는 황제와 헌법이 새 국가의 핵심 구성 요소가 되어야 한다고 보았고, 반대로 어떤 종교이든 일정 수준 이상의 정치적 영향력은 배제되어야 한다고 생각하였다. 가톨릭은 이 과정에서 눈에 띄는 장애물이었기에 제거하려 시도하였지만, 교황청과 화해가 이뤄지고 가톨릭 중앙당이 사회주의자를 막기 위한 우군이 되자 비스마르크는 더 이상의 갈등을 지속할 필요성을 느끼지 못했다. 비스마르크는 프로테스탄트에게도 제국의 통일성과 정체성 형성에 도움이 되는 범위 안에서 자치를 인정하고 특권을 부여하였다. 비스마르크의 정치적 필요와 프로테스탄트 교회의 이해관계가 맞았기 때문에 신생 제국에서 프로테스탄트 교회는 일종의 국가교회가 되어 통치 이념을 전파하는 기구 역할을 맡게 되었다. 제국은 형식적인 제도와 정치인들이 사용하는 수사의 측면에서 '그리스도교적'이었으나 가톨릭, 유대인, 비그리스도교인이 공적 영역에서 배제되고 사회주의자같이 특정 정치 집단이 탄압받았던 점에서 그리스도교적 이상이 반영되는 사회라고 보기는 어려웠다.

맺음말

이제껏 살펴본 것처럼, 19세기의 유럽 부르주아들은 자유, 평등, 개인의 행복을 국민국가의 테두리 안에서 실현하려 하였다. 그러나 1848년 혁명의 실패로 부르주아의 이상주의적 민족주의는 좌절되었고, 결국 현실 정치가들에 의해 이들의 꿈이 변형되어 실현되었다. 그 대표적인 예가 바로 이 장에서 살펴본 두 국가의 통일이다.

민족주의 발달의 초기 과정에서 종교개혁자들의 성경 번역은 언어 공동체의 형성에 도움을 주었고 그들의 '역사적' 성경 해석은 구약 속의 '민족' 개념을 부각시켰다. 그리고 18-19세기에 이르러 그리스도교는 통일 국민국가의 형성 과정에도 영향을 끼쳤다. 이탈리아와 독일의 통일 사례는 세속화 시대에도 국가 형성 과정에 교회가 중요한 역할을 수행했음을 암시한다. 두 국가에서 종교로서 가톨릭과 프로테스탄트는 국민을 통합시키는 요소 역할을 하였지만, 권력 기관으로서 두 종파는 그리스도교가 국가 형성에 영향을 끼치는 다양한 방식을 보여 주었다.

그러나 두 국가의 예는 모두 근대국가에서 정부가 공언하는 그리스도교의 수사와 실제 추구하는 이상이 분리되고 있었음을 보여 주었다. 이탈리아는 가톨릭 국가를 표방했음에도 가톨릭을 국가제도에서 사실상 퇴출하였으며, 독일의 프로테스탄트들도 정부의 통치 이념을 전파하는 역할을 하는 범위에서만 특혜를 누릴 수 있었다.

19세기 말 급속한 산업화 과정 속에 노동운동이 성장하고 대규모 이민을 겪으며 민족주의의 성격이 변화하였다. 국민국가를 이루기 위한 민족주의가 국가 수립 후 통합의 이념으로 성격이 바뀐 것이다. 1870년대까지는 그리스도교가 민족주의에 주는 영향의 크기가 컸다면, 새로운 민족주의의 시대가 펼쳐지면서 독일의 경우처럼 그리스도교는 민족주의의 도구로 이용되는 경향이 나타나기 시작했다.

이런 역사적 실례는 통일이라는 민족적 과제를 가지고 살아가는 우리에게도 시사하는 바가 있다. 두 나라의 선례는 통일 과정 속에서 종교의 역할을 너무 경시해서도 안 되지만 반대로 지나치게 이상화해서도 안 됨을 보여 주고 있다. 또한 두 나라의 예는 우리가 이루어 갈 통일의 과정 속에 그리스도교가 국민 통합의 촉진제가 되기 위해 감당할 역할이 무엇인지, 또한 사회에 속하나 권력에 종속되지 않은 사회제도로서 해야 할 역할은 무엇인지 생각할 내용을 제공한다.

주

1 —— 장문석, 《민족주의 길들이기, 로마 몰락에서 유럽 통합까지 다시 쓰는 민족주의의 역사》 (지식의 풍경, 2007), 37-38.

2 —— 김희영, 「16세기 종교개혁과 유럽의 민족주의적 전망」, 《경주사학》, 제30집(2009), 118-119.

3 —— Alan Reinerman, "Metternich, Italy and the Congress of Verona, 1821-1822", *The Historical Journal*, vol. 14 (June, 1971), 264-265.

4 —— Clemens von Metternich, "a letter to Austrian ambassador to France of April 1847" (https://www.age-of-the-sage.org/history/quotations/metternich_quotations.html, 2018년 8월 18일 검색).

5 —— R. John Rath, "The Carbonari: Their Origins, Initiation Rites, and Aims", *American Historical Review*, vol. 69 (1964), 353-370.

6 —— 장문석, 《민족주의 길들이기》, 184-185.

7 —— John Julius Norwich, *The Middle Sea: A History of the Mediterranean* (Doubleday, 2006), 524.

8 —— Martin Clark, *Modern Italy: 1871-1995* (Longman, 1996), 15.

9 —— Alan Reinerman, "Metternich and the Papal Condemnation of the 'Carbonari', 1821", *the Catholic Historical Review*, vol. 54 (April, 1968), 60-69.

10 —— Frank Coppa, "Italy: the Church and the Risorgimento", in Sheridan Gilley & Brian Stanley (ed.), *The Cambridge History of Christianity: World Christianities, c.1815-c.1914* (9 vols, Cambridge University Press, 2006), Ⅷ, 238-239.

11 —— Edgar Holt, *The Making of Italy: 1815-1870* (Atheneum, 1971), 266; Derek Beales & Eugenio F. Biagini, *The Risorgimento and Unification of Italy* (Routledge, 2002), 154.

12 —— G.A. Kertesz (ed.), *Documents in the Political History of the European Continent 1815-1939* (Oxford University Press, 1968), 233-41; Frank J Coppa, *Pope Pius IX, Crusader in A Secular Age* (Twayne Publishers, 1979), 159-61.

13 —— Johann Gottlieb Fichte, *Addresses to the German Nation* (Hackett Publishing Company, 2013), 95-108.

14 —— George S. Williamson, "What Killed August von Kotzebue? The Temptations of Virtue and the Political Theology of German Nationalism, 1789-1819", *The Journal of Modern History*, vol. 72 (December, 2000), 890-891.

15 —— Anthony J. Steinhoff, "Christianity and the Creation of Germany", in Sheridan Gilley & Brian Stanley (ed.), *The Cambridge History of Christianity: World Christianities, c.1815-c.1914* (9 vols, Cambridge University Press, 2006), Ⅷ, 284.

16 —— Steinhoff, "Christianity and the Creation of Germany", 285.

17 —— 장문석, 《민족주의 길들이기》, 183-184.

18 —— Mark Hewitson, "'The Old Forms are Breaking Up, … Our New Germany is Rebuilding Itself': Constitutionalism, Nationalism and the Creation of a German Polity during the Revolutions of 1848-49", *The English Historical Review*, vol. 125 (October, 2010), 1176.

19 —— Steinhoff, "Christianity and the Creation of Germany", 288.

20 —— Jonathan Steinberg, *Bismarck: A Life* (Oxford University Press, 2011), 147.

21 —— William H. McNeill, *The Pursuit of Power: Technology, Armed Force, and Society since A.D. 1000* (University Of Chicago Press, 1984), 247.

22 —— McNeill, *The Pursuit of Power*, 249-250.

23 —— Steinhoff, "Christianity and the Creation of Germany", 293.

24 —— Steinhoff, "Christianity and the Creation of Germany", 282.

25 —— Steinhoff, "Christianity and the Creation of Germany", 293.

26 —— "Kulturkampf", Encyclopædia Britannica (https://www.britannica.com/event/Kulturkampf, 2018년 8월 18일 검색).

27 —— David Blackbourn, *History of Germany, 1780-1918: The Long Nineteenth Century* (Blackwell, 1988), 261-263.

28 —— Keith Robbins, *Political and Legal Perspectives (The Dynamics of Religious Reform in Northern Europe, 1780-1920)* (Leuven University Press, 2011), 180.

29 —— Hajo Holborn, "Bismarck's Realpolitik", *Journal of the History of Ideas*, vol. 21 (1960), 87.

선고와
그리스도교의 팽창

_____

11

선교는 근대 사회가 형성되는 과정에 그리스도교가 적응하는 또 다른 방식이었다. 사실 그리스도교는 그 초기 역사부터 선교와 함께 성장한 종교인데, 그 긴 역사는 몇 개의 기간으로 정리해 볼 수 있다. 우선 기원후 1-500년 사이의 기간 동안 유대교적 성격을 지닌 초기 그리스도교가 헬레니즘 문화 속으로 성공적으로 전파되었다. 그다음 또 다른 500년 동안(500-1000년) 그리스도교는 유럽 내부의 비그리스도교 종족에게 전파되었다. 5세기에는 패트릭이 아일랜드 선교를 했고, 6세기에는 콜롬바가 스코틀랜드 선교를 했으며, 7세기에는 교황 그레고리오 1세가 베네딕트수도회 출신 선교사들을 잉글랜드에 보내기도 했다. 8세기에는 보니파스가 독일 북부 지역에 갔고, 9세기에는 시릴과 메소디우스 형제가 슬라브족 선교를 시작하였다. 그러나 그다음 500년인 11세기부터 16세기까지는 이슬람 세력의 발흥으로 인해 동방 그리스도교의 범위가 발칸반도로 축소되었고 그리스도교 세계는 사실상 고립되어 있었다.

16세기부터 그리스도교 세계는 그동안의 수세에서 벗어나 전 세계적으로 확장되기 시작하였는데, 초기에 이 움직임을 주도한 것은 가톨릭 진영이었다. 이 시기에 가톨릭은 프로테스탄트 종교개혁에 맞서 일련의 조치를 취하였다. 우선 1545-1563년까지 열린 트리엔트공의회에서는 프로테스탄티즘을 이단으로 정죄하고 가톨릭의 주요 교리를 다시 확인하여 신도들에게 자기 신앙에 대한 확신을 주었으며, 바오로 3세, 비오 5세, 그레고리오 13세, 식스토 5세 등 이른바 '개혁 교황'들이 등장하여 교회 안의 오랜 폐단과 관행을 척결하려고 노력하였다. 이후 어느 정도 자신감을 회복한 가톨릭 교회는 다시 교세를 확장하려 시도하였다. 그들은 처음에는 유럽에서 프로테스탄트로 넘어간 지역의 재가톨릭화를 추진하였고, 나아가 아메리카, 아시아, 아프리카 등 그리스도교가 아직 전파되지 않은 지역으로 진출하였다. 이런 점에서 가톨릭의 선교는 프로테스탄티즘의 공격에 대한 방어에서 다시 공세로 방향 전환을 보여 주는 움직임이었다.

흔히 16세기에 생긴 예수회(Jesuit)가 세계 선교를 담당한 것으로 알려져 있지만, 사실 가톨릭교회 전반에서 일어나던 새로운 움직임이었다. 아

인도와 일본에서 선교사로 활약한 하비에르 수도사

우구스티누스 수도회나 도미니크 수도회처럼 오랜 역사를 가진 수도회들도 1,600년 전에 이미 라틴아메리카와 인도, 중국, 말라카, 일본으로 진출하였다. 특히 도미니크 수도회의 바르톨로메 데 라스 카사스(Bartolomé de las Casas, 1484-1566) 수도사는 당대의 유럽인들과는 달리 원주민들을 인간으로서 존중하여 토착민 선교의 길을 열었다. 또 다른 도미니크 수도회 수도사인 미냐야와 가르시스는 원주민의 노예화에 반대하였고, 이들의 강력한 주장에 영향받아 교황 바오로 3세는 '섭리무스 데이(Sublimus Dei)'(1537)라는 칙령을 통해 스페인 정복자들의 원주민에 대한 잔혹 행위를 비난하고 아메리카 원주민들이 인간으로서 존중받을 자격이 있음을 선언하였다.[1]

1540년 이냐시오 로욜라(Ignatius de Loyola, 1491-1556)가 세운 예수회는 청빈, 순결, 복종과 함께 영혼 구원에 헌신할 것을 목표로 하는 수도회로 당시 어느 종교단체보다도 선교에 열성을 보였다. 특히 로욜라와 함께 예수회를 세운 스페인 출신의 프란치스코 하비에르(Franciscus Xaverius, 1506-1552)는 인도와 일본에서 선교사로 활동하였다. 그가 1551년 사망할 때까지 일본에는 700여 명의 신도가 있었는데, 1579년에 이르면 개종자는 약

13만 명에 이르게 되었다.[2] 그중에는 임진왜란 때 선봉에 섰던 고니시 유키나가도 있었다. 그의 기리시탄(그리스도교인) 부대와 함께 포르투갈 출신의 예수교 사제 그레고리오 데 세르페데스(Gregorio de Cespedes)가 조선에 오기도 했다.

이렇게 한동안 유럽에 갇혀 있었던 그리스도교는 16세기부터 다시 비유럽 지역으로 전파되기 시작하였다. 이 새로운 움직임 속에서 그리스도교는 그동안 접하지 못했던 새로운 문화와 만나고 교류하게 되었고, 시간이 흐르며 포교 과정 속에서 이교도 문화를 어디까지 수용할 수 있을지 의문이 제기되었다. 이 논쟁은 1세기에 있었던 테르툴리아누스(터툴리안)과 유스티누스(순교자 저스틴)로 대표되는 견해의 대립을 연상시킨다. 테르툴리아누스는 "아테네와 예루살렘이 무슨 상관이 있는가?"라며 그리스도교 신앙과 당시 그리스로마 문화를 적대적 관계로 본 반면 유스티누스는 그리스도교와 이교 철학 사이에 공통분모가 있으며 포교를 위해 이를 이용할 것을 주장하였다. 16세기의 논쟁도 비슷한 양상으로 흘렀다. 예수회 지도부는 무분별한 이교 문화 수용이 선교지에서 교리에 대한 양보로 여겨지는 것을 우려하였지만, 현장에서의 목소리는 달랐다. 중국에 파견된 예수회 선교사 마테오 리치(Matteo Ricci, 1552-1610)는 유교와 그리스도교 신앙 사이에 공동 토대가 존재할 가능성을 인정하였고, 하비에르는 좀더 실천적으로 계급사회인 일본에서 그리스도교를 전파하기 위해 청빈에 관한 예수회 서약을 깨고 일본 상류층의 비단옷을 입기도 하였다.[3]

초대교회가 결과적으로 그리스 철학의 용어를 사용해 그리스도교의 중요 개념을 정립하게 된 것처럼 16세기 가톨릭교회도 시간이 흐르며 현지 문화를 수용하는 길로 가게 되었다. 1659년 로마 교황청의 포교성은 인도차이나에 파견된 프랑스 선교사들에게 현지인들의 관습과 생활방식이 그리스도교 원칙이나 도덕률에 현저히 반하지 않는 한 바꾸려고 시도하지 말라고 지침을 내렸다.[4] 전통적 그리스도교가 새로운 문화를 수용하면서 변경될 수 있는 범위를 가능한 넓게 잡은 것이다. 이렇게 근대 가톨릭교회는 비유럽인들에게 그리스도교를 전파할 때 신앙의 문화적 변화가 수반되어야 한다는 것을 인정하게 되었다. 또한 뒤에 살펴볼 것처럼 이는 비단 가톨릭뿐 아니라 프로테스탄트 교파들에서도 널리 인정받는 원칙이 되었다. 그리고 20세기에 이르러서 그리스도인이 되는 것과 서구문화를 받아들이는 일이 분리되기 시작하면서 그리스도교 세계의 문화 지형은 더 다양해졌다.

 ## 19세기 '선교의 시대': 프로테스탄트 선교

가톨릭 선교가 프로테스탄트의 도전에 대한 응전의 측면이 있었던 것처럼 프로테스탄트의 선교는 새로운 세계관적 도전에 대한 반응이기도 했다. 이런 관점에서 정통주의 및 이성 중심주의에 대한 대응이었던 18세기 중반의 대각성 운동이 프로테스탄트 공동체가 본격적으로 선교를 시작한 터닝포인트로 평가된다. 대각성 운동 당시 대서양 양안의 복음주의자들은 '전 세계적인 부흥'을 꿈꾸었고 대서양 세계 곳곳을 오가며 그리스도교 복음을 전파한 존 웨슬리는 "온 세계가 나의 교구(I look upon all the world as my parish)"라는 유명한 말을 남기기도 했다.[5] 이런 분위기 속에 18세기 말부터 프로테스탄트도 '타문명권'으로 선교를 시작하였다. 잉글랜드 국교회는 이미 1698년에 그리스도교지식보급회(Society for Promoting Christian Knowledge, SPCK)와 1701년 해외복음전파협회(Soceity for the Propagation of Gospel in Foreign Parts, SPG)를 설립하였는데, 초기 선교활동은 해외 거주 영국인 사회에 집중되어 있었다. 두 단체 모두 타 문명권 거주민들에게 전도를 시작한 것은 18세기 말부터였다. 아래에서는 그리스도교가 유럽 및 대서양 세계를 넘어 다른 문명권으로 전파되는 과정을 인도, 중국, 한국, 일본의 사례를 통해 살펴보도록 하겠다.

동양 선교의 시작 - 인도 선교

오랜 시간 그리스도교는 유럽 또는 지중해 지역에서 믿어졌고, 근대 초에도 아직 신대륙과 아프리카 서해안을 포함한 대서양 세계에 머물러 있었다. 이런 점에서 인도 선교는 유럽인들이 전통적인 활동 지역을 넘어 동양의 고등 문명권으로 전도를 시작한 사건이라는 역사적 의의가 있다. 물론 인도 선교가 이때 처음 시작된 것은 아니다. 오랫동안 내려온 전승에 따르면, 기원후 50년경 사도 도마가 무지리스(지금의 인도 남부 케랄라 주) 지역에 와서 그리스도교를 전파했고 일곱 개의 교회를 세웠다고 한다. 지금도 인도에는 스스로 도마의 사도적 전승을 계승하고 있다고 믿는 도마교회 신도들이 존재한다. 이들은 첸나이에 있는 산토메(Santhome) 성당에 도마의 무덤이 있다고 믿으며 그곳을 중심으로 종교공동체를 유지하고 있다. 4세기경 인도와 지중해 연안 지역의 무역이 활발해지면서 이 지역의 그리스도교 상인들이 인도에 이주하게 되었고, 이 과정에서 동부 지중해의 동방 그리스도교도 인도에 전해졌다. 또한 8세기에 이슬람 세력이 발흥하면서 시리아 지역 그리스도교인들이 박해를 피해 인도로 이주하였는데, 그 결과 지금도 인도에는 시리아 정교회 계열 교파들이 존재한다.

중세 시절인 1300년대에 포르데노레의 오도릭(Odoric of Pordenone), 카탈루냐의 조르다누스(Jordanus of Catalonia) 신부 등이 인도를 방문한 기록이 있지만, 가톨릭이 본격적으로 인도에 진출한 것은 1542년 고아(Goa)에 하비에르 수도사가 도착하면서였다. 그는 1549년까지 인도에 가톨릭 선교를 하면서 종교서적을 현지어로 번역하고 병원과 학교를 세웠다. 예수회가 파견한 첫 번째 선교사였던 하비에르는 낮은 카스트 사람들에게 동정심을 느끼고 사역을 집중하였다. 그러나 이것이 브라만 계층으로부터 반감을 일으켜 선교 사역에 어려움을 초래하기도 했다. 1605년 인도에 온 예수회 사제 로베르토 드 노빌리(Roberto de Nobili)는 여기서 교훈을 얻어 좀더 많은 사람에게 영향을 끼치기 위해 귀족계급을 먼저 포교해야 한다고 생각하

16세기에 포르투갈인들이 도마 사도의 무덤으로 추정되는 곳 위에 지은 산토메 성당

게 되었다.[6] 그는 브라만의 복식과 생활양식을 따라하고 그들의 정서에 반하는 그리스도교 메시지는 삼가기도 했다.

18세기부터 프로테스탄트 교파들이 인도에 선교사를 보내기 시작했다. 2장에서 소개한 것처럼 17세기에 경건주의자였던 덴마크 국왕 프레데리크 4세의 후원으로 할레 대학 출신의 바톨로메우스 지덴바르크(Bartholomaeus Ziegnbalg)와 하인니히 플루트차우(Heinrich Plütschau)가 1706년 최초의 프로테스탄트 선교사로 인도에 도착하였다. 오늘날의 인도 남부 지역인 타랑감바디(Tharangambadi)에 해당하는 트랑케바르에 있었던 덴마크 식민지에 도착한 그들은 학교를 세우고, 현지어로 성경 번역을 시작하였다. 지덴바르크와 플루트차우의 사역은 13년 정도 지속되었었다.

경건주의자들의 인도 선교는 선구자적 시도라는 점에서 의미가 있으나, 아직 유럽의 프로테스탄트들이 범교파적으로 타문명권 선교에 관심을 갖게 된 것은 아니었다. 18세기 말은 제2차 대각성 운동의 영향으로 이전보다는 더 넓은 지역에 그리스도교가 전파되고 비그리스도교 문명권에 속한 아메리카 원주민에게 포교가 시작된 점에서 분명 세계 선교의 서막을 알린 시기였다. 하지만 아직도 대다수의 사람들은 대서양 세계를 넘어 동아시아 지역까지 선교할 생각을 하기 어려웠다. 그들이 생각할 수 있었던 세계의 지리적 범위는 가톨릭의 인식보다 100년 이상 뒤쳐져 있었다. 무엇보다 영국과 네덜란드 같은 프로테스탄트 국가들은 기본적으로 상업 국가였기 때문에 현지인과 마찰을 일으키는 것을 꺼려했고 같은 이유로 토착종교가 강한 인도에서 선교하는 것에 비협조적이었다. 특히 영국은 인도 진출 초기에 동인도회사(East India Company)라는 특허회사에 식민지 관리를 위탁하는 방식을 택하였다. 동인도회사는 선교가 원주민들의 반발을 일으키고 그것이 영국인의 상업 활동에 어려움을 초래할 것을 우려해 선교사들의 활동을 금지하였다.[7]

이런 상황에 변화를 가져온 인물은 근대 선교의 아버지로 불리는 윌리엄 캐리(William Carey, 1761-1834)였다. 캐리는 어렸을 때 병약하여 실내에서 일할 수 있는 직업을 가지라는 아버지의 뜻에 따라 구두공방의 수습공이 되었고 10대 후반부터 구두장이로 일하였다. 그러나 캐리는 언어에 선천적인 재능이 있어서 10대 때 라틴어와 그리스어를 독학하였으며, 구두장이 일을 하면서도 짬이 날 때마다 히브리어, 이탈리아어, 네덜란드어, 프랑스어를 공부하여 능숙하게 구사할 수 있었다. 그는 본래 국교회 집안에서 자랐으나 이 기간 동안 친구의 영향으로 침례교로 전향하였다. 캐리는 칼뱅주의 교리를 따르나 평신도 사역과 지역 회중교회의 독립적 성격을 강조하는 특수침례회(Particular Baptists) 교회에 출석하였으며 점차 교회의 지도자가 되어 갔다. 20대 중반에 지역 교회 목사이자 소학교 교장이 된 캐리는 이 시기에 오세아니아 지역을 탐사한 제임스 쿡(James Cook. 1728-1779) 선장의 항해기《캡틴 쿡의 최근 항해(the Last Voyage of Captain Cook)》를 읽게 되었다. 나중에 캐리는 이 책을 읽은 것이 자신의 선교관(觀)을 형성한 가장 큰 계기였다고 회고하였다. 쿡 선장의 보고서에 종교적인 요소는 거의 없었지만 캐리는 세계 곳곳의 지리적 특징과 각종 종족의 현황에 대한 정보를 얻게 되었고, 그들에게 그리스도교를 전하기 위해 새로운 접근방식이 필요하다는 것을 알게 되었다.[8]

1792년 캐리는 자신의 선교관을 정리한《이교도 개종 수단을 사용할 그리스도교인의 책임에 관한 연구(An Enquiry into the Obligations of Chris-tians, to Use Means for the Conversion of the Heathens)》를 출판하였다. 총 5개의 부분으로 구성된 이 책의 첫 장에서 그는 특수침례회 내에 퍼진 숙명론적 시각을 논박하였다. 20대 중반에 교단 사역자 모임에 참석했던 캐리가 해외 선교의 청사진을 제시하자 유명 설교자였던 존 라이랜드(John Ryland)는 "젊은이, 앉게나. 만약 신께서 이방인들의 회심을 기뻐하신다면 자네나 나의 도움이 없이도 하실 수 있을 걸세"라고 말한 적이 있었다.[9] 캐리는 1장에서 라이랜드의 말을 반박하는 신학적 논거를 제시하였다. 그는 만약 마태복음 28장의 명령이 사도들에게만 한정된 것이라면 세례도 그 당시로 한정되어야 한다면서, 예수의 지상명령은 여전히 그리스도교인에게 남겨진 의무라고 주장하였다.[10] 2장에서 캐리는 각 시대의 신실한 그리스도인들은 이 지상명령에 따라 선교에 힘써 왔음을 강조하면서, 그 논거로 초대교회부터 존 웨슬리의 서인도제도 노예들에 대한 사역에 이르는 선교의 역사를 요약하였다. 이 책의 3장은 유럽, 아시아, 아프리카, 아메리카의 여러 나라에 대한 지리, 인구, 종교 현황에 대한 정보를 제공하고 있다. 캐리의 데이터 자체는 오류가 많았지만 당시 유럽인들이 가진 비유럽 세계에 대한 정보의 수준을 가늠해 볼 수 있게 해준다. 4장에서는 언어, 안전문제, 후원 방식 등 원거리 선교에 예상되는 장애물들을 언급하고 그것에 대한 대안을 제시하였다.

마지막으로 결론에 해당하는 5장에서는 해외 선교의 성공을 위해 핵심적인 요소들을 강조하였다. 첫 번째는 그리스도인으로서 가지는 기본적인 의무를 충실히 하는 것인데, 캐리는 그중 가장 중요한 것으로 '간절한 기도(importunity)'를 꼽았다. 두 번째로 그리스도인들은 기도 행위에 멈추지 말고 선교를 위해 가용한 자원을 현명하게 사용할 방법을 간구해야 하며, 마지막으로 캐리는 해외 선교의 성공을 위해 정확한 정보 수집이 필수적임을 강조하며, 이런 과업들을 충실히 해내기 위해 침례교 선교협회를 세울 것을 호소하였다.[11] 1792년 캐리의 호소에 반응하여 특수침례회는 '이교도 복음 전파를 위한 특수침례교 협회(Particular Baptist Society for Propagating the Gospel to the Heathen)'를 설립하였다.★ 이 침례교선교협회는 1793년 최초의 선교사로 캐리를 벵골 지역으로 파송하였다.

1793년 4월, 캐리는 그의 세 아이와 넷째 아이를 임신한 부인 그리고 부인을 돕기로 한 처제를 데리고 인도로 떠났고 같은 해 11월에 캘커타에 도착하였다. 힘들게 인도에 도착했지만, 앞서 설명한 것처럼 영국 동인도회사가 선교 활동을 허락하지 않았기 때문에 사역에 어려움이 많았다. 1793년에 영국에서는 윌버포스 같은 복음주의 정치인들이 의회를 통해 동인도회사의 종교 교사 채용을 의무화하는 법안을 제출하였지만 통과에 실패하였고, 결국 캐리 가족과 다른 선교사들은 1800년에 덴마크령 인도 식민지인 세람포르에 정착하게 되었다. 이 문제는 1813년 동인도회사의 인가장을 갱신할 시기에, 클래팜 정치인들이 선교 활동 허가를 동인도회사 인가의 조건과 연계하며 압력을 가함으로써 해결되었다.[12] 그러나 캐리는 이미 정착한 세람포르에서 계속 활동을 이어 갔다.

캐리는 1800년에 크리슈나 팔이 신자가 되기까지 초기 사역 7년 동안 단 한 명의 회심자도 얻지 못했다. 이는 분명 그와 가족에게 힘든 시기였겠지만, 캐리는 이 기간 동안 많은 시행착오를 겪으며 현지에 맞는 선교방법을 개발하게 되었다. 그는 우선 현지에서의 고역을 덜기 위해 윌리엄 워드(William Ward), 조슈아 마시먼(Joshua Marshman) 등 다른 선교사들과 긴밀하게 공동 사역을 하였다. 또한 본국과 물리적 거리가 먼 상황에서 교단 선교회의 후원이 원활하지 않은 때가 많았으므로, 스스로 미드나포르의 인디고 농장의 지배인으로 취직하여 많은 선교자금을 모았다. 캐리는 지리적 거리를 감안하고, 또한 선교활동의 자율성을 확보하기 위해서도 현지에서 스스로 자금을 모집하는 '자비량(自備糧) 선교'가 원거리 선교에 적합하다고 생각하였다. 그는 본국의 지원을 받지 않고 인디고 농장에서 번 돈으로 벵골어로 신약성경을 번역하고 현지 선교회를 설립할 수 있었다.

★──── 흔히 '침례교선교협회(the Baptist Missionary Society, BMS)'로 알려진 이 선교회는 2000년에 BMS 세계선교협회(BMS World Mission)로 이름을 바꿔 지금까지도 사역을 계속하고 있다.

근대 선교의 아버지로 여겨지는 윌리엄 캐리

캐리는 협동선교, 자비량 선교와 더불어 현지에서 필요로 하는 전문 직업을 이용하는 것이 선교에 유용함도 알게 되었다. 캐리 스스로가 1800년 동인도회사의 인도 총독이 세운 포트 윌리엄 칼리지의 벵골어 교수가 되어 벵골어뿐 아니라 산스크리트어의 문법을 정리하여 인도 언어 교육의 기틀을 놓았다. 1813년에는 현지인 출신 전도자들을 양성하기 위해 세람포르 대학(Serampore College)을 세우기도 하였다. 이 학교는 현지인들에게 카스트와 상관없이 교육을 제공하여 반향을 일으켰다. 이런 배경 속에서 캐리의 가장 큰 업적이라고 할 수 있는 현지어 성경 번역이 이루어졌다. 그는 벵골어, 산스크리트어 및 다른 인도 방언들로 성경을 번역하였고, 그의 동료로 본래 직업이 인쇄업자였던 워드 선교사는 직접 현지어 활자를 제작하기도 했다. 캐리는 1812년에 선교지에서 일어난 대화재로 수년의 시간을 들인 번역자료, 희귀본, 완역된 성경 원고를 완전히 소실하였지만, 이 어려움에도 다시 일어나 성경 번역 사역을 계속하였다. 결과적으로 1834년 캐리가 사망할 때까지 44개의 현지 방언으로 번역된 성경이 출판 및 배포되었다.

캐리가 인도에 남긴 유산은 결코 적지 않다. 그는 '인도 선교의 아버지'로 평가되지만 동시에 인도 문화를 서구의 눈으로 관찰하고 연구한 문화인류학자였고, 인도 현지어 방언의 학문적 연구 토대를 쌓은 언어학자였으며, 카스트 제도에 반대하고 유아제사, 사티(sati)★ 등을 반대한 사회개혁자이기도 했다.[13] 그럼에도 그가 근대 선교사에 남긴 공헌 또한 잊어서는 안 될 것이다. 캐리가 처음 선교를 시작할 당시에는 근방선교 개념이 우세했다. 대부분의 프로테스탄트들이 생각할 수 있는 선교는 데이비드 브레이너드나 웨슬리가 본국 교회의 후원으로 아메리카 원주민 선교를 했던 것처럼, 전도를 직업으로 하는 전문 선교사가 근접 국가를 대상으로 선교하는 정도였다. 그러나 유럽 국가들의 원거리 해외 진출과 더불어 선교의 양상도 변화하였다. 캐리는 이제 전문 세속 직업을 가진 선교사가 다른 대륙에 가서 본국의 후원보다 현지 선교자금 모금을 통해 장기간 선교를 하는 새로운 선교의 예를 보여 주었다.★★

이 장에서는 19세기 선교사역의 특징을 보여 주는 인물로 윌리엄 캐리를 소개하였지만, 그와 동시대에 다양한 곳에서 자신의 방법으로 그리스도교를 전파했던 수많은 선교사가 있었음을 잊어서는 안 될 것이다. 이들의 다양한 선교 사역의 특징을 정의하는 것은 매우 어려운 일이나 19세기에 이르러 국가가 아닌 교단의 평신도들이 만든 조직들이 선교 사역의 주체가 된 것은 분명 주목할 만한 변화였다. 사실 오랜 시간 대부분의 선교 사역은 군주 및 국가의 후원 아래 이뤄졌다. 가톨릭도 예수회가 등장하기 전까지 대부분의 선교사가 지역 군주의 후원을 받았고, 경건주의 선교사들의 예가 보여 주듯이 프로테스탄트도 18세기 초까지 마찬가지 상황이었다. 그러나 18-19세기 동안 유럽 주요 교회들이 실질적으로 정부와 분리되고 신도의 자발적 참여가 핵심인 조직으로 변모하면서, 정부와 공식적인 연관이 없는 선교협회들이 등장하게 되었다. 이들은 국가적 지원을 바랄 수 없

★──── 사티는 죽은 남편의 시신을 태울 때 아내도 산 채로 불속에 넣어 같이 화장하는 풍습을 말한다. 강제적으로 행해지는 경우가 많아 1828년부터 영국이 금지시켰다.
★★──── 오늘날은 개별 교회의 평신도들이 자신의 전문 분야를 가지고 봉사할 수 있는 곳에 가서 상대적으로 단기간 선교를 하거나(단기선교), 자신의 삶의 공간에 와 있는 다문화 가정 혹은 이주민들을 대상으로 전도하는 방식(이주민 선교) 등으로 선교의 방식이 다양해지고 있다.

었기 때문에 일반 대중에게 호소하였고, 그 결과 일반 신도들 사이에 타문명권의 선교 활동에 관심이 증가되었다. 이는 선교의 대중화가 시작된 중요한 변곡점이었다.

그러나 서양 선교사의 해외 선교 과정에 대한 설명을 서양 선교사들의 행위에만 초점을 맞추어서는 안 될 것이다. 우리는 19세기의 선교를 제국주의 열강이 서양 선교사들을 통해 실행한 일방향적인 종교 주입 행위로 보는 경향이 있다. 그러나 방금 살펴본 인도의 경우만 해도 19세기 후반으로 갈수록 인도 현지 그리스도교인들의 역할이 중요해졌다. 인도의 그리스도교는 선교사들의 도착지가 남동부였기 때문에 이곳으로부터 북서부로 확산되었는데, 이 과정을 주도한 것은, 마울비 이마드운딘, 판디타 라마바이 사라스와티, 나라얀 바만 틸락 같은 현지인 선교사들이었다.[14] 현대 선교 역사가들은 19세기 후반 인도 선교를 서양 선교사와 현지인 지도자의 협업으로 보는 시각을 견지하고 있다.

그리스도교의 확산 - 동아시아

그동안 19세기 프로테스탄트 선교 활동은 서구의 정치·경제적 지배가 전 세계적으로 팽창되는 과정과 연결 지어 설명되었다. 분명 이 과정 속에 그러한 면모도 있다. 그러나 이러한 설명의 근저에 있는 근대라는 시간, 서양에서 동양으로의 방향, 서양 선교사라는 주체에 관한 전제가 적절한지는 좀 더 생각해 볼 여지가 있다. 여러 증거들은 동아시아에 근대 이전부터 그리스도교를 수용한 역사가 있고, 한국의 경우처럼 선교사들이 오기 전에 자생적으로 그리스도교 공동체가 생기거나, 중국의 태평천국 운동의 예처럼 그리스도교 사상을 변용하여 사회를 변화시키려 한 시도도 있었던 것을 말해 주고 있기 때문이다. 무엇보다 대부분의 지역에서 그리스도교 전파는 선교사들의 헌신적인 노력뿐 아니라 많은 현지 평신도 신자들의 협력 속에 이루어졌다.

중국 - 그리스도교 사회사상의 특징

중국의 그리스도교 수용의 역사는 적어도 당나라 때로 거슬러 올라간다. 당시 소아시아 지역에는 그리스도의 위격(位格)을 신격과 인격 두 개로 구분해서 보는 네스토리우스파 그리스도교가 퍼져 있었는데, 이 분파가 7세기 당 태종 시절 중국에 전파되어 한동안 번성하였다. 13세기에는 이미 가톨릭 수도사들이 중국을 빈번히 방문하고 있었다. 프란체스코 수도회의 몬테코르비노의 지오반니(Giovanni de Monte Corvino, 1247-1328) 수도사가 교황 니콜라오 4세의 친서를 원나라의 쿠빌라이 칸에게 전달하고 1294년부터 약 20년간 대도(지금의 베이징)에 머물면서 선교를 하여 중국 북부에서 많은 신자를 얻었다. 1318년부터는 포르데노레의 오도릭이 중동, 인도 북부, 중국 본토 등 원나라 여러 지역을 여행하며 선교 활동을 하였다. 그러나 그리스도교를 비롯한 여러 종교에 개방적이었던 원나라가 역사의 뒤안길로 사라지면서 중국의 그리스도교 또한 쇠퇴기를 맞이하였다.

1551년 일본에서 활동하던 하비에르 선교사가 광저우 앞바다에 도착하여 근처 섬에서 선교하다가 사망하였고, 1582년에는 또 다른 예수회 선교사 마테오 리치가 마카오에 상륙하였다. 그는 가톨릭 교리를 설명하는 《천주실의(天主實義)》를 저술하였고, 이외에 서양 과학 기술 서적을 번역하여 현지 지식인들의 인기를 끌었다. 마태오 리치 이후 중국에 도착한 요한 아담 샬 폰 벨(Johann Adam Schall von Bell, 1591-1666) 같은 예수회 선교사들은 청나라 황궁과 중국 지식인들에게 서구 문물을 전하는 학자로 활동하였다. 이런 활발한 활동의 결과 강희제 시절 가톨릭 교세는 크게 확장되었다.

중국 선교가 본격화되면서 가톨릭 선교사들 사이에 조상 숭배를 포함한 중국 전통전례가 그리스도교와 양립할 수 있는지에 대한 논쟁이 일어났다. 현지에 있는 예수회 선교사들은 조상 숭배를 비종교적인 의례로 보는 경우가 많았지만 다른 수도회는 이를 우상숭배로 보는 편이었다. 결국 1704년 교황 클레멘트 11세가 나서서 이러한 유교 의식에 참여하는 것을

유학자 복장을 하고 있는 마테오 리치

금지하는 결론을 내렸다(가톨릭은 1839년에 이르러 이 입장을 바꾸어 일부 유교 전통 의식에 참가하는 것을 허용하였다).[15] 이는 청 정부와 중국인들이 그리스도교에 대해 거부감을 가지는 계기가 되었다. 1722년 그리스도교(가톨릭)에 호의적이었던 강희제가 죽고 즉위한 옹정제는 중국인, 그중에서도 특히 만주인이 그리스도교로 개종하는 것에 반대하였다. 그는 만주인들이 중국의 풍속에 비판적인 새로운 종교를 받아들여 고유의 정체성을 잃을까 염려하였다. 그는 외국 선교사를 모두 추방하고 교회를 폐쇄하였다. 이후 가톨릭은 오랜 시간 박해받고 지하로 숨게 되었다.

중국 지역의 프로테스탄트 선교는 1807년 런던선교협회의 로버트 모리슨(Robert Morrison, 1782-1834)이 도착하면서 시작된 것으로 알려져 있다. 초기 프로테스탄트 선교사들은 가톨릭과 마찬가지로 포르투갈령 식민지인 마카오와 광저우같이 해외 상업이 허용된 지역 외에는 본토에서 활동이 금지되었다. 따라서 초기 프로테스탄트 선교사들의 활동은 일종의 문서 선교에 집중될 수밖에 없었다. 예를 들어, 모리슨과 윌리엄 밀른(William Milne,

1785-1822)은 만다린어뿐 아니라 광저우, 난징 등에서 통용되는 중국 방언을 배워 1819년에 중국어 성경 번역을 완료했고, 1823년에는 목판활자로 성경을 출판하였다. 그러나 청 정부의 반그리스도교 정책은 변함이 없어서 1826년 도광제는 유럽 선교사들이 한족과 만주족에 그리스도교를 전파하는 것을 엄히 금했고, 그리스도교 개종자들은 무슬림 지역에 노역을 보내는 법을 시행하기까지 했다.[16] 이런 상황 속에서 선교사들의 활동은 계속 제한적일 수밖에 없었다. 아편전쟁이 일어난 1839년까지 프로테스탄트 선교사는 20명에 못 미쳤고, 개종자도 100명을 넘지 못했다.

아편전쟁(1839-1842)은 잘 알려진 것처럼 중국이 영국산 아편 판매를 단속하자 일어난 전쟁으로 서구의 제국주의적 침략을 대표하는 사건이다. 전쟁 자체는 정당화하기 어려운 사건이었지만 그 결과 맺어진 난징조약으로 영국은 상업 활동을 보장받고, 홍콩을 할양받았으며, 5개 항구의 개방을 약속받았다. 그리고 중국 해안이 개방되면서 그리스도교가 본격적으로 전파되기 시작하였다. 이 시기에 서양 선교사들과 중국인 신도 사이에 활발한 협업이 존재하였다. 예를 들어 량파(梁發, 1789-1855)는 초기 그리스도교 개종자들 중 한 명으로, 모리슨을 만나 중국어 번역과 출판 과정에 깊이 관여하였다. 그는 1827년 모리슨에 의해 성직자 안수를 받고, 나중에는 런던선교협회 소속 선교사가 되는데, 이는 중국인이 선교사가 된 첫 번째 사례였다. 그는 1832년 중국인들에게 성경의 내용을 바탕으로 한 교훈을 주는 책인 《권세양언(勸世良言)》을 출판하였는데, 이는 당대의 많은 중국인에게 큰 영향을 끼쳤고, 그중 한 명이 바로 태평천국의 난을 일으킨 홍수전(洪秀全, 1814-1964, 태평천왕 1851-1864)이었다.

태평천국의 난(1850-1864)은 홍수전이 일으킨 농민 반란이자 그리스도교 정치운동이었다. 당시 청 정부는 물론이고, 서양 선교사들도 홍수전의 이단적 사상 때문에 태평천국을 부정적으로 바라보았지만, 지금은 이 운동이 그리스도교 사상에 영향을 받아 반봉건주의 정신을 강조했던 것이 주목받고 있다. 광저우 출신의 홍수전은 몇 차례 과거에 떨어지고 병석에 눕게 되었는데, 이때 꿈속에서 한 노인과 중년 남자로부터 계시를 받아

태평천국을 세운 홍수전

세상을 개혁하라는 명령을 받았다고 전해진다. 나중에 우연히 《권세양언》
을 받아 읽고 노인이 하나님(상제)이고 중년 남자가 예수이며, 자신이 신명
을 받아 이제 예수의 동생이 되었다는 해석을 하게 되었다. 그는 상제를 섬
기는 배상제회(拜上帝會)를 조직하고 그 수가 늘자 1851년에 자신의 추종자
를 모아 태평천국을 건국하였다. 홍수전은 상제 외에 다른 신들을 섬기는
것을 금하였고 그의 추종자들은 이에 따라 태평천국이 점령하는 곳곳마다
유교 및 도교 사당과 불상 등을 파손하였다. 일반 중국인들은 그리스도교
와 배상제회를 잘 구분하지 못했기 때문에 이 운동은 그리스도교에 배타
적이고 문화파괴적인 이미지가 덧칠해지는 계기가 되었다. 민중 사이에 생
긴 반그리스도교 정서는 나중에 서양 선교사를 공격했던 의화단 운동까지
이어지는 정서였다.[17]

　　태평천국은 한때 난징까지 점령하고 중국 남부를 상당 부분을 점령
하였지만, 태평천국의 반봉건 반외세 성향에 위협을 느낀 서구 열강의 진압
과 내부 분열로 인해 1864년 멸망하게 되었다. 그러나 태평천국이 홍수전
의 이단적 사상에도 불구하고 서구 그리스도교를 받아들이고 그것에 기초
해 토지 균등 분배를 주장하고, 전통적 관습을 타파하고, 봉건적 질서에 반
대하는 사회변혁 운동을 한 것은 재평가받고 있다. 중국에서 그리스도교

가 전파가 본격화된 지 얼마 안 돼 일어난 이 운동은 서양 선교사들이 전파한 그리스도교를 중국인들이 주체적으로 습득하여 새로운 사회사상으로 발전시키는 단계로 나가고 있었음을 보여 준다.

1856년대 텐진조약으로 중국이 열강에 문호를 완전히 개방하고 그리스도교 포교의 자유를 인정함으로써 중국 선교의 새로운 시대가 찾아왔다. 이제 가톨릭, 프로테스탄트 선교사들 모두 중국 어디서나 설교하고 거주할 수 있게 되었다. 1890년대가 되면 가톨릭 선교사만 700명 이상이었고, 프로테스탄트 선교사는 1,300명 이상에 이르렀다. 그러나 중국 그리스도교의 확장 과정은 서양 선교사들뿐 아니라 중국 그리스도교인들의 역할 확대의 과정이기도 했다. 1905년경 3,440명 정도의 중국인 프로테스탄트 선교사가 있었고, 성직자 수도 300명을 넘었으며, 또한 1만 명 이상의 중국인 평신도 사역자가 존재하였다.[18] 중국에서도 서양 선교사의 역할뿐 아니라 수많은 이름 없는 현지인, 평신도들의 헌신과 희생 또한 균형 있게 살펴져야 할 것이다.

 ## 한국 – 자생적인 그리스도교 공동체

그동안 당나라와 교류가 활발했던 통일신라와 발해에 네스토리우스파 그리스도교가 전해졌을 가능성이 제기되고, 최근에는 1333년 교황 요한 22세가 고려 충숙왕에게 보낸 편지가 발견되었다는 주장이 나오기도 하였지만 아직까지 한국에 그리스도교가 전파된 정확한 시기는 입증되지 않았다. 기록상으로는 임진왜란 때 고니시 유키나가의 군대와 함께 온 포르투갈의 세르페데스 신부를 첫 서양 선교사로 평가한다.

17세기부터 중국을 방문한 조선 사신들은 베이징에 와 있던 서양 선교사들과 교류할 기회가 생겼고, 일부는 마테오 리치의 《천주실의》 같은 가톨릭을 소개하는 책을 입수하여 국내로 반입하기도 했다. 당시는 가톨릭을 서양에 대한 학문으로 받아들였기에 '서학(西學)'으로 불렸다. 처음에는 남

김범우의 집이 있던 곳에 1898년 지어진 것이 지금의 명동성당이다.

인 계열 실학자들이 서학을 받아들였고, 1770년대에는 '천주학'을 연구하는 모임이 생겨났다. 정약용의 매형이기도 했던 이승훈은 이런 모임을 통해 신앙을 갖게 되었고, 1783년 아버지가 동지사(冬至使)로 중국에 갈 때 동행하여 1784년 기록상 조선인 최초로 세례를 받았다. 귀국한 이승훈은 1784년 겨울 이벽, 권일신 등에게 세례를 주었고, 몇 달 후에는 김범우, 최인길, 지황 등 수십 명에게 세례를 주면서 일종의 가톨릭 신앙공동체를 형성하였다. 처음엔 한성 수표교 근처 이벽의 집에 모였지만 점차 사람이 늘어나면서 장소가 비좁아지자 김범우가 명례방(명동)의 자기 집을 내주면서 최초의 가톨릭교회가 세워졌다. 그러나 이 모임은 6개월 만에 형조에 우연히 발각되어 와해되었다. 정조는 가톨릭을 적극적으로 탄압할 생각은 없었지만 종교 문제로 조정이 혼란스러워지는 것을 꺼려 했기 때문에 장소를 제공한 김범우를 귀양 보내는 것으로 이 사건을 마무리하였다. 그러나 1791년 전라도 진산의 가톨릭교도인 윤치충과 권상연이 신주를 불태우는 사건이 일어나 이를 계기로 가톨릭 핍박이 시작되었다(신해박해). 이때 윤치충과 권상연은 처형당했고 가톨릭교도로 알려진 신하들은 귀양을 가야 했다. 이렇게 18세기 말 조선의 가톨릭은 서양 선교사가 들어오기 전에 자발적으로 신

병인박해 때 순교한 베르뇌 주교

앙공동체가 세워지고, 박해를 겪고 순교자까지 배출한 상태였다.

명례방 공동체 같은 초기 가톨릭 모임은 아직 성직자가 없어서 평신도들만으로 미사와 성사를 집전하였다. 이를 가성직(假聖職) 제도라고 하는데, 1789년 이 제도가 가톨릭 교회법에 맞는지 문의하기 위해 윤유일이 베이징 교구장 알렉산더 드 구베아를 찾아갔다. 구베아 주교는 가성직 제도로는 교회법에 일치하지 않으나 예외적 상황으로 용인하고 대신 조선에 신부를 보내 주기로 약속하였다. 그리고 1795년 중국인 신부인 주문모가 선교사로 조선에 도착하였다. 이때까지 조선의 가톨릭 신도는 4,000명 이상에 이르렀을 것으로 보인다.[19] 조선의 가톨릭교회는 처음에는 중국 베이징 교구 소속이었지만 1831년에는 독립된 교구가 되었다.

1800년에 가톨릭에 비교적 관대했던 정조가 죽고, 어린 순조가 즉위하자 정순왕후가 수렴청정하면서 벽파가 정권을 장악하였다. 이들의 정적이었던 남인 중에는 가톨릭이 많았기 때문에 가톨릭 박해는 남인을 견제하는 정치적 수단이기도 했다. 또한 유학자 중에서도 강성이었던 벽파는 당시 성리학 외의 사상은 다 사문난적(斯文亂賊)으로 취급하였고, 가톨릭을 혹세무민하는 신흥종교로 파악하였다. 특히나 신주 소각 사건은 천륜과 더불어 유교국가인 조선의 기본질서를 흔든 사건으로 보아 용인할 수 없었다. 이런 이유에서 1801년 신유박해를 시작으로 1839년 기해박해, 1846년 병

오박해, 1866년 병인박해에 이르기까지 크게 네 번의 박해가 있었다. 물론 큰 박해만 네 번이었고, 그 사이에 크고 작은 박해와 핍박이 계속되었다.

더욱이 19세기 말로 갈수록 가톨릭 박해는 외세에 대한 적개심과 결합되었다. 당시 조선은 쇄국정책을 펴고 있었는데, 프랑스 신부들을 지도자로 여기고 외국의 군주(교황)를 섬기는 가톨릭교도들은 반역자처럼 보였다. 흥선대원군 스스로는 가톨릭에 적대적이지 않았고, 심지어 부인이 가톨릭교도이기도 했지만, 프랑스 신부들을 통해 프랑스의 도움을 얻어 러시아를 견제하려는 시도가 무산되고, 영국–프랑스 군대가 베이징을 점령했다는 소식이 들리자 생각이 바뀌었다. 더욱이 국내 보수파의 천주교에 대한 탄핵이 날로 거세지자 그는 박해를 결심하였다. 1866년의 병인박해는 최소 8,000여 명의 신도가 순교할 정도로 혹독한 핍박이었다. 지금도 남아 있는 오늘날의 서울시 마포구 합정동에 있는 양화진은 체포된 수많은 신도들이 목이 잘려 순교한 장소가 되어 이후 '절두산(切頭山)'으로 불리게 되었다. 이 박해 기간 수많은 천주교인이 체포당했고, 그렇지 않으면 도망 다니다 굶어 죽거나 병에 걸려 죽었다. 천주교를 학문으로 배워 신앙에 이른 양반 외에도 많은 일반인, 부녀자, 어린이들이 이 시기에 죽임을 당했다. 절두산 순교자의 명단에 남아 있는 김이쁜이, 김큰아기 같은 평범한 아낙네가, 박성운 같은 짐꾼이, 김한여 같은 비단장수가 무엇을 얼마만큼 믿었기에 목숨을 내놓았는지 감히 가늠하기는 어렵다. 그러나 조선의 천주교가 서양의 선교사들의 헌신뿐 아니라 이름 없는 신도들의 순교 위에 세워진 것은 분명하였다.

결국 흥선대원군이 실각하고 고종이 실권을 잡으면서 박해는 사실상 끝났다. 특히 1882년 조선이 최초로 서양 국가와 맺은 통상조약인 '조미수호통상조약'이 체결되었고, 그에 따라 정당한 이유 없이 선교사를 포함한 미국인을 체포하거나 구금하는 것이 금지되면서 묵시적으로 신앙의 자유가 허용되었다. 이때 천주교인은 1만 2,500명 정도로 추산되는데, 혹독한 박해를 겪었음에도 오히려 5,000명 이상 신도가 늘었음을 알 수 있다. 초대 교부 테르툴리아누스는 "순교자의 피는 교회의 씨앗(the blood of the martyrs

한글로 성경을 번역한 로스(왼쪽)와 매킨타이어(오른쪽)

is the seed of the Church)"이라는 말을 남겼는데, 그의 말처럼 조선의 천주교는 역사적인 대규모인 박해에도 사라지지 않고 결국 그 위에 교회를 세워 갔다.[20]

한국에 프로테스탄트가 전파된 것은 미국(1882), 영국(1883), 러시아(1884) 등 서양 국가들과 통상조약을 체결하면서부터였다. 이런 개화의 물결을 타고 1885년 최초의 장로교와 감리교 선교사들이 도착하였다. 그러나 한국에 프로테스탄트 선교사들이 문을 두드린 것은 그보다 훨씬 전이었으며, 그들을 통해 복음이 이미 수용되고 있었다. 기록에 따르면 1832년 독일 출신 루터교 목사인 칼 귀츨라프(Karl Friedrich August Gützlaff, 1803-1851)가 중국으로 가는 길에 충남 홍주(지금의 보령시)에 도착한 기록이 있으며, 웨일스 출신의 로버트 저메인 토머스 선교사(Robert Jermain Thomas, 1840-1866)는 1866년 미국 상선 제너럴셔먼호에 항해사 겸 통역사로 탑승하여 평양까지 왔다가 처형당하기도 했다. 또한 중국의 만주 지역에서 활동하던 스코틀랜드 장로교 출신의 존 로스(John Ross, 1842-1915)와 존 매킨타이어(John Macintyre, 1837-1905)는 이곳에 온 한국인들을 대상으로 선교를 하였는데, 이들의 활동은 한국어 성경 번역과 교회 설립에 중요했으므로 좀더 자세히 살펴볼 필요가 있다.

로스와 매킨타이어는 만주에서 한국 상인들을 만나 한국 선교에 대한 관심이 생겼지만, 흥선대원군의 쇄국정책으로 입국이 어려웠기 때문에 선교의 방법으로 한국어 성경 번역을 생각하게 되었다. 1879년 1월, 백홍준, 이응찬 등 네 명의 한국인이 매킨타이어로부터 세례를 받았는데, 두 선교사는 이들의 도움을 받아 1882년까지 신약성경의 일부를 번역했고, 1887년에는 최초의 한글 신약전서인 《예수성교전서》를 출판하였다.[21] 두 선교사들은 성경을 번역하는 과정 중간에 누가복음, 요한복음, 사도행전, 등 신약 일부를 출판하여 배포하였다. 그래서 신약 번역이 완성될 때쯤에는 한국에 이미 수만 권의 성경(일부)이 퍼져 있었다. 출판된 성경의 확산은 '권서인' 또는 '매서인'이라 불리는 이들이 담당하였는데, 이들은 방방곡곡을 다니며 싼값에 성경을 팔았다. 이들의 노력으로 선교사들이 들어오기 전인 1880년대 초 만주와 국내에 이미 여러 프로테스탄트 공동체들이 존재하고 있었다. 한국 프로테스탄트는 가톨릭과 마찬가지로 자력으로 교회공동체를 세워 가는 과정에서 서양 선교사를 맞이한 것이다.

만주에서의 성경 번역과 3년의 시간차를 두고 일본에서도 이수정이 성경을 번역하였다. 이수정은 1882년 수신사 박영효의 비공식 수행원으로 일본에 갔다가 유명 농학자이자 프로테스탄트 신자였던 쓰다 센(津田仙)을 만났고 그가 준 성경을 읽다가 그리스도교를 받아들이게 되었다. 그는 일본에 온 한국인 유학생들을 대상으로 전도를 하면서 한국어 성경 번역에 착수하게 되었다. 만주에서 로스와 매킨타이어는 상인 출신 한국인들의 도움을 받아 평민들도 읽을 수 있는 한글성경을 출판한 반면, 이수정은 유학생을 대상으로 사역을 했기 때문에, 1884년에는 기존의 한자 성경에 한글로 토를 다는 '현토성경'을, 그리고 1885년 2월에는 국한문 혼용체로 마태복음과 마가복음을 출판하였다.

이수정은 또한 1883년 12월부터 《리뷰(Review)》라는 선교잡지에 한국 선교를 호소하는 기고를 했고, 그것이 미국 교계 언론 소개되면서 여러 교파들이 한국 선교에 관심을 갖게 된 계기가 되었다.[22] 또한 중국, 일본에 와 있던 선교사들이 한국 선교의 필요성을 본국의 교단 본부에 알리기 시작하면서 1884년 의사였던 호러스 앨런(Horace Newton Allen, 1858-1932)

을 선두로 의료와 교육을 담당할 수 있는 선교사들이 한국에 오게 되었다. 1885년 4월에는 미국의 북장로교 선교사 호러스 G. 언더우드(Horace Grant Underwood, 1859-1916)와 헨리 아펜젤러(Henry Gerhard Appenzeller, 1858-1902)가 한국에 도착하였다. 이들은 한국에 오기 전에 일본에서 이수정을 만나 한국 정세를 듣고, 한국어를 배웠으며, 그가 번역한 성경책을 들고 한국에 도착하였다.

한국의 프로테스탄트는 가톨릭과 비슷하게 선교사가 들어오기 시작한 1884년 이전에 이미 일부 지역에서 자생적인 교회 공동체를 조직한 상태였다. 앞서 설명한 것처럼 1870년 1월, 매킨타이어로부터 세례를 받은 네 명의 한국 청년은 만주의 백홍준의 집에서 첫 프로테스탄트 예배를 드렸다. 그들 중 한 명으로 평안도 의주 출신의 인삼 상인으로 로스의 성경 번역을 도왔던 서상륜은 동생 서경조와 함께 황해도 장연에 최초로 '소래교회'라는 프로테스탄트 교회를 세웠다. 이 교회는 1883년에서 1885년 사이에 설립된 것으로 추정된다. 그래서 한국에 들어온 최초의 장로교 선교사인 언더우드는 이미 번역된 한국어 성경을 들고 자신이 오기 전 한국인들이 세운 교회를 방문하게 되었다.

일본 - 순교와 인내의 역사

1547년 예수회 수도사 프란시스코 하비에르는 말라카에 전도여행을 갔다가 일본 그리스도교인 안지로(Anjiro)를 만나 일본 소식을 듣게 되었다. 1549년 하비에르는 안지로와 다른 세 명의 예수회 수도사들과 함께 지금의 가고시마 지역에 도착하였고, 이로써 일본에 온 첫 번째 서양 선교사가 되었다. 초기 선교 활동에서 언어 장벽으로 인해 설교 및 번역 작업에 어려움을 느낀 하비에르는 성모나 성모자를 그린 그림을 이용해 그리스도교를 전파하였다. 전국시대를 호령했던 오다 노부나가는 그리스도교에 호의적이어서 예수회 선교사들은 다이묘와 군인, 그리고 일반인들에게 그리스도교를 전파할 수 있었다.

그러나 전국을 통일한 도요토미 히데요시는 다이묘가 서양 문물을 받아들여 반란을 일으킬 것을 우려해 포교를 금지하였다. 당시 일본의 가톨릭교도들은 세례를 받고 포르투갈식 세례명을 받는 것이 일반적이었고 또한 서양 문물을 받아들이기에 열심이었는데, 히데요시를 비롯한 집권 세력들은 이들이 사회를 전복하기 위해 서양의 첨병 역할을 한다고 생각하였다. 이런 상황 속에서 임진왜란 중인 1597년에는 나가사키에서 26명의 신도들이 고문당한 후 십자가형을 받아 순교하였다. 히데요시 사후 사회 혼란을 수습하고 등장한 에도 막부도 비슷한 종교정책을 폈다. 1613년, 1630년, 1632년에 큰 박해들이 있었고, 수많은 순교자가 발생하였다. 1638-1639년 지금의 나가사키 지역인 시마바라 지역에서 농민 반란이 일어났는데, 이 농민들의 대부분이 가톨릭신도였기 때문에, 반란이 진압된 후 혹독한 가톨릭 탄압이 자행되었다.[23] 특히 이 시대에는 '후미에'라고 불린 박해 방식이 등장하였다. 그것은 예수나 성모 마리아의 모습을 새긴 목판이나 금속판을 놓고 가톨릭신도로 의심되는 자에게 그것을 밟고 지나가게 시켰고, 차마 밟지 못하면 잡아가서 죽이는 방식이었다. 후미에로 발각된 그리스도교인들은 모진 고문을 받았는데, 그래도 신앙을 지킬 경우 십자가형을 받고 순교하였다.

시마바라의 난 이후 살아남은 가톨릭들은 혹독한 박해를 피해 지하로 숨어 버렸다. 이들은 이후 약 200년 넘게 몰래 숨어 나름의 신앙을 지켰으며, '숨겨진 그리스도교인'이라는 뜻의 가쿠레 기리시탄(隱れキリシタン)이라고 불리게 되었다. 이들은 도호쿠, 호쿠리, 서규수 등 전국에 분포하고 있었지만, 결국 초기 그리스도교가 가장 왕성했던 규슈 지역 신자들만이 남게 되었다.[24] 외국인 성직자가 죽거나 추방당한 상황에서 이들은 평신도 조직으로 가정집에 모여 예배를 드렸다. 오랫동안 고립된 상태에서 성직자와 성경이 없이 신앙을 지키다 보니 이들의 미사 형식은 매우 특이해졌다. 예전에 누군가 성경에서 읽었던 내용을 구전으로 전했기 때문에, 이야기의 기본적인 줄거리는 유지했지만, 일본 설화가 섞인 경우가 많았다. 또한 예전

불교의 관음상처럼 보이는 마리아 관음상

송자관음상을 변형한 성모자상

에 들었던 라틴어 기도문을 뜻도 모르고 소리만 기억나는 대로 외워 염불처럼 들리게 하였는데, 이는 불교 의식처럼 보이게 하려는 의도도 있었다. 성물을 가지고 있는 것은 매우 위험했기 때문에 불교의 관음상처럼 보이는 상을 만들고 가운데 십자가를 세긴 '마리아 관음상'을 만들거나 불교의 아이를 안고 있는 관세음보살상(송자관음상)을 본떠서 '성모자상'을 만들기도 했다.

1854년 미국과의 미일화친조약으로 일본이 개국하게 되고, 1858년 프랑스와의 불일수호통상조약이 맺어지면서 1859년 가톨릭 선교사가 일본에 돌아왔다. 파리외방선교회가 파송한 베르나르 프티쟝 신부(Bernard Petitjean, 1829-1884)는 1865년 나가사키의 오우라 성당을 재건하러 갔다가 14-15명의 가쿠레 기리시탄을 만나게 되었다. 이 사건 이후 1873년 메이지 정부에 의해 종교의 자유가 인정될 때까지 은신처에서 나와 자신이 그리스도교인임을 밝힌 가쿠레 기리시탄은 약 5만 명 정도로 알려져 있으며, 이들 중 절반 이상은 다시 가톨릭교회로 복귀하였다.[25] 비록 오랜 고립으로 교리의 상당 부분은 변질되어 있었지만, 200년이 넘는 기간 동안 변형된 방식으로나마 원초적인 신앙의 모습을 지킨 신앙 공동체가 존재한 것은 교회사적으로 유례가 없는 일이었다.

오랜 선교의 역사를 지닌 가톨릭에 비해 프로테스탄티즘은 에도 막부 후기의 개항 이후 일본에 들어오게 되었다. 1859년 제임스 커티스 헵번(James Curtis Hepburn, 1815-1911)이 일본에 도착한 최초의 장로교 선교사였으며 같은 해에 영국 국교회(성공회)와 미국감독교회(성공회 계열)도 각각 선교사를 파송하였다. 이들은 초기부터 의료시설과 학교를 통해 선교 활동을 하였다. 헵번은 메이지가쿠인대학을 설립하였고, 미국 성공회 선교사인 캐닝 윌리엄스(Channing Williams)는 릿쿄대학을 세우기도 하였다. 19세기 말까지 개신교회는 성장하였지만 20세기 초가 되면서 서양 국가들과 대립한 일본 군부의 영향으로 교세가 크게 약화되었고, 이런 추세는 제2차 세계대전이 끝나기까지 계속되었다.

맺음말

그리스도교는 오랜 선교의 역사를 가지고 있다. 선교는 기본적으로 그리스도교인의 신앙의 표현으로 예수의 지상 명령에 대한 순종이겠으나, 근대 사회에서는 급격한 사회의 변화에 대한 교회의 또 다른 자기적응 방식이기도 했다. 근대 가톨릭의 선교는 프로테스탄트의 부상에 대한 응전으로 시작되었다. 그러나 비유럽 문명권의 사람들에게 그리스도교가 전파되는 과정 속에서 그리스도교와 현지 문화가 조화를 이루는 선교 방식이 정립된 것은 선교의 역사에 새로운 변곡점이 되었다.

18-19세기 프로테스탄트 선교도 이성 중심주의와 세속화 같은 세계관적 도전에 대한 응전의 성격이 있었음을 주목해야 한다. 인도 선교의 선구자인 윌리엄 캐리는 프로테스탄트 교파 안에 세계 선교에 대한 책임감을 심어주었고, '그리스도인의 의무감', '가용자원의 현명한 사용', '정확한 정보'라는 근대 선교의 원칙을 제시하였다. 그는 여러 시행착오를 거쳐 선교지에 최적화된 선교 방법을 개발하였으며 이를 통해 원방선교라는 새로운 패러다임을 제시하였다. 무엇보다 19세기 선교사들의 활동이 본국의 신도들을 자극하여 대중의 관심과 후원 속에 이뤄지는 선교가 시작된 것은 선교의 역사에 또 다른 터닝포인트였다.

우리는 그동안 선교의 역사를 설명할 때 근대라는 시점에, 서양이라는 주체가, 동양이라는 객체에, 그리스도교를 전파한 일방향의 움직임으로 바라보는 경향이 있었다. 그러나 여러 동아시아 국가들의 사례는 동아시아에 근대 이전부터 시작된 오랜 그리스도교 수용의 역사가 있었다는 것을 알려 준다. 또한 한국의 가톨릭과 프로테스탄트들이 서구 선교사의 도래 전에 만든 교회들과 일본의 가쿠레 기리시탄의 사례들이 보여 주듯이 자생적인 신앙공동체의 형성 과정이 있었다. 마지막으로 이 세 나라 모두 서양 선교사의 헌신적 노력뿐 아니라 현지 평신도 신자들의 협력 속에 복음이 전파되었음을 기억해야 할 것이다. 따라서 근대 선교는 선교에 대한 열정에 불타오른 영웅적인 개인에 대한 설명을 넘어 좀더 넓은 차원에서 설명될 필요가 있다. 가톨릭과 프로테스탄트 교회가 대응하려 한 사회구조적 변화를 살펴보고, 서구 선교사들의 헌신에 대한 동양 현지인의 적극적인 반응을 종합하였을 때 19세기 선교에 대한 좀더 완성된 그림을 그릴 수 있을 것이다.

주

1 —— Armando Lampe, *Christianity in the Caribbean: Essays on Church History* (University of the West Indies Press, 2001), 17.

2 —— L. Walker, Brett, "Foreign Affairs and Frontiers in Early Modern Japan: a Historio-Graphical Essay", *Early Modern Japan: an Interdisciplinary Journal*, vol. 10 (2002), 44-62.

3 —— Hassan Bashir, *Europe and the Eastern Other: Comparative Perspectives on Politics, Religion and Culture before the Enlightenment* (Lexington Books, 2013), 93: Father Joseph Vann (ed.), "Saint Francis Xavier Apostle of The Indies And Japan", *Lives of Saints: with Excerpts from Their Writings: selected and illustrated* (John J. Crawley & Co., 1954) (http://www.ewtn.com/library/MARY/XAVIER2.htm, 2018년 8월 18일 검색).

4 —— "Chinese Rites Controversy(Roman Catholicism)", Encyclopædia Britannica (https://www.britannica.com/event/Chinese-Rites-Controversy, 2018년 8월 18일 검색).

5 —— John Wesley, *The Journal of John Wesley* (Chicago Moody Press, 1951), 65.

6 —— Peter Duignan, "Early Jesuit Missionaries: A Suggestion for Further Study", *American Anthropologist*, vol. 60 (August, 1958), 725-732.

7 —— Penelope Carson, *The East India Company and Religion, 1698-1858* (Boydell Press, 2012), 7-17.

8 —— James R. Beck, *Dorothy Carey: The Tragic and Untold Story of Mrs. William Carey* (Wipf and Stock Publishers, 2000), 55-57.

9 —— Brian Stanley, *The History of the Baptist Missionary Society 1792-1992* (Edinburgh: T & T Clark, 1992), 6?7.

10 —— William Carey, *An Enquiry into the Obligations of Christians, To Use Means for the Conversion of the Heathens* (Printed and sold by Ann Ireland, 1792), 8, 9.

11 —— Carey, *An Enquiry into the Obligations of Christians*, 79, 81, 83.

12 —— Penelope Carson, *The East India Company and Religion, 1698-1858* (Boydell Press, 2012), 130-150.

13 —— David Kopf, *British Orientalism and the Renaissance: The Dynamics of Indian Modernization 1778-1835* (Firma K.L. Mukhopadhyay, 1969), 70, 78.

14 —— Robert Eric Frykenberg, "Christians and Religious Traditions in the Indian Empire", in Sheridan Gilley & Brian Stanley (ed.), *The Cambridge History of Christianity: World Christianities, c.1815-c.1914* (9 vols, Cambridge University

Press, 2006), Ⅷ, 488-490.

15 —— Paul Rule, "François Noël, SJ, and the Chinese Rites Controversy" in Willy vande Walle & Noël Golvers (ed.), *The History of the Relations between the Low Countries and China in the Qing Era* (Leuven University Press, 2003), 151-152.

16 —— Rodney Stark & Xiuhua Wang, *A Star in the East: The Rise of Christianity in China* (Templeton Press, 2016), 13.

17 —— Stephen R. Platt, *Autumn in the Heavenly Kingdom: China, the West, and the Epic Story of the Taiping Civil War* (Knopf, 2012), 17.

18 —— Daniel H. Bays & James H. Garyson, "Christianity in East Asia: China, Korea and Japan", in Sheridan Gilley & Brian Stanley (ed.), *The Cambridge History of Christianity: World Christianities, c.1815-c.1914* (9 vols, Cambridge University Press, 2006), Ⅷ, 496, 498.

19 —— Bays & Garyson, "Christianity in East Asia: China, Korea and Japan", 504.

20 —— Bays & Garyson, "Christianity in East Asia: China, Korea and Japan", 506; 테르 툴리아누스의 말은 그의 변증론(Apologeticus) 제50장에 기록되어 있다.

21 —— "John Ross(1842-1915), Scottish Presbyterian Missionary in Manchuria" Boston University School of Theology Theology LibraryCenter for Global Christianity and Mission (https://web.archive.org/web/20090216155912/http://digilib. bu.edu/mission/component/content/article/20-p2r/107-ross-john-1842-1915. html, 2018년 8월 19일 검색).

22 —— 한국컴퓨터선교회 기독정보검색 (http://kcm.kr/dic_view.php?nid=20294, 2018 년 8월 19일 검색).

23 —— R.H.P. Mason, *A History of Japan* (Tuttle Publishing, 1997), 204-205; William S. Morton, *Japan: Its History and Culture* (McGraw-Hill Professional, 2005), 122.

24 —— 김병락, 안병곤, 「잠복 기리시탄(潛伏キリシタン)의 전승 세례-기리시탄 교리(敎理)와 의 적합성 여부를 중심으로」, 《日本近代學研究》, 46집, (2014), 308.

25 —— 김병락, 안병곤, 「잠복 기리시탄(潛伏キリシタン)의 전승 세례」, 328.

20세기를 향하여:
선고, 제국, 문명

12

지난 장에서 설명한 것처럼 서구 선교사들의 활약상이 동아시아 국가들이 그리스도교를 수용한 능동적인 과정을 덮어서는 안 될 것이다. 그럼에도 그들의 활동이 서구 그리스도교의 팽창에 주요 추동력이 되었던 것도 간과해서는 안 된다. 이 시기에 지리적 범위와 신도 수의 측면에서 서구 그리스도교의 팽창의 정도는 분명 유래 없는 것이었기 때문에 19세기의 어떠한 구조적 특징 속에서 서양 선교사의 활동 범위가 확대되었는지 면밀히 살펴볼 필요가 있다. 그동안 많은 학자들이 '선교제국주의' 혹은 '문명화의 사명' 등의 용어를 통해 선교를 설명해 왔고 어느덧 널리 받아들여지고 있다. 분명 이는 19세기 그리스도교의 팽창을 설명하는 유용한 틀이지만 좀더 면밀한 분석과 함께 수용되어야 한다.

'선교제국주의'라는 개념은 제국의 팽창과 그리스도교의 전파를 위해 제국에 의존하는 면모를 보였던 선교 방식에 대한 비판이나, 동시에 복음이 전파되는 방식의 한 단면에 대한 묘사이기도 했다. 그리스도교 역사는 종교적 이상(ideal)은 고귀할지라도 그것을 실행하는 방식이 고귀한 것은 아니었음을 보여 주었다. 예를 들어 종교개혁자들이 추구했던 바는 종교적이고 이상주의적이었겠으나, 개혁의 과정은 한마디로 진흙탕 싸움이었던 것처럼 말이다. 상업과 제국은 현대 그리스도교 선교가 당면한 문제들의 원인을 제공하기도 했으나, 당시에는 그리스도교 전파의 중요 수단이기도 했다. 그런 점에서 선교-상업-제국의 관계는 그것에 대한 도덕적 평가와 이 용어가 담고 있는 사실관계를 종합해 설명될 필요가 있다.

선교와 서구 문명

스코틀랜드 회중교회 선교사였던 데이비드 리빙스턴(David Livingston, 1813-1873)은 '문명의 촉진자'로 그리스도교와 상업을 꼽으면서 "(이 두 가지는) 결코 분리될 수 없다"고 강조하곤 했다.[1] 이런 자유무역과 선교가 문명의 발달로 이어진다는 설명은 당시 선교사들이 가지고 있었던 그리스도교, 상

그리스도교와 상업을 '문명의 촉진자'로 여겼던 리빙스턴

업, 문명의 관계에 대한 확신을 보여 주고 있다. 그리고 여기서의 문명은 바로 서구 문명과 비슷해지는 것을 의미할 것이다. 사실 근대 초부터 선교사들은 그리스도교와 서구 문명을 동일시하고 서구 문명화의 가치에 대한 확신을 가지고 있었다. 16세기 초반 라틴아메리카에서 활동했던 도미니크 수도회의 수도사 라스 카사스는 아메리카 대륙의 토착민에게 선교를 시작한 사람으로서 그들의 문화와 생활 습관에 대한 존중을 강조하였다. 그럼에도 라스 카사스 수도사는 스페인 제국의 팽창과 식민화 자체를 반대하지 않았는데, 이는 그것이 그에게는 서구 문명의 주입과 거의 같은 의미였기 때문이다. 당시 원주민의 인간성을 존중했더라도 서구인들의 눈에 원주민의 문명과 생활수준은 분명 개선되어야 할 대상이었다.

　이런 유럽인들의 비유럽 사회에 대한 태도는 가톨릭과 프로테스탄트의 경계를 넘는 것이었다. 인도의 경우에도 영국인 선교사들은 영국 식민지 지배의 비인간성과 과도함을 비난하면서도 인도인들이 사회적 악습을 철폐하고 생활수준을 개선하기 위해 영국 문명을 수용해야 한다는 명제에 대해서는 의심을 품지 않았다. 19세기 초 코츠(D. Coates), 비첨(J. Beecham), 일리(W. Elli) 같은 선교사들은 그리스도교가 신이 기름 부은 문명화의 엔진이며, 이교도를 문명화시키는 것은 서구식 의복과 생활습관을 심어 주는 것이라 주장하였다.[2]

현장에서 선교사들이 느끼던 서구 문명화의 정당성에 이론적 근거를 제공한 사람들이 등장하였다. 일찍이 영국의 경험철학을 발달시킨 존 로크는 인간 내부에 심겨진 본유관념을 부정하고 오직 경험을 통해 사물에 대한 지식을 얻을 수 있다고 주장하였다. 그는 인간이 경험을 가지고 추론할 수 있도록 신이 몇 가지 기본적 능력을 부여했고, 인간에게 그것을 가지고 생육하고 번성하라는 일종의 문화 명령을 부여하였다고 보았다. 따라서 인간은 자기가 사는 세상을 개발하고 발전시킬 사명을 가지고 있는데 아메리카 원주민의 삶은 이런 조건에 한참 못 미치고 있었던 것이다. 유럽인들이 보기에 이들은 게을러 보였고, 야만적이며, 사회적 질서도 없어 보였다.[3] 물론 원주민들은 서구와 다른 방식으로 이런 조건들을 유지하고 있었지만 말이다. 따라서 선교사들이 볼 때 비유럽인들은 일정 수준 이상의 문명 단계로 진입하는 것부터 필요한 상황인데, 서구 문명 속에서 발달해 온 그리스도교 문화는 이들을 문명 단계로 진입시키는 수단이 될 수 있었다. 여기서 선교와 제국주의가 연결되는 지점이 발견될 수 있다. 그리스도교 전파가 비유럽인들을 문명화하기 위해 필수적인데, 제국의 확장은 그리스도교 전파를 가능하게 해주기 때문이다.

영국의 자유주의자이자 공리주의자인 존 스튜어트 밀(John Stuart Mill, 1806-1873)은 유럽 열강들이 신대륙이나 아프리카같이 문명이 미(未)발달해 보이는 지역을 식민화하는 단계를 넘어 이미 오랜 시간 문명을 발달시킨 인도, 중국, 동아시아 지역으로 진출하는 시대를 살았다. 30년 넘게 동인도회사를 위해 일한 경험이 있는 밀은 식민주의를 옹호하기 위해 문명의 수준을 구분하였다. 그는 삶의 방식에 대한 충분한 지식이 있고, 재산과 생명에 대한 안전이 보장되며, 인구와 부가 지속적으로 증대하는 사회 그리고 공동체가 지속되고 진보하는 사회를 문명사회로 보았고, 이런 요소는 유럽 국가들, 특히 영국에서 발견된다고 주장하였다.[4] 그러나 인도나 중국 같은 나라들은 문명사회로 시작하였지만 지금은 이런 요소들을 갖추지 못했기 때문에 일정 수준의 문명에 도달하기까지 선의의 독재(benevolent despotism)가 필요하다고 보았다.[5] 밀은 개인적으로는 불가지론자였고 기성 종교에 회의적인 종교관을 가지고 있었다. 그러나 그는 문명의 도구로서 그리스도교의 역할을 인정하고, 문명화 사명을 완수하기 위해 그리스도교 전파를 용이하게 하는 제국의 확장을 지지하는 데 주저하지 않았다.[6] 이렇게 19세기 말에 이르면 선교사들이 선교지에서 느끼고 있던 서구 문명 확장의 필요성이 정치철학적 용어로 표현되고 있었다.

선교와 제국

학자들에 따라 평가가 다를 수 있겠으나 19세기에 진행된 서구 열강의 제국주의적 해외 진출 과정이 그리스도교 전파 과정과 일정 수준 맥을 같이한 것은 분명해 보인다. 사실 근대 초부터 선교사들은 그리스도교와 제국이 밀접한 관계가 있음을 의식하고 있었다. 제국의 확대는 상업 범위의 확대를 의미하는데, 그것이 그리스도교 전파에 도움이 되었다. 예를 들어 1548년 일본에 도착한 예수회 선교사 하비에르는 몇 년 앞서 일본에 도착한 포르투갈 상인들에게서 일본에 대한 정보와 물자를 공급받는 등 실질적인 도움을 받을 수 있었다. 또한 포르투갈이라는 상업제국의 존재는 이 나라 국민이 현지인들로부터 더 나은 대우를 받게 하였다. 하비에르는 사스마 지역의 다이묘를 만날 때 자신을 그들의 중요한 무역 파트너인 포르투갈 국왕의 사신으로 소개하였고, 이는 그가 이 지역에서 환영받았던 이유가 되었다. 포르투갈 상인들 또한 선교사의 도착이 '신을 위한 커다란 봉사'가 될 것이라며 환영하였는데, 이는 현지에 그리스도교인들이 많아진다면 그들의 상업 활동에 더 우호적인 환경이 조성될 것이라 믿었기 때문이다.[7]

　　또한 제국의 팽창은 선교사들이 안전하게 활동할 수 있는 지역의 확대를 의미하였다. 당시 선교지는 치안이 불안한 반면, 공권력은 미비한 지역이 많았다. 아프리카 일부 지역에서는 아직도 노예사냥이 행해지고 있었고, 외국인 납치 사건도 종종 발생하였다. 무엇보다 당시에는 유럽인이 아직 가보지 못한 곳도 태반이었다. 이런 상황에서 군대가 상주하고, 자치정부가 치안을 확보하는 것은 선교사의 신변 안전과 선교의 자유를 보장하는 데 큰 도움이 되었다. 영국이 아프리카에서 식민지와 보호령을 설치한 지역은 사실상 프로테스탄트 선교사가 활동할 수 있는 영역과 거의 일치하였다.

그리고 서구 제국의 무역 범위 확대는 선교지 개척의 효과가 있었다. 중국은 1842년 아편전쟁 후 영국과 체결한 난징조약과 1856년 태평천국의 난 이후 영국 및 프랑스와 맺은 톈진조약으로 외국에 문을 열었고, 일본은 1854년 미일화친조약으로 개항하였다. 서구 제국들은 동아시아 국가들의 문을 열기 위해 맺은 조약 안에 자국 선교사의 안전 및 선교의 자유를 보장하는 내용을 삽입하였다. 이런 제국의 정치적 행위를 통해 중국이라는 광대한 지역에 사는 수억 명의 인구가 선교의 장(場)으로 들어오게 되었다. 일본에서도 가톨릭과 프로테스탄트 교파들이 자유롭게 활동할 수 있게 된 것은 미국 및 프랑스가 진출한 이후였다. 당시 선교사들은 제국의 팽창과 그리스도교 선교 범위의 상관관계를 충분히 의식하고 있었다. 아프리카에서 활동했던 감리교 선교사 데니스 켐프(Dennis Kemp)는 이런 의미에서 영국의 육군과 해군 활동 범위의 확대를 "오늘날 신의 목적들을 이루기 위해 신에 의해 사용되고 있는 것"으로 해석하기도 했다.[8]

이런 생각이 발전하면서 일부 유럽인들은 토착민을 서양화시키는 것이 문명의 확대이며 그곳에 그리스도교를 전파하는 것이 신이 부여한 사명이라는 생각을 하게 되었다. 사실 이런 생각은 일찍이 중세 십자군전쟁 때부터 발견되는 메타포이지만 18-19세기 유럽인은 이를 국가 경계의 확장과 함께하는 필연적이고 불가역적인 사명으로 보기 시작했다. 특히 유럽인 중에서도 영국인들이 가장 강력한 식민주의를 발전시켰다. 많은 영국인은 미발달한 지역의 문명화를 돕고 그곳 거주민들에게 그리스도교를 전하는 도구인 자신들의 제국이 이전의 어떠한 제국과 다르다는 자부심을 가지고 있었고, 자신들이 그 사명을 감당해야 한다는 의무감을 느끼고 있었다.

1895–1905년 동안 인도 총독이었던 조지 커즌(George Cuzon, 1859–1925)은 당대의 대표적인 제국주의자였다. 그는 영국인과 인도인의 결합이 그 안에 신적 속성을 지진 신비스러운 것이라고 말하면서, "영국의 인도 지배는 세기의 기적"이며, "영국인들이 행한 일들 중 최고의 일"이라고 믿었다.[9] 커즌은 영국이 인도인들에게 "섭리의 인도 아래" 무역의 길을 보여 주었으며, 전 세계에 영국의 인도 지배가 "무력뿐 아니라 도덕의 힘"을 보여 주고 있다고 자신하였다.[10] 커즌이 총독이었던 기간인 1899–1900년 사이에 인도에 대기근이 발생하였고, 이 기간 동안 약 100만–450만 명 정도의 인도인이 사망한 것으로 추정된다. 이때 인도 식민지 정부가 기근에 효과적으로 대처하지 못했기 때문에 커즌은 인도 현지뿐 아니라 본국에서도 많은 비판을 받기도 했다. 그럼에도 그는 이런 일시적 사건이 영제국의 지배가 인도에 이익이 된다는 대명제를 깨뜨릴 수는 없다고 생각하였다. 1902년 캘커타 대학에서 한 연설에서 커즌은 영제국이 양 국민의 공동 목표가 될 수 있다고 주장하면서, 그것을 연합된 제국과 국민의 행복으로 구체화해야 한다고 주장하였다.[11]

사실 이 주장은 당시 영국인들이 널리 공감하던 생각이었다. 당시 세계의 공장으로 불렸던 영국 상품이 식민지에 줄 혜택, 막강한 영국의 군사력이 제공하는 사회적 안정, 영국이 식민지에 세운 자치정부가 보여 주는 의회정치, 무엇보다 그리스도교에 기초한 높은 도덕률은 영국인들이 자신의 제국이 독특하다고 생각한 근거였다. 그리고 영국인은 이런 제국 시스템을 비유럽 지역으로 확대할 책임을 느껴야 했다. 영국의 작가로 《정글북》의 저자이기도 한 러디어드 키플링(Joseph Rudyard Kipling, 1865–1936)은 1899년 〈백인의 짐(The White Man's Burden)〉이라는 시에서 제국에 대한 자부심을 숭고한 사명으로 승격시켰다. "당신이 잘 감당할 비난, 당신이 지켜보게 될 증오, 당신이 달래 주어야 할 수많은 통곡"에도 불구하고 "백인의 짐을 지고 오래된 성과를 거두라"는 구절은 비장함마저 느껴진다.[12] 키플링은 이 시에서 당시 영국인들이 공유하던 비백인 민족을 지배해야 하는 도덕적 의무감을 표현하고 있었다. 당시에도 영국의 제국 시스템을 비판하던 사람들

문명화의 사명을 전파한 키플링

이 있었고, 그들은 무분별한 영토 확장과 그에 다른 국가 재정의 낭비를 비판하였다. 그러나 이들의 주장 또한 아프리카, 아시아 지역 주민들이 문명을 받아들이도록 영국이 도와주어야 한다는 것을 전제로 한 비판이었다.

이런 생각은 현지에서 활동하던 선교사들도 공유하고 있었다. 근대 초의 가톨릭 선교사들도 선교 현장에서 상업제국의 존재와 영향력에 도움을 받았지만 제국이 가지는 긍정적인 면을 인정하는 수준에 머물렀다. 오히려 몇몇 선교사들은 제국 안에서 일어나는 원주민에 대한 탄압 및 선교 활동에 대한 제약을 적극적으로 비판하였다. 그러나 19세기의 유럽 프로테스탄트 선교사들은 제국이 선교와 문명 전달의 도구라는 것을 수동적으로 인정하는 것을 넘어 제국의 팽창을 적극적으로 주장하고 협력한 점에서 새로운 면모를 보였다. 이제 제국 팽창의 사상적 도구 역할을 하는 그리스도교가 선교의 역사에 등장하게 되었다.

아프리카 내륙을 여행한 리빙스턴이나 중국 내지를 여행한 허드슨 테일러처럼 선교사들은 활동의 특성상 미지의 지역에 가장 먼저 진출한 사람들이기 때문에, 이들이 현지에서 본국에 제공한 정보는 선교 전략을 세우는 데 유용할 뿐 아니라, 정부가 그곳의 환경과 정세를 파악해 제국주의적 진출을 할 때 이용될 수 있었다. 선교사들이 이를 의도하고 선교지에 간 것은 아니었겠지만, 시간이 흐르며 자신의 활동이 가지는 제국주의적 함의를 인식하기도 했다. 예를 들어, 리빙스턴은 선교가 순전히 복음주의적 목표만을 가질 수 없다고 보았다. 그는 인간 활동의 스펙트럼을 상업, 그리스도교 전파, 문명 전파로 나눠 보았고 그리스도교 선교는 이를 아우르는 것이 되어야 한다고 생각하였다.[13] 그에게 제국은 이 세 가지를 만족시킬 수 있는 최선의 수단이었다.

이런 배경 속에서 근대 선교의 부정적인 이미지가 양산되기도 했다. 선교사들의 실제 동기가 무엇이었든지 간에 현지인들이 보기에 그들은 평화의 복음을 전파하는 사람이면서도 자기들을 착취하는 체제의 옹호자이기도 했다. 그들은 직접 의도하지 않았을 수 있으나, 선교사업은 결과적으로 식민화를 불러오는 경우가 많았다. 시간이 흐르면서 아프리카인들은 "백인 한 사람이 땅을 빼앗는 동안" 다른 사람은 자신들을 "무릎 꿇고 기도하도록 만드는" 상황에 모순을 느끼게 되었다.[14] 또한 선교사들의 실제 동기는 사라지고 제국의 상업적 이해관계에 선교가 이용되는 모순만이 부각되기 시작했다. 버너드 쇼는 "맨체스터의 품질 나쁜 상품을 팔기 위해 새로운 시장이 필요하면 영국인들은 선교사를 파견해 원주민들에게 평화의 복음을 전파한다"고 비꼬며 당시 사람들의 눈에 보이는 선교의 겉모습을 묘사하였다.[15]

영제국은 16세기부터 시작된 해외교역, 군사적 정복, 외교적 교섭의 결과물이었다. 특히 프랑스 같은 대륙의 제국주의 국가보다도, 영국은 경제적 이해관계가 더 중요한 제국 시스템을 가지고 있었다. 그럼에도 적어도 19세기 이후 영제국과 관련된 정책들은 그리스도교 전파와 지속적인 관계를 맺어 왔다. 이처럼 '문명화의 사명', '선교제국주의' 등으로 표현된 제국 팽창의 종교적 측면은 19세기 선교를 설명하는 중요한 서술 방식임이 분명하다.

새로운 선교의 방향

19세기 말 선교가 제국과 밀착한 것은 일정 부분 사실이나 그것이 선교 현장에서의 활동이 제국 혹은 본국 교단의 지배를 받았다는 의미는 아닐 것이다. '상업과 그리스도교'를 전파하는 제국의 상(象)은 도달하고자 하는 목표였지 선교 현장의 모습 자체는 아니었다. 상술된 것처럼 제국의 팽창은 그리스도교의 전파 범위를 확대했고, 해외 무역의 발달은 선교에 자금줄이 되었으며, 제국이 제공한 안전은 선교사들의 활동을 도왔다. 그럼에도 제국의 관료들은 현지인들이 반발하지 않고, 상업 활동에 해가 되지 않는 범위에서 선교 활동에 호의적이었다. 즉 제국이 선교의 무조건적인 후원자는 아니었던 것이다. 또한 상업과 그리스도교의 관계도 항상 호의적이었던 것은 아니다. 제국의 무역 확대와 본국 선교협회의 재정 상황이 일치하는 것은 아니어서 시간이 흐를수록 본국 선교협회의 지원만으로는 현지의 선교사들의 활동 자금을 댈 수 없었다. 무엇보다 시간이 흐르며 서구 문명의 전파를 전제하는 선교 활동에 대한 근본적인 의문이 제기되었다. 점차 제국 정책에 종속되는 선교 활동의 순수성을 지키기 위해 서구 문명과 그리스도교를 분리시켜야 한다는 주장이 등장하였다. 이는 1세대 선교사들의 자연수명이 다하면서 지역교회의 리더십을 현지인들이 담당하게 된 현상과도 무관하지 않았다.

리빙스턴과 비슷한 시기에 활동했던 헨리 벤(Henry Venn, 1796-1873)은 해외 선교의 팽창기에 선교지에서 교회를 세울 때 고려할 원칙을 제시한 사람이다. 그는 영국 복음주의 정치가들의 공동체인 클래팜파의 멤버인 존 벤(John Venn)의 아들로 오랜 기간 국교회 선교단체인 '교회선교회(Church Missionary Society, CMS)'를 이끌었던 대표적인 선교전략가였다. 아직 많은 사람들이 선교는 서양 선교사들이 하는 것으로 인식하고 있던 때에 그는 토착민 교회(indigenous church)라는 개념을 주장할 정도로 선구자적 안목을 가지고 있었다.[16] 그도 선교 현장에서 서구 선교사들의 주도성을 인

근대 선교의 방향성을 제시한 헨리 벤

정하였지만, 현지 교회의 정치, 재정, 전도 문제에 있어 본국의 선교협회가
할 수 있는 역할에 제한이 있을 수밖에 없다고 생각하였다. 그리하여 향후
선교지에서 세워질 교회는 스스로 치리하고(self-governing), 스스로 재정을
조달(self-financing)하며, 멀지 않은 미래에는 스스로 그리스도교 복음을 전
파하는(self-propagating) 조직이 되어야 한다고 주장하였다.[17]

　　실제로도 그의 주장대로 시간이 흐르며 현지 교회의 자치성이 강해
지게 되었는데, 이는 본국의 선교협회가 넓어진 선교지의 상황을 다 파악할
수 없기 때문이었다. 19세기 말로 갈수록 본국에 있는 선교회의 역할은 축
소되고, 예산과 인사 문제가 현지에 일임되었다. 재정 문제도 마찬가지였다.
선교의 범위가 확대되고 선교활동의 범위도 교회를 세우는 것을 넘어, 학
교·병원·출판 등으로 다양해지면서 본국의 지원만으로는 이를 감당할 수
없다는 것이 명확해졌다. 이에 따라 현지 교회가 스스로 자금을 조달하는
방식이 중요해졌다. 벤은 선교지의 자립을 위해 지역 특산품의 개발과 판매
의 중요성을 강조하기도 했다. 마지막으로 근대 선교는 서양 선교사에서 현
지인으로 그 활동의 중심이 옮겨 가게 되었다. 20세기를 향해 갈수록 선교

의 자급자족성이 강화되면서 현지인 중심 선교가 추세가 되었다. 특히 인도, 중국, 한국, 일본 등 자생적 그리스도교 공동체가 존재한 지역에서는 선교사들이 되도록 빨리 현지인들에게 교회의 리더십을 넘겨주려 하였다. 허드슨 테일러가 세운 중국내지선교회는 중국인 동역자들을 훈련시켜 그리스도교를 현지에 맞게 전파하는 것을 중요한 목표로 삼았다.

'스스로 치리하고, 스스로 재정을 조달하며, 스스로 복음을 전하는' 교회가 19세기 선교사들이 가졌던 이상의 특징이었다면, 전문직 선교와 여성 선교사의 증대는 그들의 실제 활동이 보여 준 특징들이었다. 앞 장에서 설명한 것처럼 이때까지 성직자 혹은 전도를 직업으로 한 사람들에 의해 선교가 주도되었다면 19세기부터는 교육 혹은 의료에 전문성을 지닌 사람들이 본업을 통해 그리스도교를 전파하였다. 교육 기관 설립은 식민지인들에게 유럽의 언어와 문화, 발달된 기술을 전파하는 수단이었고, 곧 이러한 방식은 제국 정책과도 밀접한 연관을 맺으며 발전하게 되었다. 그리고 선교사들이 세운 교육 기관들은 그리스도교와 유럽 문화에 친화된 현지 엘리트를 양성하는 수단이 되기도 했다. 또한 19세기 후반부터는 전문적인 의료 선교사가 나타나기 시작했다. 선교지에서 의료의 자리는 오랫동안 존재하였지만, 초기에 토착민을 치료하던 행위는 그리스도교적 자애의 표현이었다. 근대 초기에는 대부분의 선교사가 일정 수준의 의료 지식을 가지고 있었으며 선교지에 의약품을 가지고 가는 것이 보통이었다. 그러다가 의료 기술을 가진 선교사들이 현지에서 환영받는 것을 알게 되면서 1870년대 이후부터 서양의 선교회는 조직적으로 의료 선교사들을 양성하여 파견하기 시작하였다.

여성의 역할이 증대한 것은 19세기 선교의 또 다른 중요한 특징이었다. 이는 일차적으로 문화적 차이가 불러온 결과물이었다. 중국이나 한국 같이 유교 문화가 강한 지역에서는 남성 선교사가 여성과 접촉할 기회가 적었고, 또한 터부시되었다. 인도에서도 생업에 뛰어든 하위 카스트 여성과 달리 상위 카스트 여성들은 규방과 부엌으로 생활 영역이 제한되어 있어서, 남성 선교사들은 상류층 여성들의 생활 영역에 들어갈 수 없었다. 그리하여 중국내지선교회를 필두로 많은 단체에서 여성 선교사를 모집하였으며 20세기가 되면서 대부분의 프로테스탄트 선교회에서 여성 선교사 수가 남성 선교사의 수를 넘어섰다. 또한 여성에 대한 교육의 기회가 증대하면서 전문기술과 지식을 가진 여성 선교사들이 생겨났고, 곧 여성 선교와 의료 및 교육 선교가 결합되었는데, 이는 19세기 선교 활동의 또 다른 특징이 되었다. 1867년에는 델리여성의료선교협회(Delhi Female Medical Mission)가 설립되었는데, 이 협회는 인도 여성의 육체적 고통을 덜어 주는 것과 더불어 가정 내에 고립된 여성에게 그리스도교 지식을 교육하는 것을 목표로 하였다.[18] 1909년에 이르면 미국 여성 선교사의 10분의 1 정도가 의료 선교에 종사하였으며, 1900년 영국에 등록된 258명의 여성 의사 중 72명이 의료 선교사로 봉사하고 있었다.[19]

19세기 선교의 성과와 과제

교회사학자 곤잘레스는 19세기 교회사에서 일어난 가장 큰 변화는 "진정한 보편교회의 시작"이라고 평가하였다. 그에 따르면, 흔히 교회일치운동 정도로 알려진 '에큐메니컬(ecumenical)'이란 단어는 본래 "사람이 사는 모든 지역과 관련된"이란 뜻이 있는데, 19세기의 선교의 시대를 겪고 난 후 지구 대부분의 지역에 복음이 전파됨으로써 비로소 그리스도교가 실질적 의미에서 '에큐메니컬'하게 되었다. 두 번째로, 이 단어는 "그리스도교인의 연합"이라는 뜻이 있는데 20세기가 될 무렵부터 해외 선교 과정에서 교파 간의 협력이 필수적이 되면서 더욱 '에큐메니컬'한 특징이 드러나게 되었다.[20] 이제 본국과 멀리 떨어진 선교지에서 교파 간에 경쟁하기보다는 서로 역할을 분담하고 협력하는 것이 더 필요해졌다. 19세기 말 한국에 진출한 프로테스탄트 교파들은 북장로교가 경기도, 감리교가 충청도를 맡는 식으로 지역을 나눠 선교하고 성경 번역 및 배급 문제에서는 서로 협력함으로 '에큐메이컬'의 예를 보여 주기도 했다.

그러나 19세기 선교의 시기를 지나며 오히려 더 부각된 문제들이 있었는데, 그 첫 번째는 그리스도교 메시지의 보편성과 인종 문제의 충돌이었다. 상술된 것처럼 서양 선교사들의 해외 선교는 서구 열강들의 제국주의적 침략 과정과 일정 부분 맥을 같이하였다. 식민지 곳곳에서 백인 지배계층과 비백인 피지배계층의 구분이 생겼고, 이러한 인종에 따른 계서제는 교회 안에서 온전히 극복되지 못한 경우가 많았다. 인도의 독립운동가 마하트마 간디는 젊은 시절 남아프리카에서 변호사 생활을 했었는데, 어느날 예배에 참석해 보고자 교회에 갔지만 유색인종은 교회에 들어올 수 없다는 말을 듣고 쫓겨난 적이 있었다. 이 사건 이후 그는 다시는 교회에 가지 않았다.[21] 이 시기에 선교 현장에서 그리스도교 메시지의 보편적 평등주의가 무시당한 예는 많았으며, 한때 유럽의 선교사들이 꿈꾸었던 전 인류를 향한 구원의 메시지도 약화되었다. 서양 선교사들의 역할이 줄어들고 반대로 현지 신도들이 스스로 교회를 주도하게 되면서 선교협회와 지역민의 갈등은 일면 줄어든 것처럼 보였지만, 미국, 라틴아메리카, 동남아시아 등의 다인종 사회에서 이 문제는 여전히 갈등의 양상을 바꿔 가며 지속되고 있다.

두 번째로 부각된 것은 비그리스도교 문명의 수용 문제였다. 사실 이는 테르툴리아누스와 유스티누스의 논쟁, 근대 초 예수회 선교사들과 프란치스코회·도미니크회 선교사들의 의견 대립에서 보았던 것처럼 그리스도교 역사 안에서 계속해서 제기된 문제였다. 이 시기에 좀더 많은 유럽인들이 더 넓은 지역에서 타문명권과 만나면서 이 문제가 다시 부각되었다. 이슬람교 안에는 유일신 개념이 있고, 힌두교와 불교 안에는 죄로 인한 고통과 구원의 관념이 존재하며, 유교 안에는 그리스도교에 필적할 만한 높은 윤리성이 있음이 발견되면서 그리스도교인들이 이런 종교에서 무엇을 수용할 수 있는지, 그 범위는 어디까지인지 의문이 생긴 것이다. 19세기 세계 선교의 시기에 부각된 이 문제에 대해, 현대의 그리스도교인들은 유교의 제사를 문화 행사로서 받아들일지, 이교도 건축양식을 교회 건축에 차용할 것인지, 그리스도교인 정치인이 타종교 행사에 참석해도 되는지 등 실질적인 물음 속에서 답을 찾으려 시도하고 있다.

에든버러 세계선교회의

19세기의 위대한 선교 시대가 제시한 성과와 과제를 의논하기 위해 19세기 말부터 몇 차례의 국제선교회의가 개최되었다. 예를 들어 1888년에는 런던에서, 1900년에는 뉴욕에서 에큐메니컬 성격을 띤 국제회의가 개최되었다. 그러나 1910년 6월 14일부터 에든버러 성에서 10일간 개최된 이 세계선교회의는 19세기 그리스도교의 발전을 정리하고 20세기의 새로운 선교 비전을 조망한 대표적인 사례로 평가된다. 이 회의에는 세계 각국에서 1,215명의 선교회 대표들이 모였는데, 비서구세계에서 온 대표는 18명밖에 안 되었고, 정교회와 가톨릭 대표는 초청받지 못했다.[22] 여기서 보듯이, 이 회의는 기본적으로 서구 국가의 프로테스탄트 선교회들이 그동안의 선교 활동을 회고하고 향후 전략을 전망하는 행사였다.

에든버러 회의에서는 19세기 선교의 과제로 부각된 이슈들에 대한 정리가 있었다. 이 회의에서는 비그리스도교 세계로의 선교 전략, 선교지에서 교회의 역할, 선교사 양성 방식, 비그리스도교 문화와 그리스도교 메시지 조화, 교회 일치와 협력 등을 포함한 8개의 주제가 논의되었다. 각국의 대표들은 선교지 교회의 역할에 관련된 회의 등을 통해서 현지 신도들의 역할을 인정하고 향후 그들의 주도성을 강화될 것이란 전망을 제시하였는데, 이는 제국주의 시대의 선교가 초래한 인종 갈등의 문제에 대한 해결 방안으로 해석될 수 있었다. 또한 이 회의는 이교 문화와 그리스도교의 조화 문제를 다루면서 다른 종교 안에도 사람을 그리스도에게 가도록 길을 예비하는 요소가 있음을 인정하고 '우상파괴주의자적인 태도'를 경계하는 입장을 밝혔다.[23] 마지막으로 이 회의에 모인 대표들은 교회 일치와 협력에 대한 비전을 제시함으로써 근대 프로테스탄트 에큐메니컬 운동의 필요성과 방향을 제시하였다. 19세기에 선교지에서 강화된 교파들 간의 협력과 일치는 대규모 에큐메니컬 회의인 에든버러 대회를 계기로 더욱 발전하게 되었다. 이 회의에 영향받아 1913년 케냐의 키큐유(Kikuyu)에서 개최된 동아프

1910년 에든버러 세계선교회의에 모인 각국의 대표들

리카 선교대회에서 교회의 일치와 선교사들의 협력이 다시 한 번 강조되었고, 1921년에는 에든버러 회의의 실행위원들이 주축이 되어 국제선교협의회(International Missionary Council)가 설립되었다. 그리고 1948년에는 세계교회협의회(World Council of Churches, WCC)가 성립되어 지금까지 교회 일치 노력을 지속하고 있다. 교회의 일치 문제는 종교개혁 이후 분열을 지속한 범 그리스도교 세계에 통합의 동력을 제공한 점에서 의의가 있지만 그 안에 포함될 교단의 범위와 각 교단마다 상이한 교리적 해석 문제로 또 다른 갈등의 요인이 되기도 하였다. 잘 알려진 것처럼 한국에서는 세계교회협의회 가입 문제를 두고 1959년 장로교의 대분열이 초래되었다.

    교회사학자 마크 A. 놀은 에든버러 선교회의를 19세기 서구 그리스도교의 팽창의 정점을 보여주면서 동시에 그 시대의 종식을 나타낸 사건이었다고 평가하였다.[24] 이 시기의 그리스도인들은 전례 없이 그리스도교가 팽창하는 시기에 살고 있었다. 1800년에 그리스도교인은 전 세계 인구의 4분의 1이 안 되었을 것이지만, 1910년에는 35퍼센트 이상을 차지하는 것으로 추정되었다.[25] 에든버러 선교회의의 의장이었던 존 모트(John Mott, 1865-1955)가 외쳤던 구호인 "이 세대 안에 전 세계의 복음화(The evangeli-

zation of the world in this generation)"는 당시 서구 그리스도교인들의 자신감
을 담은 비전이기도 했다.[26]

그러나 에든버러 회의는 서구 출신의 프로테스탄트가 다수를 차지
한 마지막 선교회의였다. 이 회의에 참석한 대표의 80퍼센트 이상이 영국
과 북아메리카 출신이었고, 비서구지역 대표는 1.5퍼센트밖에 없었던 것은
이 당시 프로테스탄트 세계를 어느 지역이 대표하고 있었는지 보여 준다. 그
러나 이후 그리스도교 선교는 유럽에서 나머지 지역으로 팽창하는 흐름을
벗어나 말 그대로 세계 선교의 시대에 접어들게 되었다. 수많은 지역에서 다
양한 문화적 배경을 가진 선교사들이 또 다른 비그리스도교 지역으로 선
교 활동을 하러 갔다. 즉 다방향으로 선교사의 유출과 유입이 생겨난 것이
다. 그리고 각 지역에서 그리스도교는 토착화되어, 그리스도교를 받아들이
는 것과 서구 문화를 수용하는 것은 더 이상 동일한 의미를 지니지 않게
되었다. 1974년에 스위스의 로잔에서 세계복음화운동국제회의(International
Congress on World Evangelization)가 열렸는데 이때 150개국의 교회와 선교단
체에서 파견한 2,700여 명의 대표 중 50퍼센트 이상은 유럽-북아메리카
외의 지역에서 온 선교사들이었다. 이는 에든버러 대회 개최 후 60여 년 동
안 세계 선교의 지형이 얼마만큼 변화되었는지를 반영하고 있었다.

맺음말

지금까지 살펴본 것처럼 19세기는 서구 열강의 제국주의적 팽창의 시기였고 이 기간 동안 그리스도교의 전파도 이런 국제 정치적 변화에 보폭을 맞추었다. 선교 현장에서 서양 선교사들은 자신들이 떠나온 세계와 선교지의 문화적 차이를 실감하면서 그리스도교의 전파가 문명을 전달해 준다는 생각을 하게 되었고, 이는 자유주의자들과 공리주의자들에 의해 좀 더 체계적으로 이론화되어 유럽인들 사이에 공유되었다. 또한 많은 선교사들은 상업 범위의 확대를 의미하는 제국의 확대가 선교지를 확장하고 안전한 치안을 보장하는 측면에서 선교에 유익함을 느끼게 되었다. 그래서 이 시기 선교사들은 제국 시스템을 수동적으로 용인하는 차원을 넘어 그 팽창을 적극적으로 지지하고 그것에 도움을 주는 활동을 하기도 했다. 그러나 상업과 그리스도교를 전파하는 제국은 당시 유럽인들이 그렸던 목표에 가까웠지 현실을 온전히 담은 말은 아니었다. 현실 속에서 제국이 항상 선교에 호의적이었던 것도 아니고, 본국이 식민지의 모든 문제를 책임지지 못하는 것처럼 본국의 선교협회가 선교지에서의 일을 통제하는 것도 불가능했다. 그런 과정을 겪으며 19세기 말 영국의 선교사들 향후 선교지에서 세워질 교회가 스스로 치리하고, 재정을 조달하며, 선교까지 담당하는 조직이 되어야 한다는 방향을 설정하였다. 이 원칙 또한 선교의 방향을 설정한 이상이었지만 실제로 많은 선교지의 교회들이 이 방향을 향해 발전해 가는 모습이 보였다.

19세기 선교의 시대를 지난 후 유럽의 그리스도교는 전 세계 대부분의 지역에 전파되고, 각 교파의 협력이 더 강화된 점에서 더 일치(에큐메니컬)되었다. 그러나 제국주의적 지배가 초래한 인종적 갈등이 교회 안에서도 계속되고, 선교 지역이 확대됨에 따라 접하게 된 비그리스도교 문화를 어디까지 수용할지 여부가 교회가 해결해야 할 또 다른 숙제가 되었다.

장기 19세기(1789-1914)의 마지막 시기에 에든버러에서 개최된 세계선교
회의는 이러한 문제들에 대해 당시 선교협회 대표들의 입장을 정리하고,
현재까지 지속될 교회 일치 운동의 방향을 설정한 점에서 선교사의 획을
그은 사건이었다. 이렇게 서구 그리스도교 사회는 전례 없는 그리스도교
의 성장으로 인한 자신감과 더불어, 동일한 시기에 생겨난 문제들로 인한
불안감을 동시에 가진 채 새로운 20세기를 맞이하게 되었다.

주

1 —— R. Foskett, *The Zambesi Doctors: Livingston's Letters to John Kirk: 1858-72*, (Edinburgh University Press, 1964), 40-41.

2 —— William Ellis, Dandeson Coates & John Beecham, *Christianity the Means of Civilization: Shown in the Evidence Given Before a Committee of the House of Commons, on Aborigines* (R.B. Seeley and W. Burnside, 1837), 167-70, 183.

3 —— 박지향, 《제국주의, 신화와 현실》 (서울대학교 출판부, 2000), 75.

4 —— John Stuart Mill, "Civilization", *Dissertations and Discussions: Political, Philosophical and Historical* (2vols, John W. Parker and Son, 1860), I, 161-163.

5 —— David Theo Goldberg, "Liberalism's limits: Carlyle and Mill on 'the negro question'", *Nineteenth-Century Contexts: An Interdisciplinary Journal*, vol. 22 (2000), 203-216.

6 —— Mill, "Civilization", 441-442.

7 —— Ismael G. Zuloaga SJ, "Francis Xavier, Founder of the Jesuit Mission in Asia", Jesuit Asia Pacific Conference (https://archive.is/20130413184233/http://jceao.net/content/francis-xavier-founder-jesuit-mission-asia-our-inspiration-today, 2018년 8월 19일 검색).

8 —— Dennis Kemp, *Nine Years as the Gold Coast* (Macmillan, 1898), 256.

9 —— Nicholas Mansergh, *The Commonwealth Experience* (Weidenfeld and Nicolson, 1969), 256; George Nathaniel Curzon, *Lord Curzon in India, Being A Selection from His Speeches as Viceroy & Governor-General of India 1898-1905* (Macmillan, 1906), 489.

10 —— Budget Speech (25 March 1903), quoted in Curzon, *Lord Curzon in India*, 308-309.

11 —— Curzon, *Lord Curzon in India*, 489.

12 —— Joseph Rudyard Kipling, "The White Man's Burden: The United States and the Philippine Islands", (1899) (http://www.kiplingsociety.co.uk/poems_burden.htm, 2018년 8월 19일 검색).

13 —— Fidelis Nkomazana, "Livingstone's ideas of Christianity, Commerce and Civilization", *Botswana Journal of African Studies*, vol.12 (1998). 44.

14 —— Michael Doyle, *Empires* (Cornell University Press, 1986), 170, 박지향, 《제국주의》, 81에서 재인용.

15 —— Lance E. Davis & Robert A. Huttenback, *Mammon and the Pursuit of Empire: The Political Economy of British Imperialism, 1860-1912* (Cambridge Univer-

sity Press, 2009), 6.

16 —— Sidney Lee (ed.), "Venn, Henry (1796-1873)", *Dictionary of National Biography* (Smith, Elder & Co, 1899), 58; J. F. A. Ajayi, "Henry Venn and the Policy of Development", *Journal of the Historical Society of Nigeria*, vol. 1 (December, 1959), 331-342.

17 —— John Mark Terry, "Indigenous Churches", in A. Scott Moreau, *Evangelical Dictionary of World Missions* (Baker Books, 2000), 483-485.

18 —— Rosemary Fitzgerald, "From medicine chest to mission hospitals: the early history of the Delhi Medical Mission for women and children." in Daniel O'Connor (ed.), *Three Centuries of Mission: The United Society for the Propagation of the Gospel 1701-2000* (Bloomsbury Publishing, 2000), 341-355.

19 —— Andrew Porter, "Missions and Empire, c1873-1914", in Sheridan Gilley & Brian Stanley (ed.), *The Cambridge History of Christianity: World Christianities, c.1815-c.1914* (9 vols, Cambridge University Press, 2006), VIII, .570.

20 —— 곤잘레스, 《현대교회사》, 361-362.

21 —— "Mahatma Gandhi and Christianity" (http://www.christiantoday.co.in/article/mahatma.gandhi.and.christianity/2837.htm, 2018년 8월 19일 검색).

22 —— Brian Stanley, *The World Missionary Conference, Edinburgh 1910* (William B. Eerdmans Pub. Co., 2009), 2.

23 —— World Mission Conference, *Report of Commission IV: the Missionary Message in Relation to Non-Christian Religions* (Oliphant, Anderson and Ferrier, 1910), 244-245.

24 —— 놀, 《터닝포인드》, 378-379.

25 —— 놀, 《터닝포인드》, 378-379.

26 —— 이는 그의 책 제목이기도 하다. John R Mott, *The Evangelization of the World in This Generation* (Student Volunteer Movement for Foreign Missions, 1900).

참고문헌

1장_ 종교개혁 이후 18세기까지

마크 A. 놀, 《현대교회사》 (CUP, 2007).
후스토 곤잘레스, 《현대교회사》 (은성, 2012).
Benge, Janet & Geoff, *Count Zinzendorf* (YWAM Publishing, 2006).
Brown, Stewart J. & Tackett, Timothy, "Introduction" in Stewart J. Brown
    & Timothy Tackett (ed.), *The Cambridge History of Christianity,*
    Enlightenment, Reawakening and Revolution, 1660~1815 (9 vols,
    Cambridge University Press, 2006), Ⅶ.
Colley, Linda, *Britons: Forging the Nation, 1707-1837* (Yale University Press,
    1992).
Jeyaraj, Daniel, *Bartholomäus Ziegenbalg, the Father of Modern Protestant*
    Mission: An Indian Assessment (ISPCK, 2006).
Taylor, Hamilton, J. & Hamilton, Kenneth G., *The History of the Moravian*
    Church (Moravian Church in America, 1967).
Tilly, Charles, *European Revolutions, 1492-1992* (Blackwell Publishing,
    1995).

World Wide Web Source ————

"Collegia pietatis", Encylopædia Britannica (https://www.britannica.com/
    topic/collegia-pietatis, 2018년 8월 4일 검색).
"Huguenot", Encylopædia Britannica (https://www.britannica.com/topic/
    Huguenot, 2018년 8월 5일 검색).

2장_ 과학혁명과 계몽주의

배영수 편, 《서양사강의》 (한울, 1992).
이영석, 《지식인과 사회: 스코틀랜드 계몽운동의 역사》 (아카넷, 2014).
Descartes, René, *Discourse on Method and Meditations on First Philosophy*, Translated by Donald A. Cress (Hackett Publishing Company, 1999).
Gay, Peter, *The Enlightenment: The Rise of Modern Paganism* (W. W. Norton & Company, 1967).
Gillispie, Charles Coulston, *The Edge of Objectivity: An Essay in the History of Scientific Ideas* (Princeton University Press, 1960).
Hoskin, Michael (ed.), *The Cambridge Concise History of Astronomy* (Cambridge University Press, 1999).
Locke, John, *An Essay Concerning Human Understanding* (Penguin Classics, 1998).
──────, *The Reasonableness of Christianity as Delivered in the Scriptures* (Rivington, 1824).
Rosenblatt, Helena, "The Christian Enlightenment", in Stewart J. Brown & Timothy Tackett (ed.), *The Cambridge History of Christianity, Enlightenment, Reawakening and Revolution, 1660~1815* (9 vols, Cambridge University Press, 2006), Ⅶ.

World Wide Web Source ──────
Immanual Kant, "What is Enlightenment" in a letter of 30 September 1784 (http://www2.idehist.uu.se/distans/ilmh/Ren/idehist-enlighten-kant02.htm, 2018년 8월 8일 검색).

3장_ 대각성 운동과 대서양 복음주의 네트워크의 형성

마크 A. 놀, 《터닝포인트》 (CUP, 2007).
윤영휘, 「대서양 복음주의 네트워크의 노예무역폐지주의」, 《영국연구》, 제22권 (2009. 12).
──────, 「조나단 에드워즈의 노예제에 대한 시각 고찰, 1730-1780」, 《미국사연구》, 제38권 (2013. 11).
Ahlstrom, Sydney, *A Religious History of the American People* (Yale University Press, 2004).
Bebbington, David, *Evangelicalism in Modern Britain: A History from the 1730s to the 1980s* (Allen & Unwin, 1989).
Brekus, Catherine A., *Sarah Osborn's World: The Rise of Evangelical Christianity in Early America* (Yale University Press, 2013).

Coffey, John, "Puritanism, Evangelicalism and the Evangelical Protestant Tradition", in Michael A. G. Hykin and Kenneth J. Stewart (ed.), *The Advent of Evangelicalism* (B&H Academic, 2008).

Dreyer, Frederick, *The Genesis of Methodism* (Lehigh University Press, 1999).

Edwards Sr., Jonathan, *A Faithful Narrative of the Surprising Work of God in the Conversion of Many Hundred Souls in Northampton* (Printed & sold by S. Kneeland and T. Green, 1738).

―――, *Some Thoughts Concerning the Present Revival of Religion in New-England* (Printed and sold by S. Kneeland and T. Green, 1742).

―――, "Unpublished Letter of May 30, 1735", C. C. Goen (ed.), *The Works of Jonathan Edwards* (26 vols, Yale University Press, 1957).

Franklin, Benjamin, *The Autobiography of Benjamin Franklin: 1706-1757* (Applewood Books, 2008).

Gillies, John, *Historical Collections Relating to Remarkable Periods of the Success of the Gospel, and Eminent Instruments Employed in Promoting It* (2 vols, Printed by R. and A. Foulis, 1754).

Hurst, J. F., John *Wesley the Methodist* (Kessinger Publishing, 2003).

Lacey, Barbara E., "The World of Hannah Heaton: The Autobiography of an Eighteenth-Century Connecticut Farm Woman", *William and Mary Quarterly*, vol. 45 (April, 1988).

Lambert, Frank, *Inventing the "Great Awakening"* (Princeton University Press, 1999).

―――, "Pedlar in Divinity", *The Journal of American History*, vol. 77 (December, 1990).

Noll, Mark A., "British and French North American to 1765", in Stewart J. Brown & Timothy Tackett (ed.), *The Cambridge History of Christianity, Enlightenment, Reawakening and Revolution, 1660~1815* (9 vols, Cambridge University Press, 2006), VII.

O'Brien, Susan, "A Transatlantic Community of Saints: The Great Awakening and the First Evangelical Network, 1735-1755", *American Historical Review*, vol. 81 (Oct, 1986).

Schlossberg, Herbert, *The Silent Revolution & Making of Victorian England* (Ohio State University Press, 2000).

The Christian History, 1743-1744, 5 January, 1744/1745.

The Glasgow Weekly History, 1742. Library Company Philadelphia, Am 1743 Gla Aa 743, 655, xxvi.

Tomkins, Stephen, *John Wesley: A Biography* (Lion Books, 2003).

Ward, W. R., *Early Evangelicalism, A Global Intellectual History, 1670-1789* (Cambridge University Press, 2006).

———, "Evangelical Awakenings in the North Atlantic World", in Stewart
J. Brown & Timothy Tackett (ed.), *The Cambridge History of
Christianity, Enlightenment, Reawakening and Revolution, 1660~1815*
(9 vols, Cambridge University Press, 2006), Ⅶ.

World Wide Web Source ———
"John Wesley Trial: 1737 - A Fateful Move", Law Library - American Law and
Legal Information (http://law.jrank.org/pages/2347/John-Wesley-Trial-
1737-Fateful-Move.html, 2018년 8월 10일 검색).
"Jonathan Edwards", Stanford Encyclopedia of Philosophy (http://plato.
stanford.edu/entries/edwards/, 2018년 8월 9일 검색).

4장_ 미국 독립혁명과 정교분리 사회

주경철, 《마녀, 서구 문명은 왜 마녀를 필요로 했는가》 (생각의 힘, 2016).
앨런 브링클리, 《있는 그대로의 미국사 I》, 황혜성 외 역, (휴머니스트, 2005).
키스 토마스, 《종교와 마술 그리고 마술의 쇠퇴》, 이종흡 역, (나남, 2014).
Bradford, William, *Bradford's History "Of Plimoth Plantation"* (Wright &
Potter, 1898).
Boyer, Paul & Nissenbaum, Stephen (ed.), *Salem-Village Witchcraft: A
Documentary Record of Local Conflict in Colonial New England*
(Northeastern University Press, 1972).
Bremer, Francis, J., *John Winthrop: America's Forgotten Founding Father*
(Oxford University Press, 2005).
Ferling, John, *A Leap in the Dark: The Struggle to Create the American
Republic* (Oxford University Press, 2003).
Hall, David D., "New England, 1660-1730" in John Coffey & Paul C. H. Lim
(ed.), *Cambridge Companion to Puritanism* (Cambridge University
Press, 2008).
Kidd, Thomas S., *God of Liberty: A Religious History of the American
Revolution* (Basic Books, 2012).
Kloppenberg, James T., "The Virtues of Liberalism: Christianity,
Republicanism, and Ethics in Early American Discourse", *Journal of
American History*, vol. 74 (1987).
Locke, John, *Two Treatises of Government* (Printed for Thomas Tegg, 1823).
Madison, James, *Memorial and Remonstrance, drawn by His Excellency
James Madison* (Lincoln and Edmonds, 1784).
Marty, Martin E., "The American Revolution and Religion, 1765-1815" in
Stewart J. Brown & Timothy Tackett (ed.), *The Cambridge History of*

Christianity, Enlightenment, Reawakening and Revolution, 1660~1815 (9 vols, Cambridge University Press, 2006, Ⅶ.

McCants, David A., *Patrick Henry, the Orator* (Greenwood Press, 1990).

Miller, John C., *Origins of the American Revolution* (Brown and company, 1943).

Montesquieu, Charles Baron De, *The Spirit of Laws* (Cosimo Classics, 2011).

Ranke, Leopold von, *Über die Epochen der Neueren Geschichte*, Theodor Schieder and Helmut Berding (ed.), (De Gruyter Oldenbourg, 1971).

Schaff, Philip, *Church and state in the United States or the American Idea of Religious Liberty and Its Practical Effects* (G. P. Putnam's Sons, 1888).

Scobey, David M., "Revising the Errand: New England's Ways and the Puritan Sense of the Past", *The William and Mary Quarterly*, vol. 41 (January, 1984).

World Wide Web Source _____

Act for Establishing Religious Freedom, January 16, 1786 (http://www.virginiamemory.com/docs/ReligiousFree.pdf, 2018년 8월 14일 검색).

5장_ 영국 노예무역 폐지 운동

닐 퍼거슨,《Empire 제국》, 김종원 역 (민음사, 2006).

설혜심,《그랜드 투어: 엘리트 교육의 최종 단계》(웅진하우스, 2013).

윤영휘,「영국의 해외 노예무역 억제 외교정책: 국제 중재법원의 설립과 운영을 중심으로, 1815-1851」,《서양사론》, 제128호(2016. 3).

Anstey, Roger, *The Atlantic Slave Trade and British Abolition, 1760-1810* (Macmillan, 1975).

Brown, Christopher Leslie, *Moral Capital: Foundation of British Abolitionism* (North Carolina University Press, 2006).

_____, "Christianity and the Campaign against Slavery and the Slave Trade" in Stewart J. Brown & Timothy Tackett (ed.), *The Cambridge History of Christianity, Enlightenment, Reawakening and Revolution, 1660~1815* (9 vols, Cambridge University Press, 2006), Ⅶ.

Clarkson, Thomas, *The History of the Rise, Progress, and Accomplishment of the Abolition of the African Slave-Trade* (2 vols, Published by James P. Parke, 1808).

Coffey, John, "The Abolition of the Slave trade: Christian Conscience and Political Action", *Cambridge Papers*, vol. 15, (June, 2006).

Drescher, Seymour, "Whose Abolition?: Popular Pressure and the Ending of the British Slave Trade", *Past & Present*, vol. 143 (1994).

————, *Econocide: British Slavery in the Era of Abolition* (University of Pittsburgh Press, 1977).

First Report from the Select Committee on Slave Trade, reprinted in *British Parliamentary Papers* (Irish University Press, 1968), IV, 14, Appendix 8.

Helfman, Tara, "The Court of Vice Admiralty at Sierra Leone and the Abolition of the West African Slave Trade", *The Yale Law Journal*, vol. 115 (March. 2006).

Howse, Ernest Marshall, *Saints in Politics: the Clapham Sect and the Growth of Freedom* (London: Allen & Unwin, 1953).

Lean, Garth, *God's Politician* (Helmers & Howard, 1990).

Martinez, Jenny S., "Antislavery Courts and the Dawn of International Human Rights Law", *The Yale Law Journal*, vol. 117 (January. 2008).

Newton, John, *Thoughts upon the African Slave Trade* (Printed for J. Buckland, 1788).

Pollock, John, *Wilberforce* (Constable, 1977).

Wilberforce, William, *A Practical View of the Prevailing Religious System of Professed Christians, in the Higher and Middle Classes in This Country, Contrasted with Real Christianity* (Cadell & Davies, 1797).

Wilberforce, Robert, and Wilberforce, Samuel, *The Life of William Wilberforce* (5 vols, J. Murray, 1838).

Williams, Eric, *Capitalism and Slavery* (London: Deutsch, 1964).

Yoon, Young Hwi, "The Spread and Transformation of Antislavery Sentiment in the Transatlantic Evangelical Network, 1730s~1790s" (Ph.D. dissertation, University of Warwick, 2011).

World Wide Web Source ————

The Trans-Atlantic Slave Trade Database (http://www.slavevoyages.org/voyage/search, 2018년 8월 11일 검색).

6장_ 프랑스혁명과 탈그리스도교 사회

박윤덕 외, 《서양사강좌》 (아카넷, 2016).

로버트 단턴, 《책과 혁명-프랑스 혁명 이전의 금서 베스트셀러》 (알마, 2014).

로제 샤르티에, 《프랑스혁명의 문화적 기원》 (일월서각, 1999).

Censer, Jack R., & Hunt, Lynn, *Liberty, Equality, Fraternity: Exploring the French Revolution* (Penn State University Press, 2001).

Kennedy, Emmet, *A Cultural History of the French Revolution* (Yale University Press, 1989).

Lyons, Martin, *Napoleon Bonaparte and the Legacy of the French Revolution*

(St Martin's Press, 1994).

Palmer, R. R., *Twelve Who Ruled: The Year of Terror in the French Revolution Princeton* (Princeton University Press, 1969).

Sargent, Thomas J., & Velde, Francois R., "Macroeconomic Features of the French Revolution", *Journal of Political Economy*, vol. 103 (June, 1995).

Scurr, Ruth, *Fatal Purity: Robespierre and the French Revolution* (Henry Holt, 2006).

Shusterman, Noah, *The French Revolution. Faith, Desire, and Politics* (Routledge, 2014).

Tackett, Timothy, "The French Revolution and Religion to 1794", in Stewart J. Brown & Timothy Tackett (ed.), *The Cambridge History of Christianity, Enlightenment, Reawakening and Revolution, 1660~1815* (9 vols, Cambridge University Press, 2006), Ⅶ.

Vovelle, Michel, *Piete baroque et dechristianisation en Provence au XVIIIe siecle* (Seuil, 1978).

World Wide Web Source ⎯⎯⎯⎯

Emmanuel-Joseph Sieyes, What is the Third Estate? (1789), 2-3 (https://pages.uoregon.edu/dluebke/301ModernEurope/Sieyes3dEstate.pdf, 2018년 8월 14일 검색).

Goyau, Georges. "The French Concordat of 1801", The Catholic Encyclopedia, vol. 4 (Robert Appleton Company, 1908) (http://www.newadvent.org/cathen/04204a.htm, 2018년 8월 12일 검색).

7장_ 19세기 프로테스탄트 신학과 교회의 변화

군나르 시르베크, 닐스 길리에, 《서양철학사》, 윤형식 역 (이학사, 2016).

메럴드 웨스트팔, 《키르케고르: 신앙의 개념》, 이명곤 역 (홍성사, 2018).

임마누엘 칸트, 《순수이성비판 1, 2》, 백종현 역 (아카넷, 2006).

⎯⎯⎯, 《실천이성비판》, 백종현 역 (아카넷, 2009).

Bebbington, David, "The Growth of Voluntary Religion", in Sheridan Gilley & Brian Stanley (ed.), *The Cambridge History of Christianity: World Christianities, c.1815-c.1914* (9 vols, Cambridge University Press, 2006), Ⅷ.

Davin, Delia, "British Women Missionaries in Nineteenth-Century China", *Women's History Review*, vol. 1 (1992).

Durant, Will, *The Story of Philosophy: The Lives and Opinions of the World's Greatest Philosophers* (Pocket Book, 1991).

Hannay, Alastair & Marino, Gordon, *The Cambridge Companion to*

Kierkegaard (Cambridge University Press, 1997).

Hedley, Douglas, "Theology and the Revolt against the Enlightenment" in Sheridan Gilley & Brian Stanley (ed.), *The Cambridge History of Christianity: World Christianities, c.1815–c.1914* (9 vols, Cambridge University Press, 2006), Ⅷ.

Hegel, Georg Willhelm Friedrich, *The Phenomenology of Spirit*, Michael Inwood(trans.), (Oxford University Press, 2018).

Howkins, Alun, *Poor Labouring Men* (Routledge & Kegan Paul, 1985).

Kaufmann, Walter, *Hegel: Reinterpretation, Texts, and Commentary* (Doubleday & Company, 1965).

Kierkegaard, Søren, *Concluding Unscientific Postscript to Philosophical Fragments*, Howard and Edna Hong (trans.), (Princeton University Press, 1992).

McLeod, Hugh, *Religion and Society in England, 1850–1914* (St. Martin's Press, 1996).

Luchte, James, *Kant's Critique of Pure Reason* (Bloomsbury Publishing, 2007).

Malthus, Thomas Robert, *An Essay on the Principle of Population* (2 vols. Printed for J. Johnson, 1807).

McMahon, Darrin M., "The Counter-Enlightenment and the Low-Life of Literature in Pre-Revolutionary France", *Past and Present*, vol. 159 (May, 1998).

Mitchell, Sally, *Daily Life in Victorian England* (Greenwood Press, 1996).

Novotny, Fritz, *Painting and Sculpture in Europe, 1780–1880* (Pelican History of Art), (Yale University Press, 1971).

Obelkevich, James, *Religion in Rural Society: South Lindsey 1825–1875* (Clarendon Press, 1976).

Reid, Douglas A., "Religion, Recreation and the Working Class: Birmingham, 1844–1885", *Bulletin of the Society for the Study of Labour History*, vol. 51 (1986).

Thompson, E. P., *The Making of the English Working Class* (Penguin, 1991).

World Wide Web Source ⎯⎯⎯⎯

"Romanticism", Encyclopædia Britannica (https://web.archive.org/web/20051013060413/http://www.britannica.com/eb/article-9083836, 2018년 5월 15일 검색).

8장_ 세속화, 그리스도교, 학문(과학, 역사)

존 H. 아널드, 《역사》, 이재만 역 (교유서가, 2000).

G. J 웬함, J. A. 모티어 편, 《NBC 21세기판 IVP 성경주석, 구약》 (IVP, 2005).

Carr, E. H., *What is History?* (Vintage, 1967).

Emile Durkheim, *The Evolution of Educational Thought*, Peter Collins (trans.), (Rougledge & Kegan Paul, 1977).

Draper, John William, *History of the Conflict between Religion and Science* (Henry S. King, 1875).

Green, S. J. D., *Religion in the Age of Decline, Organisation and Experience in Industrial Yorkshire, 1870-1920* (Cambridge University Press, 1996).

Huxley, Thomas Henry, *The Scientific Memoirs of Thomas Henry*, Michael Foster & E. Ray Lankester (ed.), (5 vols, Macmillan, (published 1898-1903), 2007).

Lightman, Bernard V. & Zon, Bennett (ed.), *Evolution and Victorian Culture* (Cambridge University Press, 2014).

Lindberg, David C., & Numbers, Ronald L., *God and Nature: Historical Essays on the Encounter between Christianity and Science* (University of California Press, 1986).

Martin, David, *A General Theory of Secularization* (Harper & Row, 1978).

McMahon, Darrin M., *Divine Fury: A History of Genius* (Basic Books, 2013).

Numbers, Ronald L., *Biology and Ideology from Descartes to Dawkins* (University of Chicago Press, 2010).

Ranke, Leopold von, "Preface: Histories of the Latin and Germanic Nations from 1494-1514", in Fritz Stern (ed.), *The Varieties of History: From Voltaire to the Present* (Vintage Books, 1973).

Robson, John M., "The Fiat and Finger of God: The Bridgewater Treatises", in Richard J.Helmstadter, Bernard V. Lightman (ed.), *Victorian Faith in Crisis: Essays on Continuity and Change in Nineteenth-Century Religious Belief* (Stanford University Press, 1990).

Rogerson, John, "History and the Bible", in Sheridan Gilley & Brian Stanley (ed.), *The Cambridge History of Christianity: World Christianities, c.1815-c.1914* (9 vols, Cambridge University Press, 2006), Ⅷ.

Rudwick, Martin, *The Meaning of Fossils: Episodes in the History of Palaeontology* (Elsevier Publishing Company, 1972).

Rupke, Nicolass A., "Christianity and the Sciences", in Sheridan Gilley & Brian Stanley (ed.), *The Cambridge History of Christianity: World Christianities, c.1815-c.1914* (9 vols, Cambridge University Press, 2006).

Weber, Max, *General Economic History*, Ira Cohen (ed.), (Transaction

Publishers, 1981).

Wilson, Bryan R., *Religion in Sociological Perspective* (Oxford University Press, 1982).

World Wide Web Source _____

Voltaire, "Dialogue between a Brahmin and a Jesuit", 70-75 (https://www.csus.edu/indiv/c/carleb/VoltaireDialogues.pdf, 2018년 8월 15일 검색).

9장_ 종교 생활의 변화: 여성, 청소년, 노동자

Bebbington, David, *The Nonconformist Conscience: Chapel and Politics, 1870-1914* (Harper Collins Publishers, 1982).

Cope, Henry F., *The Modern Sunday School and Its Present Day* (Fleming H. Revell Company, 1916).

Evans, H. F., "Architecture of Sunday Schools" in John T. McFarland and Benjamin S. Winchester (ed.), *The Encyclopedia of Sunday Schools and Religious Education* (Thomas Nelson & Sons. 1915).

Feinman, Peter, "Chautauqua America", *The American Interest*. vol. 5 (2010).

Kaye, Elaine, "A Turning-point in the Ministry of Women", in W. J. Sheils and Diana Wood(ed.), *Women in the Church* (Blackwell for the Ecclesiastical History Society, 1990).

Graham, E. Dorothy, "Chosen by God : the Female Itinerants of Early Primitive Methodism", (Ph.D. dissertation, University of Birmingham, 2013).

Holmes, Janice, "Women Preachers and the New Orders: Women Preachers in Protestant Churches" in Sheridan Gilley & Brian Stanley (ed.), *The Cambridge History of Christianity: World Christianities, c.1815-c.1914* (9 vols, Cambridge University Press, 2006), Ⅷ.

Driver, Felix, *Power and Pauperism* (Cambridge University Press, 2004).

Findlay, J. J. (ed.), *Arnold of Rugby: His School Life and Contributions to Education* (Cambridge University Press, 1897).

Fraser, Derek, *The Evolution of the British Welfare State* (Palgrave Macmillan, 2009).

Gladden, Washington, *Recollections* (Houghton Mifflin, 1909).

Green, Harold, "Adolf Stoecker: Portrait of a Demagogue", *Politics and Policy*. vol. 31 (March 2003).

International Normal Committee, *The Modern Sunday School* (Sunday School Union, 1887).

Kuyper, Abraham, "Sphere Sovereignty", in James D. Bratt, *Abraham*

Kuyper: A Centennial Reader (Wm. B. Eerdmans, 1998).

Moses, Montrose Jonas, *Children's Books and Reading* (M. Kennerley, 1907).

Powers, Barbara Hudson, *The Henrietta Mears Story* (Revell Publishing, 1957).

Rappaport, Helen, *Encyclopedia of Women Social Reformers* (2 vols, ABC Clio, 2001), I.

Robert, Dana L., *American Women in Mission: The Modern Mission Era 1792-1992* (Mercer University Press, 1997).

Somervell, D. C., *English Thought in the Nineteenth Century* (Greenwood Press, 1977).

Strachey, Lytton, *Eminent Victorians: Cardinal Manning, Florence Nightingale, Dr. Arnold, General Gordon* (Chatto & Windus, 1918).

Thompson, David M., "The Social Though of the Protestant Churches" in Sheridan Gilley & Brian Stanley (ed.), *The Cambridge History of Christianity: World Christianities, c.1815-c.1914* (9 vols, Cambridge University Press, 2006), Ⅷ.

Westcott, Brooke Foss, *Social Aspects of Christianity* (Macmillan, 1887).

Woodworth, Arthur V., *Christian Socialism in England* (Swan Sonnenschein & Company, 1903).

World Wide Web Source _____

"Social Gospel" in Dictionary of American History (https://www.encyclopedia.com/philosophy-and-religion/christianity/protestant-denominations/social-gospel, 2018년 8월 16일 검색).

"United States History - The Struggles of Labor", Library of Congress Country Studies (http://countrystudies.us/united-states/history-82.htm, 2018년 8월 16일 검색).

10장_ 근대국가와 그리스도교: 독일, 이탈리아의 통일

김희영, 「16세기 종교개혁과 유럽의 민족주의적 전망」, 《경주사학》, 제30집 (2009).

장문석, 《민족주의 길들이기, 로마 몰락에서 유럽 통합까지 다시 쓰는 민족주의의 역사》 (지식의 풍경, 2007).

Beales, Derek & Biagini, Eugenio F., *The Risorgimento and Unification of Italy* (Routledge, 2002).

Blackbourn, David, *History of Germany, 1780-1918: The Long Nineteenth Century* (Blackwell, 1988).

Clark, Martin, *Modern Italy: 1871-1995* (Longman, 1996).

Coppa, Frank, "Italy: the Church and the Risorgimento" in Sheridan Gilley

& Brian Stanley (ed.), *The Cambridge History of Christianity: World Christianities, c.1815-c.1914* (9 vols, Cambridge University Press, 2006), Ⅷ.

―――, *Pope Pius IX, Crusader in A Secular Age* (Twayne Publishers, 1979).

Fichte, Johann Gottlieb, *Addresses to the German Nation* (Hackett Publishing Company, 2013).

Hewitson, Mark, "'The Old Forms are Breaking Up, ... Our New Germany is Rebuilding Itself': Constitutionalism, Nationalism and the Creation of a German Polity during the Revolutions of 1848-49", *The English Historical Review*, vol. 125 (October, 2010).

Holborn, Hajo, "Bismarck's Realpolitik", *Journal of the History of Ideas*, vol. 21 (1960).

Holt, Edgar, *The Making of Italy: 1815-1870* (Atheneum, 1971).

Kertesz, G. A. (ed.), *Documents in the Political History of the European Continent 1815-1939* (Oxford University Press, 1968).

McNeill, William H., *The Pursuit of Power: Technology, Armed Force, and Society since A.D. 1000* (University Of Chicago Press, 1984).

Rath, R. John, "The Carbonari: Their Origins, Initiation Rites, and Aims", *American Historical Review*, vol. 69 (1964)'

Reinerman, Alan, "Metternich, Italy and the Congress of Verona, 1821-1822", *The Historical Journal*, vol. 14 (June, 1971).

―――, "Metternich and the Papal Condemnation of the 'Carbonari', 1821", *the Catholic Historical Review*, vol. 54 (April, 1968).

Robbins, Keith, *Political and Legal Perspectives (The Dynamics of Religious Reform in Northern Europe, 1780-1920)* (Leuven University Press, 2011).

Steinberg, Jonathan, *Bismarck: A Life* (Oxford University Press, 2011).

Steinhoff, Anthony J., "Christianity and the Creation of Germany", in Sheridan Gilley & Brian Stanley (ed.), *The Cambridge History of Christianity: World Christianities, c.1815-c.1914* (9 vols, Cambridge University Press, 2006), Ⅷ.

Williamson, George S., "What Killed August von Kotzebue? The Temptations of Virtue and the Political Theology of German Nationalism, 1789-1819", *The Journal of Modern History*, vol. 72 (December, 2000).

World Wide Web Source ―――――

Clemens von Metternich, "a letter to Austrian ambassador to France of April 1847" (https://www.age-of-the-sage.org/history/quotations/metternich_quotations.html, 2018년 8월 18일 검색).

"Kulturkampf", Encyclopædia Britannica (https://www.britannica.com/

event/Kulturkampf, 2018년 8월 18일 검색).

11장_ 선교와 그리스도교의 팽창

김병락, 안병곤, 「잠복 기리시탄(潛伏キリシタン)의 전승 세례-기리시탄 교리(教理)와의 적합성 여부를 중심으로」, 《日本近代學研究》, 46집 (2014).

Bashir, Hassan, *Europe and the Eastern Other: Comparative Perspectives on Politics, Religion and Culture before the Enlightenment* (Lexington Books, 2013).

Bays, Daniel H. & Garyson, James H., "Christianity in East Asia: China, Korea and Japan" in Sheridan Gilley & Brian Stanley (ed.), *The Cambridge History of Christianity: World Christianities, c.1815-c.1914* (9 vols, Cambridge University Press, 2006), VIII.

Beck, James R., *Dorothy Carey: The Tragic and Untold Story of Mrs. William Carey* (Wipf and Stock Publishers, 2000).

Carey, William, *An Enquiry into the Obligations of Christians, To Use Means for the Conversion of the Heathens* (Printed and sold by Ann Ireland, 1792).

Carson, Penelope, *The East India Company and Religion, 1698-1858* (Boydell Press, 2012).

Duignan, Peter, "Early Jesuit Missionaries: A Suggestion for Further Study", *American Anthropologist*, vol. 60, (August, 1958).

Frykenberg, Robert Eric, "Christians and Religious Traditions in the Indian Empire" in Sheridan Gilley & Brian Stanley (ed.), *The Cambridge History of Christianity: World Christianities, c.1815-c.1914* (9 vols, Cambridge University Press, 2006), VIII.

Lampe, Armando, *Christianity in the Caribbean: Essays on Church History* (University of the West Indies Press, 2001).

Mason, R. H. P., *A History of Japan* (Tuttle Publishing, 1997).

Morton, William S., *Japan: Its History and Culture* (McGraw-Hill Professional, 2005).

Platt, Stephen R., *Autumn in the Heavenly Kingdom: China, the West, and the Epic Story of the Taiping Civil War* (Knopf, 2012).

Rule, Paul, "François Noël, SJ, and the Chinese Rites Controversy" in Willy vande Walle & Noël Golvers (ed.), *The History of the Relations between the Low Countries and China in the Qing Era* (Leuven University Press, 2003).

Stanley, Brian, *The History of the Baptist Missionary Society 1792-1992* (T & T Clark, 1992).

Stark, Rodney & Wang, Xiuhua, *A Star in the East: The Rise of Christianity in China* (Templeton Press, 2016).

Walker, Brett L., "Foreign Affairs and Frontiers in Early Modern Japan: a Historio-Graphical Essay", *Early Modern Japan: an Interdisciplinary Journal*, vol. 10, (2002).

Wesley, John, *The Journal of John Wesley* (Chicago Moody Press, 1951).

World Wide Web Source ———

"이수정(1842~1886) 성경번역가", 한국컴퓨터선교회 기독정보검색 (http://kcm.kr/ dic_view.php?nid=20294, 2018년 8월 19일 검색).

"Chinese Rites Controversy (Roman Catholicism)", Encyclopædia Britannica (https://www.britannica.com/event/Chinese-Rites-Controversy, 2018년 8월 18일 검색).

Father Joseph Vann (ed.), "Saint Francis Xavier Apostle of The Indies And Japan", *Lives of Saints: with Excerpts from Their Writings: selected and illustrated* (John J. Crawley & Co., 1954) (http://www.ewtn.com/ library/MARY/XAVIER2.htm, 2018년 8월 18일 검색).

"John Ross (1842-1915), Scottish Presbyterian Missionary in Manchuria", Boston University School of TheologyTheology LibraryCenter for Global Christianity and Mission (https://web.archive.org/ web/20090216155912/http://digilib.bu.edu/mission/component/content/ article/20-p2r/107-ross-john-1842-1915.html, 2018년 8월 19일 검색).

12장_ 20세기를 향하여: 선교, 제국, 문명

박지향, 《제국주의, 신화와 현실》 (서울대학교 출판부, 2000).

Curzon, George Nathaniel, *Lord Curzon in India, Being A Selection from His Speeches as Viceroy & Governor-General of India 1898-1905* (Macmillan, 1906).

Ellis, William, Coates, Dandeson & Beecham, John, *Christianity the Means of Civilization: Shown in the Evidence Given Before a Committee of the House of Commons, on Aborigines* (R. B. Seeley and W. Burnside, 1837).

Fitzgerald, Rosemary, "From medicine chest to mission hospitals: the early history of the Delhi Medical Mission for women and children" in Daniel O'Connor (ed.), *Three Centuries of Mission: The United Society for the Propagation of the Gospel 1701-2000* (Bloomsbury Publishing, 2000).

Foskett, R., *The Zambesi Doctors: Livingstone's Letters to John Kirk: 1858-72*, (Edinburgh University Press, 1964).

Goldberg, David Theo, "Liberalism's limits: Carlyle and Mill on 'the Negro Question'", *Nineteenth-Century Contexts: An Interdisciplinary Journal*. vol. 22 (2000).

Mansergh, Nicholas, *The Commonwealth Experience* (Weidenfeld and Nicolson, 1969).

Mill, John Stuart, "Civilization", *Dissertations and Discussions: Political, Philosophical and Historical* (2 vols. John W. Parker and Son,1860), I.

Mott, John R., *The Evangelization of the World in This Generation* (Student Volunteer Movement for Foreign Missions, 1900).

Nkomazana, Fidelis, "Livingstone's ideas of Christianity, Commerce and Civilization", *Botswana Journal of African Studies*, vol.12 (1998).

Porter, Andrew, "Missions and Empire, c1873-1914", in Sheridan Gilley & Brian Stanley (ed.), *The Cambridge History of Christianity: World Christianities, c.1815-c.1914* (9 vols. Cambridge University Press, 2006), Ⅷ.

Stanley, Brian, *The World Missionary Conference, Edinburgh 1910* (William B. Eerdmans Pub. Co., 2009).

Terry, John Mark, "Indigenous Churches". in A. Scott Moreau, *Evangelical Dictionary of World Missions* (Baker Books, 2000).

World Mission Conference, *Report of Commission IV: the Missionary Message in Relation to Non-Christian Religions* (Oliphant, Anderson and Ferrier, 1910).

World Wide Web Source ────────

Ismael G. Zuloaga SJ, "Francis Xavier, Founder of the Jesuit Mission in Asia", Jesuit Asia Pacific Conference (https://archive.is/20130413184233/ http://jceao.net/content/francis-xavier-founder-jesuit-mission-asia-our-inspiration-today, 2018년 8월 19일 검색).

Joseph Rudyard Kipling, "The White Man's Burden: The United States and the Philippine Islands" (1899) (http://www.kiplingsociety.co.uk/poems_burden.htm, 2018년 8월 19일 검색).

"Mahatma Gandhi and Christianity" (http://www.christiantoday.co.in/ article/mahatma.gandhi.and.christianity/2837.htm, 2018년 8월 19일 검색).

서양 근대교회사

혁명의 시대와 그리스도교
Christianity in an Age of Revolution

지은이 윤영휘
펴낸곳 주식회사 홍성사
펴낸이 정애주
국효숙 김의연 김준표 박혜란 손상범
송민규 오민택 임영주 차길환

2018. 10. 1. 초판 발행   2023. 5. 15. 2쇄 발행

등록번호 제1-499호 1977. 8. 1.
주소 (04084) 서울시 마포구 양화진4길 3 전화 02) 333-5161 팩스 02) 333-5165
홈페이지 hongsungsa.com 이메일 hsbooks@hongsungsa.com
페이스북 facebook.com/hongsungsa
양화진책방 02) 333-5161

ISBN 978-89-365-0355-0 (03900)